伊藤正彦著   汲古叢書 186

中國江南鄉村社會の原型
—明代賦役黃册・魚鱗圖册文書の研究—
研 究 篇

汲 古 書 院

亡き欒成顯先生に捧ぐ

安徽博物院藏『萬暦27都5圖黄冊底籍』4冊（2009年9月撮影）

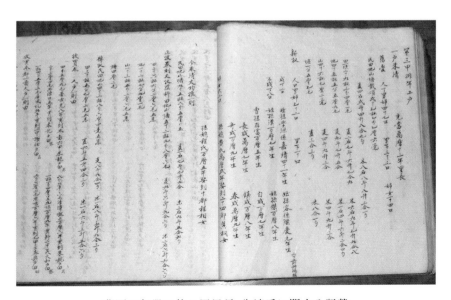

萬暦10年册の第3甲里長 朱清戸に關する記載

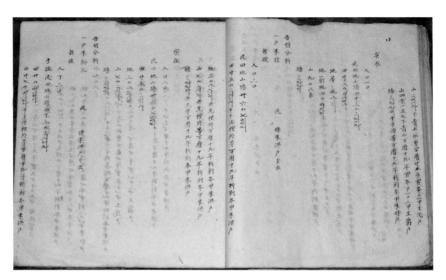

「告明分析」した人戸の記載（萬暦20年冊の第2甲朱信戸・朱師孔戸）

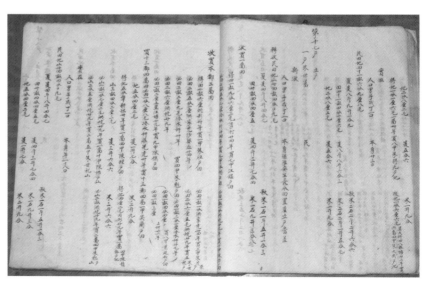

「告明立戸」した人戸の記載（萬暦30年冊の第2甲朱世蕃戸）

【圖1】休寧縣都分略圖

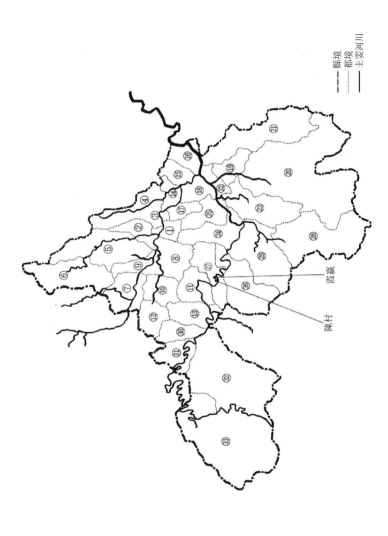

唐力行『明清以來徽州區域社會經濟研究』（安徽大學出版社、1999年）の附圖1をもとに作成した。丸數字は都を示す。陳村と霞瀛は27都5圖所屬人戸が居住した主要な集落である。縣城は示していないが、縣城は1都內の北部（橫江の北側）に位置した。

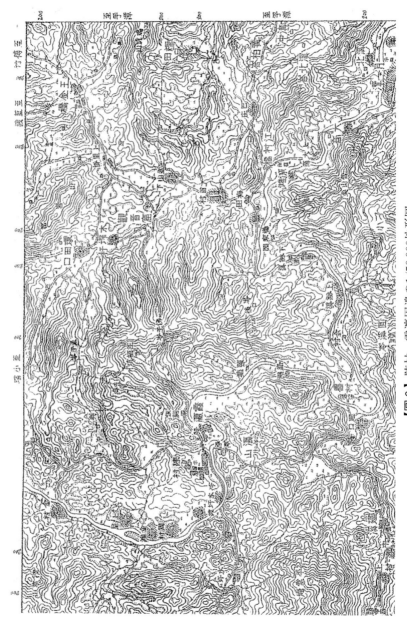

【圖 2】陳村・霞滃周邊の 1/50,000 地形圖
陸地測量部（參謀本部）1933年測量，1940年製版。

中國江南鄉村社會の原型
──明代賦役黃册・魚鱗圖册文書の研究──

【研 究 篇】

目　　次

口　　繪

圖表目次……………ｖ

緒　論　明代鄉村社會史研究の課題　　　　　　　　　　　3
　一　小山正明氏の所論をめぐって …………………………………　3
　二　小論の課題──休寧縣27都5圖の世界── …………………………　6

第1章　『黃册底籍』と『丈量保簿』　　　　　　　　　17
　はじめに ………………………………………………………………　17
　一　『萬曆27都5圖黃册底籍』 …………………………………………　17
　　1　記載內容 ………………………………………………………　18
　　2　事產賣買・推收過割の記載 …………………………………　25
　　3　朱學源戶の性格 ………………………………………………　57
　二　『明萬曆9年休寧縣27都5圖得字丈量保簿』 …………………　69
　　1　『得字丈量保簿』 ………………………………………………　69
　　2　『歸戶親供册』 …………………………………………………　76
　おわりに ………………………………………………………………　80

ii

第2章　階層構成

はじめに …………………………………………………………………………… 91

一　所屬人戸の再生産可能規模 …………………………………………………… 92

二　〈總戸－子戸〉制の普及狀況と再生産の可否 …………………………… 99

三　自作農と地主的土地所有の比率 …………………………………………… 106

おわりに ………………………………………………………………………… 136

第3章　有力氏族

はじめに ………………………………………………………………………… 145

一　萬曆年間の名族三氏 ………………………………………………………… 146

　　1　陳村（藤溪）陳氏 ……………………………………………………… 146

　　2　揚冲朱氏 ………………………………………………………………… 148

　　3　藤溪王氏 ………………………………………………………………… 151

　　4　小　　括──休寧縣27都5圖所屬人戸の階層構成── ………… 166

二　〈總戸－子戸〉制の形成時期 …………………………………………… 167

結びに代えて──就役方法と讀書人の存在── ……………………………… 171

第4章　租佃關係

はじめに ………………………………………………………………………… 183

一　27都5圖內の事産と出租事産の槪況 …………………………………… 184

二　27都5圖內事産の出租人戸 ……………………………………………… 187

三　27都5圖內事産の佃人 …………………………………………………… 195

四　佃僕＝火佃の存在 ………………………………………………………… 220

おわりに──租佃關係の選擇的性格── ……………………………………… 224

第5章　事産賣買の頻度と所有事産の變動

はじめに ………………………………………………………………………… 237

一　『黃冊底籍』の轉收・轉除の記載 ……………………………………… 238

【研究篇】目次　iii

二　事産賣買の頻度 ………………………………………………… 240

三　所有事産の變動 ………………………………………………… 255

おわりに ……………………………………………………………… 258

第 6 章　所有事産の分布と娶妻の範圍——生活圈——　267

はじめに ……………………………………………………………… 267

一　所有事産の分布狀況 …………………………………………… 267

二　娶妻の範圍 ……………………………………………………… 277

　　1　娶妻範圍の全體的傾向 …………………………………… 283

　　2　有力人戶の娶妻範圍 ……………………………………… 285

　　3　娶妻の基本的範圍 ………………………………………… 287

　　おわりに ……………………………………………………… 288

終　章　「傳統社會」形成論＝「近世化」論と「唐宋變革」　293

はじめに ……………………………………………………………… 293

一　「傳統社會」形成論＝「近世化」論の系譜 ………………… 293

二　「傳統社會」形成論＝「近世化」論が提起する課題 ……… 297

三　宋～明期の歷史的性格 ………………………………………… 301

おわりに ……………………………………………………………… 307

あとがき ……………… 315

英文目次 ……………… 325

中文摘要 ……………… 327

索　　引 ……………… 331

【資 料 篇】

目　次

はしがき…………vii

第 1 章　『萬暦27都 5 圖黄册底籍』記載データ ………………………………　3

　萬暦10年册　………………………………………………………………　5

　萬暦20年册　………………………………………………………………　122

　萬暦30年册　………………………………………………………………　234

　萬暦40年册　………………………………………………………………　381

第 2 章　『明萬暦 9 年休寧縣27都 5 圖得字丈量保簿』記載データ…　523

第 3 章　休寧縣27都 5 圖の事産所有状況に關するデータ …………　629

　1 　『萬暦 9 年清丈27都 5 圖歸戸親供册』基礎データ ……………………　629

　2 　27都 5 圖内の事産を所有する他圖所屬人戸に關するデータ ………　642

第 4 章　休寧縣都圖文書記載データ ………………………………………　671

　英文目次……………　707

　中文摘要……………　709

圖表目次

圖1	休寧縣都分略圖	iii
圖2	陳村・霞瀛周邊の1/50,000地形圖	iv
圖3	『萬曆27都5圖黄册底籍』の記載様式例	19
圖4	霞瀛朱氏長房派25世〜28世系圖	60
圖5	『明萬曆9年休寧縣27都5圖得字丈量保簿』の記載例	72
圖6	見業が複数人戸の場合の記載例	72
圖7	『明萬曆9年休寧縣25都6圖潔字丈量保簿』の記載例	72
圖8	『明萬曆9年休寧縣25都8圖男字丈量保簿』の記載例	72
圖9	27都5圖第1甲里長　王茂戸系圖	155
圖10	27都5圖第4甲里長　王時（王正芳）戸系圖	159
圖11	27都5圖第7甲里長　王齊興戸系圖	160
圖12	27都1圖第3甲里長　王爵戸系圖	164

表1	萬曆9年に定められた休寧縣の税畝等則と税糧科則	23
表2	『萬曆27都5圖黄册底籍』基礎データ	26
表3	霞瀛朱氏長房派の知識人・學位保持者	63
表4	『得字丈量保簿』と『歸戸親供册』の記載が一致しない事産	79
表5	5人家族の所有田産での再生産可能規模	96
表6	租佃經營の再生産可能規模	97
表7	〈總戸−子戸〉制を行なっていたと推測される人戸	99
表8	〈總戸−子戸〉制を行なっていた人戸の再生産の可否	104
表9	萬曆30年册（1602）における再生産可能人戸・不可能人戸	106
表10	萬曆40年册（1612）における再生産可能人戸・不可能人戸	116
表11	萬曆30年册（1602）で出租したと推測される人戸の事産	126
表12	萬曆40年册（1612）で出租したと推測される人戸の事産	128

表13	自作農と推測される人戸	133
表14	27都5圖所屬人戸の經濟的階層構成	136
表15	明末27都5圖所屬人戸の階層構成	167
表16	萬曆9年27都5圖内の事產と出租事產	186
表17	萬曆9年27都5圖内事產の出租人戸	187
表18	27都5圖内事產の個人一覽	196
表19	10稅畝以上の事產を租佃する個人	210
表20	佃僕＝火佃の存在を示す事產	220
表21	萬曆9年27都5圖所屬人戸の事產所有と出租・租佃狀況	225
表22	27都5圖所屬人戸の賣買事產額，所有事產額，賣買事產額の比率	240
表23	27都5圖所屬人戸の事產賣買と所有事產に關するデータ	242
表24	遂安縣18都下1圖第6甲4戸の事產賣買件數・事產增減額	259
表25	萬曆10年～同42年における王禮元戸の事產購入	261
表26	27都5圖所屬人戸の所有事產分布一覽	268
表27	27都5圖内の事產を所有する他圖所屬人戸	272
表28	『黃册底籍』娶妻關係データ	278

中國江南鄉村社會の原型

──明代賦役黃册・魚鱗圖册文書の研究──

【研究篇】

緒　論　明代郷村社會史研究の課題

一　小山正明氏の所論をめぐって

　小論（本書【研究篇】）の目標は，明朝國家の郷村行政組織——里甲制に編成された郷村社會の實態（里甲制に所屬した人戸の實態）を一つの事例に卽して明らかにすることである。

　洪武14年（1381）正月，明朝國家が賦役黃册（戸籍兼租稅・徭役臺帳）の編纂とあわせて全國に施行した里甲制の編成原則と概容は次のとおりである。10里長戸と100甲首戸の總計110戸（＋αの畸零戸［鰥寡孤獨にして役に任えざる者］・外郡寄莊人戸・無產人戸）という戸數原則で里＝圖（圖は里の別稱）を編成し，甲首戸は10ずつ甲に編成され，１里長戸と１甲（10甲首戸）の計11戸が１年交替で順に「里甲正役」とよばれる里長・甲首の役（"催辦稅糧"［稅糧の徵收］と"勾攝公事"［事件・訴訟案件の關係者の勾引］を任務とする）を負擔して里を運營する（10年で一周する）[1]。洪武27年（1394）４月には郷村裁判と人民教化を任務とする老人の役が設けられ，里甲制は中國史上最も總合的な人民編成となる[2]。なぜ明代里甲制に編成された郷村社會の實態を追究する必要があるのか，その理由を示すことからはじめよう。

　1980〜90年代の日本の中國史研究は，中國の人びとのとり結ぶ社會的結合が村落共同體・自律的團體とは異なる性質のものであったことを改めて明らかにした[3]。中國社會では人びとの社會的結合の特質に規定されて自律的團體が形成されないため，華北・江南を問わず農民が生活する集落は，そのままでは個別經營の生產・再生產を越える一般的生產諸條件（郷村レヴェルの場合は，防禦・道路・橋梁・水利・通信・紛爭處理・集落そのものなど）を安定的・永續的に整備して自らを再生產することができない。個別經營の生產・再生產に必要な一般的生產諸條件は，國家による郷村行政組織の編成と運營をまって整備された。

4　緒　論　明代鄉村社會史研究の課題

　前近代社會の基底をなす農村の實態から社會・國家構造の特質と歷史的性格
を明らかにしようとする鄉村社會史研究は，戰後日本の中國史研究を特徵づけ
る分野である。明代史研究においても，敗戰まもない頃から地主制の分析によっ
て着手され[4]，その後は主に里甲制の制度內容と機能の追究を通して多くの
成果を生み出してきた[5]。そうしたなかで最も體系的かつ實證的に明代鄉村
社會の性格を論じたのは，明末淸初期封建制成立說の論者の一人——小山正明
氏である。小山氏の所論は，宋代から淸代まで長期にわたっており，高い體系
性ゆえに多くの批判が提出され，1980年代に中國封建制論が克服されて以降[6]，
ほとんど顧みられなくなっている。しかし，小山氏の所論こそは，戰後日本の
史的唯物論を中國史研究において最も鮮銳に驅使し，明代鄉村社會の歷史的性
格を示した學說である。

　宋代から淸代におよぶ小山氏の體系的理解を筆者なりに整理して示そう。①
宋～明中期の大土地所有者（鄉居手作地主）の直營地は奴婢・奴僕を主要な勞
働力とする「家父長的奴隸制經營」であり，直營地外の土地を耕作した佃戶も
自立再生產が不可能な「隸屬度の强い奴隸家族」であった[7]。②宋～明中期
における直接生產者（奴婢，雇工，佃戶，自作農）の小經營は自作農も含めて不
安定なもの＝未確立なものであり，大土地所有者は搾取基盤の不安定性のため
に獨自の個別的權力機構を創出することができず，集權的國家權力を要求する
とともに宋初の里正・鄉書手，明代の糧長・里長など鄉村行政の職役（鄉役）
を負擔することによって官僚と同等の支配階層となった。宋～明中期は共通の
支配體制におかれた歷史的時期である[8]。③里甲制に編成された明代江南の
鄉村社會には，職役負擔に照應した糧長戶—里長戶—甲首戶—畸零戶という重
層的身分序列が存在していた[9]。④明代後期以降，家內手工業にもとづく商
品生產の展開によって飯米の補塡が可能となり，直接生產者の小經營が自立し，
その存在形態は基本的に佃戶となる。これによって奴隸制から農奴制に移行す
る[10]。⑤小經營の自立にともなって，鄉村社會內の重層的身分序列が崩壞し，
鄉紳（小山氏は官僚・擧人・生員の本籍地における呼稱とする）と庶民という對抗的
性質が明白な身分關係が成立する。新たな支配身分である鄉紳の土地所有を國

家の税役収取體系に把握しなおすのが明末清初の賦役改革（一條鞭法，地丁銀制）の基調であり，税役賦課の對象が戸から田土に移行する[11]。⑥小經營の自立とともに地緣的結合にもとづく村落共同體が成立し，清代には"順莊編里（莊に順いて里を編む）"という村落自體を基礎とした税役徴收組織が編成され，「封建的支配が個別地主的な關係としてよりも國家的に集約・編成されたもの」となってゆく[12]。

　こうした小山氏の所論に對して提出された主要な實證的・理論的批判は，次のとおりである。論點①については，宋〜明中期の佃戸を自立して再生産することができない「隷屬度の強い奴隷家族」とする史料解釋の誤りが指摘される[13]とともに，法的身分の奴婢は犯罪沒官・俘虜化によってのみ成立し，民間に流出するものではないため，史料上の奴婢・奴僕は法的身分の奴婢ではなく，雇傭人身分の賤稱であったことが明らかにされた[14]。论点②・④に關しては，小經營は本來的に不安定な存在であり，不安定性は小經營の未確立＝非自立性を意味しないことが指摘される[15]とともに，小經營の勞働過程の分析を通して中國の小經營は「唐宋變革」期に自立をとげるという理解が示された[16]。论点⑤・⑥をめぐっては，兩税法は一貫して所有田土を課税對象としており，戸から田土へという課税對象の變化は認められないことが明らかにされる[17]とともに，「國家的に集約・編成された」という郷紳の封建的支配と，宋〜明中期の大土地所有者が郷村行政の職役負擔によって支配階層たりえたという事態との相違は不明瞭であり，封建制の緊要な指標である公的支配の私的分割を立證していないことが指摘された[18]。

　これらをうけて，小山氏の體系的理解は説得力をうしなった。しかし，小山氏の所論が實證的・理論的に新たな理解を生み出してゆく母體ともいうべき體系であったことは疑いない。宋元史研究と明清史研究に深い分斷が存在したなかにあって，宋〜明中期を共通の歴史的時期ととらえる理解は斷代史の枠を越える貴重なものであったこと，また郷村行政組織の共同體的機能を共同體の存在ととらえるのが大勢を占めるなかで，村落共同體を「客觀的に措定された權利と規範を擔う實體的共同團體」として理解し，里甲制を國家による人爲的な

人戶編成ととらえて明中期まで中國における共同體の存在を明確に否定していた[19]ことは特記しておかねばならない。後者の問題について現時點から付言すれば，小山氏に必要であったのは清代の"順莊編里"が村落共同體としての性質を具えるものかどうかを實證的に檢證することであったろう。

明末清初期に封建制の成立を認める小山氏の理解の體系はくずれたものの，論點③の明代里甲制體制下の江南鄕村社會に關する認識は無傷であり，里＝圖の上級の鄕村行政區域である都（江南デルタの場合は都をもとにした區）に設置された糧長の業務遂行と活動の實態，ならびに鄕村社會內の身分秩序を最も詳細に明らかにした實證的成果でありつづけている。とはいえ，史料的制約のために小山氏の認識は鄕村社會內の身分秩序のあり方までにとどまっており，里長戶・甲首戶の具體的な存在形態にはおよんでいない。明代里甲制に編成された鄕村社會の實態を追究することは，課題として殘されたままである。小山氏の體系的理解を眞の意味で（實證的に）克服するためにも必要な檢討課題であろう。

二　小論の課題——休寧縣27都５圖の世界——

戰後日本の明代鄕村社會史研究には，一つの大きな問題點がある。大多數の研究がいわゆる江南デルタ（太湖周邊デルタ）地帶（蘇州・松江・嘉興・湖州・常州・鎭江の６府）を對象としていたことである。前節でみた小山正明氏の所論は典型である。それは，江南デルタ地帶が宋代以來の經濟的先進地域と理解されていたからにほかならない。

先進地域の分析をもとに時代の歷史的性格を把握することは歷史學の正當な方法の一つであり，方法自體に問題があるのではない。問題は江南デルタ地帶が具えていた特異性である。周知のように，國家財政を支える穀倉地帶であったがゆえに，江南デルタ地帶には南宋末の公田法によって全田土の約1/3にのぼる官田が創出され[20]，明初洪武年間の籍沒政策によって官田が全田土の約45％に擴大された。この江南官田は民田の約10倍もの稅糧を負擔していた[21]。

また，永樂年間の國都北遷以降，江南デルタ地帯の人民には稅糧遠距離輸送（漕運）勞働（宣德6年［1431］10月の兌運法以降は輸送經費が定額物納となる）が課せられつづける[22]。このように，江南デルタは過重な稅・役を負擔しつづける特異な地域であった。明末清初における里甲制の解體が通説的理解となってゆくなかで，江南デルタ地帯の特異性は十分に考慮されていたかどうか，疑わしい。

くわえて，宋代江南の農業生產力には新たな理解が提出されている。その概要は次のとおりである。宋代の江南デルタは，冠水のために連年耕作できない耕地を大量に含んだ低濕地であり，そこでの水稻作は粗放な技術水準にとどまる開發最前線の地域であった。周知の"蘇湖熟天下足（蘇湖熟らば天下足る）"という諺は，江南デルタが冠水を免れる氣象條件に惠まれた場合には大量の穀物據出ができることを意味したものである。江南デルタで集約的な水稻作が可能となるのは，胥溪水の整理，黃浦江の造成などの廣域的水利が整備され，圍田・圩田等の水利田の分割・再編が進み乾田化される（灌排水の管理が可能な水田となる）明代中期以降のことであった。『陳旉農書』にみられる宋代の先進的な水稻作技術を實現していたのは，宋代の區分でいえばおよそ江南東路・江南西路・浙東路・福建路北部における扇狀地・河谷平野・山間盆地の地域である。そこでは，陂・塘や堰・捺などの重力灌漑（傾斜を利用した灌漑）施設を利用した水利管理のもとに，牛犁耕を基軸として肥培管理・中耕除草を行なう勞働集約化の進んだ水稻作が普及し，稻麥二毛作も可能であった[23]。その典型は浙東地方である。宋代で米の最も高い畝當り平均收穫量2.5石が確認されるのも，浙東の慶元府（明州）下であった[24]。

生產力水準の相違に照應して，江南デルタと浙東では農民の階層構成も異なっていた。江南デルタではごく少數の大規模な開發地主層と大多數の自小作農層からなる二階層構造であったのに對し，浙東地方では小規模地主層・自作農層・自小作農層がピラミッド狀に分布していた[25]。宋代の江南デルタで發達した地主佃戶關係は，先進的な農業生產力にもとづく生產關係ではなく，むしろ開發最前線の低い生產力に規定された生產關係であり，先進的な水稻作技術が普

8 　緒　論　明代鄉村社會史研究の課題

及するにともない縮減してゆく存在であった。

　江南東路・江南西路・浙東路・福建路北部の扇狀地・河谷平野・山間盆地は，唐代から急速に開發が進み，父系親族による同族結合の發達がみられ[26]，かつ多くの科擧合格者を輩出していた。J.W.チェフィー（J.W.Chaffee）氏の成果によって南宋期における進士及第者數の上位10府・州・軍を順に示せば，福州（福建）・瑞安府（浙東）・慶元府（浙東）・吉州（江西）・饒州（江東）・泉州（福建）・眉州（成都）・興化軍（福建）・建寧府（福建）・處州（浙東）であり[27]，眉州以外は福建路・浙東路・江南西路・江南東路内の府・州・軍であった。江南の扇狀地・河谷平野・山間盆地は，農業生產力だけでなく文化的・政治的にも高い水準にあったといえる。

　こうした宋代の先進地域に關する新しい理解をふまえれば，宋代の先進的な農業生產力を實現した江南の扇狀地・河谷平野・山間盆地において明代にどのような鄉村社會が形成されていたかを探ることは，斷代史の枠を越えて中國史を體系的に把握するうえで重要な課題といえよう。

　國家財政の必要から特異性を付與されていた江南デルタ地帶ではなく，宋代の先進的な水稻作技術が普及した地域における明代鄉村社會の實態を探るにあたって，刮目すべき史料が殘されている。欒成顯氏が1989年10月に發見し，整理・分析した安徽博物院（發見當時は安徽省博物館）所藏の『萬曆27都5圖黃册底籍』4册（2:24527號。以下，『黃册底籍』と略す）である。これは，徽州府休寧縣27都5圖で萬曆10年（1582）分，同20年（1592）分，同30年（1602）分，同40年（1612）分として編纂された賦役黃册の内容を抄寫した賦役黃册の底籍＝副本であり，4回分の賦役黃册の内容をほぼ完全に傳える[28]。從來，明代里甲制下の鄉村社會の實態解明を阻んできた大きな理由は，全國の里＝圖を單位に洪武14年から崇禎15年（1642）に至るまで計27回にわたって編纂されつづけた賦役黃册が散逸し，原本・抄本ともに1里分完全な形では1册たりとも發見されていないことにあったから，『黃册底籍』は畫期的な史料である。

　休寧縣27都5圖にかかわる史料として，萬曆9年（1581）の丈量（所有事產の測量）で作製された魚鱗圖册──上海圖書館所藏の『休寧縣二十七都伍圖丈量

保簿』1冊（線普562585號。正確には『明萬曆9年休寧縣27都5圖得字丈量保簿』と
よぶべきもの），同丈量を經て作製された魚鱗圖册關係文書——安徽博物院所藏
の『萬曆9年清丈27都5圖歸戶親供册』1冊（2:24528號。以下，『歸戶親供册』と
略す）も殘されており，ほかにも所屬人戶の置產簿・抄契簿，所屬人戶が關係
する族譜，土地賣買文書等の史料が殘っている。管見の限り，明代の休寧縣27
都5圖にかかわる史料を示せば，次のとおりである。

　　　文書類　『萬曆9年清丈27都5圖歸戶親供册』1册（安徽博物院藏，2:24528
　　　　　　　號）
　　　　　　　『萬曆27都5圖黃册底籍』4册（安徽博物院藏，2:24527號）
　　　　　　　『萬曆至崇禎27都5圖3甲朱學源戶册底』1册（安徽博物院藏，2：
　　　　　　　24529號）
　　　　　　　『休寧縣二十七都伍圖丈量保簿』1册（上海圖書館藏，線普563585號）
　　　　　　　『元至正二年至乾隆二十八年（休寧藤溪）王氏文約契謄錄簿』（南京
　　　　　　　大學歷史系資料室藏，000013號）
　　　　　　　『明萬曆十年三月至清順治十七年王氏抄契簿』（『中國社會科學院經
　　　　　　　濟研究所藏徽州文書類編・置產簿』第4册，社會科學文獻出版社，2020
　　　　　　　年，所收）
　　　　　　　「萬曆三十八年休寧金尙伊賣山赤契」（『徽州千年契約文書（宋元明編）』
　　　　　　　第3卷，花山文藝出版社，408頁）
　　　族譜類　王鴻等纂『武口王氏統宗世譜』24卷，明・天啓3年（1623）序
　　　　　　　陳豐編『藤溪陳氏宗譜』7卷，清・康熙10年（1671）序
　　　　　　　朱坤纂『霞瀛朱氏統宗譜』5卷，清・康熙20年（1681）序
　　　文集類　『著存文卷集』不分卷（上海圖書館藏）

　およそ40萬點以上の文書史料が殘存すると推測された徽州府下[29]にあって
も，このように多くの關係史料が殘された休寧縣27都5圖は稀有な明代の鄉村
行政組織である。

　舞臺が徽州府下ということは，奇異に映るかもしれない。一般に徽州は山地
とイメージされているからである。しかし，歙縣と休寧縣東部は山地ではない。

10　緒　論　明代鄕村社會史研究の課題

歙縣と休寧縣東部には平坦かつ肥沃な土地が廣大に存在しており，江南の山間盆地の典型的な地域である。小論の卷頭にあげた圖1「休寧縣都分略圖」(iii頁)と圖2「陳村・霞瀛周邊の1/50,000地形圖」(iv頁)を參照していただきたい。休寧縣27都5圖に編成された人戶が居住した陳村・霞瀛と周邊の集落は，縣城から西南約16kmの同縣東部に位置しており，そこには同縣を東流する率水(新安江)沿いの標高約130m付近の緩やかな傾斜地に水田が廣がっていた。陳村・霞瀛自體は，G.W.スキナー(G.W.Skinner)氏による中國農村の生活空間モデルの「標準市場町(いちばまち)」に相當する[30]。

　以上によって，休寧縣27都5圖に編成された人戶が居住する主要集落は宋代の先進的な水稻作技術が普及した地域であったろうと推測される。また，賦役黃册は里＝圖に所屬する全人戶の構成員・所有事產額・負擔稅糧額の情報を記載したものである[31]から，里＝圖所屬人戶の狀況を詳細に窺うことができる(あくまで明朝國家が把握した限りではあるが)。事實，『黃册底籍』を發見した欒成顯氏は，萬曆10年から同40年の27都5圖所屬人戶の所有事產狀況を示すとともに，27都5圖では明末に至っても里甲制が機能しつづけていたことを明らかにした[32]。また，欒氏が提示したデータをもとに，趙岡氏は27都5圖所屬人戶の所有事產のジニ係數(所得の分配狀況を表現する指標)を算出しており[33]，筆者も前稿において27都5圖所屬人戶の階層構成の性格を探り，日本の近世初期の先進地域(河内幕領内)を凌駕する「小農自立」に達していたと評價した[34]。ただし，これらは27都5圖に所屬した全人戶の再生產の可否をシミュレーションして分析したものではないため，檢討の餘地が十分に殘されている。

　中國の博物館が所藏する史料は，およそ部外者には閲覽が認められていない。幸いにも筆者は，安徽大學歷史系・徽學研究中心の方々のご協力によって2009年9月と2010年9月に安徽博物院所藏の『黃册底籍』等を閲覽することができた。小論は，『黃册底籍』をはじめとする關係史料を活用し，里甲制體制下にあった休寧縣27都5圖所屬人戶の實態(存在形態)を可能な限り明らかにすることを具體的な課題としよう。『黃册底籍』等の閲覽を經て前稿の宿題を果そうとするものである。

二 小論の課題 11

　本書は【研究篇】と【資料篇】の二部編成（二分冊）とし，【資料篇】には小論で活用する主要な史料の記載データ等を収める。もちろん，史料の記載そのものではなく，筆者が理解して整理した限りのものであり，筆者の乏しい能力では誤りも避けられない。にもかかわらず，【資料篇】を設けるのは，小論で活用する史料の多くが中國の機關に所藏されており，なかには閲覽困難なものがあるため，小論の論據を示して反證可能性をできるだけ確保するとともに，閲覽困難な史料の内容を學界で廣く共有したいと考えたからである。

　ところで，日本の明清史學界において里甲制や郷村社會への關心が急速に失われていった1990年代以降，里甲制，「唐宋變革」以降の郷村行政組織の性格にかかわる重要な認識が獲得されている。小論の檢討にも密接に關係するため，確認しておこう。それは欒成顯氏による認識である。欒氏は，明初の洪武丈量で作製された徽州府休寧縣12都１保の魚鱗圖册の情報（田・地・山・塘ごとの所有事産額，各坵の面積・地番・土名）を所有人戸ごとにまとめた歸戸册——中國歷史研究院圖書館（以前の中國社會科學院歷史研究所）藏『弘治９年抄錄魚鱗歸戸號簿』[35]の分析をてがかりとして，南宋紹興年間の經界法から洪武丈量に至るまで丈量作業と土地臺帳作製の單位は保（＝大保）であり，明代の都のもとには戸數原則（110戸＋a戸）によって編成された里＝圖と丈量作業・魚鱗圖册作製の單位であった保とが併存していたことを明らかにした[36]。

　從來，里甲制は「一定の具體的な地理的界限をともなったもの」，すなわち領域性を具えた郷村行政區域として理解されてきた[37]。しかし，明代の里＝圖は里甲制の施行當初から郷村行政區域としての性格をもつものではなかった。保に代って里＝圖が丈量作業・魚鱗圖册作製の單位となるのは明末張居正の丈量以降であり[38]，これをまってはじめて里＝圖は郷村行政區域としての性格をもつようになる。本來，戸數原則にもとづいて編成される郷村行政組織が丈量作業・土地臺帳作製の單位となることによって郷村行政區域としての性格をもつに至るという論理は，南宋の經界法以降，都保制が定着し，都保制が本來の戸數編成原理（250戸＝１都）から500戸以上，さらには1000戸以上と大きく乖離してゆくという現象[39]も說明し得るものである。

12　緒　論　明代鄉村社會史研究の課題

　小論の具體的な檢討に入ろう。まずは小論が活用する主要史料の性格の檢討
から。

註

（１）　里甲制の編成・就役原則に關する筆者の理解は，次の成果にもとづく。山根幸夫
　　「明初の徭役制度」（『明代徭役制度の展開』東京女子大學學會，1966年）。鶴見尚弘
　　「明代における鄉村支配」（岩波講座『世界歷史』12・中世 6，岩波書店，1971年）。
　　小山正明「賦・役制度の變革」（岩波講座『世界歷史』12・中世 6，岩波書店，1971
　　年。のち『明淸社會經濟史研究』東京大學出版會，1992年，所收）。栗林宣夫「里
　　甲制の施行」（『里甲制の研究』文理書院，1971年）。岩見宏「明初の徭役制度」
　　（『明代徭役制度の研究』同朋舍出版，1986年）。岩井茂樹「徭役と財政のあいだ」
　　（『經濟經營論叢（京都產業大學）』28-4，29-1・2・3，1994年。のち『中國近世財政
　　史の研究』京都大學學術出版會，2004年，所收）。谷口規矩雄「明代前期の徭役制
　　度」（『明代徭役制度の研究』同朋舍出版，1998年）。欒成顯「黃册制度的几个基本
　　問題」（『明代黃册研究』中國社會科學出版社，1998年。增訂本，2007年）。

　　　　里が圖ともよばれたのは，賦役黃册編纂と里甲制編成の全國的施行を記した『明
　　太祖實錄』卷135，洪武14年正月條に“每里編爲一册，册之首總爲一圖（里每に編
　　みて一册を爲り，册の首總べて一圖を爲る）”とあるように，里ごとに編纂した賦
　　役黃册の册首に“圖”が載せられたからである。これは，『吳興續志』（『永樂大典』
　　卷2277，「湖州府 3・田賦」）に“編置小黃册，每百家畫爲一圖（編みて小黃册を置
　　き，百家每に畫きて一圖を爲り）”とあるように，里甲制の全國的施行に先行する
　　100戶＝ 1圖の「小黃册圖の法」でも同樣であった（湖州府，嘉興府，蘇州府，徽
　　州府，處州府で實施されたことが確認されている）。「小黃册圖の法」の小黃册と
　　“圖”の原本が靜嘉堂文庫所藏の宋刊明印本『漢書』の紙背と上海圖書館所藏の公
　　文紙印本『後漢書』等の紙背に殘されており，“圖”は各年の里長・甲首の就役人
　　戶を一覽に示すものであった。靜嘉堂文庫藏『漢書』紙背については竺沙雅章「漢
　　籍紙背文書の研究」（『京都大學文學部研究紀要』14，1973年），尹敏志「靜嘉堂藏
　　宋刊明印本《漢書》紙背文書初探――以洪武三年浙江試行黃册爲中心――」（『文史』
　　2023年第 2 輯）を，上海圖書館藏『後漢書』等紙背については宋坤・張恆「明洪武
　　三年處州府小黃册的發見及意義」（『歷史研究』2020年第 3 期）を參照。

（２）　伊藤正彥「鄉村制の性格――南宋期の都保制と明代の里甲制――」（『宋元鄉村社
　　會史論――明初里甲制體制の形成過程――』汲古書院，2010年）。

（３）　中國の社會的結合の特質を明らかにした1980〜90年代の成果に關する筆者の理解

は，伊藤正彦「中國史研究の『地域社會論』——方法的特質と意義——」（『宋元郷村社會史論——明初里甲體制の形成過程——』汲古書院，2010年）を參照。

（4） 北村敬直「明末・清初における地主について」（『歷史學研究』140，1949年。のち『清代社會經濟史研究』增補版，朋友書店，1979年，所收）。古島和雄「明末長江デルタ地帶における地主經營——沈氏農書の一考察——」（『歷史學研究』148，1950年。のち『中國近代社會史研究』研文出版，1982年，所收）。

（5） 前揭註（1）にあげた鶴見「明代における郷村支配」，小山「賦・役制度の變革」は代表的な論文である。

（6） 1980年代における中國封建制論の克服については，伊藤正彦「宋元郷村社會史研究の課題と視角」（『宋元郷村社會史論——明初里甲制體制の形成過程——』汲古書院，2010年）を參照。

（7） 小山正明「明末清初の大土地所有——とくに江南デルタ地帶を中心にして——」（『史學雜誌』66-12・67-1，1957年・58年。のち『明清社會經濟史研究』東京大學出版會，1992年，所收），同「明代の大土地所有と奴僕」（『東洋文化研究所紀要』62，1974年。のち同上書，所收）。

（8） 小山正明「中國社會の變容とその展開」（西嶋定生編『東洋史入門』有斐閣，1967年），同「アジアの封建制——中國封建制の問題——」（歷史學研究會編『現代歷史學の成果と課題』2，青木書店，1974年。のち『明清社會經濟史研究』東京大學出版會，1992年，所收）。

（9） 小山正明「明代の糧長——とくに前半期の江南デルタ地帶を中心にして——」（『東洋史研究』27-4，1969年。のち『明清社會經濟史研究』東京大學出版會，1992年，所收），前揭註（1）小山「賦・役制度の變革」。

（10） 前揭註（7）小山「明末清初の大土地所有」。

（11） 前揭註（1）小山「賦・役制度の變革」。

（12） 前揭註（1）小山「賦・役制度の變革」。前揭註（8）小山「アジアの封建制」。

（13） 森正夫「明末清初の奴僕の地位に關する覺書——小山正明の所論の一檢討——」（『海南史學』9，1971年。のち『森正夫明清史論集』第1卷〈稅糧制度・土地制度〉汲古書院，2006年，所收），同「張履祥『授田額』の理解に關する覺書——再び小山正明の所論によせて——」（『名古屋大學東洋史研究報告』3，1975年。のち同上書，所收）。

（14） 高橋芳郎「宋元代の奴婢・雇傭人・佃僕の身分」（『北海道大學文學部紀要』26-2，1978。のち『宋—清身分法の研究』北海道大學圖書刊行會，2001年，所收）。

（15） 佐竹靖彦「中國近世における小經營と國家權力について」（『新しい歷史學のため

14 緒　論　明代郷村社會史研究の課題

に』150，1978年。のち『宋代史の基礎的研究』朋友書店，2007年，所收）。

(16)　渡邊信一郎「唐宋變革期における農業構造の發展と下級官人層――白居易の慙愧」
（『京都府立大學學術報告・人文』36，1984年。のち『中國古代社會論』青木書店，
1986年，所收）。

(17)　島居一康「宋代兩税の課税基準」（中國史研究會編『中國史像の再構成――國家
と農民』文理閣，1983年。のち『宋代税政史研究』汲古書院，1993年，所收）。高
橋芳郎「書評　柳田節子著『宋元郷村制の研究』」（『歴史學研究』570，1987年。の
ち『宋代中國の法制と社會』汲古書院，2002年，所收）。

(18)　足立啓二「中國封建制論の批判的檢討」（『歴史評論』400，1983年。のち『明清
中國の經濟構造』汲古書院，2012年，所收）。

(19)　鶴見尚弘「舊中國における共同體の諸問題――明清江南デルタ地帶を中心として
――」に對する小山正明氏の「コメント」（新『史潮』4，1979年）。

(20)　周藤吉之「南宋末の公田法」（『東洋學報』35-3・4・5，1952年。のち『中國土地
制度史研究』東京大學出版會，1954年，所收）。

(21)　森正夫「十四世紀後半における明代江南官田の形成」（『名古屋大學文學部研究論
集』105，1986年，『東方學報』京都58，1986年。のち『明代江南土地制度の研究』
同朋舍出版，1988年，所收），同「明初江南官田の存在形態」（『東洋史研究』19-3・
4，1960年・61年。のち同上書，所收）。

(22)　森正夫「十五世紀前半における江南官田の再編成」（『名古屋大學文學部研究論集』
38，1965年。のち『明代江南土地制度の研究』同朋舍出版，1988年，所收），同
「十五世紀前半蘇州府における徭役勞働制の改革」（『名古屋大學文學部研究論集』
41，1966年。のち同上書，所收）。

(23)　大澤正昭「宋代『江南』の生產力評價をめぐって」（『新しい歴史學のために』179，
1985年。のち『唐宋變革期農業社會史研究』汲古書院，1996年，所收），同『陳旉
農書の研究――12世紀東アジア稲作の到達點』（農山漁村文化協會，1993年）。足立
啓二「宋代兩浙における水稲作の生產力水準」（『文學部論叢（熊本大學）』17，1985
年。のち『明清中國の經濟構造』汲古書院，2012年，所收），同「明清時代長江下
流の水稲作發展――耕地と品種を中心として――」（『文學部論叢（熊本大學）』21，
1987年。のち同上書，所收）。

(24)　長井千秋「南宋時代の小農民經營再考」（伊藤正彦編『『萬曆休寧縣27都5圖黄册
底籍』の世界』2009～2011年度科學研究費基盤研究（C）研究成果報告書，2012年）。

(25)　宮澤知之「宋代先進地帶の階層構成」（『鷹陵史學』10，1985年。のち『宋代社會
經濟史論集』汲古書院，2022年，所收）。

註　15

(26)　中島樂章「累世同居から宗族形成へ——宋代徽州の地域開發と同族結合——」
（平田茂樹・遠藤隆俊・岡元司編『宋代社會の空間とコミュニケーション』汲古書
院，2006年）。

(27)　Chaffee, Jhon W. *The Thorny Gates of Learning in Sung China*, Cambridge University
Press. 1985.

(28)　欒成顯「萬曆二十七都五圖黃冊底籍」（『明代黃冊研究』中國社會科學出版社，
1998年。增訂本，2007年）。

(29)　臼井佐知子「徽州と徽州研究」（森正夫・野口鐵郎・濱島敦俊・岸本美緒・佐竹
靖彦編『明清時代史の基本問題』汲古書院，1997年。のち『徽州商人の研究』汲古
書院，2005年，所收）。黃忠鑫「明清徽州圖甲文書與圖甲制度」（2022年6月11日，
東洋文庫における研究會報告）によれば，かつての推測を大きく超え，最近では100
萬點にのぼる徽州文書が發見されているという。

(30)　G. W. Skinner, "Marketing and Social Structure in Rural China", *Journal of Asian
Studies*, Vol.24,no.1-3. (1964〜65). 日本語譯は今井清一・中村哲夫・原田良雄譯『中
國農村の市場・社會構造』（法律文化社，1979年）。なお，陳村・霞瀛の近くで G.
W. スキナー氏のいう「中間市場町」に相當するのは，陳村・霞瀛から西へ約6km
（率水の上流）に位置する13都3圖・4圖に編成された溪口鎮である。本書【資料
篇】第4章「休寧縣都圖文書記載データ」を參照。

(31)　前揭註（1）山根幸夫「明初の徭役制度」。欒成顯「黃冊攢造及其遺存文書」
（『明代黃冊研究』中國社會科學出版社，1998年。增訂本，2007年）。

(32)　前揭註（28）欒「萬曆二十七都五圖黃冊底籍」。

(33)　趙岡『中國傳統農村的地權分配』（聯經出版公司，2005年），同『魚鱗圖冊研究』
（黃山書社，2010年）。

(34)　伊藤正彦「明初里甲制體制の歷史的特質——宋元史研究の視角から——」（『宋元
鄉村社會史論——明初里甲制體制の形成過程——』汲古書院，2010年。以下，前稿
とよぶ）。なお，小論で使用する「小農自立」とは，前稿と同じく，長期間にわた
る小經營自立の過程のうち，日本近世史研究で主張された「小農自立」——小經營
の所有の側面も考慮に入れ，基本的に單婚小家族の勞働力と自己所有地で再生産可
能な農民が廣範に形成される局面を意味する。安良城盛昭「太閤檢地の歷史的意義」
（『歷史學研究』167，1954年。のち「幕藩體制社會の成立と構造　增訂第四版』有
斐閣，1986年，所收），朝尾直弘「幕藩體制成立の基礎構造」（『日本史研究』59，
1962年。のち『朝尾直弘著作集』第2巻〈畿内からみた幕藩制社會〉岩波書店，
2004年，所收）を參照。

16   緒　論　明代鄉村社會史研究の課題

(35)　『徽州千年契約文書』（宋元明編）第11卷，花山文藝出版社，1991年，所收。

(36)　欒成顯「弘治九年抄錄魚鱗歸戶號簿」（『明史研究』１，1991年），前揭註（１）
　　　欒「黃册制度的几个基本問題」254〜264頁。

(37)　森正夫「中國前近代史研究における地域社會の視點——中國史シンポジウム『地
　　　域社會の視點——地域社會とリーダー』基調報告」（『名古屋大學文學部研究論集』
　　　83，1982年。のち『森正夫明清史論集』第3卷〈地域社會・研究方法〉汲古書院，
　　　2006年，所收）。

(38)　あくまで一般的傾向であり，地域によっては張居正の丈量以降も保を單位に魚鱗
　　　圖册が作製されつづける場合がある。たとえば，金華府東陽縣下では清・順治年間
　　　に保を單位に魚鱗圖册が作製された（『東陽縣永寧鄉14都10保魚鱗册』。東陽市財稅
　　　志編纂委員會『順治年間　東陽縣永寧鄉魚鱗册』2019年）。また，徽州府下の祁門縣
　　　でも清・順治年間，康熙年間の魚鱗圖册は保を單位に作製された（汪慶元「清初祁
　　　門縣魚鱗圖册」『清代徽州魚鱗圖册研究』安徽教育出版社，2017年）。

(39)　周藤吉之「宋代鄉村制の變遷過程」（『史學雜誌』72-10，1963年。のち『唐宋社會
　　　經濟史研究』東京大學出版會，1965年，所收）。前揭註（34）伊藤「明初里甲制體
　　　制の歷史的特質」。

第1章 『黄册底籍』と『丈量保簿』

はじめに

　小論が活用する史料の多くは，中國の機關に所藏されており，Web 上で公開されたものを除き，中國國外に居て閲覽することはできない。そのなかには，特別に許可される場合以外は機關の部外者に閲覽が認められないものもある。まず本章では，小論が活用する主要な史料の書誌と性格を確認するとともに，それが作製された背景などを檢討し，考察の前提を得ることにしよう。

一　『萬曆27都 5 圖黄册底籍』

　小論が活用する主要史料の一つは，欒成顯氏が1989年10月に『萬曆 9 年清丈27都 5 圖歸戶親供册』 1 册（安徽博物院藏2:24528號。以下，『歸戶親供册』と略す），『萬曆至崇禎27都 5 圖 3 甲朱學源戶册底』 1 册（安徽博物院藏2:24529號。以下，『朱學源戶册底』と略す），『淸初27都 5 圖 3 甲稅糧編審匯編』 1 册（安徽博物院藏2:24554號。以下，『淸初編審册』と略す）とともに發見し，整理・分析した安徽博物院（發見當時は安徽省博物館）所藏の『萬曆27都 5 圖黄册底籍』 4 册（2:24527號。以下，『黄册底籍』と略す）である。それは，徽州府休寧縣27都 5 圖第 3 甲の里長を務めていた朱學源戶の關係者が明末から淸代康熙年間（1662～1722）に抄寫したと推測される賦役黄册の底籍＝副本であり，萬曆10年（1582）分，同20年（1592）分，同30年（1602）分，同40年（1612）分として27都 5 圖で編纂された 4 回分の賦役黄册の内容をほぼ完全に傳える[1]。以下，小論では，『黄册底籍』の第 1 册を萬曆10年册，第 2 册を萬曆20年册，第 3 册を萬曆30年册，第 4 册を萬曆40年册とよぶことにする。

　明朝の賦役黄册は，洪武14年（1381）正月に全國の里（城中は坊，近城は廂）＝

18　第1章　『黄册底籍』と『丈量保簿』

圖を單位とする編纂が命じられて以降，10年に1度の原則で崇禎15年（1642）
に至るまで計27回にわたって編纂されつづけた[2]。萬曆30年までに南京後湖
（玄武湖）の黄册庫には153萬册余の賦役黄册が收藏されていたと傳えられてお
り[3]，布政使司，府，州・縣でも賦役黄册を保管することが命じられてい
た[4]から地方にも莫大な賦役黄册が蓄積されていたはずである。しかし，明
朝滅亡後，賦役黄册は散逸し，1里分全體を傳えるものは原本・抄本ともに1
册も發見されてこなかった。したがって，『黄册底籍』は稀代の史料といえる。
　欒氏が『黄册底籍』を發見してから30年以上が經過し，この間，岩井茂樹氏
によって嘉靖年間嚴州府下の賦役黄册の原本が發見され[5]，最近では紙背文
書の探究が進み，ハーバード大學圖書館藏『韻學集成』・『直韻篇』紙背の嘉靖・
隆慶年間揚州府下の賦役黄册の原本が整理・公刊され[6]，ほかにも上海圖書
館藏『樂府詩集』紙背をはじめとする各種漢籍紙背の賦役黄册の原本が分析さ
れている[7]。しかし，これらも1里分全體の賦役黄册の記載を傳えるもので
はないため，『黄册底籍』の價値はまったく搖らいでいない。

1　記載内容

　『黄册底籍』は4册であり，萬曆10年册は本文243頁，萬曆20年册は本文263
頁，萬曆30年册は本文295頁，萬曆40年册は本文358頁，總計本文1159頁におよ
ぶ。『黄册底籍』の書誌については，欒成顯氏が詳らかにしている[8]。屋上屋
を架すことは避け，記載内容について留意しておくべき點を確認しておこう。
　『黄册底籍』は，およそ各人戸の冒頭で里甲内の職役負擔（里長・甲首），戸
等，戸主の姓名，戸計の種別（民戸・軍戸・匠戸など）を記した後，「舊管」・
「新收」・「開除」・「實在」――いわゆる四柱形式の項目ごとに人口と事産なら
びに負擔稅糧額を記載している。第一に留意すべきは，册子によって記載樣式
に違いがあることである。相違の詳細は，同一人戸に關する萬曆10年册から萬
曆40年册の記載を翻刻した圖3を參照して確認していただきたい（19〜22頁）[9]。
萬曆10年册・萬曆20年册が人口の總數のみを記す場合が多いのに對し，萬曆30
年册・萬曆40年册は人口の名と生沒年まで記す場合が多く[10]，また萬曆20年

一 『萬曆27都5圖黃册底籍』　19

【圖3】『萬曆27都5圖黃册底籍』の記載樣式例

萬曆10年册

一戸王元　原籍故兄王深　民下戸

舊管　　　人丁男婦五口　　　男子三口　　　婦女二口

　　民田地山塘九畝一分八厘四毛　　　麥一斗三升九合九　　　米一斗九升八合一勺

　　　　田五分五厘四毛

　　　　地三畝一分〇一

　　　　山五畝二分九厘九毛

　　　　塘二分二厘一毛

新收　　　人口男子不成丁一口　　　姪貴萬曆九年生

　　今奉清丈

　　　　民田地一畝七分九厘八毛　　　麥三升七合九　　　米九升一合八勺

正收奉例丈收　　田一畝三分五厘六毛　　　麥二升九合　　　米七升二合六勺

　轉收民田地四分四厘二毛　　　麥八合五勺　　　米一升九合二勺

　　　　田一分三厘八毛石橋頭八年買十三都

　　　　地三分〇四厘

　　　　一分四厘四毛石橋頭十年買十三都一　吳冕戸　一分六厘后山十年買十三都一　吳伯詳戸

開除　　　人口男子成丁一口　　　元深萬曆八年故

　　民田地山塘六畝一分六厘四毫　　　麥八升四合　　　米九升五合五勺

正除奉　　民田地山塘一畝三分七厘九毫六絲　　　麥二升六合九　　　米一升七合四勺

　　　　地七分九厘三毛

　　　　山五分六厘四毛六絲

　　　　塘二厘二毛

　　　轉除民田山四畝七分八厘四毛四絲　　　麥五升七合九　　　米七升八合一勺

　　　　田六分八厘二毛墩上五年賣與十三都一　汪吳戸　麥一升三合四勺　米三升三合六勺

　　　　山四畝一分五厘六毛四絲

　　　　三畝八分二厘八毛四絲比前塘五年賣與十三都三　吳活戸　三分二厘八毛樟木塘子塢五年賣

　　　　與十三都　四吳淙慶戸

實在　　　人口五口　　　男子三口

　　　　　　成丁二口　　　本身年一十八歲　　前減年申　　義兄小個年四十歲

　　　　　　不成丁一口　　姪貴年二歲

　　　　　　婦女大二口

　　民田地山塘四畝八厘一毛八絲　　　麥九斗三合　　　米一斗九升四合四勺

　　田一畝四分二厘

　　地二畝六分一厘二毛

　　山五厘分七厘八毛

　　塘二分〇八

　　民田地山塘四畝三分九厘六毛　　　麥八升四合　　　缺九合　　　米一斗七升一合八　　缺二升二合六勺

20　第 1 章　『黄冊底籍』と『丈量保簿』

田九分九厘七毛
地二畝六分一厘三毛
山五分七厘八毫
塘二分〇八

萬暦20年冊

一戸王盛　　承故孫元　　　民
　　舊管
　　　　人口男婦五口
　　　民田地山塘四畝八一八
　　　　田一畝四二
　　　　地一畝六一二
　　　　山五七八
　　　　塘二〇八
　　新收
　　　　人口三口
　　　民田地山一十六畝五〇一
　　　轉收田一十六畝三五二
羽　　　　田一畝五厘　金竹萬暦十七年買十三都一圖四甲汪興戸
羽　　　　田四厘四毛　橋頭萬暦十四年買十三都一圖四甲汪有益戸
羽　　　　田九二五　金竹萬暦廿一年買十三都二圖八甲汪個戸
羽　　　　田三畝六四九　上墓林萬暦十六年買十三都三圖二甲汪應瑞戸
羽　　　　田四畝六四八　平降九畝垃萬暦十六年買　　全　　汪倉戸
羽　　　　田一畝九三　三門前萬暦十六年買十三都三圖六甲汪栢戸
羽　　　　田一畝四四　北塘口萬暦十六年買十三都三圖六甲汪仲英戸
羽　　　　田二畝五厘　土名八畝丘萬暦十七年買十三都三圖九甲程富戸
羽　　　　田五七六　金竹萬暦十八年買十三都四圖十甲吳史戸
羽　　　　地四厘五毛　橋頭萬暦十四年買十三都一圖四甲汪有益戸
　　　　　山　一〇四
　　　　　山三厘一　　　　　　　　　　　三甲吳日永戸
　　　　　　　　湖州溪萬暦十六年買十三都一圖
　　　　　山七厘三　　　　　　　　　四甲汪　興戸

　　開除
　　　　人口男婦三口
　　　民田地山九三九
　　　正除田四二三
　　　轉除田地山五一六
羽　　　　田三一五　墩橋頭萬暦十六年賣十三都四圖九甲吳宗慶戸

一　　『萬曆27都 5 圖黃册底籍』　　21

羽　　　　　地一八八　墩橋頭萬曆十六年賣十三都四圖九甲吳宗慶戶
羽　　　　　山一厘三　萬曆十五年賣十三都四圖九甲吳宗慶戶
　　實在
　　　　人口五口
　　　民田地山塘廿畝三八
　　　　田十三都田一十七畝三厘四
　　　　地十三都地二畝四六九
　　　　山十三都山六六九
　　　　塘二〇八

萬曆30年册

甲首有糧第五戶
　　一戶王盛　　　　　　　　　　民
　　舊管
　　　　人丁五口　　　　　　　　男三口　　　　　　　　女二口
　　　民田地山塘廿畝三分八厘
　　　　　夏麥四斗二升五合四　　　　　　　秋米一石二升五合二
　　　　　田十七畝三厘四毛　　麥三斗六升四合六　米九斗一升一合三
　　　　　地二畝四分六厘九毛　麥四升九合　　　米九升五合六
　　　　　山六分六厘九毛　　　麥七合　　　　　米七合一
　　　　　塘二分〇八　　　　　麥四合五　　　　米一升一合五
　　　新收
　　　　人口男子成丁一口　　　　　男天善十六年生　　前册未報
　　　開除
　　　　人口二口　　　　　男子成丁一口　　　　弟貴廿七年故
　　　轉除不成丁一口　　　　　男琴自幼出繼本甲房兄王勝宗爲嗣
　　　轉除民田二畝六分〇六毛
　　　　　夏麥五升五合八　　　　　　　　　秋米一斗三升九合四
　　推入本圖羽田二畝三厘九畝丘卅年賣入本甲金宗社戶
　　推入十三都四圖羽田五分七厘六毛金竹門前卅年賣入九甲吳自傑戶
　　　實在
　　　　人口男子成丁二口　　　　　本身二八歲　　　男天善十五歲
　　　民田地山塘十七畝七分七厘四毛
　　　　　夏麥三斗六升九合六　　　　　　　秋米八斗八升五合八
　　　　　田一十四畝四分二厘八毛　麥三斗八合八　米七斗七升一合九
　　　　　地二畝四分六厘九毛　　麥四升九合　　　米九升五合六
　　　　　山六分六厘九毛　　　　麥七合二　　　　米七合二
　　　　　塘二分〇八毛　　　　　麥四合五　　　　米一升一合五

22　第 1 章　『黄冊底籍』と『丈量保簿』

萬曆40年册

一戸王盛

　　　舊管　人丁計家男婦四口　　　　男子二口　　　　婦女二口
　　　事產　民田地山塘十柴畝七分七厘四毛
　　　　　　　　　　　　　　　　　　夏麥正耗三斗六升九合六
　　　　　　　　　　　　　　　　　　秋糧正耗八斗八升五合八
　　　　田十四畝四分貳厘捌　　麥三斗八合八　　　米七斗七升一合九
　　　　地二畝四分六厘九毛　　麥四升九合一　　　米九升七合六
　　　　山六分六厘九　　　　　麥七合二　　　　　米七合二
　　　　塘二分〇八毛　　　　　麥四合五　　　　　米一升一合一勺
　　　新收　人丁正收男子不成丁一口　　　男天相萬曆三十九年生
　　　事產　轉收民田地山四畝三厘九毛七絲
　　　　　　　　　　　　　　　　　　夏麥正耗七升六合五
　　　　　　　　　　　　　　　　　　秋糧正耗一斗七升五合三
　　　　田二畝九分六厘九毛八　　麥六升三合五　　米一斗五升八合九
田二分一厘　　　　土名墩上萬曆三十七年買十三都四圖九甲吳自傑戶
田一畝七分　　　　土名土力百葉萬曆四十一年買十三都一圖五甲吳文戶
田四分三厘二毛　　土名上力萬曆三十九年買十三都一圖七甲吳順戶
田六分二厘七毛八　土名金竹墩萬曆三十九年買十三都一圖四甲汪興戶
　　　　地一分柴厘七毛七　　　麥三合五　　　　　米六合九
地二厘七毛七　　　土名長塢等處萬曆三十六年買十三都一圖七甲吳順戶
地一分五厘　　　　土名墩上萬曆三十七年買十三都四圖九甲吳自傑戶
　　　　山八分九厘二毛四　　　麥九合五　　　　　米九合五
山六厘七絲　　　　土名橋頭山萬曆三十七年買十三都四圖九甲吳尚得戶
山八分二厘五　　　土名長塢大小塢等處萬曆三十六年買十三都一圖七甲吳順戶
山六毛七絲　　　　土名橋頭山萬曆三十七年買十三都四圖九甲吳自傑戶
　　　開除　人丁正除男子成丁一口　　　　　男天善萬曆三十八年故
　　　實在　人口五口　男子三口　　成丁二口　　本身　　三十八歲
　　　　　　　　　　　　　　　　　　　　　　男見善　二十五歲
　　　　　　　　　　　　　　　不成丁一口　男天相　　二歲
　　　　　　　　　　　婦女大二口　妻金氏年三十八歲　　嬸陳氏年四十歲
　　　事產　官民田地山塘二十一畝八分一厘三毛七絲
　　　　　　　　　　　　　　　　　夏稅正耗四斗四升六合一
　　　　　　　　　　　　　　　　　秋糧正耗一石六升一合一
　　　　田十七畝三分九厘七毛七　麥三斗七升二合三　米九斗三升〇八勺
　　　　地二畝六分四厘六毛五　　麥五升二合六　　　米一斗〇二合五
　　　　山一畝五分六厘一毛四　　麥一升六合七　　　米一升六合七
　　　　塘二分〇八　　　　　　　麥四合五　　　　　米一升一合一

册・萬暦30年册は賣買した事産の魚鱗圖册の字號（魚鱗圖册に記載された事産が所屬する里＝圖に付された文字（千字文）と里内の地番）をも記載するといった違いがみられる[11]。

記載様式ともかかわって，第二に留意しておくべきは，『黄册底籍』が人口の婦女については大口のみを記し，小口＝未婚女子は記載していないことである。これは，『黄册底籍』のみの制約ではなく，明代中期以降の「黄册遺存文書」に多くみられることを欒氏が指摘している[12]。

第三は，記載する事産の面積單位が萬暦9年（1591）の丈量以降に休寧縣で採用された税畝制によって示されていることである。税畝とは，田・地・山・塘など各種等級の事産の煩瑣な納税科則を簡略化するために，各種等級の事産面積を相當する納税面積に換算したものである[13]。欒成顯氏が萬暦『休寧縣志』卷3，食貨志「公賦」の記述をもとに整理した税畝等則と税糧科則の一覽[14]を表1に引用しておく。

【表1】　萬暦9年に定められた休寧縣の税畝等則と税糧科則

田土類別	一等正地	二等正地	三等正地	上田	中田	下田	下下田
畝當りの面積（步數）	30	40	50	190	220	260	300
畝當りの科則　麥	2升1合4勺						
畝當りの科則　米	5升3合5勺						

（續表）

田土類別	上地	中地	下地	下下地	山	塘
畝當りの面積（步數）	200	250	350	500		260
畝當りの科則　麥	1升9合8勺7抄				1升7勺	2升1合4勺
畝當りの科則　米	3升8合7勺1抄3撮				1升7勺	5升3合5勺

　　　　註　（1）山に關しては，萬暦9年の清丈において「山不論步量計分畝」と
　　　　　　　　　ある（歴史研究所藏『休寧縣都圖地名字號便覽』）。
　　　　　　（2）都市の各等正地の税糧科則は田と同じ。河潭は田と同じ。蘆荻洲
　　　　　　　　　は地と同じ。

24 　第 1 章 　『黃册底籍』と『丈量保簿』

　次節で論じる27都 5 圖の魚鱗圖册・魚鱗圖册關係文書も，事産額を稅畝によっ
て示している。稅畝表示の面積は實測面積（畝）と異なるが，稅畝には國家が
把握した公課負擔能力を示すというメリットもあるため，小論では27都所屬人
戸の事産額を基本的に稅畝單位で示し，必要な場合に實測面積を示すことにす
る。

　第四は，萬曆10年册と萬曆40年册には缺落した部分があることである。萬曆
10年册は第 9 甲の朱廷鶴戸に關する記載の途中以降が缺落しており，萬曆40年
册は第 2 甲・第 3 甲・第 6 甲に關する記載に缺落箇所がある。しかし，萬曆40
年册の缺落はごくわずかであり[15]，萬曆10年册で記載が缺落した人戸の「實
在」の人口・事産については萬曆20年册の「舊管」の記載によって多くを補う
ことができる[16]。したがって，『黃册底籍』からは萬曆10年册：185戸，萬曆
20年册：189戸，萬曆30年册：199戸，萬曆40年册：199戸の人口・事産に關す
る情報が得られる。

　第五は，100歳や200歳を超える異常に高齢な人口のみによって構成され，まっ
たく事産を所有しない人戸が記載されている（各甲の末尾に記される場合が多い）
ことである。萬曆30年册はこうした人戸の多くについて"民絕戸"・"絕軍"・
"絕匠"と記している。欒氏によれば，これらは途絕えたにもかかわらず賦役
黃册上は削除されずに記載された虛構の人戸＝絕戸であり，そうした人戸が記
載されたのは各級の官府が舊額を失するのを恐れたためであるという[17]。筆
者は，萬曆30年册で"民絕戸"等と記された戸以外に，異常に高齢な人口のみ
によって構成され，承繼や事産の移動がまったくみられない人戸も絕戸と考え
る（異常に高齢な人口が含まれていても若い人口が存在する人戸，ならびに承繼や事産
の移動がある人戸については實在戸と考える）。筆者が判斷した萬曆10年册から萬
曆40年册が記載する實在戸數・絕戸數は，次のとおりである[18]。

　　萬曆10年册　實在戸：145戸　絕戸：40戸　（計185戸）

　　萬曆20年册　實在戸：147戸　絕戸：42戸　（計189戸）

　　萬曆30年册　實在戸：152戸　絕戸：47戸　（計199戸）

　　萬曆40年册　實在戸：153戸　絕戸：46戸　（計199戸）

一　『萬曆27都5圖黄册底籍』　25

『黄册底籍』が記載する27都5圖所屬人戸の人口數・事産額の推移を一覧できるように整理し，**表2**に示しておく（26〜55頁）。所屬人戸の動向を通覽していただきたい。

2　事産賣買・推收過割の記載

『黄册底籍』は，既存の文獻史料からは窺い知ることができなかった賦役黄册の事項を記載している。それは「新收」轉收の項と「開除」轉除の項である。事例として，**圖3**にあげた第1甲王元戸の萬曆10年册の「新收」轉收，萬曆30年册の「開除」轉除の記載を引用しよう。

　　　轉收田地四分四厘二毛　　麥八合五勺　　米一升九合二勺

　　　田一分三厘八毛石橋頭八年買十三都

　　　地三分〇四厘

　　　　一分四厘四毛石橋頭十年買十三都一　吳冕戸

　　　　一分六厘後山十年買十三都一　吳伯詳戸

　　　　　　　　　　　　　　　（『黄册底籍』萬曆10年册，第1甲王元戸より）

　　　轉除民田二畝六分〇六毛

　　　　夏麥五升五合八　　秋米一斗三升九合四

　　　推入本圖<u>羽</u>田二畝三厘畝丘卅年賣入本甲金宗社戸

　　　推入十三都四圖<u>羽</u>田五分七厘六毛金竹門前卅年賣入九甲吳自傑戸

　　　　　　　　　（『黄册底籍』萬曆30年册，第1甲王盛戸より。二重下線は引用者）

記載樣式には違いがあるものの，轉收・轉除した事産の總面積と負擔税糧額を記したうえで，賣買した事産ごとに事産の面積，所在地（土名），賣買した年，賣買相手の所屬組織（都圖・甲），戸名を記している。萬曆30年册の轉除の記載については，少しく説明が必要だろう。二重下線を付した"羽"は，休寧縣の都圖文書によって確認できるように，張居正の丈量——休寧縣では知縣の曾乾亨（字は于健，江西吉水の人，萬曆5年の進士）が萬曆9年8月から11月にかけて實施した丈量によって13都1圖に付された魚鱗字號の文字（千字文）であった[19]。したがって，萬曆30年册の轉除にみえる二つの田についての記述は，

26　第1章　『黄冊底籍』と『丈量保簿』

【表2】　『萬暦27都5圖黄冊底籍』基礎データ

【凡例】

　本データは，『萬暦27都5圖黄冊底籍』に記載される人戸の「實在」の項の戸名・戸計（戸等）・事産を時系列に一覧表にしたものである。あわせて萬暦10年冊の「舊管」の數値も載せた。萬暦10年冊の第9甲朱廷鶴戸の途中以降の記載は缺落しているため，萬暦20年冊の「舊管」の數値によって補った（ただし，第9甲の洪龍富戸以降の12の人戸については，萬暦20年冊が「實在」のみを記すため，萬暦10年冊段階の數値が不明である）。

　承繼によって戸名を變更した場合には，戸名の欄の下段に誰からの承繼であるかを示した（不明の場合は示していない）。

　「告明分析」した場合は，どの戸からの分出であるか，「告明立戸」した場合は，立戸であることを戸名の欄の下段に示した。なお，生長した地名が記される場合は，地名を戸計の欄の下段に示した。

　絶戸と記される場合は，戸計の欄に絶と記した。筆者が絶戸と判斷したものは（絶）と記した。

　人口の欄の下段には，男：女の數と成丁數を示した。

　牛の欄のアラビア數字は黄牛，丸數字は水牛を示す。

第1甲	萬暦10年冊舊管 （1572）				萬暦10年冊實在 （1582）					
	戸名	戸計	人口	事産（税献）	戸名	戸計	人口	事産（税献）	房	牛
排年	王　茂	軍戸　上戸	67 55：12	411.0139			69 57：12	546.9155	6	
	朱宗盛	民戸　下戸	5 2：3	3.0060	程　相 義父より		4 3：1,成丁2	13.3410	3	
	王　榮	民戸　下戸	8 5：3	14.3660			8 5：3,成丁3	14.2418	3	
	金　清	竹匠　中戸	12 7：5	88.0605			13 8：5,成丁6	96.8265	5	1
	郭　印	民戸　下戸	5 3：2	19.1950			5 3：2,成丁1	10.0825		
	王　深	民戸　下戸	5 3：2	9.1840	王　元 兄より		5 3：2,成丁2	4.0818		
	方　鎭	民戸　下戸	4 3：1	0.8750	方　倪 兄より		4 3：1,成丁1	2.4300		
	汪　□	民戸　下戸	4 2：2	2.3180	高　全 義父より		4 2：2,成丁1	2.9880	1	
	陳　使	軍戸　下戸	2 1：1	1.3600			3 1：2,成丁1	0.1960	3	1
	謝　社	民戸　下戸	8 6：2	31.7880			8 6：2,成丁6	3.9585	3	
	程保同	民戸　下戸	5 4：1	9.8090			4 3：1,成丁1	0.0000	2	
	徐文錦	民戸　下戸	2 1：1	0.5880	（絶）		2 1：1,成丁0	0.0000	2	
	王顯富	民戸　下戸	3 2：1	2.6060			3 2：1,成丁0	0.0000	3	
	詹　祐	民戸　下戸	1 1：0	3.0690			1 1：0,成丁0	0.0000	1	
	陳紹怡	軍戸	5 3：2	0.0000	（絶）		5 3：2,成丁0	0.0000	6	①
	陳　舟	軍戸　下戸	2 1：1	3.0820	（絶）		2 1：1,成丁0	0.0000	3	
	朱兆壽	軍戸　下戸	2 2：0	0.0000	（絶）		2 2：0,成丁0	0.0000	1	
					程　興 程保同より析出	民戸　下戸	2 2：0,成丁0	9.0280		

一 『萬曆27都5圖黃册底籍』

第1甲	萬曆20年册實在 (1592)						萬曆30年册實在 (1602)					
	戸　名	戸　計	人　口	事產(税畝)	房	牛	戸　名	戸　計	人　口	事產(税畝)	房	牛
排　年			69 57：12	412.1040	6				69 57:12,成丁39	383.7377	6	
			2 1：1	15.8710	3				3 2:1,成丁1	15.4980	3	
	王　富 兄より		7 4：3	8.6390	3				7 4:3,成丁3	7.9120	3	
			13 8：5	95.5080	5	1	金尙伊 伯祖より		11 6:5,成丁5	82.2825	5	1
			5 3：2	5.2950			郭節華 叔より		5 3:2,成丁1	5.5710		
	王　盛 孫より		5 3：2	20.3800					4 2:2,成丁2	17.7740		
	方廷貴 孫より		4 3：1	0.0520			余　鐸 舅より		2 1:1,成丁1	0.0520		
	高　曜 父より		4 2：2	2.0530	1				4 2:2,成丁1	2.0240	1	
			3 2：1	0.1960	3	1			3 1:2,成丁1	0.0000	3	1
	謝　使 孫より		4 3：1	0.4360	3		謝廷奉 兄より		4 3:1,成丁1	0.4360	3	
			4 3：1	0.0000	2				4 3:1,成丁1	0.0000	2	
		(絕)	2	0.0000	2			絕	2 1:1,成丁0	0.0000	2	
			3 2：1	0.0000	3		王　琴 祖より		2 1:1,成丁1	17.11195	3	
			1 1：0	0.0000	1		金宗社 外祖より		1 1:0,成丁1	12.8610	1	
		(絕)	5	0.0000	6	①		絕	5 3:2,成丁0	0.0000	6	1
		(絕)	2	0.0000	3			絕	2 1:1,成丁0	0.0000	3	
		(絕)	2	0.0000	1			絕	2 2:0,成丁0	0.0000	1	
			2 2：0	10.0260			程義龍 父より		2 2:0,成丁1	4.4080		

第1甲	萬曆40年冊實在 (1612)					
	戶　名	戶　計	人　口	事產(税畝)	房	牛
排　年			69 57:12,成丁39	394.72279	6	
			3 2:1,成丁1	4.7440	3	
			7 4:3,成丁3	4.4543	3	
			12 7:5,成丁6	63.8735	5	①
			5 3:2,成丁1	3.7760		
			5 3:2,成丁2	21.8137		
			2 1:1,成丁1	0.0520		
			4 2:2,成丁1	2.0240	1	
	陳岩祐 父より		3 1:2,成丁1	0.0000	3	1
			4 3:1,成丁2	0.1294	3	
	程富義 叔より		4 3:1,成丁1	0.0000	2	
		(絕)	2 1:1,成丁0	0.0000	2	
			2 1:1,成丁1	18.95695	3	
			1 1:0,成丁1	16.9100	1	
		(絕)	5 3:2,成丁0	0.0000	6	1
		(絕)	2 1:1,成丁0	0.0000	3	
		(絕)	2 2:0,成丁0	0.0000	1	
			2 2:0,成丁1	5.0250		

一 『萬曆27都5圖黃册底籍』 29

第2甲			萬曆10年册舊管(1572)			萬曆10年册實在(1582)				
	戶名	戶計	人口	事產(税畝)	戶名	戶計	人口	事產(税畝)	房	牛
排 年	朱洪	民戶 中戶	15 9:6	103.8680			25 17:8,成丁10	203.6334	6	
	朱邦	民戶 下戶	6 3:3	24.3684	朱祖耀 伯より		6 3:3,成丁2	16.6769	2	
	朱寬	民戶 下戶	4 1:3	1.6905			5 2:3,成丁1	5.9908		
	胡眞	民戶 下戶	3 2:1	2.2290	胡天法 父より		3 2:1,成丁1	2.9859	2	
	吳和	民戶 下戶	9 6:3	34.6310			9 6:3,成丁3	21.5670	3	
	朱隆	民戶 下戶	8 5:3	56.0590			8 5:3,成丁4	48.2000	1	①
	王洪	民戶 下戶	4 2:2	0.0830			4 2:2,成丁1	2.2120	1	
	吳四保	民戶 下戶	6 4:2	2.8230			6 4:2,成丁3	7.6630	1	
	朱添資	民戶 下戶	3 2:1	2.4510			3 2:1,成丁1	1.3670	2	
	汪岩亮		3 2:1	0.5700			3 2:1,成丁0	0.0000		
	胡下	民戶 下戶	2 1:1	0.0000	(絕)		2 1:1,成丁0	0.0000	2	
	汪護	民戶 下戶	2 1:1	1.1390			2 1:1,成丁0	0.0000	2	
	朱憲	民戶 下戶	3 2:1	22.1976	朱時應 父より		3 2:1,成丁1	25.3665	2	
	朱神祖	軍戶 下戶	1 1:0	1.2940	(絕)		1 1:0,成丁0	0.0000	1	
	朱留住	軍戶 下戶	2 2:0	0.0000	(絕)		2 2:0,成丁0	0.0000	3	
	陳清和	軍戶 下戶	2 2:0	7.8310	(絕)		2 2:0,成丁0	0.0000	3	

30　第1章　『黄冊底籍』と『丈量保簿』

第2甲	萬曆20年册實在（1592）						萬曆30年册實在（1602）					
	戶名	戶計	人口	事産(税畝)	房	牛	戶名	戶計	人口	事産(税畝)	房	牛
排年			18 11：7	78.3947	6				18 11：7,成丁6	73.8726	6	
			5 2：3	17.1400	2				5 2：3,成丁1	10.2975	2	
			5 2：3	5.9910			朱社稷		5 2：3,成丁1	5.9910		
	胡齊鳳 父より		2 1：1	1.8380	2				2 1：1,成丁1	1.8380	2	
	吳天保 祖より		11 8：3	19.1760	3				11 8：3,成丁5	18.2120	3	
	朱　欽 祖より		6 4：2	29.9380	1	①			6 4：2,成丁3	26.0225	1	①
			3 2：1	1.3950	1		王宗元 父より		2 1：1,成丁1	1.2850		
	吳　興 父より		6 4：2	5.4110	1				6 4：2,成丁3	4.6110	1	
			3 2：1	28.7890	2		朱伯才		4 3：1,成丁1	35.0745	2	
	朱師顏 外祖より		1 1：0	32.1782					1 1：0,成丁1	39.5915		
		(絶)	2	0.0000	2			(絶)	2 1：1,成丁1	0.0000	2	
			3 2：1	16.9160	2		朱祐生 義父より		3 2：1,成丁1	34.4820	2	
			3 2：1	24.9470	2				3 2：1,成丁1	14.4655	2	
		(絶)	1	0.0000	1			絶	1 1：0,成丁0	0.0000	1	
		(絶)	2	0.0000	3			絶	2 2：0,成丁0	0.0000	3	
		(絶)	2	0.0000	3			絶	2 2：0,成丁0	0.0000	3	
	朱　淳 朱欽より析出	民戶	1 1：0	43.2719					1 1：0,成丁1	33.3469		
	朱　信 朱欽より析出	民戶	2 1：1	36.7547					2 1：1,成丁1	38.0007		
	朱師孔 朱欽より析出	民戶	1 1：0	43.2119					1 1：0,成丁1	48.0839		
							朱　仲 立戶	民戶	1 1：0,成丁1	40.3600		
							朱　作 立戶	民戶 淮安にて生長	1 1：0,成丁1	41.6980		
							朱世蕃 立戶	民戶 淮安にて生長	1 1：0,成丁1	24.4090		
							朱　偉 立戶	民戶 淮安にて生長	1 1：0,成丁1	32.4845		
							朱　伊 立戶	民戶	1 1：0,成丁1	34.6860		
							朱　汲 立戶	民戶	1 1：0,成丁1	17.09715		
							朱誠任 立戶	民戶 浙江にて生長	1 1：0,成丁1	17.0145		
							朱世福 立戶	民戶	1 1：0,成丁1	6.8470		

一　『萬曆27都５圖黃册底籍』

第２甲		萬曆40年册實在（1612）				
戶名	戶計	人　口	事產(稅畝)	房	牛	
排　年		18 11:7,成丁6	68.1158	6		
		3 2:1,成丁1	7.80137	2		
		5 2:3,成丁1	6.8650			
		3 2:1,成丁1	1.8380	2		
		11 8:3,成丁5	18.7320	3		
		6 4:2,成丁3	31.44568	1	1	
		2 1:1,成丁1	1.2850	1		
吳　曜 兄より		7 4:3,成丁3	4.6550	1		
		4 3:1,成丁1	34.6895	2		
		1 1:0,成丁1	39.5915			
		3 2:1,成丁1	34.4820			
		3 2:1,成丁1	16.88358	2		
	(絕)	1 1:0,成丁0	0.0000	1		
	(絕)	2 2:0,成丁0	0.0000	3		
	(絕)	2 2:0,成丁0	0.0000	3		
		1 1:0,成丁1	37.3689			
朱朝臣 父より		2 1:1,成丁1	38.6437			
		3 2:1,成丁2	73.2174			
		1 1:0,成丁1	50.2855			
		1 1:0,成丁1	50.6275			
		1 1:0,成丁1	24.4090			
		2 1:1,成丁1	30.6465			
		2 1:1,成丁1	34.6860			
		1 1:0,成丁1	11.18345			
		2 2:0,成丁1	45.6973			
		1 1:0,成丁1	6.8470			
朱永興 立戶		1 1:0,成丁1	43.7569			
朱徹昌 立戶	在外に て生長	1 1:0,成丁1	16.6740			

32　第1章　『黄冊底籍』と『丈量保簿』

第3甲	戶名		萬曆10年册舊管 (1572)			萬曆10年册實在 (1582)					
		戶　計	人　口	事產(稅畝)	戶　名	戶　計	人　口	事產(稅畝)	房	牛
排　年	朱　清	上戶	47 33：14	221.1160			48 34:14,成丁25	305.0825	3	1
	吳　盛	民戶　下戶	2 1：1	0.1090	吳初保 義父より		2 1:1,成丁1	0.0000	1	
	李　成	民戶　下戶	5 3：2	3.6960			5 3:2,成丁2	4.2430		
	吳　個	民戶　下戶	5 4：1	0.7600			6 4:2,成丁3	0.8580		
	宋　慶	民戶　下戶	4 2：2	3.5190	宋積高 兄より		4 2:2,成丁1	2.4850		
	徐　奉	木匠　故絶	2 1：1	1.3760			2 1:1,成丁0	0.0000	3	
	胡　曜	民戶　下戶	3 2：1	1.2850			3 2:1,成丁1	1.8760	1	
	程　法	民戶　下戶	5 2：3	0.0000	劉再得 義夫より		3 1:2,成丁1	18.8790	2	
	朱文樞		3 2：1	9.9370			3 2:1,成丁1	5.0054	2	①
	劉巴山		2 1：1	3.2200			2 1:1,成丁1	0.0000	3	
	朱興元	民戶　下戶	3 2：1	22.4180			3 2:1,成丁1	26.1429	3	①
	項興才	民戶　下戶	4 3：1	10.4950			4 3:1,成丁2	8.2290	半	
	金　黑	民戶　下戶	3 2：1	2.6130			2 1:1,成丁1	0.0000	3	①
	汪慶祐	軍戶	1 1：0	0.0000	(絶)		1 1:0,成丁0	0.0000	2	
	陳舟興	軍戶	1 1：0	0.0000	(絶)		1 1:0,成丁0	0.0000	3	
	朱添助	軍戶	1 1：0	0.0000	(絶)		1 1:0,成丁0	0.0000	1	
	詹　惠	民戶	2 1：1	4.3430	朱社學 外祖より		1 1:0,成丁1	3.7630	3	
	王宗林	民戶	4 1：3	3.6470			4 1:3,成丁0	0.0000		

第3甲		萬曆20年册實在 (1592)				萬曆30年册實在 (1602)					
戶　名	戶　計	人　口	事產(税畝)	房	牛	戶　名	戶　計	人　口	事產(税畝)	房	牛
排　年　朱學源	匠戶	48 34：14	337.5130	3	1			48 34:14,成丁25	420.93066	3	1
		2 1：1	0.0000		1			2 1:1,成丁1	0.0000		1
		5 3：2	3.9070					5 3:2,成丁2	4.2970		
吳天龍 孫より		6 4：2	0.6080					6 4:2,成丁3	1.1330		
宋甲毛 兄より		4 2：2	2.3410					4 2:2,成丁1	2.2560		
	軍戶(絶)	2	0.0000	3		絶 匠戶		2 1:1,成丁0	0.0000	3	
		3 2：1	1.8140	1		胡　風 父より		3 2:1,成丁1	1.7630	1	
		3 1：2	19.1740	2				3 1:2,成丁1	19.1410	2	
朱大儀 父より		2 1：1	0.8124	2	①			2 1:1,成丁1	0.6754	2	①
		2 1：1	0.0000	3		劉文選 父より		2 1:1,成丁1	0.0150	3	
		3 2：1	29.4400	3	①	朱興龍		3 2:1	29.67948		
		4 3：1	8.3710	半				4 3:1,成丁2	8.3710	半	
劉得應 義父より		2 1：1	4.4220	3	①			2 1:1,成丁1	11.5790	3	①
	(絶)	1	0.0000	2		絶		1 1:0,成丁0	0.0000	2	
	(絶)	1	0.0000	3		絶		1 1:0,成丁0	0.0000	3	
	(絶)	1	0.0000			絶		1 1:0,成丁0	0.0000	1	
		1 1：0	5.6230	3				1 1:0,成丁0	6.3130	3	
		4 1：3	0.0000			朱　標 外祖より		1 1:0,成丁0	17.12739		

34　　第1章　『黄冊底籍』と『丈量保簿』

第3甲	萬暦40年册實在 (1612)					
	戸　名	戸　計	人　口	事產(税畝)	房	牛
排　　年			48 34:14,成丁25	502.50186	3	1
	李　象 父より		5 3:2,成丁2	5.3810		
	呉長富 兄より		6 4:2,成丁3	2.6650		
			4 2:2,成丁1	2.3390		
		(絶)	2 1:1,成丁0	0.0000	3	
			3 2:1,成丁1	1.6417	1	
	劉　岩 父より		2 1:1,成丁1	21.4610	2	
	朱繼伯 父より		3 2:1,成丁1	0.6456	2	①
			2 1:1,成丁1	0.0150	3	
			3 2:1,成丁1	18.56248		
			4 3:1,成丁2	18.2486	半	
			2 1:1,成丁1	14.46035	3	①
		(絶)	1 1:0,成丁0	0.0000	2	
		(絶)	1 1:0,成丁0	0.0000	3	
		(絶)	1 1:0,成丁0	0.0000	1	
			1 1:0,成丁1	14.3280	3	
			1 1:0,成丁1	22.69355		

一 『萬曆27都5圖黄册底籍』 35

第4甲	萬曆10年册舊管 (1572)				萬曆10年册實在 (1582)					
	戶名	戶計	人口	事產(税畝)	戶名	戶計	人口	事產(税畝)	房	牛
排 年	王 時	下戶	29 20：9	57.3670			30 21:9,成丁14	68.4450	6	
	楊 曜	民戶 下戶	5 4：1	3.5000			5 4:1,成丁2	0.0000	草1	
	汪福壽	民戶 下戶	3 2：1	3.9980			3 2:1,成丁2	1.5000	2	
	朱世明	民戶 下戶	2 1：1	37.3230			3 2:1,成丁1	40.5836		
	汪 山	民戶 下戶	3 2：1	0.0000			3 2:1,成丁1	0.0000	3	
	朱文魁	民戶 下戶	4 3：1	7.4330			4 2:2,成丁1	1.8940	3	
	王 法	民戶 下戶	7 4：3	9.9200			7 4:3,成丁2	9.1640	3	
	朱景和	民戶 下戶	3 2：1	15.7660			3 2:1,成丁1	15.3910	2	
	倪 十	民戶 下戶	3 2：1	7.5820			3 2:1,成丁1	0.1310	1	
	程大賓	鑄匠	16 11：5	71.7650			16 11:5,成丁7	52.1360	6	①
	朱 象	民戶 下戶	4 2：2	1.2480			4 2:2,成丁2	1.1250	2	①
	王 英	民戶 下戶	3 2：1	0.3440			3 2:1,成丁2	0.2100	3	
	吳 瑄	民戶 下戶	2 2：0	14.0700			3 2:1,成丁1	13.4310	3	
	陳個成	民戶 下戶	3 2：1	1.0310	(絕)		3 2:1,成丁0	0.0000	3	
	朱稅章	軍戶	1 1：0	0.0000	(絕)		1 1:0,成丁0	0.0000	2	
	朱宗得	軍戶	2 2：0	4.6470	(絕)		2 2:0,成丁0	0.0000	1	
	陳 法	軍戶	3 3：0	0.0000	(絕)		3 3:0,成丁0	0.0000	8	
	汪 得	民戶 下戶	3 2：1	0.0000			3 2:1,成丁0	0.0000	2	1
	徐 灼	民戶 下戶	2 1：1	0.2440			2 1:1,成丁0	0.0000	3	

第4甲	萬曆20年册實在 (1592)						萬曆30年册實在 (1602)					
	戸名	戸計	人口	事産(税畝)	房	牛	戸名	戸計	人口	事産(税畝)	房	牛
排年	王正芳	匠戸 下戸	27 / 17:10	65.1120	6				27 / 17:10,成丁11	72.9070	6	
			5	0.0000	草1				3 / 2:1,成丁1	0.0000	草1	
			4 / 2:2	1.5000	2				4 / 2:2,成丁2	1.5000	2	
	朱大興 祖より		2 / 1:1	1.9940					3 / 2:1,成丁1	1.7636		
	汪文晃 祖より		2 / 1:1	2.6460	3				2 / 1:1,成丁1	0.3000	3	
			3 / 2:1	2.2120	3				3 / 2:1,成丁1	0.9321	3	
	王美 兄より		6 / 4:2	8.0240	3				6 / 4:2,成丁2	8.7435	3	
			3 / 2:1	5.2380	2		朱大斌 父より		2 / 1:1,成丁1	1.22975	2	
	倪四保		2 / 1:1	2.0410	1				2 / 1:1,成丁1	1.8960	1	
	程友儀		16 / 11:5	30.4290	6				17 / 12:5,成丁8	19.8200	6	①
			4 / 2:2	0.1350	2	①	朱文節 伯より		4 / 2:2,成丁2	0.8890	2	①
			3	0.2100	3				2 / 1:1,成丁0	0.2100	3	
			3 / 2:1	17.8960	1				3 / 2:1,成丁1	18.1960	1	
	(絶)		3	0.0000	3		絶		3 / 2:1,成丁0	0.0000	3	
	(絶)		1	0.0000	2		絶		1 / 1:0,成丁0	0.0000	2	
	(絶)		2	0.0000	1		絶		2 / 2:0,成丁0	0.0000	1	
	(絶)		3	0.0000	8		絶		3 / 3:0,成丁0	0.0000	8	
	朱岩志 外祖より		2 / 1:1	3.4870	2	1			2 / 1:1,成丁1	10.0253	2	1
	王富美 立戸	民戸	1 / 1:0	1.8140			陳冨萬 隨姓に變更		1 / 1:0,成丁1	0.6840		

第4甲			萬曆40年册實在 (1612)			
	戶　名	戶　計	人　口	事產(稅畝)	房	牛
排　年			27 17:10,成丁11	104.89627	6	
			3 2:1,成丁1	0.0000	草1	
			4 2:2,成丁2	1.5000	2	
			3 2:1,成丁1	1.7191		
			2 1:1,成丁1	0.0000	3	
			3 2:1,成丁1	0.7526	3	
	王　祥 叔より		6 4:2,成丁3	12.2730	3	
			2 1:1,成丁1	1.18575		
			2 1:1,成丁1	1.8960		
			17 12:5,成丁8	19.7745	6	①
			5 3:2,成丁2	1.0580	2	①
			2 1:1,成丁0	0.2100	3	
			3 2:1,成丁2	8.7625	1	
		(絕)	3 2:1,成丁0	0.0000	3	
		(絕)	12 1:0,成丁0	0.0000	2	
		(絕)	2 2:0,成丁0	0.0000	1	
		(絕)	3 3:0,成丁0	0.0000	8	
			2 1:1,成丁1	9.7930	2	1
			1 1:0,成丁1	0.9590		

38　第1章　『黄冊底籍』と『丈量保簿』

第5甲	萬曆10年册舊管 (1572)				萬曆10年册實在 (1582)				房	牛
	戶名	戶計	人口	事產(税畝)	戶名	戶計	人口	事產(税畝)		
排年	陳章	民戶 中戶	29 18：11	172.6355			29 18:11,成丁13	179.6440	3	
	朱勝付	民戶 下戶	4 3：1	19.3230			4 3:1,成丁2	9.5420	2	
	陳新	民戶 下戶	5 2：3	8.5657			5 2:3,成丁1	23.6060	2	
	陳信漢	民戶 下戶	2 1：1	22.0000			2 1:1,成丁1	14.9420	3	
	金社保	竹匠	12 7：5	19.7740			12 7:5,成丁4	34.8040	3	
	吳京	民戶 下戶	5 3：2	25.4760			5 3:2,成丁2	24.4720		
	陳旦	民戶 下戶	7 4：3	4.0720			7 4:3	0.6860	2	
	汪義曜	民戶 下戶	4 2：2	0.7510			4 2:2	0.0000	4	
	謝友	民戶 下戶	4 2：2	0.0000			4 2:2,成丁2	0.0000	3	
	謝雲圮	民戶 下戶	4 2：2	1.1130			4 2:2,成丁2	1.0260	1	
	王鍾	民戶 下戶	4 1：3	1.4600			3 1:2,成丁1	0.3200	2	
	程眞來	民戶 下戶	2 2：0	0.6890			2 2:0,成丁0	0.0000	2	
	陳宜	民戶 下戶	3 2：1	10.4860			3 2:1	4.5980	3	
	陳原得	軍戶	1 1：0	0.0000	(絕)			0.0000	2	
	陳道壽	軍戶	3 2：1	0.0000	(絕)			0.0000	1	
	周淮得	軍戶	2 2：0	6.7850	(絕)		2 2:0,成丁0	0.0000		
	吳佛保	軍戶	4 4：0	0.0000	(絕)		4 4:0,成丁0	0.0000	3	1
	詹曜	民戶	4 2：2	1.9470	(絕)		4 2:2,成丁0	0.0000	3	

一 『萬曆27都5圖黃册底籍』 39

第5甲	萬曆20年册實在（1592）					萬曆30年册實在（1602）					
	戶　名	戶　計	人　口	事產(稅畝)	房	牛	戶　名	戶　計	人　口	事產(稅畝)	房	牛
排　年			29 18：11	89.3850	3				27 16:11,成丁11	50.8930	3	
	陳　方 外父より		5 3：2	8.8860	2				5 3:2,成丁2	8.8860	2	
			5 2：3	22.1670	2				4 1:3,成丁1	21.6820	2	
			2 1：1	15.6620	3				2 1:1,成丁1	13.6400	3	
			12 7：5	38.2240	3		金岩武 伯より		12 7:5,成丁4	26.8919	3	
			4 2：2	25.3010					5 3:2,成丁2	12.01734		
			6 3：3	0.6860	2		陳　應 兄より		5 2:3,成丁1	0.6860	2	
			3 1：2	0.0000	4			絶	3 1:2,不成丁1	0.0000	4	
			4 2：2	0.0000	3		謝　積 父より		4 2:2,成丁2	0.0000		
	謝廷文		4 2：2	1.1610	1				4 2:2,成丁2	1.1610	1	
			3 1：2	0.3560	2				3 1:2,成丁1	0.3560	2	
		(絶)	2 2：0	0.0000	2			絶	2 2:0,成丁0	0.0000	2	
			3 2：1	4.5980	3				3 2:1,成丁2	4.5980	3	
		(絶)	1	0.0000	2			絶	1 1:0,成丁0	0.0000	2	
		(絶)	3	0.0000	1			絶	3 2:0,成丁0	0.0000	1	
		(絶)	2	0.0000	1			絶	2 2:0,成丁0	0.0000	1	
		(絶)	4	0.0000	3	1		絶	4 4:0,成丁0	0.0000	3	1
		(絶)	4	0.0000	3			絶	4 2:2,成丁0	0.0000	3	

第5甲	戸　名	戸　計	人　口	事産(税畝)	房	牛
排　年			27 16:11,成丁11	33.7240	3	
			5 3:2,成丁2	8.8860	2	
			4 1:3,成丁1	14.6300	2	
			2 1:1,成丁1	11.0430	3	
			12 7:5,成丁4	14.2999		
			5 3:2,成丁2	6.47082		
			4 1:3,成丁1	0.6860	2	
		(絶)	3 2:1,成丁0	0.0000	4	
			4 2:2,成丁2	0.0000		
			4 2:2,成丁2	1.0960	1	
			3 1:2,成丁1	0.3560	3	
		(絶)	2 2:0,成丁0	0.0000	2	
			3 2:1,成丁2	4.5980	3	
		(絶)	1 1:0,成丁0	0.0000	2	
		(絶)	3 2:1,成丁0	0.0000	1	
		(絶)	2 2:0,成丁0	0.0000	1	
		(絶)	4 4:0,成丁0	0.0000	3	1
		(絶)	4 2:2,成丁0	0.0000	3	

一 『萬曆27都5圖黃册底籍』 41

第6甲	戶名	戶計		人口	事產(稅畝)	戶名	戶計		人口	事產(稅畝)	房	牛
		萬曆10年册舊管 (1572)				萬曆10年册實在 (1582)						
排 年	朱廣	民戶	中戶	16 8：8	129.6385				18 9:9,成丁8	115.1190		
	朱護	民戶	下戶	3 2：1	32.4530				3 2:1,成丁1	45.7273		
	王科	匠戶	下戶	3 1：2	1.9530				3 1：2,成丁1	1.5940	6	①
	朱鐙			2	28.1350				2 1:1,成丁1	25.6435		
	金岩壽			6 4：2	4.5850	金玹 父より	民戶	下戶	6 4:2	1.2840	3	
	朱龍	匠戶	下戶	10 6：4	33.0220				9 5:4	26.7235	3	
	汪琰	民戶	下戶	6 3：3	24.0907				7 4:3	19.9570	3	
	汪洞	民戶	下戶	2	4.5843				2 1:1,成丁1	4.7930		
	汪龍	民戶	下戶	6 3：3	3.1320				6 3:3	3.8260	2	②
	朱曜	民戶	下戶	3 2：1	18.3720				3 2:1,成丁1	20.5430	3	
	王良	民戶	下戶	4 3：1	4.2530				5 3:2	9.8170	2	
	汪起			2	2.1950	朱社嵩 義父より	民戶	下戶	2	38.4994		
	程賀成	民戶	下戶	2	0.3440				3 2:1	41.6334	3	①
	汪記遠	軍戶		3 2：1	2.5110		(絕)		3 2:1,成丁0	0.0000	3	
	汪添興	軍戶		1 1：0	0.0000		(絕)		1 1:0,成丁0	0.0000	3	
	吳社童	軍戶		1 1：0	1.4780		(絕)		1 1:0,成丁0	0.0000	3	①
	陳記生	軍戶		2	0.1580				2	0.1030	3	
	金盛	民戶	下戶	4 2：2	0.0700				4 2:2	0.1900	2	
	倪壽得	民戶	下戶	2	2.0940				3 2:1	0.3750	1	
	朱嵩	民戶	下戶	3 2：1	20.3050				2	33.8410		
	朱之棟	民戶	下戶	1 1：0	18.6950				2 1:1	33.2080		
						朱八奨 立戶	民戶 下戶 嘉興府より		1 1:0,成丁1	32.8130		

42　第1章　『黄冊底籍』と『丈量保簿』

第6甲	萬曆20年册實在 (1592)						萬曆30年册實在 (1602)					
排年	戸名	戸計	人口	事產(稅畝)	房	牛	戸名	戸計	人口	事產(稅畝)	房	牛
	朱貴 孫祖より		16 7:9	77.4750	2				16 7:9,成丁6	69.10083	2	
			3 2:1	45.3400	2				4 3:1,成丁2	45.3400	2	
			3 2:1	2.5580	6	①			3 2:1,成丁1	1.6950	6	①
	朱德厚		2 1:1	24.3700					2 1:1,成丁1	15.4098		
			9 5:4	22.2370	3		朱新風		8 4:4,成丁2	18.29585	3	
	汪節 父より		6 4:2	20.1900	3		汪世祿		6 4:2,成丁2	25.0625	3	
	汪瑞 兄より		2 1:1	7.0460					2 1:1,成丁1	17.5245		
	汪廷眞 孫より		7 4:3	3.8100	2				7 4:3,成丁2	3.8100	3	
			3 2:1	17.1440	3				3 2:1,成丁2	17.1440	3	
	王起鳳 祖より		3 1:2	2.9805	2				3 1:2,成丁1	0.2665	3	
			2 1:1	37.6310	1		朱枝 父より		3 2:1,成丁1	35.5578	1	
	朱永承 義父より		3 2:1	40.4510	3				3 2:1,成丁2	40.4510	3	
		(絶)	3 2:1	0.0000	3			絶	3 2:1,成丁0	0.0000	3	
		(絶)	1 1:0	0.0000	3			絶	1 1:0,成丁0	0.0000	3	
		(絶)	1 1:0	0.0000	3	①		絶	1 1:0,成丁0	0.0000	3	①
		(絶)	2 1:1	0.0000	3			絶	2 1:1,成丁0	0.0000	3	
			3 2:1	0.2700	2				3 2:1,成丁1	0.2700	2	
			3 2:1	0.3750	1				3 2:1,成丁1	0.3750	1	
			2 1:1	33.8580					2 1:1,成丁1	33.6720		
			3 2:1	33.2240					3 2:1	33.2240		
			3 2:1	32.8630					3 2:1,成丁2	32.8630		
	朱楷 立戸		1 1:0	36.2280					1 1:0,成丁1	36.5550		
	朱俊 立戸		2 1:1	26.5150					2 1:1,成丁1	26.5750		

第6甲			萬曆40年册實在（1612）			
	戶　名	戶　計	人　口	事產(稅畝)	房	牛
排　年			16 7:9,成丁6	44.26077	2	
			4 3:1,成丁2	41.8400	2	
				1.3060	6	①
			2 1:1,成丁1	13.2715		
			7 4:3,成丁2	19.38973	3	
			6 4:2,成丁2	11.9863	3	
			2 1:1,成丁1	26.3240		
			7 4:3,成丁2	3.8100	3	
			3 2:1,成丁2	28.8801	3	
			3 1:2,成丁1	0.2665	3	
			3 2:1,成丁1	25.2820	1	
			3 2:1,成丁2	39.7115	3	
		(絕)	3 2:1,成丁0	0.0000	3	
		(絕)	1 1:0,成丁0	0.0000	3	
		(絕)	1 1:0,成丁0	0.0000	3	1
		(絕)	2 1:1,成丁0	0.0000	3	
			3 2:1,成丁1	0.2700	2	
			3 2:1,成丁1	0.2500	1	
			2 1:1,成丁1	20.6991		
			3 2:1	22.7577		
			3 2:1,成丁2	6.76895		
			1 1:0,成丁1	26.4635		
			2 1:1,成丁1	28.8264		

第7甲	萬暦10年冊舊管 (1572)				萬暦10年冊實在 (1582)				房	牛
	戸名	戸計	人口	事産(税献)	戸名	戸計	人口	事産(税献)		
排年	王齊興	軍戸 中戸	51 37：14	107.8190			52 38：14,成丁30	108.6930	6	①
	潘吉祥	民戸 下戸	3 2：1	1.7600			3 2：1,成丁2	3.1280		
	朱 才	民戸 下戸	4 2：2	1.4450			4 2：2,成丁2	0.0000	1	
	呉 仁	民戸 下戸	3 2：1	10.3590			3 2：1	11.7460		
	汪 義	民戸 下戸	3 2：1	1.1700			3 2：1	0.0700	2	
	汪 平	軍戸 下戸	4 3：1	3.3270			4 3：1,成丁2	1.4940	6	
	潘 欽	民戸 下戸	5 3：2	2.8340	潘 傑 叔より		5 3：2,成丁2	8.3850	1	
	程義祥	民戸 下戸	4 2：2	1.9290			4 2：2,成丁2	0.1660	3	
	呉存孝	民戸 下戸	2	27.3620			2	20.4770	3	
	潘 華	民戸 下戸	3 2：1	3.3750	潘 亮 父より		2	0.0000		
	陳玄道	民戸 下戸	3 2：1	0.9990			3 2：1	0.0000	3	
	潘恩重	民戸 下戸	5 3：2	5.3760	潘希遠 父より		5 3：2,成丁2	7.9200	3	
	程周宣	民戸 下戸	2	3.8800			2	3.8960		
	方 記	軍戸	4 3：1	2.4290	(絶)		4 3：1,成丁0	0.0000	3	
	陳永得	軍戸	2 2：0	0.0000	(絶)		2 2：0,成丁0	0.0000	3	
	李社祖	軍戸	1 1：0	0.0000	(絶)		1 1：0,成丁0	0.0000	1	
	陳兆均	軍戸	5 4：1	0.0000	(絶)		5 4：1,成丁0	0.0000	3	
	汪文傑	民戸 下戸	3 2：1	0.2540	(絶)		3 2：1,成丁0	0.0000	3	
					潘天逸 立戸	民戸 下戸	3 2：1,成丁1	11.6000		

一　『萬曆27都５圖黃册底籍』　45

第7甲	萬曆20年册實在 (1592)						萬曆30年册實在 (1602)					
排年	戶名	戶計	人口	事產(税畝)	房	牛	戶名	戶計	人口	事產(税畝)	房	牛
			52 38：14	172.8470	6	①			50 36:14,成丁28	274.0667	6	①
			3 2：1	2.6690			潘雲祥 伯より		2 1:1,成丁1	2.6390		
			3 2：1	10.3150	2				3 2:1,成丁2	7.8666	2	
			4 3：1	0.0000	1				3 2:1,成丁2	0.0000	1	
			3 2：1	1.1780	6		汪 使 父より		2 1:1,成丁1	1.1480		
			5 3：2	12.7340	1				6 4:2,成丁3	18.9740	1	
			4 2：2	0.1660	3				4 2:2,成丁2	0.1660	3	
	吳 榛 伯より		2 1：1	20.5890	3				2 1:1,成丁1	13.89085	3	
			3 2：1	1.9280					3 2:1,成丁1	5.7980		
	王承興		3 2：1	11.8060	3				3 2:1,成丁1	0.2720	3	
			4 2：2	8.0680	3				3 1:2,成丁1	6.8380	3	
			2 1：1	6.2580			程繼周 父より		2 1:1,成丁1	7.3600		
		(絕)	4 3：1	0.0000	3			絕	4 3:1,成丁0	0.0000	3	
		(絕)	2 2：0	0.0000	3			絕	2 2:0,成丁0	0.0000	3	
		(絕)	1 1：0	0.0000				絕	1 1:0,成丁0	0.0000	1	
		(絕)	5 4：1	0.0000	3			絕	5 4:1,成丁0	0.0000	3	
		(絕)	3 2：1	0.0000	3			(絕)	3 2:1,成丁0	0.0000	3	
			3 2：1	10.6610					3 2:1,成丁1	17.6130		
	潘承鳳 立戶		2 1：1	13.0400					3 2:1,成丁1	16.9830		

46 第1章 『黄冊底籍』 と 『丈量保簿』

第7甲			萬暦40年册實在 (1612)			
	戸 名	戸 計	人 口	事産(税畝)	房	牛
排 年			50 36:14,成丁28	265.5945	6	1
			2 1:1,成丁1	1.7740		
			3 2:1,成丁2	6.4266	2	
			3 2:1,成丁2	0.0000	1	
			2 1:1,成丁1	1.1480		
			8 6:2,成丁4	32.2060	1	
			5 3:2,成丁2	0.1660	3	
			2 1:1,成丁1	6.28674	3	
			5 4:1,成丁2	6.2740		
			3 2:1,成丁1	0.2470	3	
			3 1:2,成丁1	5.1290	3	
			2 1:1,成丁1	8.28907		
		(絶)	4 3:1,成丁0	0.0000	3	
		(絶)	2 2:0,成丁0	0.0000	3	
		(絶)	1 1:0,成丁0	0.0000	1	
		(絶)	5 4:1,成丁0	0.0000	3	
		(絶)	3 2:1,成丁0	0.0000	3	
			3 2:1,成丁1	3.1211		
	潘必生 父より		2 1:1,成丁1	6.7610		

一　『萬曆27都5圖黃册底籍』　47

第8甲		萬曆10年册舊管（1572）				萬曆10年册實在（1582）						
	戶　名	戶	計	人　口	事產（稅畝）	戶　名	戶	計	人　口	事產（稅畝）	房	牛
排　年	陳　渝	軍戶	中戶	31 / 23：8	75.7150				31 / 23:8,成丁14	86.4690	3	
	王繼成	民戶	下戶	4 / 2：2	12.5470				4 / 2:2,成丁2	10.2190	2	
	吳　魁	民戶	下戶	6 / 4：2	0.0000				4 / 3:1,成丁2	0.0000	3	
	朱　瑾	民戶	下戶	5 / 3：2	45.4196				5 / 3:2,成丁1	49.5920	2	
	汪　奎	民戶	下戶	4 / 2：2	9.8700				4 / 2:2,成丁2	0.0000		
	王　桂	民戶	下戶	5 / 3：2	20.8350	王應元伯より			5 / 3:2,成丁2	21.9570	6	
	朱添芳	民戶	下戶	3 / 2：1	1.8970				3 / 2:1	0.0000	3	
	程　學	民戶	下戶	6 / 4：2	11.1350				6 / 4:2,成丁2	13.0450	2	
	朱文槐	民戶	下戶	6 / 4：2	15.7300				6 / 4:2,成丁2	4.5300	1	
	陳　進	民戶	下戶	1 / 1:0,成丁0	0.0810				3 / 2:1,成丁1	17.9520	1	
	郭　鵬	民戶	下戶	5 / 4：1	5.1810	郭正耀父より			6 / 4:2,成丁2	2.6410	1	
	陳　仕	民戶	下戶	3 / 2：1	0.3600				3 / 2:1,成丁1	0.0000	3	
	黃記大	民戶	下戶	3 / 3：0	3.3000				3 / 3:0,成丁1	0.0000	1	
	朱永清	軍戶		4 / 3：1	0.2210	（絕）			4 / 3:1,成丁0	0.0000	3	
	朱　和	軍戶		7 / 5：2	0.1250	（絕）			7 / 5:2,成丁0	0.0000	3	①
	汪計宗	軍戶		3 / 3：0	0.0000	（絕）			3 / 3:0,成丁0	0.0000	3	
	汪社曜	軍戶		1 / 1：0	1.7270				1 / 1:0,成丁0	0.1210	4	1:3

48　第1章　『黄冊底籍』と『丈量保簿』

第8甲				萬暦20年册實在（1592）						萬暦30年册實在（1602）			
	戸　名	戸　計	人　口	事産（税畝）	房	牛	戸　名	戸　計	人　口	事産（税畝）	房	牛
排　年			31 23：8	96.8550	3		陳元和		31 23:8,成丁14	101.8286	3	
			5 3：2	12.0820	2				5 3:2,成丁2	11.8410	2	
			4 3：1	0.5030	3				4 3:1,成丁2	8.1370	3	
	朱得九		4 2：2	11.1770	2				4 2:2,成丁1	3.4548	2	
	汪腊黎		3 1：2	0.0000					3 1:2,成丁1	0.0000		
			5 3：2	9.9610	6		王應亨 兄より		4 2:2,成丁1	2.2720	6	
			3 2：1	0.0000	3		朱良祐 伯祖より		2 1:1,成丁1	14.4616	3	
			5 3：2	15.5210	2				4 2:2,成丁1	15.1250	2	
	朱文林 兄より		5 3：2	5.4150	1		朱文標		4 2:2,成丁1	0.2354	1	
			3 2：1	10.5190	1		朱　雪 義父より		2 1:1,成丁1	10.5190	1	
			6 4：2	2.0620	1				5 3:2,成丁2	2.0620	1	
			3 2：1	0.0000	3		程廷隆 外祖より		3 2:1,成丁1	13.2080	3	
			3 3：0	0.0000	1				3 3:0,成丁1	0.0000	1	
		（絶）	4 3：1	0.0000	3			絶	4 3:1,成丁0	0.0000		
		（絶）	7 5：2	0.0000	3	①		絶	7 5:2,成丁0	0.0000	3	①
		（絶）	3 3：0	0.0000	3			絶	3 3:0,成丁0	0.0000	3	
			1 1：0	0.1210	4 1:3			絶	1 1:0	0.1210	4 1:3	

第8甲			萬曆40年册實在（1612）			
	戸　名	戸　計	人　口	事産(税畝)	房	牛
排　年			31 23:8,成丁14	90.8401	3	
			6 4:2,成丁2	15.39907	2	
			4 3:1,成丁2	9.3890	3	
			4 2:2,成丁1	2.8594	2	
			3 1:2,成丁1	14.3816	3	
	王應玄 兄より		4 2:2,成丁1	1.9410	6	
	朱良五 兄より		2 1:1,成丁1	13.4870	3	
			4 2:2,成丁1	12.8123	2	
			4 2:2,成丁2	0.1754	1	
			2 1:1,成丁1	7.9590	1	
			5 3:2,成丁2	1.8820		
			3 2:1,成丁1	9.8110	3	
			3 3:0,成丁0	0.0000	1	
		(絶)	4 3:1,成丁0	0.0000	3	
		(絶)	7 5:2,成丁0	0.0000	3	1
		(絶)	3 3:0,成丁0	0.0000		3
		(絶)	1 1:0,成丁0	0.1210	4 1:3	

第9甲	萬曆10年册舊管 (1572)					萬曆10年册實在 (1582)						
排年	戶名	戶	計	人口	事產(稅畝)	戶名	戶	計	人口	事產(稅畝)	房	牛
	王初	匠戶	下戶	35 22：13	30.9460				36 23:13,成丁17	33.3990	7	
	朱得	民戶	下戶	3 2：1	0.7780				3 2:1,成丁1	0.6770	3	
	吳文軒	民戶	下戶	2 2：0	1.5650				2 2:0,成丁0	0.0000	3	
	畢盛	民戶	下戶	11 7：4	11.1090				11 7:4,成丁4	13.5270	2	
	朱延鶴	民戶	下戶	2	4.1310							
						朱瑤	民戶		2	20.6650		
						王茂伍	匠戶		33	23.7580	4	

一 『萬曆27都5圖黃册底籍』 51

第9甲	萬曆20年册實在 (1592)						萬曆30年册實在 (1602)					
	戶 名	戶 計	人 口	事產(稅畝)	房	牛	戶 名	戶 計	人 口	事產(稅畝)	房	牛
排 年			33 20：13	25.1680	7		王 敍		33 20:13,成丁13	16.8993	7	
	朱法隆		3 2：1	0.6770	3				3 2:1,成丁2	0.6770	3	
			2 2：0	0.0000	3		(絶)		2 2:0,成丁0	0.0000	3	
	畢 顯 兄より		8 5：3	4.3840	2		畢 賓 叔より		8 5:3,成丁2	5.1170	2	
			2 1：1	20.1850					2 1:1,成丁1	23.59505		
			31 22：9	51.9870	4				31 22:9,成丁15	66.0883	4	
	洪 龍	民戶	2 1：1	0.0000	3				2 1:1,成丁0	0.0000	3	
	李 得	民戶	4 2：2	0.0000	3		李 清 伯より		3 1:2,成丁1	0.0000	2	
	金 廣	民戶	2 1：1	0.0000	3	①			2 1:1,成丁0	0.0000	3	①
	朱 輔	民戶	3 2：1	0.0000	2		朱彰先 伯より		2 1:1,成丁1	2.4940	2	
	汪三冨	民戶	4 2：2	0.0000	1		汪 社 兄より		4 2:2,成丁2	0.0000	1	
	汪 振	民戶	1 1：0	0.0000	1				1 1:0,成丁0	0.0000	1	
	朱 雲	民戶	1 1：0	0.0000	3		(絶)		1 1:0,成丁0	0.0000	3	
	朱 彬	軍戶	3 3：0	0.0000	3	①	絶		3 3:0,成丁0	0.0000	3	①
	黃關童	軍戶	4 3：1	0.0000			絶		4 3:1,成丁0	0.0000		
	潘玹童	軍戶	1 1：0	0.0000	2		絶		1 1:0,成丁0	0.0000	2	
	王文正	軍戶	1 1：0	0.0000	3		(絶)		1 1:0,成丁0	0.0000	3	
	汪 榮	民戶	1 1：0	0.0000			(絶)		1 1:0,成丁0	0.0000		

52　第1章　『黄冊底籍』と『丈量保簿』

	第9甲		萬曆40年册實在 (1612)			
	戸　名	戸　計	人　口	事產(税畝)	房	牛
排　年			34 21:13,成丁13	14.1413		
			3 2:1,成丁1	0.6570	3	
		(絕)	2 2:0,成丁2	0.0000	3	
			8 5:3,成丁2	5.1170		
			2 1:1,成丁1	23.4812		
			32 23:9,成丁15	66.2604	3	
	洪　源 伯より		2 1:1,成丁1	2.3210	3	
			3 1:2,成丁1	0.0000	2	
			2 1:1,成丁0	0.0000	3	①
			2 1:1,成丁1	2.4940	2	
			4 2:2,成丁2	0.0000	1	
	湯　曜 母より		1 1:0,成丁0	4.7000	1	
		(絕)	1 1:0,成丁0	0.0000	3	
		(絕)	3 3:0,成丁0	0.0000	3	①
		(絕)	4 3:1,成丁0	0.0000		
		(絕)	1 1:0,成丁0	0.0000	2	
		(絕)	1 1:0,成丁0	0.0000	3	
		(絕)	1 1:0,成丁0	0.0000		

一 『萬曆27都5圖黃册底籍』

第10甲	萬曆10年册舊管 (1572)				萬曆20年册舊管 (1582)					
	戶名	戶計	人口	事產(稅畝)	戶名	戶計	人口	事產(稅畝)	房	牛
排年					金萬鍾	軍戶　中戶	45	138.7560	6	①
					汪敏	民戶	5	13.5750	3	
					詹應星	民戶	3	0.3910		
					朱太	民戶	4	1.9150	3	
					汪祿	民戶	12	20.8660		
					王雲覽	民戶	5	4.2540		
					朱祐	民戶	3	39.2190		
					陳祥	軍戶	11	61.3490	3	①
					朱社	民戶	6	5.2200		
					吳積	民戶	4	14.9310		
					汪顯	民戶	3	33.0860		
					朱瑚	民戶	2	8.3265		
					朱福	軍戶	2	3.0290		
					程郎	民戶	4	2.7260		
					吳濱	民戶	3	9.7920		

第10甲	萬曆20年冊實在 (1592)						萬曆30年冊實在 (1602)					
	戶　名	戶　計	人　口	事產(稅畝)	房	牛	戶　名	戶　計	人　口	事產(稅畝)	房	牛
排　年			44 32：12	134.1880	6	1			44 32:12,成丁22	117.9695	6	①
	汪應明 父より		6 3：3	13.3240					6 3:3,成丁2	12.4440		
			2 1：1	0.9110	3				2 1:1,成丁1	0.0810	3	
	朱　雷 兄より		3 2：1	7.2030	3				3 2:1,成丁1	18.2547	3	
	汪　才 兄より		11 6：5	18.9140	3		汪　崔 叔より		11 6:5,成丁4	18.3950	3	
			5 3：2	4.0470	4		王端佑 父より		5 3:2,成丁3	6.4750	4	
	朱時選 父より		5 3：2	27.1220					5 3:2,成丁2	20.8428		
			11 7：4	40.6510	3	①	陳　新 父より		9 5:4,成丁3	7.0715	3	①
	朱祖光 孫より		3 2：1	3.7540	3				3 2:1,成丁1	3.1830		
	吳　璜 父より		4 3：1	0.7780					4 3:1,成丁2	0.7780		
			3 2：1	30.0860	2				3 2:1,成丁1	30.0860	2	
			3 2：1	6.7955					3 2:1,成丁1	5.64695		
			2 1：1	3.0290	6		(絶)		2 1:1,成丁0	0.0000	6	
	程　產 父より		4 2：2	3.7810	2				4 2:2,成丁2	3.7810	2	
			3 2：1	0.0460	2				3 2:1,成丁2	0.0460	2	
	朱國錢 立戶	民戶	1 1：0	18.6890					1 1:0,成丁1	29.3970		
	金廷貴 立戶	民戶	4 2：2	0.0000	2		朱時新 外祖より		3 1:2,成丁1	3.8300	2	
	朱記友	軍戶(絶)	1 1：0	0.0000			絶		1 1:0,成丁0	0.0000	3	
	朱　遠	軍戶(絶)	4 3：1	0.0000			絶		4 3:1,成丁1	0.0000	3	
	朱永壽	軍戶(絶)	1 1：0	0.0000	半		絶		1 1:0,成丁0	0.0000	半	
							朱德昌 立戶	民戶	1 1:0,成丁1	14.4240		
							朱國昌 立戶	民戶	1 1:0,成丁1	14.7818		

第10甲	萬暦40年册實在（1612）					
	戸　名	戸　計	人　口	事産(税畝)	房	牛
排　年			46 33:13,成丁23	74.29518	6	1
			6 3:3,成丁2	11.9340		
			2 1:1,成丁0	0.0810	3	
	朱朝道 父より		3 2:1,成丁1	28.46536	3	
			11 6:5,成丁4	18.3950	3	
			5 3:2,成丁3	17.9582	4	
			5 3:2,成丁2	19.22938		
			9 5:4,成丁3	3.0837	3	①
	朱永保 祖より		3 2:1,成丁1	3.0280		
			4 3:1,成丁2	0.7780		
	朱　良 義父より		3 2:1,成丁1	2.5415	3	
			3 2:1,成丁1	5.64695		
		(絶)	2 1:1,成丁0	0.0000	6	
			4 2:2,成丁1	4.6348	2	
			3 2:1,成丁2	0.0460	2	
			2 1:1,成丁1	29.50585		
			4 2:2,成丁1	11.9520	2	
		(絶)	1 1:0,成丁0	0.0000	3	
		(絶)	4 3:1,成丁0	0.0000	3	
		(絶)	1 1:0,成丁0	0.0000	半	
			1 1:0,成丁1	20.9990		
			3 2:1,成丁1	20.6615		

56 第1章 『黄冊底籍』と『丈量保簿』

それぞれ「13都1圖の2畝3厘の田は畝丘にあり，これを萬暦30年に本圖＝27都5圖第1甲の金宗社戶に賣却して稅糧負擔を移した」こと，「13都1圖の5分7厘6毫の田は金竹門前にあり，これを萬暦30年に13都4圖第9甲の吳自傑戶に賣却して稅糧負擔を移した」ことを傳えている。なお，記載樣式に差異があるとはいえ，「新收」轉收の項と「開除」轉除の項において事產賣買の履歷を記すことは，萬暦10年册から萬暦40年册すべてに共通している。

このように，「新收」轉收の項と「開除」轉除の項で大造（賦役黃册の編纂）の間の事產賣買・推收過割（事產賣買にともなう稅糧負擔の移し替え）の履歷を記載することは，既存の文獻史料からは知り得なかった事實である。これは，『黃册底籍』のみにみられるものではない。欒成顯氏があげる「黃册遺存文書」12點[20]のうち，次の6點の賦役黃册の草册・底籍すべてが事產賣買の履歷を記載している。

① 「永樂至宣德徽州府祁門縣李務本戶黃册抄底」中國歷史研究院圖書館藏（『徽州千年契約文書（宋元明編）』第1卷，花山文藝出版社，1992年，54〜56頁）

② 「永樂徽州府歙縣胡成祖等戶黃册抄底殘件」中國國家博物館藏
　（以下の文書については，記載內容を確認できる欒成顯『明代黃册研究』の頁數を示す。41〜46頁）

③ 「萬暦20年嚴州府遂安縣10都上1圖5甲黃册殘件」中國國家圖書館藏
（欒『明代黃册研究』56〜62頁）

④ 「天啓2年徽州府休寧縣24都1圖5甲黃册草册」中國國家博物館藏
（欒『明代黃册研究』62〜72頁）

⑤ 「崇禎5年徽州府休寧縣18都9圖黃册殘篇」中國國家博物館藏
（欒『明代黃册研究』73〜76頁）

⑥ 「崇禎15年徽州府休寧縣25都3圖2甲黃册底籍」中國國家博物館藏
（欒『明代黃册研究』76〜77頁）

事產賣買の履歷を記すのは，賦役黃册の草册・底籍だけではない。岩井茂樹氏が發見した賦役黃册の原本──上海圖書館藏「嘉靖41年浙江嚴州府遂安縣18

一 『萬曆27都5圖黃册底籍』　57

都下1圖賦役黃册殘本」(563792號)[21]にも，事産賣買・推收過割の履歴が記載
されている。しかも，この文書の場合，賣買した事産の四至，賣買した事産ご
との負擔税糧額をも詳細に記す。なお，上にあげた6點の草册・底籍のうち，
②「永樂徽州府歙縣胡成祖等戸黃册抄底殘件」も同樣に賣買事産の四至と負擔
税糧額まで記載している。

　ここに確認したのは，徽州府下ならびに鄰接する地域で殘された文書の事例
であるが，最近公刊されたハーバード大學圖書館藏『韻學集成』・『直音篇』紙
背の嘉靖・隆慶年間揚州府下の賦役黃册原本，上海圖書館藏『樂府詩集』等の
各種漢籍紙背の賦役黃册原本——時期は永樂年間から嘉靖年間，地域は金華府
永康縣下，臺州府臨海縣下，松江府上海縣下にわたる——も，事産賣買・推收
過割の履歴を記載している[22]。

　以上によれば，賦役黃册に事産賣買・推收過割の履歴を記すことは地域や時
期を問わず行なわれており，本來，賦役黃册は大造の間の事産賣買・推收過割
の履歴を記載するものであったと理解すべきである[23]。宋代・元代における
税役收取の基本原簿であった丁産等第簿（五等丁産簿）・鼠尾簿に人戸の事産賣
買・推收過割の履歴が記載されることはなかった。宋代の場合，推收過割は夏
秋税租簿上で處理することを基本としており，推收過割を記録しておく「典賣
析居割居税簿」や「税租割受簿」が丁産等第簿とは別個に作製されていた[24]。
元代でも，推收過割を記録する「文簿」が鼠尾簿とは別に作製された[25]。し
てみれば，明朝の賦役黃册は，税役收取の基本原簿に人戸の事産賣買・推收過
割の履歴を記載するという前代にはない機能を具えるものであったといえる。
『黃册底籍』は，この理解を支える重要史料の一つにほかならない。

3　朱學源戸の性格

　『黃册底籍』を關係者が作製したと推測される27都5圖第3甲里長の朱學源
戸については，欒成顯氏が『朱學源戸册底』，『清初編審册』等をもとに，所有
事産額の動向，同戸の〈總戸–子戸〉制——廣東や福建と同樣に徽州府下にも
存在した家産分割後も獨立の戸名を立てることなく，册籍上の名義戸（總戸）

58　第1章　『黄冊底籍』と『丈量保簿』

の下に複數の戸（子戸）が存在しつづける慣行——の實態を詳細に明らかにし，
朱學源戸は「明末清初江南地區における比較的大規模な庶民地主に相當する」
という理解を示した[26]。欒氏が朱學源戸を庶民と判斷した理由は，朱學源戸
が天啓6年（1626）序の『新安休寧名族志』に記載されず，他の文獻史料にも
記載されていないことであった[27]。だが，朱學源戸の理解にかかわる重要な
史料が存在する。上海圖書館所藏の朱坤纂『霞瀛朱氏統宗譜』5卷，清・康熙
20年（1681）刻本1册（914892號）である（以下，『統宗譜』と略す）[28]。本項では，
『統宗譜』をてがかりに朱學源戸の文化的・政治的側面を探り，朱學源戸の關
係者が『黄冊底籍』を作製した理由を推察しよう。

　霞瀛（下盈とも記される）は朱學源戸をはじめとする27都5圖第3甲に編成さ
れた人戸が居住した集落であり[29]，『統宗譜』は霞瀛朱氏の總譜である。法量
は縱：30.7cm，横：19.0cm，厚さ：3.8cmであり，卷頭から破損・蟲喰した箇所
が多く，表紙も含めて修繕が施されている。『統宗譜』の卷1は序文・敕命・
跋・贊・傳・墓誌銘など，卷2は像・墓圖，卷3〜5は世系を記載する。

　『統宗譜』卷1と卷2の内容を示しておく。

　　卷1　汪應蛟撰［破損のため題名不詳］（天啓4年［1624］3月）[30]，何如寵撰
　　「休霞瀛朱氏祠堂記」，汪洒論撰「休霞瀛朱氏譜序」，汪垍撰「休霞瀛朱氏
　　譜敍」，李燾撰「朱氏續修譜序」（康熙20年3月），朱朝臣撰「續修家譜記」，
　　朱正芳撰「休霞重修譜引」（康熙20年3月），澐小公敕命，光固敕命（康熙17
　　年8月29日），遷徙，朱光圉撰「家譜後跋」，黄通理撰「休霞瀛朱岩峰公贊
　　併序」，陸應陽撰「休霞瀛前溪朱隱君傳」，張所望撰「休霞瀛朱瀛谷隱君墓
　　誌銘」，李時榮撰「休霞瀛春谷朱君傳」，陳繼儒撰「休霞瀛明鄉賓伯暘公像
　　讚號玉林併引」，金啓嬰撰「霞瀛朱以旂公傳」，「修譜校正」

　　卷2　像：瑋公，園公，澐小公，應和公，徐曜公，再成公，霞瀛明冠帶耆
　　碩萬生公，霞瀛明鄉賓伯暘公，霞瀛明處士嶽公，霞瀛處士諱春成公，霞瀛
　　壽官夏成公，霞瀛處士諱元成公，霞瀛明鄉飲大賓有學公，霞瀛處士應囏公，
　　霞瀛太學生正美公，霞瀛處士諱朝聘公，霞瀛處士諱家志公，霞瀛處士諱有
　　才公，霞瀛處士諱朝陞公，霞瀛處士諱朝士公，霞瀛迪功郎大觀公，霞瀛徵

侍郎中書舍人從遜公

墓圖：缺，缺，淨小公，應和公，再成公，仕觀公，仕觀公孺人汪氏，萬生公，帥廉公幷汪氏安人，嶽公同程氏孺人，郷賓伯暘公孺人程氏，積存公，汲成公，春成公幷程氏安人，元成公，滔成公同黃氏孺人

　巻1の序文等によれば，霞瀛朱氏の遠祖は，唐・大中2年（848）の進士，黃巣の亂の平定に功を成して廣明元年（880）に馬步都總管等を授かり，後に歙縣の黃墩から休寧縣の鬲山（22都）に隱居した4世の朱瑋（字は鼎臣）にさかのぼるとされ，霞瀛朱氏の始遷祖は，朱瑋の第3子の園公（朱通）が遷った霓湖（12都）から北宋・嘉祐年間（1056～1063）に淨潭（27都）へ，さらに霞瀛へと遷り住んだ9世の淨小公であるという。26世以降は，13世の應和を起點とする長房派，徐曜を起點とする二房派，再成を起點とする三房派の三つの支派によって構成されている[31]。13世までの概略を圖示すれば，次のとおりである。

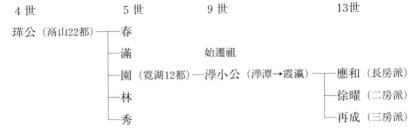

　霞瀛朱氏は，明末の天啓元年（1621）に長房派と三房派によって族譜を編纂した[32]が，婺源縣の朱子世家16世で五經博士の朱坤が機緣となって康熙20年に總譜である『統宗譜』を編纂した[33]という。巻1の末尾には，修譜校正に携わった人物として次の12名が記されている（括弧內は引用者。世代と支派を示す）。

　　朝臣（28世　長房派）　　國定（27世　二房派）　　正芳（28世　長房派）
　　朝柱（28世　長房派）　　士貞（29世　三房派）　　錫訓（29世　三房派）
　　光漢（29世　長房派）　　光哲（29世　長房派）　　光杏（29世　長房派）
　　從憬（30世　長房派）　　從禧（30世　三房派）　　雯起（31世　三房派）

　さて，注目すべきは，霞瀛朱氏長房派の26世以降である。長房派の25世～28

【圖4】霞瀛朱氏長房派25～28世系圖　※二重下線は朱學源戶內にみえる者を示す。

25世	26世	27世	28世
福元	晟	邦秀×	
福茂	鼎	邦久	家成
			家受
	明	邦喜	家仕
			家志
		邦吉（以下，略）	
		邦訓（以下，略）	
		邦間（以下，略）	
	照（以下，略）		
	冕（以下，略）		
華	啓	長成	端務
	密	周成	道生
		和成	隆生
			載生×
添	嶽	奇成	繼文
			繼武
		廣成	繼賢
			繼昌
			繼蕃
			繼善
	嵍	該成	貞明
			熙明
		新成	啓明
			君明
	岊	乾成	觀老
師廉	積興×		
	積儒	春成	朝臣
		夏成	正茂
			正美

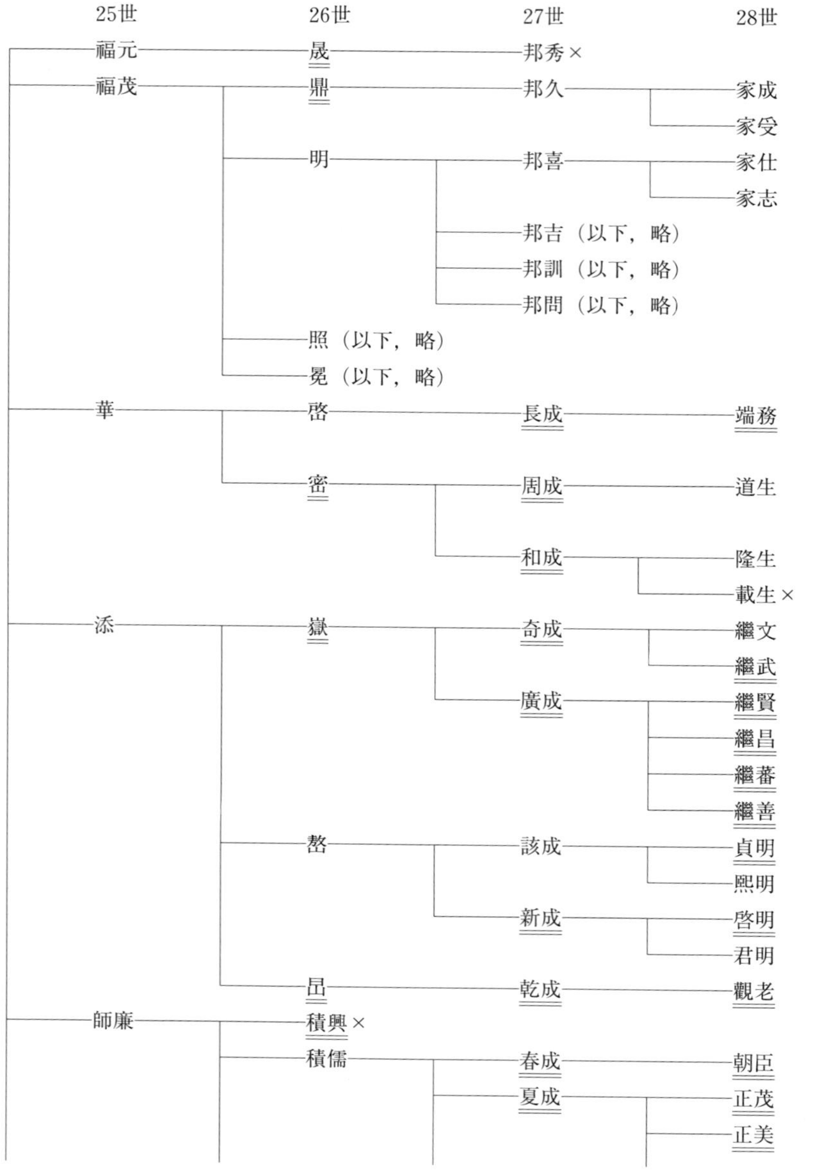

一 『萬曆27都5圖黃册底籍』 61

```
世順 ─┬─ 積存 ─┬─ 冬成 ─┬─ 正道
      │        │        ├─ 正芳
      │        │        ├─ 朝鼎
      │        │        └─ 朝鼐
      │        ├─ 湧成 ─── 朝聘
      │        ├─ 汲成 ─┬─ 朝後
      │        │        ├─ 朝宣
      │        │        └─ 朝陞
      │        ├─ 淳成 ─┬─ 朝瑞
      │        │        ├─ 朝寶×
      │        │        ├─ 朝寵
      │        │        └─ 朝賓
      │        ├─ 滔成 ─┬─ 朝士
      │        │        ├─ 朝謨
      │        │        └─ 朝秉
      │        └─ 涌成 ─── 朝璽×
      ├─ 積團 ─── 元成 ─┬─ 朝選
      │                 ├─ 朝英
      │                 └─ 朝柱
      ├─ 積强 ─── 玉成 ─── 朝禧
      ├─ 敏 ───── 自成 ─┬─ 元孫
      │                 ├─ 子孫
      │                 ├─ 鏡孫
      │                 └─ 鑲孫
      ├─ 杞×
      ├─ 楹 ─┬─ 立成 ─┬─ 尚孫
      │      │        └─ 道孫
      │      ├─ 定成×
      │      └─ 章成 ─── 貴孫
      ├─ 柳×
      └─ 梧×

迪 ─── 仲昂 ─┬─ 鎮成 ─── 正智
            ├─ 九成 ─── 正仁
            └─ 十成 ─── 正達
```

當 ── 仲昱 ── 鏡成 ─┬─ 正勇
　　　　　　　　　　├─ 元生
　　　　　　　　　　└─ 嘉生
　　　仲昊 ─┬─ 良成 ── 繼斯
　　　　　　 ├─ 鉅成
　　　　　　 └─ 錫成
　　　仲旻 ─┬─ 欽成
　　　　　　 ├─ 鏈成
　　　　　　 ├─ 釣成
　　　　　　 └─ □成

廷壽 ── 積富 ─┬─ 賜成 ── 朝信
　　　　　　　 └─ 應成

岩昇 ── 龍 ─┬─ 存富 ── 正暘
　　　　　　 └─ 存貴

岩齊 ── 卓 ── 存麟 ── 正元

新盛 ── 興 ── 道成

新榮 ─┬─ 應 ── 天爵 ── 朝大
　　　 └─ 漢 ── 計成 ── 朝德

天助 ─┬─ 廷傑 ── 恩成 ─┬─ 朝周
　　　 │　　　　　　　　└─ 朝達
　　　 ├─ 廷仁 ── 茂成 ── 朝珮
　　　 └─ 廷倫 ─┬─ 珏成 ×
　　　　　　　　 └─ 雷成

班 ─┬─ 長一 ── 禮成 ── 朝彥
　　 ├─ 長二 ── 文元 ─┬─ 嘉祥
　　 │　　　　　　　　 └─ 嘉兆
　　 └─ 長穩 ─┬─ 文魁 ── 嘉榮
　　　　　　　 └─ 文高

端 ─┬─ 容 ─┬─ 文成 ── 朝綱
　　 │　　　└─ 世成
　　 └─ 壽 ─┬─ 桂成 ── 朝聖
　　　　　　 ├─ 順成
　　　　　　 └─ 志成 ─┬─ 朝偉
　　　　　　　　　　　 └─ 朝僅

一　『萬曆27都5圖黄册底籍』　63

世の一部を圖示した圖4を參照していただきたい（60〜62頁）。名に二重下線を付したのは，『黄册底籍』の朱學源戸（萬曆10年は朱清戸）に關する記載にみえる人口の名，ならびに朱學源戸下の歸戸實徵册である『朱學源戸册底』の分析をもとに欒氏が提示した萬曆40年（1612）と崇禎17年（1644）時點の朱學源戸下の〈子戸〉名である[34]。その數は計71名にのぼっており，『統宗譜』はまちがいなく朱學源戸の構成員が關係していた族譜であると理解してよい。

　　ただし，戸主の朱學源は，『黄册底籍』萬曆10年册の「新收」の項に“嘉靖四十一年生，……前册漏報”と記され，萬曆30年册・萬曆40年册の「實在」の項にも“四十一歳”・“年五十一”と年齡が記されているにもかかわらず，『統宗譜』には記載されていない。これは，萬曆10年册の戸主であった朱清についても同樣である。

　　萬曆30年册・萬曆40年册に26世の長房派の朱積存，朱積團，朱積强が朱學源の兄弟と記されている[35]ことからすると，朱學源は25世の師廉の息子の存在を想定した架空の人物であったと考えられる。萬曆10年册の戸主である朱清についても，24世の人物を想定した架空の存在であったにちがいない[36]。

　　次に重要なのは，霞瀛朱氏長房派の26世以降が儒教的教養を修得した在野の讀書人，生員・國子監生など科擧階梯上の學位保持者を多く輩出していることである。『統宗譜』の記載から判明する長房派の在野の讀書人・學位保持者の情報を一覧に示せば，表3のとおりである。

【表3】　霞瀛朱氏長房派の知識人・學位保持者

『霞瀛朱氏統宗譜』（康熙20年［1681]）段階まで

26世

　嶽，字前川。“處士”の稱。〜萬曆27年（1599）11.14。

（『統宗譜』卷2に像・墓圖あり）

積儒，字國珍，號前溪。“隱君”の稱。〜萬曆10年（1582）4.7。

（『統宗譜』卷1に傳あり）

積存，字國用，號瀛谷。“隱君”の稱。嘉靖16年（1537）4.23〜萬曆32年（1604）3.15。

（『統宗譜』卷1に墓誌銘，卷2に墓圖あり）

64　第1章　『黄冊底籍』と『丈量保簿』

積團，字國器，號春谷。嘉靖23年（1544）12.17〜萬暦42年（1614）3.18。

（『統宗譜』卷1に傳あり）

27世

春成，字仲溪。"處士"・"鄉飲大賓"の稱。嘉靖40年（1561）12.21〜。

（『統宗譜』卷2に像・墓圖あり。康熙『休寧縣志』卷5，選舉「封贈」に記載あり）

夏成，字思溪，號節齋。"壽官"の稱。約正，鄉飲大賓。嘉靖43年（1564）9.28〜崇禎10
年（1637）閏4.19。　　　　　　　　　　　　　　　　（『統宗譜』卷2に像あり）

元成，字君元，號融吾。"處士"の稱。始創宗祠。萬暦5年（1577）年5.8〜。

（『統宗譜』卷2に像・墓圖あり）

28世

家志，字君用。"處士"の稱。〜萬暦28年（1600）12.14。　　（『統宗譜』卷2に像あり）

朝臣，字君輔，號平長。"鄉飲大賓"の稱。康熙19年（1680）徵仕郎・內閣中書舍人を
封贈。萬暦23年（1595）7.26〜。

（道光『休寧縣志』卷15，人物「鄉善」に傳あり。康熙『休寧縣志』卷5，選舉
「封贈」に記載あり）

正美，字君實，號誠軒。監生。萬暦18年（1590）9.8〜順治17年（1660）12.6。

（『統宗譜』卷2に像あり）

正道，字惟一。監生，鄉飲大賓。萬暦37年（1609）12.14〜。

正芳，字湘正，號霞嶽。平湖縣學生員，順治10年（1653）監生，康熙3年（1664）考授
縣尹。萬暦44年（1616）11.4〜。

朝鼎，字君調。監貢考授州同知。萬暦41年（1613）10.25〜。

朝聘，字君寵，號素臣。"處士"の稱。萬暦20年（1592）5.23〜康熙11年（1672）4.5。

（『統宗譜』卷2に像あり。康熙『休寧縣志』卷5，選舉「封贈」に記載あり）

朝陞，字友臣。"處士"の稱。萬暦38年（1610）3.6〜康熙9年（1670）10.7。

（『統宗譜』卷2に像あり）

朝士，字以旐，號健菴。萬暦42年（1614）5.14〜康熙6年（1667）7.28。

（『統宗譜』卷1に傳，卷2に像あり）

29世

光國，字照鄰。康熙11年（1672）監生，19年（1680）吏部考授同知。萬暦46年（1618）
2.13〜。　　　　　　　　　　（康熙『休寧縣志』卷5，選舉「舍選」に記載あり）

光固，字仲堅，號培園。康熙11年（1672）監生，16年（1677）徵仕郎・內閣中書舍人を
封贈。天啓5年（1625）8.1〜。（康熙『休寧縣志』卷5，選舉「封贈」に記載あり）

光圖（のちに圖光と改名），字寅先，號蓮峯。松江府學生員，恩貢考授同知，彰德府通

一 『萬曆27都5圖黃册底籍』　65

判。崇禎5年（1632）9.11～。

光圍，字西仲。康熙16年（1677）歲貢生，刑部浙江清吏司郎中，贛州知府。順治7年
　　（1650）10.6～。　　　　　　　　　　　　　　（道光『休寧縣志』卷13，人物「宦業」に傳あり）

光圓，字天若，號二如。康熙11年（1672）監生，19年（1680）授同知。順治10年（1653）
　　1.8～。　　　　　　　　　　　　　　（康熙『休寧縣志』卷5，選舉「舍選」に記載あり）

光舜，字星文。富陽縣學生員，康熙11年（1672）副榜。順治2年（1645）8.6～。

光寧，字熙績。華亭縣學生員，附監。崇禎5年（1632）11.23～。

光宜，字且菴，號梵雲。杭州府學生員，附監，考授縣左。崇禎13年（1640）11.7～。

光漢，字若含，號鹿陂和尚。余姚縣學生員。順治4年（1647）11.18～。

光□，字若儀，號梓靜。康熙11年（1672）監生。順治6年（1649）8.8～。

光玫，字文玉，號淡菴。康熙4年（1665）監生。崇禎11年（1638）3.9～。

于陛，字鳴玉，號省菴。處州府增廣生，康熙11年（1672）科選進士。順治2年（1645）
　　2.3～。

光旭，字方旦。揚州府學生員。順治14年（1657）9.12～。

光桃，字起宗，號貞菴。康熙19年（1680）監生。崇禎10年（1637）2.24～。

光紹，字爾庭。康熙19年（1680）監生。崇禎6年（1633）5.23～。

光綏，字天逸。康熙18年（1679）黃州府學生員。順治7年（1650）8.10～。

30世

從達，字聖節，號超几。杭州府學生員，康熙6年（1667）歲貢生。順治元年（1644）3.
　　14～。

從遜，字聖楫，號陸借。華亭縣學生員，監生，考授同知，康熙14年（1675）順天副榜，
　　同16年（1677）內閣中書舍人，陞主事。順治8年（1651）5.8～。
　　　　　　　　　　　　　　　（康熙『休寧縣志』卷5，選舉「貢士」に記載あり）

從憭，字素存，號潛園。康熙11年（1672）杭州府學生員。順治12年（1655）10.5～。

補足：三房派の知識人

25世

萬生，字謙之，號東峯。"冠帶耆碩"の稱。正德2年（1507）8.6～萬曆12年（1582）9.11。
　　　　　　　　　　　　　　　　　　　　　　　（『統宗譜』卷2に像あり）

26世

伯晹，字玉林。"鄉賓"の稱。嘉靖24年（1545）5.22～天啓元年（1621）2.20。
　　　　　　　　　　　　　　　　　　　　　　　（『統宗譜』卷2に像あり）

66　第1章　『黃册底籍』と『丈量保簿』

27世

應鬻，字如初，號庠叔。"處士"の稱，鄕飮大賓。萬曆12年（1584）12.18〜順治16年
　　（1659）9.28。　　　　　　　　　　　　　　　　　　　　（『統宗譜』卷2に像あり）

28世

有學，字仰泉。"鄕飮大賓"の稱。萬曆5年（1577）9.12〜。

　　　　　　　　　　　　　　　　　　　　　　　　　　　　（『統宗譜』卷2に像あり）

有才，字希賢。"處士"の稱。萬曆18年（1590）8.26〜崇禎15年（1642）閏11.12。
　　　　（『統宗譜』卷2に像あり。康煕『休寧縣志』卷6，人物「篤行」に傳あり）

　これを瞥見すれば，とくに29世以降に學位保持者が急增したことがわかる。また，清代康煕年間に入ると，科擧の登第ではないものの，貢生によって康煕4年（1665）に29世の朱光圖（のちに圖光と改名），同14年（1675）に30世の朱從遜，同16年（1677）に29世の朱光圍が任官している[37]。この3名は28世の朱朝臣の息子と孫であり，朱朝臣は『統宗譜』卷1所收の「續修家譜記」を執筆していること，修譜校正に携わった人物の筆頭にあげられていたことから『統宗譜』の編纂でも中心的役割を果たしたと推測される。朱朝臣の子孫を圖示しておく。

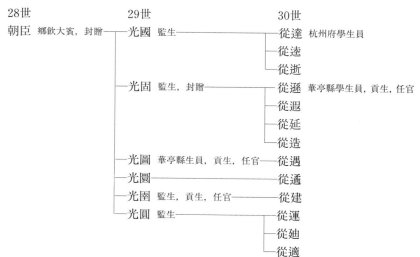

一　『萬曆27都5圖黄册底籍』　67

　表3からわかるように，『黄册底籍』の記載對象である萬曆10年から同40年
の時點では，學位保持者を輩出していないとはいえ，朱學源戶内には26世の朱
嶽，朱積儒，朱積存，朱積團，27世の朱春成，朱夏成，朱元成らの "隱君"・
"處士"・"鄕飮大賓" 等と稱される讀書人の能力をもつ人材が存在してい
た[38]。前述のとおり，朱積存と朱積團は『黄册底籍』に朱學源の兄弟と記さ
れた人物である。また，これら朱學源戶下の在野の讀書人のうち，朱積團と朱
夏成は鄕約保甲の役職を務めたとも傳えられる[39]。

　欒氏が明らかにしたとおり，隆慶6年（1572）の時點で221.1160稅畝の事産
を所有していた朱學源戶は，萬曆30年（1602）に圖内第一の事産所有人戶とな
り，崇禎15年（1628）には803.22962稅畝まで所有事産を擴大する[40]が，この時
期の朱學源戶内には在野の讀書人が存在し，さらには學位保持者を輩出し始め
ていたのであるから，朱學源戶は庶民ではなく，士人が屬す人戶として理解し
なければならない存在であった。

　なお，同時期の霞瀛朱氏三房派のなかにも，"冠帶者碩"・"處士"・"鄕飮大
賓" と稱される在野の讀書人が複數みられる。25世の朱萬生，26世の朱伯暘，
27世の朱應鑾，28世の朱有學，朱有才である[41]。これらのうち，28世の朱有
學は "創建宗祠（宗祠を創建）" したと傳えられる[42]。一方，長房派では27世の
朱元成が "始創宗祠（始めて宗祠を創）" ったと傳えられる[43]。長房派・三房派
ともに在野の讀書人による親族の結集を圖る動きが生じており，天啓元年に兩
派によって族譜が編纂されたのは，こうした動きをうけてのことであったのだ
ろう。

　以上にみた朱學源戶の文化的・政治的性格は，『黄册底籍』が作製された理
由——朱學源戶の關係者が明末から清代康熙年間に賦役黄册を抄寫した理由を
示唆している。

　周知のように，『明史』食貨志は，魚鱗圖册が事産訴訟の際の證據物件であ
り，賦役黄册が賦役制度の要であった旨を記す[44]。しかし，前項で論じたよ
うに，賦役黄册は人戶の事産賣買・推收過割の履歴を記載するものであり，事
産訴訟の際には公證能力をもつ文書としても機能したはずである。それがゆえ

68　第1章　『黄冊底籍』と『丈量保簿』

に，人戸の側は前項であげた「黄冊遺存文書」の①中國歷史研究院圖書館藏「永樂至宣德徽州府祁門縣李務本戸黄冊抄底」，②中國國家博物館藏「永樂徽州府歙縣胡成祖等戸黄冊抄底殘件」などのような自戸に關する賦役黄冊の記載を抄寫した黄冊底籍を作製して殘存させたと考えられる。

　『黄冊底籍』が作製されたと推測される明末から清代康熙年間は，朱學源戸が所有事產を擴大し，多くの學位保持者，さらには任官者を輩出して繁榮をきわめていく時期であった。『統宗譜』もほぼ同時期に編纂された。この繁榮をきわめた時期に朱學源戸の〈子戸〉は多くの告明分析を行なっている。順治8年（1651）から『統宗譜』が編纂された康熙20年までに告明分析した人戸の數は28戸にのぼった(45)。『黄冊底籍』が『歸戸親供册』，『朱學源戸册底』，『清初編審册』とともに作製された第一の理由は，朱學源戸の所有事產の保全，〈子戸〉の所有事產の保全，さらには告明分析した人戸間の權利關係を明確にするためであろう。しかし，朱學源戸にかかわる所有事產の保全，權利關係の明確化を圖るのみであれば，他の人戸の場合と同樣に自戸の置產簿・抄契簿を作成することや自戸に關する黄冊底籍を作製することで十分だったはずである。

　看過してならないのは，中島樂章氏が明らかにしたように，萬曆年間以降，鄉約や宗族が鄉村社會の紛爭處理の中心に移っていったとはいえ，徽州府下では里老人・里長による紛爭處理が17世紀以降も根强く機能しつづけていたことである(46)。事產の紛爭を處理するには，公證物件が必要となる。朱學源戸は里長を務める人戸であったから，里甲內の事產紛爭處理に備えるために，27都5圖の所屬人戸が事產賣買・推收過割の履歷を記載して公證能力をもつ賦役黄冊を關係者が抄寫したのではないかと考えられる。また，行論のなかでみたように，朱學源戸下の在野の讀書人には鄉約保甲の役職を務めた人物もいた。この時期，紛爭處理の中心となっていく鄉約等の役職にその後も朱學源戸の關係者が就き，その責務を果たすために公證物件となる賦役黄冊を抄寫した可能性もあろう。

　朱學源戸下の在野の讀書人のなかには，鄉里の課題解決を志向して盡力する人物が存在した。ほかでもない『統宗譜』の編纂でも中心的役割を果たしたと

二 『明萬曆9年休寧縣27都5圖得字丈量保簿』　69

推測される28世の朱朝臣である。道光『休寧縣志』卷15，人物「鄕善」は次の
ように傳える。

> 朱朝臣，號平長，霞瀛人。性質直，有古風。年饑輸錢以賑，立義塾以誨貧
> 家。嘗修道路，造渡船。凡鄕黨中義舉倡助，無悋容。

> 朱朝臣，號は平長，霞瀛の人なり。性は質直，古えの風有り。年饑えれば
> 錢を輸して以て賑わし，義塾を立て以て貧家を誨う。嘗て道路を修め，渡
> 船を造る。凡そ鄕黨の中の義舉倡助，容すを悋しむこと無し。

朱朝臣がこうした活動を行なったのは，彼が萬曆23年（1595）の出生であ
る[47]ことから，まさに『黃册底籍』が作製されたと推測される明末から淸代
康熙年間にかけてであったと理解してまちがいない。

總じて，朱學源戶の關係者は，自戶の所有事產の保全，告明分析した人戶間
の權利關係の明確化を圖ることにくわえて，里甲內の事產紛爭處理に備えるた
めに公證物件の機能をもつ『黃册底籍』を作製したのではないかと推察する。

二　『明萬曆9年休寧縣27都5圖得字丈量保簿』

1　『得字丈量保簿』

小論が活用するもう一つの主要史料は，上海圖書館藏『休寧縣二十七都伍圖
丈量保簿』1册（線普562585號）である。"保簿"とは，徽州文書の世界におい
て魚鱗圖册を意味した[48]。欒成顯氏の成果によれば，南宋の經界法以來，明
初の洪武丈量に至るまで，都保制の保（大保）が丈量作業と土地臺帳の作製單
位であったために，魚鱗圖册は"保簿"とよばれたという[49]。現存する元末
朱元璋政權下で作製された5種の魚鱗圖册，洪武丈量の3種の魚鱗圖册は，す
べて保を單位に作製されたものである[50]。萬曆9年から同10年に全國で實施
されたいわゆる張居正の丈量以降は，保に代わって里＝圖が丈量作業と魚鱗圖
册の作製單位となるが，"保簿"という呼稱は殘った。

『休寧縣二十七都伍圖丈量保簿』の法量は，縱：35.0cm，橫：30.3cm，厚さ：
約6cmで，全442葉の分量である。半面は四格であり，得字9號から得字3544

70 　第1章 　『黄冊底籍』と『丈量保簿』

號までの事産の情報を傳える。ただし，得字10・12・14・16號については破損
のために判讀不可能な部分があり，計3532號の事産についての情報を知ること
ができる。版心には "休寧縣【貳拾柒都伍圖丈量保簿【○○（葉數）" と刻さ
れている。"得" は，休寧縣の都圖文書によって確認できるとおり，萬暦9年
の丈量によって27都5圖に付された魚鱗字號の文字（千字文）であった[51]。し
たがって，上海圖書館の目録上は『休寧縣二十七都伍圖丈量保簿』とよばれ，
清代のものとされているが，この史料はまぎれもなく萬暦9年の丈量で作製さ
れた休寧縣27都5圖の魚鱗圖册であり，正確には『明萬暦9年休寧縣27都5圖
得字丈量保簿』とよぶべきものである（以下，『得字丈量保簿』と略す）[52]。休寧
縣27都5圖は，1里分全體の賦役黄册の記載を傳える副本にくわえ，同時期に
作製された魚鱗圖册も殘存していた唯一無二の明代郷村行政組織として，記憶
されねばならない。

　欒成顯氏によれば，清・順治年間の丈量で作製された休寧縣27都5圖の魚鱗
圖册——休寧縣檔案館藏『清順治15年27都5圖良字登業草册』5册（以下，『良
字登業草册』と略す。休寧縣檔案館の目録では『清休寧27都5圖良字魚鱗册』とよばれ
ている）の册首第7面には次のように記されている[53]。

　　二十七都五圖原得字壹號起至参千五百六十七號
　　　田　原貳千一百八十畝二分一厘九毫
　　　　　（　略　）
　　　地　原五百貳十二畝六分八厘参毫
　　　　　（　略　）
　　　山　原四百六十貳畝六分八厘参毫
　　　　　（　略　）
　　　塘　原四拾一畝七分一厘九毫

　萬暦9年丈量によって把握された27都5圖の事産は得字1號から得字3567號
であったという。現存の『得字丈量保簿』は得字9號～3544號の事産を記載す
るから，缺損したのは得字1～8號と得字3545～3567號の計31號分のみであり，
『得字丈量保簿』は本來の99％が殘存していたことになる[54]。

二 『明萬曆9年休寧縣27都5圖得字丈量保簿』 71

　『得字丈量保簿』が記載する事産の情報は次のとおりである。圖5にあげる
影印を參照して確認していただきたい。

　　　字號數，土名，事産の種類・等則，實測面積額（步數），計稅額（稅畝數），
　　　佃人，事産の形狀（圖示），四至（東西南北の順），見業戶（所有人戶）の所
　　　屬都圖・戶名。

　圖6に示す事例のように見業が複數人戶の場合は，各人戶が所有する事産額
（田・地・塘は步數，山は稅畝額）を記している。こうした記載樣式は，上海圖書
館藏『明萬曆9年休寧縣25都6圖潔字丈量保簿』1冊（線普563646號。以下，
『潔字丈量保簿』と略す）(55)，同『明萬曆9年休寧縣25都8圖男字丈量保簿』6冊
（線善811553158號。以下，『男字丈量保簿』と略す）(56)とほぼ同じであり（圖7・圖8
にあげる影印を參照）(57)，他の張居正の丈量の魚鱗圖冊と比べて事産の等則，佃
人に關する情報を記す點が特徵である。

　萬曆9年の丈量で作製された休寧縣の魚鱗圖冊には，中國歷史研究院圖書館
藏『萬曆休寧29都7圖欲字號活字版魚鱗淸册』(58)のように活字版のものが存在
しており，『得字丈量保簿』も活字版（木活字版）である(59)。

　次に，休寧縣の萬曆9年丈量の魚鱗圖冊に出版されたものが存在する理由を
探ろう。その理由の一つは，丈量を實施した知縣曾乾亨自らの意志にあった。
萬曆『休寧縣志』卷3，食貨志「公賦」は，萬曆9年丈量の魚鱗圖冊の頒行に
あたって曾乾亨自身が記した布告文を次のように傳える。

　　　休寧縣爲酌定刊刷保簿，以便稽查，以垂永久事。照得國初丈量，原設保簿，
　　　便民經業，立法甚善。今奉明旨淸丈，民業更新，若照先時保簿，畫圖塡寫，
　　　費用浩繁，致勢家則有，弱民則無，後世疆界紛更，稽查實難。爲此欲垂永
　　　久，酌定畫一之規，行令總書等，駸（鋟）梓印刷，廣佈流行，以遺僉業人
　　　民，使有憑據，後世本本相同，不致滋生異議。爲爾諸民奕世悠遠之計，所
　　　願世世相承，人人共守，不踏去籍之害，而增讓畔之風。豈非本縣與地方所
　　　深幸哉。　　　　　　　　　　　　　　　　知休寧縣事吉水曾乾亨書。
　　　休寧縣酌定して保簿を刊刷し，以て稽查に便ならしめ，以て永久に垂れん
　　　事の爲にす。照得したるに，國初の丈量，原より保簿を設け，民の經業に

72　第1章　『黄冊底籍』と『丈量保簿』

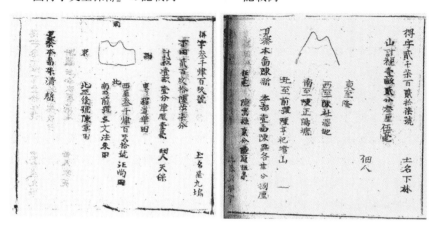

【圖5】　『明萬暦9年休寧縣27都5圖得字丈量保簿』の記載例

【圖6】　見業が複數人戸の場合の記載例

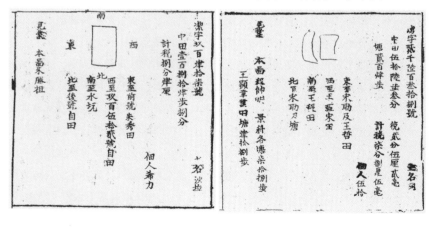

【圖7】　『明萬暦9年休寧縣25都6圖潔字丈量保簿』の記載例

【圖8】　『明萬暦9年休寧縣25都8圖男字丈量保簿』の記載例

便ならしめ，法を立つること甚だ善し。今明旨を奉りて清丈し，民業更新するに，若し先時の保簿に照して圖を書き塡寫すれば，費用浩繁にして，勢家は則ち有るも，弱民は則ち無きを致し，後世疆界紛更し，稽査實に難し。此れが爲に永久に垂れんと欲し，畫一の規を酌定し，總書等に行令し，梓に鎪（鋟）みて印刷し，廣く佈きて流行せしめ，以て僉業の人民に遺り，憑據有らしめ，後世本を本ぬること相い同にし，滋く異議を生ずるを致さず。爾ら諸民の奕世悠遠の計を爲すは，世世相い承け，人人共に守り，去籍の害を踏まずして，讓畔の風を增さんことを願う所なり。豈に本縣と地方と深く幸う所に非ざらんや。　　　　　　知休寧縣事吉水曾乾亨書す。

（丸括弧内は引用者）

　曾乾亨は，統一の規格を定めたうえで總書（丈量の縣全體の責任者）らに魚鱗圖册を出版して頒行させることにした。それは，事產所有の變更にあたって各自が魚鱗圖册の記載を抄寫する方法では費用がかさむために，抄寫したものを所持する者と所持できない者との格差が生じてしまい，事產紛爭の事實調查が困難になる事態に配慮したからであるという。現存する洪武丈量の魚鱗圖册の一つ『明洪武18年歙縣16都３保萬字號淸册分庄』は，歙縣の西溪南吳氏が抄寫した私册（民間で抄寫して所持されていた册籍）であり[60]，西溪南吳氏は北宋末頃から商業に從事し，嘉靖年間以降には鹽商活動によって莫大に蓄財した徽州を代表する一族であった[61]から，魚鱗圖册を抄寫する方法で所持できるのは“勢家”にかたよってしまうという曾乾亨の指摘が的を外したものではないことを示唆している。曾乾亨が魚鱗圖册を出版して頒行させる意圖は，貧富にかかわらず事產所有の共通の證據を付與することにあった。

　活字版の魚鱗圖册が殘存する以上，こうした曾乾亨の構想が實現したことはまちがいない。では，曾乾亨の構想はどのようにして實現したのだろうか。『得字丈量保簿』と同じく活字版である『男字丈量保簿』の卷首は，25都８圖の里役たち——圖正（１名）・里長（10名）・量畫（２名）・書算（２名）の文章を載せており[62]，曾乾亨が布告してから『男字丈量保簿』の頒行に至るまでの經緯を傳える。萬曆24年（1596）10月付の文章である。やや長文にわたるが引

74　第1章　『黄冊底籍』と『丈量保簿』

用しよう。

　　縣主思慮休民產土，分法繁瑣，基墓價重，强弱似難歸一。立設保簿之規，
　　印發序文，責令鋟梓裝刷，形跡相同，弊奸難施，是非可辨，無所容私。板
　　料備成，預造數里，諸人稱贊古今初起美事。嗣因稅糧未淸，槪縣查對，父
　　故停止，退役歸農。復思淸丈千載奇逢，同板保簿傳流永世，迺民業更新之
　　本，實黃冊契稅之源，僉業世守爲憑，續置推收有據，人戶無惰虛糧，縣總
　　派徵有維，止奸猾之强倂，定奕世之根源，實爲便民。公務委任，不得克終。
　　秉心預呈府・縣，千里赴告撫・道，俱蒙批縣示諭各鄉准造。俯思當道無人
　　提調，焉能槪縣通行。據憑圖正原丈，查對冊底，將本都捌圖男字保簿造完，
　　售散該圖拾排業戶，諸人得見，毫弊難生。公正一鄉之美望，經造永遠之流
　　傳。非惟首業宜辦，賢能善事，省費可備利益。後人置產勝如積金，遺裔如
　　思卜和泣玉，流傳古今之寶。愚立茲簿，難終槪邑之功。特書簿首之后，願
　　鄉都俊傑諸賢士同心而立赤幟云。

　　萬曆貳拾肆年孟冬月　　　　　　　　　　　　　　　　　　　　　　註

　　　　　　　　　　　　　　　　　　　　圖正　汪惟忱
　　　　　　　　　　　　　　　　　　　　排年　汪本仁　程興
　　　　　　　　　　　　　　　　　　　　　　　程顯繼　汪繼志
　　　　　　　　　　　　　　　　　　　　　　　汪銑　　程時通
　　　　　　　　　　　　　　　　　　　　　　　程文明　巴高隆
　　　　　　　　　　　　　　　　　　　　　　　程萬里　王璘

　　　　　　　　　　　　　　　　　　　　量畫　巴付隆　程廷嵩
　　　　　　　　　　　　　　　　　　　　書算　程積肆　王同仁

　　　　　　　　　　　　　　　給與　　都　圖　　收執

縣主思慮するに，休民の產土，分法繁瑣にして，基墓（宅地と墓地）價重
く，强弱一に歸するに難きが似し。保簿の規を立設し，序文を印發し，責

令して梓に鏤みて装刷せしむれば，形跡相い同にし，弊奸施し難く，是非辨ずべく，私を容るる所なし。板料備さに成り，預め造ること数里，諸人古今初めて起こりし美事と稱賛す。嗣いで税糧未だ清ならざるに因り，概縣査對するも，父故して停止し，役を退きて農に歸る。復た思えらく，清丈千載の奇逢にして，同板の保簿傳流すること永世なれば，迺ち民業更新の本，實に黄册契税の源にして，斂業世よ守るに憑と爲し，續置推收するに據有り，人戸惰りて虚糧する無く，縣總派徵するに維有り，奸猾の强併を止め，奕世の根源を定め，實に便民爲り。公務委任すれば，克く終えるを得ず。心を秉りて預め府・縣に呈し，千里赴きて撫・道に告し，俱に批を蒙りて縣各郷に示諭して造るを准す。俯して思うに，當道人の提調する無くんば，焉ぞ能く概縣通行せんや。圖正の原丈に據憑り，册底を査對し，本都捌圖男字の保簿を將て造完し，該圖拾排の業戸に售散すれば，諸人見るを得，毫弊生じ難し。公正は一郷の美望，經造は永遠の流傳なり。惟に首業宜しく辨ずべきのみに非ずして，賢能の善事，費を省きて利益を備うべし。後人産を置くこと金を積むが如きに勝り，遺裔卞和泣玉を思うが如く，古今の寶を流傳す。愚茲の簿を立つるも，概邑の功を終えるに難し。特だ簿首の后に書し，郷都の俊傑・諸賢士心を同にして赤幟を立てんことを願うのみと云う。　　　　　（以下，略す。丸括弧内は引用者の注釋）

　これによれば，出版した魚鱗圖册の頒行は，當初，"数里"の範圍で實現するにとどまっていた。しかし，出版した魚鱗圖册は事産所有の證據となり，不正行爲を抑制するものであると里役たちにも認識されており，その後，里役たちが府・縣，さらには巡撫・分守道へ請願し，改めて縣の許可を得ることによって，25都8圖では萬曆24年10月に出版した魚鱗圖册が頒行された。魚鱗圖册の出版と頒行は，里レヴェルの責任で行なわれている。このように，出版した魚鱗圖册の頒行は，曾乾亨の意志だけでなく，里役たちの理解と活動をまって實現した。

　いま一つ注目しておくべきは，出版した魚鱗圖册が25都8圖の人戸に販賣されていたことである。上の史料から窺えるのは魚鱗圖册を販賣した事實にとど

76　第１章　『黄冊底籍』と『丈量保簿』

まるが，黄忠鑫氏の成果によれば，徽州文書のなかには魚鱗圖册が人民の間で
賣買され所持されていたことを傳えるものがある。上海圖書館藏『槐溪張氏茂
荊堂田契册』１册（線普563598）に收錄された崇禎14年（1641）９月15日付の合
同文書である。そこでは，張尙涌・張之邊・張之問の３名が休寧縣７都１圖の
魚鱗圖册（“夜字號册”）１部と７都３圖の魚鱗圖册（“果字號册”）２部を共同で
購入して保管することを取り決めている。因みに，計３部の魚鱗圖册の購入に
要した費用は４兩５錢（魚鱗圖册３部自體は３兩６錢であり，購入に付隨する諸經費
を含む）であった[63]。張尙涌ら３名が共同購入した魚鱗圖册は，合同文書の日
付から萬曆９年丈量の魚鱗圖册と判斷してまちがいない。このように，休寧縣
では知縣曾乾亨や25都８圖の里役たちが企圖したとおり，萬曆９年丈量の魚鱗
圖册は人民の側でも事產所有の公證物件として所持されていた。

　以上によって，休寧縣の萬曆９年丈量の魚鱗圖册に出版されたものが存在す
る理由は明らかだろう。出版された魚鱗圖册は，28都５圖の里役たちが意圖し
たように永く流傳し，現代の我われまでが目にするものとなった。

2　『歸戶親供册』

　休寧縣27都５圖については，萬曆９年の丈量と關係する重要史料がもう一つ
殘存する。本章の冒頭で觸れた安徽博物院藏『歸戶親供册』である。同書の書
誌と內容については，欒成顯氏が精緻に明らかにしており[64]，屋上屋を架す
ことになるが，その概要を確認しておく。

　歸戶册とは，魚鱗圖册に記載されている所有事產の情報を１戶分ずつまとめ
た（名寄せした）簿册であり[65]，『歸戶親供册』も萬曆９年の丈量を經て作製さ
れた魚鱗圖册關係文書である。法量は縦：28.1cm，横：26.0cm，厚さ：約３cm
で，１葉兩面として數えて全648面の分量である。これは，休寧縣27都５圖に
所屬する人戶のすべての所有事產の情報──27都５圖以外の都圖に所在する所
有事產も含むすべての所有事產の情報を記しており，實在戶：143戶（里長戶・
有產戶：110戶，無產戶：33戶），絕戶：40戶，計183戶についての情報を記載して
いる。ただし，破損した箇所が二つあり，第５甲の吳京戶と第10甲の吳濱戶に

關する情報について不明な部分がある。

　記載内容は次の三つから構成される。第一は，册子の冒頭にある"圖總"であり，27都5圖に所屬する人戸の所有事産と負擔税糧の總額を記している。第二は，第1甲から第10甲までの各甲の記載の冒頭にある"甲總"であり，各甲に所屬する人戸の所有事産と負擔税糧の總額を記している。第三は，各人戸に關する情報である。その"實收"の項では，27都5圖內に所有する事産の總額，田・地・山・塘の順に各所有事産の魚鱗字號・所在地の土名・税畝數を記す。"新收"の項では，27都5圖以外に所有する事産について27都の他圖，他都他圖の順に各所有事産の魚鱗字號・所在地の土名・税畝數を記す[66]。つづく"實在"の項では，"實收"と"新收"の數值を合わせた所有事産の總額と負擔税糧の總額，所有する田・地・山・塘ごとの税畝額と負擔税糧額を記す。

　各人戸に關する情報の記載樣式を確認するために，第1甲に屬す王元戸に關する記載をみよう[67]。

　　一戸王元

　　　新收

　　十三都一圖帶丈推來田地山塘四畝四分四厘

　　　　　　麥八升四合九勺　　　　　米一斗七升四合一勺

　　羽字一千五百四十四號　　後山　　田六分五厘四毫
　　　　一千五百五十八號　　墩上　　田二分五厘
　　　　一千五百五十四號　　橋頭　　田一分三厘八毫
　　羽字一千三百七十七號　　塘子裡　地二分六厘
　　　　一千四百五十三號　　橋頭　　地一分四厘四毫
　　　　一千五百三十二號　　後山　　地一分四厘四毫
　　　　一千五百三十三號　　仝　　　地五分八毫
　　　　一千五百三十四號　　仝　　　地一分九厘六毫
　　　　一千五百六十號　　　墩上　　地七厘二毫
　　　　一千五百六十號　　　仝　　　地一分六厘
　　　　三千六十九號　　　　金竹村心　地一畝一分二厘八毫

78　第1章　『黄冊底籍』と『丈量保簿』

羽字一千二百六十號　　　　北塘　　　　山四厘

　一千三百四十三號　　　　梓木塢　　　　山一分八厘八毫

　一千三百七十八號　　　　塘子裡　　　　山三分二厘

　一千四百五十二號　　　　橋頭　　　　　山二厘七毫

　一千六百十八號　　　　　前塘　　　　　塘二分八毫

實在

　官民田地山塘四畝四分四厘

　　　　　麥八升三合九勺　　　　　　　米一斗七升四合一勺

　　　一則官民田一畝四厘二毫

　　　　　麥二升二合三勺　　　　　　　米五升五合七勺

　　　一則官民地二畝六分一厘二毫

　　　　　麥五升一合九勺　　　　　　　米一斗一合一勺

　　　一則官民山五分七厘八毫

　　　　　麥六合二勺　　　　　　　　　米六合二勺

　　　一則官民塘二分八毫

　　　　　麥四合五勺　　　　　　　　　米一升一勺

（二重下線は引用者）

　王元戶は27都5圖内の事産を所有していないため，“實收”の項の記述がなく，“新收”と“實在”の項のみ記述されている。二重下線を付した箇所の“羽”は先述したように，萬曆9年の丈量によって13都1圖に付された字號の文字（千字文）である。王元戶が所有する事産はすべて13都1圖内にあり，王元戶は13都1圖の田：3坵（1.0420稅畝），地：8坵（2.6120稅畝），山：4坵（0.5780稅畝），塘：1坵（0.2080稅畝），計16坵（4.400稅畝）の事産を所有していた。

　『歸戶親供册』の内容の作成時期[68]についても探っておこう。『歸戶親供册』は休寧縣27都5圖に所屬する人戶のすべての所有事産の情報──27都5圖以外の都圖に所在する所有事産をも含む情報を記載した魚鱗圖册關係文書であるから，記載内容の根據となったのは27都5圖の魚鱗圖册＝『得字丈量保簿』をはじめ，27都5圖所屬人戶が所有する事産が所在した都圖の魚鱗圖册の記載情報

二　『明萬暦９年休寧縣27都５圖得字丈量保簿』　79

である。そうであれば，『得字丈量保簿』と『歸戸親供册』が記載する情報は一致してよい。だが，少数ではあるものの，両者の記載情報が一致しない場合——『得字丈量保簿』に所有事産として記載されていても，『歸戸親供册』には記載されていない場合がみられる。そうした事産は**表４**に示すとおりである。計８戸の計34號，28.5560税畝の事産が『得字丈量保簿』で所有事産とされていても，『歸戸親供册』では所有事産とされていない。

【**表４**】　『得字丈量保簿』と『歸戸親供册』の記載が一致しない事産

※丸括弧内のゴシック数字は事産の號（地番）を示す。

第１甲
　王　茂（里長）　田３號2.4110税畝（685下田，778上田，978下田）
　　　　　　　　　地３號1.1600税畝（85下下地，293上墳地，2405中地）
　　　　　　　　　計６號3.5710税畝
　謝　社　　　　　田16號17.1460税畝（35中田，38下田，40中田，87下田，95下田，137中田，
　　　　　　　　　　162下田，167下田，168下田，298上田，330下田，367下田，380中田，382中
　　　　　　　　　　田，413上田，443中田）
　　　　　　　　　計16號17.1460税畝

第４甲
　王　時（里長）　田１號0.8840税畝（1876上田）
　　　　　　　　　地１號0.2190税畝（2274下地）
　　　　　　　　　計２號1.1030税畝

第５甲
　陳　章（里長）　田３號2.5980税畝（917下田，2251中田，2682中田）
　　　　　　　　　地１號0.0560税畝（1483下地）
　　　　　　　　　計４號2.6540税畝
　陳　宜　　　　　田１號1.6890税畝（1013上田）
　　　　　　　　　計１號1.6890税畝

第７甲
　王齊興（里長）　田１號0.8600税畝（1883上田）
　　　　　　　　　地２號0.3900（749下下地，2455中地）
　　　　　　　　　計３號1.2500税畝

第10甲

80 　第 1 章　『黄冊底籍』と『丈量保簿』

金萬政（里長）　山 1 號0.6000税畝（696山）
　　　　　　　　計 1 號0.6000税畝
陳　　祥　　　　田 1 號0.5430税畝（1040下田）
　　　　　　　　計 1 號0.5430税畝

計34號　28.5560税畝（田26號26.1310税畝，地 7 號1.8250税畝，山 1 號0.6000税畝）

　この 8 戸について『黄冊底籍』萬暦10年冊の「開除」轉除の項の記載を確認
すると，いずれの人戸も萬暦 9 年から同10年に事産を賣却していた。たとえば，
計16號，17.1460税畝と一致しない事産額が最も多い第 1 甲の謝社戸の場合，
萬暦 9 年に27都 5 圖第 3 甲所屬の朱清戸， 5 都10圖所屬の汪世榮戸・吳世隆戸
に計26.9630税畝の田・地を賣却している[69]。萬暦 9 年に賣却した事産の總額
が17.1460税畝を大きく上回るのは，同年 8 月から11月の丈量以前に賣却した
事産を含むためであろう。とすれば，『得字丈量保簿』と『歸戸親供册』の記
載の離齬は，『得字丈量保簿』の作製後に事産賣買したことによって生じたも
のであり，『歸戸親供册』の記載内容は『得字丈量保簿』の記載情報そのもの
ではなく，丈量後に行なわれた事産賣買の結果を反映していたと考えられる。
したがって，『歸戸親供册』の内容の作成時期は，萬暦 9 年丈量の直後ではな
く，萬暦10年分の賦役黄冊が編纂されるまでの間の時期であったと推測される。

おわりに

　最後に，小論が活用する主要史料の信憑性を少しく檢證して結びとしよう。
　同時期の休寧縣27都 5 圖所屬人戸が關係した史料が殘されている。高橋芳郎
氏が明代の裁判プロセスを詳細に傳える稀少な史料として論じた上海圖書館藏
『著存文卷集』 1 卷である[70]。『著存文卷集』は，萬暦10年前後に著存觀とい
う金氏の祠觀をめぐって，休寧縣の金氏一族と陳氏一族が行なった爭訟の記録
であり，結果的に勝訴した金氏が爭訟の一件書類を入手して版刻したものであ
る。休寧縣の審理にあたったのは，丈量を實施した知縣曾乾亨である。金氏一

族が所屬したのは11都3圖，陳氏一族が所屬したのは27都1圖であり，爭點と
なった著存觀は27都1圖に所屬し，その事產は27都内に散在していた。爭訟の
中心であった金氏の金革孫，陳氏の陳富はもちろんのこと，『著存文卷集』が
傳える爭訟關係者や27都の圖正・里長は，27都5圖の事產の所有人戸として
『得字丈量保簿』に記載されている[71]。まさに小論の主要史料と時期・地域を
一にした史料である。

　行論の過程で賦役黄册の記載を抄寫した黄册底籍は公證能力をもつ文書とし
て機能したであろうと推測したが，著存觀をめぐる訴訟において人戸の側は自
らの正當性の根據として魚鱗圖册とともに黄册底籍の情報を提出し，休寧縣・
徽州府ともに審理の過程で賦役黄册・魚鱗圖册を事實調査の重要證據として活
用していた[72]。萬曆12年3月16日，勝訴した金氏の金革孫は縣の册籍の改正
を求めて"新册"＝萬曆9年丈量の魚鱗圖册（ほかでもない『得字丈量保簿』）が
記載する字號數・土名・實測面積の情報を徽州府に提出しており，その情報は
『得字丈量保簿』の記載と一致する[73]。

　『黄册底籍』と『歸戸親供册』の記載のなかには，錯誤（轉寫の誤りや計算ミ
ス）がみられる[74]。また，金氏が勝訴し，休寧縣の册籍（魚鱗圖册，歸戸册，賦
役黄册）の記載が改正された[75]ことからすれば，萬曆9年の丈量に乘じて册籍
の不當な記載が行なわれていたことになる。しかし，そうした不正は黄册底籍
や魚鱗圖册を事產所有の根據として保持する人戸側の意識と活動によって修正
されていったのも事實である。現實の爭訟のなかで重要證據として活用され，
記載情報も同時代史料と一致するのであるから，黄册底籍と『得字丈量保簿』
の記載はおおむね信賴に足るものと考えてよい。

　なお，なぜ『歸戸親供册』と『黄册底籍』という萬曆9年丈量以降の文書が
作製され殘されたのか――萬曆9年丈量以前の情報を記す文書は作製され殘さ
れなかったのはなぜなのかという疑問が生じるかもしれない。筆者の推測を示
せば，現實の訴訟のなかで『得字丈量保簿』が"新册"とよばれたことが示す
ように，事產所有の根據が萬曆9年の丈量によってリセットされたためと思わ
れる。もちろん，萬曆9年丈量以前の"老册"の情報を傳える文書を作製して

82　第1章　『黄冊底籍』と『丈量保簿』

残された場合があるが，それは古くから繁榮していた一族によるものであり[76]，『黄冊底籍』を作製した朱學源戸は名族とは認知されていない新興の存在であったから，萬暦9年の丈量以降の情報が文書作製の對象とされ殘ることになったのだろう。

註

（1）樊成顯「萬暦二十七都五圖黄冊底籍」（『明代黄冊研究』中國社會科學出版社，1998年。增訂本，2007年）。『黄冊底籍』を發見した樊成顯氏は，諱筆などの檢討をもとに第1冊は清代康熙年間に，第3冊・第4冊は明末から清・順治年間に抄寫されたものと推測している（同書175頁）。筆者は，2009年9月と2010年9月に『黄冊底籍』，『歸戸親供册』，『朱學源戸册底』，『清初編審册』を大田由紀夫氏（鹿兒島大學）・楊纓氏（熊本大學）とともに閲覽した。閲覽にむけてご協力いただいた安徽大學歷史系・徽學研究中心の方々，特別に閲覽を許可してくださった安徽省博物館副館長（當時）の黄秀英氏に厚くお禮申し上げる。

（2）韋慶遠『明代黄冊制度』（中華書局，1961年，106～107頁）が指摘するように，洪武34年（建文3年［1401］）に豫定されていた第3回目の賦役黄冊編纂は靖難の役のために永樂元年（1403）に實施され，第4回目が9年後の永樂10年（1412）に實施されて以降，賦役黄冊は崇禎15年まで10年ごとに編纂された。

（3）『後湖志』卷10，事例7，萬暦40年3月，晏光輝「爲祖宗創法盡善寺臣議法難行敬陳後湖興建之由駁贖之用以祈聖鑒併候聖裁事」

　　　本湖册庫，自洪武十四年，至萬暦三十年，庫房已有六百六十七間。其内貯黄冊一百五十三萬一千四百五十八本。

　　前揭註（2）韋『明代黄冊制度』（93頁）はここにみえる153萬1458冊の賦役黄冊を萬暦20年までに蓄積されたものとするが，岩井茂樹「『嘉靖四十一年浙江嚴州府遂安縣十八都下一圖賦役黄冊殘本』考」（夫馬進編『中國明清地方檔案の研究』1996～1998年度科學研究費補助金（基盤研究A2）研究成果報告書，2000年）が指摘するように，萬暦30年までに蓄積されたものと解するのが正しい。

（4）賦役黄冊編纂と里甲制編成の全國的施行を傳える『明太祖實錄』卷135，洪武14年正月條に，"册成爲四本，一以進戸部，其三則布政司・府・縣，各留其一焉"とある。

（5）前揭註（3）岩井「『嘉靖四十一年浙江嚴州府遂安縣十八都下一圖賦役黄冊殘本』考」。

註　83

（6）　杜立暉編『哈佛藏《韻學集成》《直音篇》紙背明代文獻釋錄』（中國社會科學出版社，2021年）。

（7）　孫繼民・宋坤編『新發現古籍紙背明代黃册文獻復原與研究』（中國社會科學出版社，2021年）。

（8）　前揭註（1）欒「萬曆二十七都五圖黃册底籍」172～176頁。

（9）　圖3は，第1甲所屬の王元戶（萬曆20年册以降は承繼によって王盛戶となる）に關する記載を翻刻したものである。

（10）　記載樣式の違いは同一册子のなかにもみられる。萬曆10年册は第5甲の陳旦戶以降で人口の總數のみを記し，萬曆40年册は第6甲・第7甲の箇所で人口の總數のみを記す。

（11）　後述するが，圖3「『萬曆27都5圖黃册底籍』の記載樣式例」の萬曆20年册の新收・「轉收」の項と開除・「轉除」の項，萬曆30年册の開除・「轉除」の項にみえる"羽"が魚鱗圖册の字號の文字（千字文）である。

（12）　欒成顯「明清戶籍制度的演變與其所造文書」（『中國社會科學院歷史研究所學刊』6，2009年）。

（13）　欒成顯「萬曆九年清丈歸戶親供册」（『明代黃册研究』中國社會科學出版社，1998年。增訂本，2007年）148～149頁，同（岸本美緒譯）「明末清初庶民地主の一考察——朱學源戶を中心に——」（『東洋學報』78-1，1996年）17頁・19頁。

（14）　前揭註（13）欒「萬曆九年清丈歸戶親供册」149頁，同「明末清初庶民地主の一考察」20頁。

（15）　萬曆40年册で缺落しているのは，次の三つの人戶に關する記述である。第一は，第2甲の朱師顏戶の「舊管」・「新收」・「開除」の記述であり，萬曆30年册の「實在」の記載と照應すると人口數・事產額に變更はない。第二は，第3甲の12番目に記載される人戶であり，萬曆30年册の記載と照應すると吳初保戶に關する記述と考えられる。第三は，第6甲排年朱貴戶の「舊管」・「新收」・「開除」の途中（轉除の事產の手前）までであり，萬曆40年の「實在」は問題なく記載されている。

（16）　ただし，第9甲の洪龍戶以降の12戶については，萬曆20年册が「實在」のみを記すため，萬曆10年册段階の記載が不明である。

（17）　前揭註（1）欒「萬曆二十七都五圖黃册底籍」187～188頁。

（18）　本文で述べたように絕戶を判斷したためであろうが，實在戶數と絕戶數の筆者の理解は欒成顯氏の理解（前揭註（1）欒「萬曆二十七都五圖黃册底籍」184～185頁，ならびに202頁の表20）と異にする。

　　　なお，周知のように，明清期の徽州府下では，佃租のほか樣々な勞役を負擔して

84　第1章　『黄冊底籍』と『丈量保簿』

子子孫孫にわたって主家に服属する佃僕制（＝火佃制）が普及していた（葉顯恩『明清徽州農村社會與佃僕制』安徽人民出版社，1983年。中島樂章「明末徽州の佃僕制と紛争」『東洋史研究』58-3，1999年。のち『明代鄉村の紛争と秩序——徽州文書を史料として——』汲古書院，2002年）が，佃僕＝火佃は黄冊や歸戶冊といった公籍には記載されなかったと欒成顯氏が指摘している（前揭註（13）欒「萬曆九年清丈歸戶親供冊」171頁）。佃僕＝火佃は戶籍をもたない存在と理解されており，身分法の觀點（高橋芳郎「明代の奴婢・義子孫・雇工人」『柳田節子先生古稀記念中國の傳統社會と家族』汲古書院，1993年。のち『宋—清身分法の研究』北海道大學圖書刊行會，2001年，所收）からすると，賦役黄冊上に記載されるならば主家の義子孫であったと考えられるが，『黄冊底籍』に記載される義子孫の數はきわめて少なく，かつ佃僕＝火佃であるようにもみえない（本書【資料篇】第1章「『萬曆27都5圖黄冊底籍』記載データ」を參照）。とすれば，27都5圖には『黄冊底籍』に記載された實在戶以外の人戶が存在したことになる。

　ただし，想像を逞しくするならば，100歳や200歳を超える異常に高齢な人口のみによって構成された絶戶は佃僕＝火佃であり，沒落して賣身契約を結んだ人物が生存するものとして年齢を記しつづけた——實際には賣身契約を結んだ人物の子孫が佃僕＝火佃として服役していると理解することも可能ではないかと筆者は考えている。因みに，第4章の註（27）で述べるように，絶戶のなかには租佃關係を結んでいた事例もみられる（235頁）。とはいえ，筆者の考えは想像の域を出るものではないため，欒成顯氏の理解にしたがっておく。

(19)　安徽省圖書館藏『休寧縣都圖里役備覽』（2:30710號），安徽師範大學圖書館藏『休寧縣都圖甲全錄』（139863號）の記載による。本書【資料篇】第4章「休寧縣都圖文書記載データ」を參照。『休寧縣都圖里役備覽』と『休寧縣都圖甲全錄』の複寫・畫像の入手にあたっては，欒成顯氏（中國歷史研究院），中島樂章氏（九州大學），劉道勝氏（安徽師範大學）の御厚意にあずかった。記して感謝する。また休寧縣の萬曆9年丈量については，前揭註（13）欒「萬曆九年清丈歸戶親供冊」143～150頁を參照。

(20)　欒成顯「黄冊攢造與其遺存在文書」（『明代黄冊研究』中國社會科學出版社，1998年。增訂本，2007年）40～85頁。

(21)　前揭註（3）岩井「『嘉靖四十一年浙江嚴州府遂安縣十八都下一圖賦役黄冊殘本』考」。

(22)　前揭註（6）杜編『哈佛藏《韻學集成》《直音篇》紙背明代文獻釋錄』が收める嘉靖・隆慶年間揚州府下の賦役黄冊原本，また宋坤「公文紙本古籍紙背所見明代黄

註　85

　　　册文獻概述」（前揭註（7）孫・宋編『新發現古籍紙背明代黃册文獻復原與研究』
　　　所收）があげる賦役黃册原本によって確認できる。なお，張恆「新發現上海圖書館
　　　藏古籍紙背明代賦役黃册復原與研究」（前揭註（7）『新發現古籍紙背明代黃册文獻
　　　復原與研究』所收）は，上海圖書館藏『樂府詩集』紙背の賦役黃册原本の事產賣買・
　　　推收過割の記載を考察している。

(23)　前揭註（22）宋坤「公文紙本古籍紙背所見明代黃册文獻概述」99～106頁は，事
　　　產賣買・推收過割の履歷を記載するものとして永樂年間の賦役黃册の記載樣式を復
　　　原している。

(24)　『宋會要輯稿』食貨11-12，版籍，天聖3年7月條。『慶元條法事類』卷47，賦役門
　　　1，稅租簿。

(25)　『大元聖政國朝典章』19，戶部卷5，田宅，典賣「田宅不得私下成交」・「典賣田
　　　地給據稅契」。

(26)　前揭註（13）欒「明末清初庶民地主の一考察」，同「明清大戶經濟形態」（『明代
　　　黃册研究』中國社會科學出版社，1998年。增訂本，2007年）。

(27)　前揭註（13）欒「明末清初庶民地主の一考察」23頁，前揭註（26）同「明清大戶
　　　經濟形態」384頁。

(28)　筆者は2010年9月に大田由紀夫氏・楊纓氏とともに上海圖書館で『統宗譜』を閱
　　　覽・撮影した。

(29)　前揭註（19）にあげた『休寧縣都圖里役備覽』，『休寧縣都圖甲全錄』による。第
　　　2章第2節（103頁），第6章第1節（275～276頁）の引用を參照。

(30)　上海圖書館藏：朱世熊等纂『朱氏正宗譜』8卷〈首1卷・末1卷〉，清・乾隆34
　　　年（1769）刻本16册の卷1が收める「重修朱氏統宗世譜序」と同文と思われるが，
　　　日付は萬曆47年（1619）年3月と記されており，『統宗譜』卷1所收の日付と異な
　　　る。

(31)　『統宗譜』卷1，李霽撰「朱氏續修譜序」
　　　　　後自瓖・瑋二公，分居婺源・休寧。婺源瓖公，爲文公本祖，而休寧瑋公，則文
　　　　公仲叔祖也。繼瑋公而起者，又有春・滿・園・林・秀五公。園公之後，有澤小
　　　　公，由霓湖而遷淳潭，由淳潭而遷霞瀛。歷傳至應和・徐曜・再成三公。
　　　同書卷1，汪洒論撰「休霞瀛朱氏譜序」
　　　　　爲馬步總管而居鬲山者，則爲瑋公。……瑋公爲春・滿・園・林・秀五公之自出。
　　　　其間人不一行，遷不一地矣。園公自鬲山以居霓湖，歷數傳而有澤小公者，其五
　　　　世孫也。……園公祖塚塋于二十七都干子嶺，遂以淳潭爲居。既自淳潭遷於河之
　　　　右則以霞瀛爲宅。數世之後，雖小公之第四子有別遷者，而應和・徐曜・再成三

86　第1章　『黄冊底籍』と『丈量保簿』

　　　　公，列三村而處。

(32)　『統宗譜』巻1，朱正芳撰「休霞重修譜引」

　　　　粤自有明天啓辛酉，藉應和・再成兩公孫裔，修輯詳悉。

(33)　『統宗譜』巻1，李霦撰「朱氏續修譜序」

　　　　當前朝天啓辛酉歳修譜，而近者明遠者合，世系班班可考。乃自應和・徐曜・再
　　　　成三公以後，多有未入譜者。今與婺源文公堂博士，續修統宗，敢乞一言爲序。

　　　　同書巻1，朱朝臣撰「續修家譜記」

　　　　康熙辛酉之春，因婺源博士諱坤至霞瀛，遂集諸弟姪子孫輩，續修本郷一支譜，
　　　　今補入總譜。

　　　　なお，朱坤については，『重修婺源縣志』巻20，人物1「朱子世家」による。

(34)　前掲註（13）欒「明末清初庶民地主の一考察」23頁，前掲註（26）同「明清大戸
　　　　經濟形態」385～388頁。

(35)　『黄冊底籍』萬暦30年冊の場合，「實在」の項に朱積存は“兄積存五十六歳”，朱
　　　　積團は“兄積團四十八歳”，朱積强は“弟積强卅五歳”と記されている。なお，『統
　　　　宗譜』は朱積存，朱積團，朱積强の生没時期を次のように傳える（朱積强は『統宗
　　　　譜』が編纂された康熙20年には存命）。朱積存：嘉靖16年（1537）4月23日～萬暦
　　　　32年（1604）3月15日，朱積團：嘉靖23年（1544）12月17日～萬暦42年（1614）3
　　　　月18日，朱積强：嘉靖27年（1548）8月17日～。

(36)　『黄冊底籍』萬暦10年冊の「實在」の項が朱清の年齢を“壹百一十五歳”と記す
　　　　點からも，朱清は架空の人物であったと考えられる。

(37)　朱光圖・朱從遜・朱光園の任官は，康熙『休寧縣志』巻5，選擧「貢士」も傳え
　　　　る。また朱光園については，道光『休寧縣志』巻13，人物「宦業」に傳がある。朱
　　　　光圖は彰德府通判などを務め，朱從遜は内閣中書舍人から主事に陞り，朱光園は刑
　　　　部浙江清吏司郎中から贛州知府を務めた。

(38)　朱嶽は『統宗譜』巻2の像で“處士”と稱され，朱積儒は同書巻1所收の陸應陽
　　　　撰「休霞瀛前溪朱隱君傳」で“隱君”と稱され，朱積存は同書巻1所收の張所望撰
　　　　「休霞瀛朱瀛谷隱君墓誌銘」で“隱君”と稱され，朱春成は同書巻2の像で“處士”
　　　　と稱され，朱夏成は同書巻2の像で“壽官”と稱され，朱元成は同書巻2の像で
　　　　“處士”と稱されている。また朱春成と朱夏成が“郷飲大賓”であったことは同書
　　　　巻5「霞瀛派世系」に記されている。

　　　　なお，郷飲賓とは，毎年正月15日と10月1日に府學・州學・縣學で擧行される郷
　　　　飲酒禮の賓客として招かれた者であり（正德『大明會典』巻78，禮部37「郷飲酒禮」），
　　　　人民教化の模範となる儒教的教養を修得した人物として認知されていたことを意味

註　87

（39）　萬曆『休寧縣志』卷2，建置志「鄕約保甲」によれば，休寧縣では隆慶元年（1567）から鄕約保甲が實施され，27都内には6箇の鄕約所が置かれていた。朱積團については，『統宗譜』卷1所收の李時榮撰「休霞瀛春谷朱君傳」において，知縣の祝世錄・魯點から“約正”の推薦を受けながらも，その副に就いたと記されている。萬曆『休寧縣志』卷4，官師志「縣職」によれば，祝世錄と魯點の知縣着任時期はそれぞれ萬曆17年（1589）と同24年（1596）であるから，この時期に“約正”の副に就任していたはずである。朱夏成については，『統宗譜』卷5「霞瀛派世系」に“約正”であったことが記されている。

（40）　前揭註（26）欒「明淸大戸經濟形態」381～384頁。

（41）　朱萬生は『統宗譜』卷2の像で“冠帶耆碩”と稱され，朱伯暘は同書卷2の像で“鄕賓”と稱され，朱應鼇は同書卷2の像で“處士”と稱され，朱有學は同書卷2の像で“鄕飮大賓”と稱され，朱有才は同書卷2の像で“處士”と稱されている。

（42）　『統宗譜』卷5「霞瀛派世系」。

（43）　同上。

（44）　『明史』卷77食貨1「田制」
　　　　先是，詔天下編黃册，以戸爲主，詳具舊管・新收・開除・實在之數爲四柱式。而魚鱗圖册以土田爲主，諸原坂・墳衍・下隰・沃瘠・沙鹵之別畢具。魚鱗册爲經，土田之訟質焉。黃册爲緯，賦役之法定焉。凡質賣田土，備書稅糧科則，官爲籍記之，毋令產去稅存以爲民害。

（45）　前揭註（26）欒「明淸大戸經濟形態」421～422頁。康熙20年までに告明分析した28戸の内譯は，順治8年（1651）：22戸，康熙10年（1671）：2戸，康熙20年（1681）：4戸であった。その後も告明分析はつづき，康熙40年（1701）までに告明分析した人戸の總計は34戸にのぼる。

（46）　中島樂章「明代後期，徽州鄕村社會の紛爭處理」（『史學雜誌』107-9，1998年。のち『明代鄕村の紛爭と秩序——徽州文書を史料として——』（汲古書院，2002年，所收）。

（47）　『統宗譜』卷5「霞瀛派世系」。表3「霞瀛朱氏長房派の讀書人・學位保持者」（63～66頁）を參照。

（48）　周紹泉（岸本美緒譯）「徽州文書の分類」（新『史潮』32，1993年）。

（49）　欒成顯「弘治九年抄錄魚鱗歸戸號簿考」（『明史研究』1，1991年），同「黃册制度的几个基本問題」（『明代黃册研究』中國社會科學出版社，1998年。增訂本，2007年）。

88 第1章 『黄冊底籍』と『丈量保簿』

(50)　現存する元末朱元璋政権下で作製された5種の魚鱗圖册は，①中國歷史研究院圖
書館藏『祁門縣14都5保竹字號魚鱗册』（HZX000001.『徽州千年契約文書（宋元明
編）』第11卷，花山文藝出版社，1991年，所收），②中國歷史研究院圖書館藏『祁門
縣10西都9保民字號魚鱗册』（315010000002），③安徽博物院藏『祁門縣10西都7保
魚鱗册』（2:16715號），④安徽博物院藏『祁門縣10東都3保谷字號魚鱗册』（2:16722
號），華南農業大學農史研究所資料室藏『祁門縣15都1保魚鱗册』である。①につ
いては欒成顯「龍鳳時期朱元璋經理魚鱗册考析」（『中國史研究』1988年第4期），
同「朱元璋によって攅造せられた龍鳳期魚鱗册について」（『東洋學報』70-1・2，
1989年）を，②・③については欒成顯「徽州府祁門縣龍鳳經理魚鱗册考」（『中國史
研究』1994年第2期）を，④については汪慶元「清初祁門縣魚鱗圖册」（『清代徽州
魚鱗圖册研究』安徽教育出版社，2017年，所收）を，⑤については楊品「華南農業
大學農史研究所資料室藏兩種徽州魚鱗册考述」（『安徽史學』2020年第4期）を參照。
　　現存する洪武丈量で作製された3種の魚鱗圖册は，①中國歷史研究院圖書館藏
『明洪武18年歙縣16都3保萬字號清册分庄』（315010000001號），②國家圖書館善本
部藏『明洪武19年休寧縣10都6保罪字保簿』（16828號），③臺灣中央研究院藏『明
洪武休寧縣33都9保卑字魚鱗册』である。①・②については，欒成顯「洪武魚鱗圖
册考實」（『中國史研究』2004年第4期）を參照。③については，欒成顯「洪武休寧
卑字魚鱗圖册考辨」（第7屆"徽州文書與中國史研究"學術研討會提出論文，2023
年9月23日）による。③は"宣德7年壬子歲中秋對志"と題された魚鱗圖册の殘卷
であるという。

(51)　前揭註（19）にあげた『休寧縣都圖里役備覽』，『休寧縣都圖甲全錄』による。

(52)　『得字丈量保簿』の存在は黃忠鑫氏（暨南大學）の博士學位論文『在政區與社區
之間──明清都圖里甲體系與徽州社會』（復旦大學中國歷史地理研究所，2013年）
によって知った。ここに記して謝意を表する。なお，筆者は2014年3月に『得字丈
量保簿』を閲覽・複寫した。閲覽・複寫にあたっては，當時，華東政法大學に在學
中であった張詩悅・尹夢佳兩氏に御協力いただいた。あわせて謝意を表する。

(53)　欒成顯「順治丈量與萬曆清丈比較研究──以休寧二十七都五圖魚鱗册爲例」（王
振忠・鄒怡主編『徽州文書與中國史研究』第4輯，中西書局，2023年）。

(54)　休寧縣27都5圖の魚鱗圖册關係文書──『歸戶親供册』（詳しくは，本章本文の
後段で述べる）が記載する27都5圖所屬人戶が所有する27都5圖內の事産の最後の
地番は得字4197號であり，得字3567號を越える27都5圖の事産を傳えている。それ
は，第5甲の陳章戶が所有する得字4197號，第6甲の汪琰戶が所有する得字4135號，
4142號，4145號，4149號，4158號，4161號，4189號，4190號である。しかし，3567

號を越える27都5圖の事産はこの計9號のみであり，しかも得字3567號を越える37
00號代，3800號代，3900號代の事産がまったくみられないのは，きわめて不自然で
ある。得字3567號を越える地番の記述は誤りであり，おそらく27都1圖か3圖の事
産の地番を誤って記したものかと思われる。

　なお，『得字丈量保簿』が記載する事産の總額3176.3614税畝も，『良字登業草册』
の册首が傳える萬曆9年時點の事産の總額3207.3040税畝の99%に相當する。

(55)　上海圖書館の目録上の名稱は，『休寧縣二拾伍都陸圖丈量保簿』である。法量は
縦35.0cm，横31.8cm，厚さ約5.5cmで，潔字649號〜3856號の記載を殘す。

(56)　上海圖書館の目録上の名稱は，『休寧縣二十伍都八圖丈量保簿』である。法量は
縦34.5cm，横31.0cm，厚さ約8.8cmで，帙入である。男字1號〜3000號の記載を殘す。

(57)　異なるのは，『潔字丈量保簿』の事産の形狀を圖示する箇所に東西南北の方位を
記す點（圖3にあげた記載例では東西南北の方位が記されているが，『得字丈量保
簿』の場合，方位を記すのは少數である），『男字丈量保簿』の版心が“休寧縣【貳
拾伍都　圖丈量保簿【○○（葉數）”と圖の部分が空欄になっている點である。

(58)　『徽州千年契約文書（宋元明編）』第16・17卷（花山文藝出版社，1991年）所收。

(59)　先に觸れた『潔字丈量保簿』，『男字丈量保簿』も木活字版である。

(60)　前揭註（50）にあげた『明洪武18年歙縣16都3保萬字號清册分庄』が私册である
ことは，黃忠鑫氏のご教示による。その根據は，同書の萬字463號と464號の記載に
“係祖坟”と注記されていることである。

(61)　鈴木博之「徽州商人の一系譜――溪南吳氏をめぐって――」（『東方學』98，1999
年）。

(62)　圖正は，萬曆9年の丈量で里＝圖の責任を擔う職役である。第3章の註（17）の
記述（176頁）を參照。

(63)　『槐溪張氏茂荊堂田契册』は，明・天啓年間から清・雍正年間までの休寧縣7都
張氏一族の田契・合同・分約を抄寫したものである。詳しくは，黃忠鑫「明清時期
徽州的里書更換與私册流傳――基于民間賦役合同文書的考察」（『史學月刊』2015年
第5期）102〜103頁を參照。

(64)　前揭註（13）欒「萬曆九年清丈歸戶親供册」。

(65)　前揭註（48）周「徽州文書の分類」。

(66)　新收とは新たに增加した事産や税糧を意味するのが一般的であり，他圖に所在す
る所有事産を新收とするのは『歸戶親供册』獨自の表現である。

(67)　王元戶に關する記載には，新收の項と實在の項の税糧額の記述に食い違いがあり
（“麥八升四合九勺”と“麥八升三合九勺”），また新收の項の山の事産額の總計と實

90 第1章 『黄冊底籍』と『丈量保簿』

在の項の山の事産額が一致しない（新收の項の山の事産額の總計は五分七厘五毫と
なるが，實在の項の山の事産額は五分七厘八毫と記す）といった錯誤があるが，
『歸戸親供册』の記載様式を確認することが目的であるため，ここでは『歸戸親供
册』の記載のまま引用した。

(68) 現存する『歸戸親供册』が抄寫された時期と『歸戸親供册』の原本が作製された
時期は異なる可能性があるため，「『歸戸親供册』の内容の作成時期」と表現した。

(69) 本書【資料編】第1章「『萬曆27都5圖黄冊底籍』記載データ」萬曆10年册第1
甲謝社戸によって確認されたい。

(70) 高橋芳郎「明代徽州府休寧縣の一爭訟――『著存文卷集』の紹介――」（『北海道
大學文學部紀要』46-2，1998年。のち『宋代中國の法制と社會』汲古書院，2002年，
所收）。『著存文卷集』については，筆者自身も2010年9月に閲覧したほか，高橋氏
が抄寫したものと入手した寫眞の複寫を三木聰氏（北海道大學）からご提供いただ
いた。記して謝意を表する。

(71) 第6章でその一端を示す。

(72) 前掲註（70）高橋「明代徽州府休寧縣の一爭訟」。なお，阿風「公籍與私籍：明
代徽州人的訴訟書證觀念」（『徽學』8，2013年）も，公證能力をもつ文書として黄
册底籍と魚鱗圖册をあげている。

(73) 『著存文卷集』〈45〉「金革孫の稟帖」。項目の番號と名稱は，前掲註（70）高橋
「明代徽州府休寧縣の一爭訟」が付したものによる（以下，同じ）。項目の番號と名
稱の一覧は，高橋「明代徽州府休寧縣の一爭訟」340〜344頁を参照。金革孫が提出
したのは，得字2522號〜2529號と得字2531號・2532號の計10號の事産に關する情報
である。

(74) 前掲註（54）・（67）に記したのは，錯誤の一端である。

(75) 『著存文卷集』〈47〉「徽州府の牌文」，〈48〉「休寧縣の申文」。

(76) 現存する洪武丈量の魚鱗圖册の一つ『明洪武18年歙縣16都3保萬字號清册分庄』
は萬曆9年丈量以降には"老册"とされる文書であり，第2節第1項（73頁）で述
べたように，それを作製して所持したのは古くから繁榮した一族――歙縣の西溪南
吳氏であった。

第 2 章　階層構成

はじめに

　安徽博物院藏『萬曆27都 5 圖黃册底籍』（2:24527號。以下，『黃册底籍』と略す）
の記載をもとに，徽州府休寧縣27都 5 圖所屬人戶の階層構成を探ることにしよ
う。第 1 章で『黃册底籍』萬曆10年册から萬曆40年册が記載する人口數・事產
額の推移を一覧に示した（表 2 「『萬曆27都 5 圖黃册底籍』基礎データ」26〜55頁）
が，それを人戶の所有事產額の多寡順に整理するだけでは，稅役收取を目的と
する明朝國家と同じ視線から27都 5 圖所屬人戶をとらえたにとどまり，階層構
成を探ったことにはならない。

　我われが問うのは，27都 5 圖所屬人戶の階層構成の性格である。戰後日本の
明代史研究は，早くから農民人戶の再生產可能な經營規模や人戶の階層構成を
檢討し，重要な認識を提供してきた。だが，それは宋代以來江南デルタ（太湖
周邊デルタ）地帶を農業生產力の先進地域とする理解に規定されて蘇州府下を
對象とし，また史料の制約に規定されて文獻史料の記述と府レヴェルの數値を
もとに檢討するにとどまらざるを得なかった[1]。筆者自身も前稿において，
欒成顯氏が提示した安徽博物院藏『萬曆 9 年清丈27都 5 圖歸戶親供册』（2:24528
號。以下，『歸戶親供册』と略す）と『黃册底籍』の記載データをもとに27都 5 圖
所屬人戶の階層構成を探ったが，それも再生產可能な事產所有規模（自作農と
判斷できる事產の所有規模）に關する文獻史料の記述にもとづいた先學の認識を
指標とするにとどまった[2]。しかし，契約文書等の第一次史料が大量に殘る
徽州府下においては，同時代・同地域の第一次史料が傳える情報をもとに，人
戶の再生產可能な所有事產規模をシミュレーションして階層構成を探ることが
できるはずである。

　本章は，人戶の再生產可能な所有事產規模をシミュレーションして27都 5 圖

92　第 2 章　階層構成

所屬人戸の階層構成の經濟的側面の性格を檢討し，前稿の理解を精緻なものに修正することを目標とする。なお，第 1 章第 1 節第 1 項で確認したように『黄册底籍』萬暦10年册と萬暦20年册は人口の總數のみを記すことが多いため，各人戸の再生産の可否をシミュレーションして階層構成を探るのは，萬暦30年册と萬暦40年册の記載を對象とすることにする。事産面積の單位は第 1 章第 1 節第 1 項でみた納稅面積の稅畝で示し，必要な場合に實測面積（畝）も示すことにする。

一　所屬人戸の再生産可能規模

明代萬暦年間の休寧縣27都 5 圖所屬人戸は，どれほどの額の事産を所有していれば再生産が可能だったのだろうか。階層構成を探るうえで重要な指標となる人戸の再生産可能規模から檢討しよう。

まず27都 5 圖所屬人戸が居住した陳村・霞瀛（下盈）と周邊集落の地理的農業環境を確認しておこう。もう一度，小論の卷頭にあげた圖 1 「休寧縣都分略圖」（iii頁）と圖 2 「陳村・霞瀛周邊の1/50,000地形圖」（iv頁）を參照していただきたい。主要集落の陳村・霞瀛は休寧縣城から西南約16kmに位置する。そこは休寧縣を東流する率水（新安江）の北岸にあり，率水沿いの標高約130m付近の緩やかな傾斜地に水田が廣がっていた。欒成顯氏は，萬暦 9 年（1581）の丈量を經て作製された魚鱗圖册關係文書——『歸戸親供册』の記載をもとに，萬暦 9 年丈量後の27都 5 圖所屬人戸が所有する事産（27都 5 圖以外の都圖に所在する事産もあわせたすべての所有事産）のうち，田の比率は64％（地：17％，山：18％，塘：1 ％）を占めていたことを明らかにしている[3]。萬暦 9 年丈量によって作製された27都 5 圖の魚鱗圖册——上海圖書館藏『明萬暦 9 年休寧縣27都 5 圖得字丈量保簿』（線普562585號。以下，『得字丈量保簿』と略す）の記載によれば，萬暦 9 年丈量時點の27都 5 圖内の事産（總計3689坵）のなかで田の占める比率は60.6％（地：27.5％，山：10.2％，塘：1.7％）であり[4]，田のうち上田・中田の比率は72.9％（上田：41.7％，中田：31.2％，下田：18.6％，下下田：8.6％）におよび，

地のうち上地・中地の比率は64.4％（上地：32.3％，中地：32.1％，下地：22.4％，下下地：12.9％）であった[5]。前稿で述べたように，地方志が傳える萬暦9年丈量以前の税率によれば休寧縣は全體で下田・下地が多かったと考えられる[6]から，萬暦9年丈量時點の27都5圖内には休寧縣全體と比べて良質な農地が多く存在していたと理解してまちがいない。

　これと關連して欒氏は，『歸戸親供册』の記載をもとに，27都5圖所屬人戸の平均所有事産額（22.3487税畝）は休寧縣所屬人戸全體の平均所有事産額（13.6090税畝）よりも高かったこと[7]，また『黄册底籍』が記載する27都5圖所屬人戸の所有事産の總額が3000税畝を越えていたことをもとに，27都5圖は休寧縣内では大規模な里＝圖であり，徽州府下だけでなく江南全體でも中規模の里＝圖に相當したと指摘している[8]。

　さて，筆者は，2010年9月に休寧縣の陳霞郷内を見學した際，『黄册底籍』を作製したと推測される27都5圖第3甲里長の朱學源戸が居住していた集落，すなわち霞瀛[9]の古老5名から當地の農業生産に關する知見を聞いた[10]。それは，萬暦年間の農業經營を考えるうえでも示唆に富む。霞瀛の古老の知見をまとめれば，次のとおりである。

　　霞瀛の人戸が保持する土地の地目の比率は，田が2/3，地・山が1/3である。1980年代には，男・女・子どもをならして1人が生活するために必要な農地は1.2畝といわれており，そのうちの8割が田である（5人家族の場合，田:4.8畝，地:1.2畝となる）。稲は早稲・中稲・晩稲を栽培しており，早稲と晩稲で二期作を行なっている。以前は稲の裏作で麥を栽培するところもあった。赤い粘土質の土壌（ラテライト）のため，耕起には牛が不可缺であり，人力では耕起していない。耕牛は周邊の草を食べさせておけばよいので，耕牛の飼育に費用はかからない。生産は自家消費目的であり，販賣するものは柴薪ぐらいである。

　これによれば，27都5圖所屬人戸が居住した集落では，人戸が保持する土地の地目の比率が明末以來變化することなくつづいていること，南宋の『陳旉農書』が説く牛犂耕を基軸とした水稲作が定着しつづけていること，さらに販賣

94　第2章　階層構成

を目的とする農業＝商業的農業は現在（2010年）に至るまで行なわれていない
ことがわかる。したがって，萬曆年間における當地の農業經營は牛犂耕にもと
づき，かつ自家消費を目的とするものであったと考えてよい。

　これまで商業的農業以前の農業經營について最も詳細に復元を試みたのは，
長井千秋氏である[11]。長井氏の手法に學びながら，人戸の再生産可能規模を
シミュレーションするために必要な收穫量，消費量，國家的負擔に關する數值
を設定しよう。

收穫量

　現在（2010年）の陳霞では早稻と晚稻で二期作を行なっている（霞瀛の古老の
知見）が，稻の二期作が普及するのは淸代以降のことと考えられる[12]から，萬
曆年間にあっては米の裏作として麥が栽培されていたと想定するのが妥當であ
る。

　中國歷史研究院圖書館（以前の中國社會科學院歷史研究所）と安徽博物院に所
藏される徽州府下の土地賣買文書に記載された租額（小作料額）にもとづいた
周紹泉氏の分析によれば，明代徽州府下の米の畝當り收穫量は一般的に1.5石
〜2石（宋量2.22石〜2.958石）であったという[13]。周氏が分析した土地賣買文書
のなかには，崇禎17年（1644）5月に27都5圖第1甲里長王茂戸の〈子戸〉で
ある王三魁戸が賣却した田の文書も含まれており，その畝當り租額は1.28石で
あった[14]。明・淸期の徽州府下の收租率はきわめて高く，收穫量の2/3におよ
んでいたという[15]。2/3の收租率をもとに王三魁戸が賣却した田の畝當り收穫
量を求めれば，1.92石となる。

　劉和惠・汪慶元兩氏によれば，徽州府下の上田では米の畝當たり收穫量が約
3.5石（宋量5.28石）にのぼったという[16]。前述のように，27都5圖内には良質
の農地（上田・中田）が多く存在していた。しかし，萬曆9年時點の27都5圖
所屬人戸が所有する事産の半數以上（55％）が圖外の事産であったこと[17]，休
寧縣全體では下田が多かったと考えられることをふまえ，田は下田であり，米
の畝當り收穫量は明代徽州府下で一般的な1.5石〜2石であったと想定する。

裏作の麥の畝當り收穫量は，徽州府下の上田では畝當たり0.8750石（宋量1.3206石）にのぼったという[18]。上田と下田の税畝等則の比率（下田は上田の73.08％）から收穫量を想定することも可能だろうが，田のすべてで麥が裏作されることはないことを考慮し，ここでは低めに上田の半數の0.4375石であったと想定する。

消費量（食費と種籾）

明代でも宋代と同じく１日の１人の食費は米１升（0.01石）とされており，年間の１人當たりの食費は3.65石（１升×365日）となる。しかし，明量は宋量の1.5092倍であり[19]，宋代から明代にかけて食す量がそれほど增加したとは考えられない。そこで，明代の數値を宋量に換算して，１人の年間食費を2.4185石と想定する。なお，明代における１人の年間食費を５石５斗や５石とする理解もみられる[20]。長工の年間食費を"五石五斗"と傳える史料が存在する[21]のも確かであるが，宋代の１人の年間食費からすると理解し難い。それは，長工１人の年間食費ではなく，長工の家族員も含めての食費であったと理解すべきであろう。

次年の播種に要する種籾は，宋代の毎畝0.04石（穀８升）を明量に換算して0.027石（穀５升４合）と想定する。

國家的負擔

税糧の負擔は，萬曆『休寧縣志』卷３，食貨志「公賦」などによれば，１税畝當り夏税が麥0.0214石，秋糧が米0.0535石であった[22]。徭役については，中島樂章氏が論じたように，徽州府では隆慶３年（1569）の應天巡撫海瑞の奏請によって一條鞭法が開始され，萬曆９年の丈量を經て成丁と税糧に一律に科派されるようになった[23]。中國歷史研究院圖書館藏「萬曆39年休寧縣催徵程晟税糧條編」によれば，休寧縣の場合，その負擔額は１成丁當り銀１錢１分４厘であり，秋糧１石當り銀５錢７分３厘であった[24]。秋糧分を１税畝當りに換算すると0.3066錢となる。米１石＝５錢という當時の相場[25]によって米に換算すると，徭役負擔は１成丁當り0.228石，秋糧１税畝當り0.0613石であったことになる。

96　第2章　階層構成

　　上に設定した数値にもとづいて，傳統的に中國の平均的な家族と觀念される
5人家族（夫妻2人と子ども3人）の場合，どれほどの額の田を所有すれば再生
産可能であったかを算出してみよう。米の畝當り收穫量は，1.5石と2石の二
つのケースを想定する。なお，算出にあたっては，前述のように田は下田を想
定するため，1畝は1税畝を1.08倍する必要があり，收穫量と播種量は1.08倍
して算出する。

【表5】　5人家族の所有田產での再生產可能規模

所有田產 χ　米の畝當り收穫量 $a = 2$ 石，1.5石
收　穫　量 $a\,1.08\,\chi$
支　　　出
食費　12.0926石（2.4185石×5人）
種籾　0.027石1.08 χ
秋糧　0.0535 χ 石
徭役　0.228石＋0.0613 χ 石
數　式：$a\,1.08\,\chi －（0.0535＋0.02916＋0.0613）\chi －（12.0926＋0.228）$
收穫量　1.5石の場合（$a = 1.5$）　$\chi = 8.3471$税畝＝9.0149畝
收穫量　2.0石の場合（$a = 2$）　　$\chi = 6.1113$税畝＝6.6002畝
夏稅負擔と余剩
收穫量　1.5石の場合　麥3.9440石（9.0149畝×0.4375石）－夏稅0.1786石＝3.7654石
收穫量　2.0石の場合　麥2.8876石（6.6002畝×0.4375石）－夏稅0.1308石＝2.7568石

　　所有田產を χ とし，米の畝當り收穫量を a として算出の數式と結果を示せば，
表5のとおりである。5人家族では，米の畝當り收穫量1.5石の場合は8.3471税
畝＝9.0149畝（52.3158a）の田，米の畝當り收穫量2石の場合は6.1113税畝＝
6.6002畝（38.3027a）の田を所有していれば再生產が可能であった。稅糧の夏稅
は裏作の收穫で負擔したと想定しても，米の畝當り收穫量1.5石の場合は麥3.7654
石，米の畝當り收穫量2石の場合は麥2.7568石の餘剩が生じた。

一　所屬人戶の再生產可能規模　　97

　これは，あくまで主穀の生產と生活の最低支出を想定したものにとどまる。霞瀲の古老から聞いた生活に必要な田と地の比率（4:1）をもとに副榮の生產に要する地の額を算出すれば，米の畝當り收穫量1.5石の場合は2.0868稅畝＝3.0467畝，米の畝當り收穫量 2 石の場合は1.5278稅畝＝2.2306畝となる[26]。田と地を合わせると，米の收穫量1.5石の場合は10.4339稅畝＝11.3938畝（66.1212a），米の收穫量 2 石の場合は7.6391稅畝＝8.8308畝（51.2474a）となる。以上のシミュレーションによれば， 5 人家族の場合，田・地あわせて10稅畝程度の事產を所有していれば，余裕のある自作農であったと理解することができる。

　他の大きな支出としては，冠婚葬祭や農具にかかわる費用が想定されるが，その具體的な數値を設定することはできない。費孝通氏が行なった1936年江蘇省吳江縣開弦弓村の調査によれば，冠婚葬祭や農具にかかわる費用は全歲出の約20％にのぼったという[27]。しかし，それは商品化が進んだ地域・時代の數値であり，萬曆年間の休寧縣內に想定することは難しいだろう。假に，その數値を想定したとしても，裏作の麥の餘剩で賄うことが可能であり，上の理解を搖るがすものではない。

　つづいて租佃經營の場合，どれほどの額の田を租佃（小作）すれば再生產可能であったかをシミュレーーションしておこう。前述のとおり，徽州府下の收租率は2/3であったという。米の畝當り收穫量 2 石で收租率2/3，麥を裏作して成丁 1 人を含む場合を想定した數式と算出の結果は，表 6 のようになる。

【表6】　租佃經營の再生產可能規模

米の畝當り收穫量 2 石，麥の裏作を想定。收租率：2/3，成丁 1 人の徭役0.2280石。

收穫量　米 2 石χ×1/3＋麥0.4375石χ（χ＝面積）

支　出　食費2.4185石 n ＋種籾0.027石χ＋徭役0.0280石（n ＝家族員數，χ＝面積）

家族 5 人の場合	10.4107稅畝＝	11.2427畝
家族 4 人の場合	8.3402稅畝＝	9.0067畝
家族 3 人の場合	6.2611稅畝＝	6.7615畝
家族 2 人の場合	4.2238稅畝＝	4.5613畝
家族 1 人の場合	2.0573稅畝＝	2.2217畝

98 第2章 階層構成

　これによれば，5人家族の場合，10.4107税畝＝11.2427畝の田を租佃すれば，再生産が可能であったことになる。

　以上にみた自戸所有事産の場合は田・地あわせて10.4339税畝＝11.3938畝（米の畝當り收穫量1.5石の場合）～7.6391税畝＝8.8308畝（米の畝當り收穫量2石の場合），租佃經營の場合は田10.4107税畝＝11.2427畝という5人家族の再生産可能規模は，20～30畝を農民人戸の再生産可能な經營面積とする江南デルタ地帶を對象とした舊來の理解[28]と比べるときわめて小規模であり，奇怪に映ってしまうかもしれない。

　こうした疑念を拂拭する二つの事象をあげておこう。その第一は，27都5圖第3甲の里長を務めていた朱學源戸内の〈子戸〉の所有事産規模である。先學が明らかにしたように，明代後半以降の徽州府下では廣東や福建と同樣に家産分割後も獨立の戸名を立てることなく，册籍上の名義戸（總戸）のもとに複數の戸（子戸）が含まれつづける慣行——いわゆる〈總戸–子戸〉制が存在しており[29]，27都5圖所屬人戸の場合も例外ではなかった。朱學源戸下の歸戸實徵册である安徽博物院藏『萬曆至崇禎27都5圖3甲朱學源戸册底』にもとづく欒成顯氏の分析によれば，萬曆30年册以降，圖内第一の事産所有人戸となった朱學源戸は，萬曆40年册の記載では502税畝餘の事産を所有していたが，内實は50もの〈子戸〉によって構成されていた。その〈子戸〉の所有事産は，最大額を所有した一つの〈子戸〉（「乾成」戸）を除いていずれも10税畝前後であった[30]。朱學源戸内の〈子戸〉の所有事産額は，田・地あわせて10税畝程度の事産を所有していれば余裕のある自作農という理解と照應する。

　第二は，中國社會科學院經濟研究所藏の休寧縣内における富農經營の帳簿が傳える數値である[31]。この帳簿は，清末の咸豐4年（1854）から同治2年（1863）に關するものであり，本章が對象とする時期から250年ほど時代をくだるものの，ここでのシミュレーションの妥當性を確認するには十分と思われる。そこから窺える米の畝當り收穫量は最高2.8134石（1857年）～最少1.7026石（1863年）であり[32]，富農として經營を擴大する以前の田場面積は7.3畝（1854年），8.5畝

二 〈總戸−子戸〉制の普及狀況と再生產の可否　99

（1855年）であった[33]。これらは，米の畝當り收穫量，再生產可能規模に關する本節の理解が的を外したものではないことを示している。

二　〈總戸−子戸〉制の普及狀況と再生產の可否

　前述のとおり，徽州府下には〈總戸−子戸〉制の慣行が存在しており，休寧縣27都5圖所屬人戸の場合も例外ではなかった。階層構成の性格を探るには，〈總戸−子戸〉制の普及狀況，ならびに〈總戸−子戸〉制を行なっている人戸が所有事產で再生產可能であったか否かを檢證しておく必要がある。

　明代萬曆年間の27都5圖所屬人戸では，どのような範圍で〈總戸−子戸〉制の慣行が行なわれていたのだろうか。複數の成丁が所屬して人口が10口以上の人戸は，〈總戸−子戸〉制を行なっていたと判斷してまちがいない。注意すべきは，第1章でみたように『黃册底籍』の人口の項が女子については大口のみを記し，未婚女子は記載しないことである。この點に着目すれば，未成丁男子と同數の未婚女子が含まれていたと假定した場合に人口が10口以上となる人戸も〈總戸−子戸〉制を行なっていたと考えてよいだろう。複數の成丁が所屬して人口が10口以上の人戸，ならびに未成丁男子と同數の未婚女子の存在を想定すると人口が10口以上になる人戸を〈總戸−子戸〉制を行なっていた人戸とみなして，その戸名・戸計・人口數・事產を『黃册底籍』萬曆30年册・萬曆40年册の記載から抽出して示せば，表7のとおりである。なお，『得字丈量保簿』によれば，表7にあげる人戸以外にも〈總戸−子戸〉制を行なっていたと考えられる（見業の項に"戸丁"が記される）人戸が存在しており，表7にあげる人戸は全體的傾向を探るための假定にもとづく限りのものである。

【表7】　〈總戸−子戸〉制を行なっていたと推測される人戸

萬曆30年册（1602）　　　　　　　　　　　　18戸／實在戸152戸＝11.8%

里長戸

第1甲　王　茂　軍戸　69口（男子57［成丁39］，婦女12）

100　第2章　階層構成

　　　　　　　383.7377税畝（田208.1630，地54.4983，山118.0304，塘3.0460）6 間

第2甲　朱　洪　民戸　18口（男子11［成丁6］，婦女7）

　　　　　　　73.8726税畝（田63.9463，地4.6460，山4.9352，塘0.3478）6 間

第3甲　朱學源　匠戸　48口（男子34［成丁25］，婦女14）

　　　　　　　420.93066税畝（田258.1850，地73.71962，山87.32502，塘河0.46102）3
　　　　　　　間，黄牛1

第4甲　王正芳　匠戸　27口（男子17［成丁11］，婦女10）

　　　　　　　72.9070税畝（田34.5790，地14.4860，山23.0410，塘0.8010）6 間

第5甲　陳　章　民戸　27口（男子16［成丁11］，婦女11）

　　　　　　　50.8930税畝（田25.3600，地8.4760，山16.2990，塘0.7580）3 間

第6甲　朱　貴　民戸　16口（男子7［成丁6］，婦女9）

　　　　　　　69.10083税畝（田26.6533，地26.47676，山7.92787，塘8.0429）2 間

第7甲　王齊興　軍戸　50口（男子36［成丁28］，婦女14）

　　　　　　　274.0667税畝（田165.9379，地55.8698，山48.0485，塘4.2105）6 間，水
　　　　　　　牛1

第8甲　陳元和　軍戸　31口（男子23［成丁14］，婦女8）

　　　　　　　101.8286税畝（田50.7645，地25.4609，山25.3012，塘0.3020）3 間

第9甲　王　敍　匠戸　33口（男子20［成丁13］，婦女13）

　　　　　　　16.8993税畝（田6.5168，地6.4700，山3.3625，塘0.5500）7 間

第10甲　金萬鍾　軍戸　44口（男子32［成丁22］，婦女12）

　　　　　　　117.9695税畝（田62.4185，地21.6680，山32.5390，塘1.3440）6 間，水
　　　　　　　牛1

甲首戸

第1甲　金尙尹　竹匠　11口（男子6［成丁5］，婦女5）

　　　　　　　82.2825税畝（田29.6685，地26.1810，山26.4330）5 間，黄牛1

第2甲　吳天保　民戸　11口（男子8［成丁5］，婦女3）

　　　　　　　18.2120税畝（田2.3060，地5.5260，山10.1800，塘0.2000）3 間

第4甲　程友儀　鑄匠　17口（男子12［成丁8］，婦女5）

　　　　　　　19.8200税畝（田11.5050，地5.5460，山1.6670，塘1.1020）6 間，水牛1

第5甲　金岩武　竹匠　12口（男子7［成丁4］，婦女5）

　　　　　　　26.8919税畝（田10.2880，地12.6760，山3.9279）3 間

第6甲　朱新風　匠戸　8 口（男子4［成丁2］，婦女4）

　　　　　　　18.29585税畝（田7.11992，地8.22713，山2.9380，河塘0.0108）3 間

二　〈總戸-子戸〉制の普及狀況と再生產の可否　101

第9甲　王茂伍　匠戸　31口（男子22［成丁15］，婦女9）
　　　　66.0883税畝（田42.4160，地12.5393，山11.0860，塘0.0470）　4 間
第10甲　汪　崔　民戸　11口（男子6［成丁4］，婦女5）
　　　　18.3950税畝（田14.1610，地2.0400，山1.9940，塘0.2000）　3 間
第10甲　陳　新　軍戸　9口（男子5［成丁3］，婦女4）
　　　　7.0715税畝（田3.1485，地3.7730，山0.1500）　3 間，水牛1

萬曆40年册（1612）　　　　　　　　　　　18戸／實在戸153戸＝11.8%
里長戸
第1甲　王　茂　軍戸　69口（男子57［成丁39］，婦女12）
　　　　394.72279税畝（田209.5565，地59.18234，山122.8235，塘3.1600）　6 間
第2甲　朱　洪　民戸　18口（男子11［成丁6］，婦女7）
　　　　68.1158税畝（田59.2576，地4.1142，山4.3962，塘0.3478）　6 間
第3甲　朱學源　匠戸48口（男子34［成丁25］，婦女14）
　　　　502.50186税畝（田324.8741，地82.74549，山94.00667，塘河0.8756）　3
　　　　間，黃牛1
第4甲　王正芳　匠戸　27口（男子17［成丁11］，婦女10）
　　　　104.89627税畝（田51.4100，地17.81427，山34.8710，塘0.8100）　6 間
第5甲　陳　章　民戸　27口（男子16［成丁11］，婦女11）
　　　　33.7240税畝（田9.9930，地8.2110，山14.7920，塘0.7280）　3 間
第6甲　朱　貴　民戸　16口（男子7［成丁6］，婦女9）
　　　　44.26077税畝（田8.1023，地25.20036，山3.05171，塘7.8164）　2 間
第7甲　王齊興　軍戸　50口（男子36［成丁28］，婦女14）
　　　　265.5945税畝（田164.8764，地56.4818，山40.5665，塘3.6698）　6 間，水
　　　　牛1
第8甲　陳元和　軍戸　31口（男子23［成丁14］，婦女8）
　　　　90.8401税畝（田42.8635，地25.3119，山22.3637，塘0.3010）　3 間
第9甲　王　敍　匠戸　34口（男子21［成丁13］，婦女13）
　　　　14.1413畝（田4.9158，地5.8130，山2.8625，塘0.5500）　7 間
第10甲　金萬鍾　軍戸　46口（男子33［成丁23］，婦女13）
　　　　74.29518税畝（田23.0700，地21.0110，山28.85268，塘1.3315）　6 間，水
　　　　牛1
甲首戸

102　第2章　階層構成

第1甲　金尙尹　竹匠　12口（男子7［成丁6］，婦女5）

　　　　　　　　63.8735税畝（田18.8220，地22.2030，山22.8425）　5間，黄牛1

第2甲　呉天保　民戸　11口（男子8［成丁5］，婦女3）

　　　　　　　　18.7320税畝（田2.3060，地5.7460，山10.4800，塘0.2000）　3間

第4甲　程友儀　鑄匠　17口（男子12［成丁8］，婦女5）

　　　　　　　　19.7745税畝（田11.7435，地5.4350，山1.5040，塘1.0920）　6間，水牛1

第5甲　金岩武　竹匠　12口（男子7［成丁4］，婦女5）

　　　　　　　　14.2999税畝（地10.8960，山3.4039）　3間

第6甲　朱新風　匠戸　7口（男子4［成丁2］，婦女3）

　　　　　　　　19.38973税畝（田9.1780，地7.34073，山2.8710）　3間

第9甲　王茂伍　匠戸　32口（男子23［成丁15］，婦女9）

　　　　　　　　66.2604税畝（田37.8405，地15.4829，山12.9260，塘0.0470）　3間

第10甲　汪　崔　民戸　11口（男子6［成丁4］，婦女5）

　　　　　　　　18.3950税畝（田14.1610，地2.0400，山1.9940，塘0.2000）　3間

第10甲　陳　新　軍戸　9口（男子5［成丁3］，婦女4）

　　　　　　　　3.0837税畝（田0.0375，地2.9962，山0.0500）　3間，水牛1

※萬暦40年冊の第6甲朱新風戸は，未成丁男子と同數の未婚女子の存在を想定した人口數が9口にとどまるが，萬暦30年冊で〈總戸‐子戸〉制を行なっていると推測されることから萬暦40年冊も同様とみなした。

　〈總戸‐子戸〉制を行なっていたと推測される人戸は，萬暦30年冊・萬暦40年冊ともに計18戸であり，實在戸[34]全體に占める比率は12％弱（萬暦30年冊：18戸／152戸＝11.8％。萬暦40年冊：18戸／153戸＝11.8％）であった。

　その18戸の内譯は，10甲すべての里長戸と8戸の甲首戸である。後者のうち6戸は永充制であった軍戸・匠戸の特殊徭役負擔人戸[35]であり，民戸は2戸のみであった。民戸のうち第2甲の呉天保戸は10税畝を越える山を所有しており，山場を經營していたと推測される。これによれば，27都5圖所屬人戸に即してみても，〈總戸‐子戸〉制は重い徭役を擔う里長戸，特殊徭役負擔人戸，山場を經營する人戸の間で行なわれていたという先學の指摘[36]は正鵠を射たものといえる。

二　〈總戸-子戸〉制の普及狀況と再生產の可否　103

　因みに，清代後半に抄寫されたと推測される休寧縣の都圖文書は，27都5圖
の里役と各甲に編成された人戸が居住する集落を次のように傳える[37]。

　　　　第1甲　王　茂　　陳村
　　　　第2甲　朱　國　　揚冲
　　　　第3甲　朱學源　　下盈
　　　　第4甲　王正芳　　陳村
　　　　第5甲　陳　章　　陳村
　　　　第6甲　朱　貴　　水路嶺
　　　　第7甲　王永昌　　陳村
　　　　第8甲　陳元和　　陳村
　　　　第9甲　王正順　　［江村］
　　　　第10甲　金正茂　　烟冲河村［江村］　　※"下盈"は霞瀛のこと（引用者）。

　第1甲の王茂，第3甲の朱學源，第4甲の王正芳，第5甲の陳章，第6甲の
朱貴，第8戸の陳元和は，『黃冊底籍』の記載からの戸名であり[38]，これらの
6戸は萬曆年間から戸名を變更することなく，清代後半に至るまで〈總戸-子
戸〉制を繼續していたと考えられる。

　次に問うべきは，〈總戸-子戸〉制を行なっていたと推測される18戸が所有事
產で再生產可能であったかどうかである。18戸のなかには多額の山・塘を所有
する人戸も多いが，山・塘からの收益を數値化するのは困難であるため，所有
する田・地で再生產可能かどうかを檢證しよう。シミュレーションにあたって
は，前節で設定した數値を用いる。米の畝當り收穫量は2石を想定し，米の收
穫量で食費・種籾・國家的負擔を賄うことができない場合には，田の裏作の麥，
地での麥作の收益を想定して檢證しよう。また人口數は，未成丁男子と同數の
未婚女子の存在を想定して計上する[39]。ただし，萬曆30年冊・萬曆40年冊が
記載する18戸すべてについて檢證內容を示すことは，紙幅の關係上できない。
ここでは，萬曆30年冊が記載する二つの人戸を例として提示しておく。第3甲
里長の朱學源戸と第5甲里長の陳章戸の收支は，表8のようになる。

104　第2章　階層構成

【表8】　〈總戸−子戸〉制を行なっていた人戸の再生産の可否

例1：萬暦30年册第3甲里長の朱學源戸

人口：48口＋未婚女子7口＝55口。夏税負擔：麥7.9680石。

支　出　米184.2137石

　　　　食　費133.0175石（2.4185石×55口）

　　　　種　籾　7.5287石（田258.1850税畝×1.08×0.027石）

　　　　國家的負擔　43.6675石

　　　　　　秋　糧17.6922石

　　　　　　徭　役25.9753石

　　　　　　　　成丁分5.7000石（0.2280石×25丁）

　　　　　　　　秋糧分20.2753石（17.6922石×5.73錢×0.2）

収　入　米557.6796石（田258.1850税畝×1.08×2石）

餘　剰　米373.4659石

例2：萬暦30年册第5甲里長の陳章戸

人口：27口＋未婚女子4口＝31口。夏税負擔：麥0.9170石。

支　出　米82.2982石

　　　　食　費74.9735石（2.4185石×31口）

　　　　種　籾　0.7395石（田25.3600税畝×1.08×0.027石）

　　　　國家的負擔6.5852石

　　　　　　秋　糧1.8999石

　　　　　　徭　役4.6853石

　　　　　　　　成丁分2.5080石（0.2280石×11丁）

　　　　　　　　秋糧分2.1773石（1.8999石×5.73錢×0.2）

収　入　米54.7776石（田25.3600税畝×1.08×2石）＋麥17.3966石（田25.3600税畝×
　　　　1.08×0.4375石＋地8.4760税畝×1.46×0.4375石）＝米麥72.1772石

不　足　米10.1210石

　　朱學源戸の場合は，田の表作のみからでも米373.4659石の餘剰があり，夏税
の麥7.9680石はいうまでもなく麥の裏作で賄って十分に餘りある。支出分の米
184.2137石の生産に必要な田を算出すると84.7383税畝となり，霞瀛の古老から
聞いた比率（4:1）をもとに副食生産に要する地を算出すると21.1846税畝とな

二 〈總戸-子戸〉制の普及狀況と再生產の可否　105

る。これら以外の田・地は出租した場合を想定すると，計225.98172稅畝（田173.4467稅畝＋地52.53502稅畝）が出租され，田・地からの租入（收租率2/3）は米249.8881石，麥22.3517石であったことになる。

　これに對して陳章戸の場合は，田での麥の裏作，地での麥作を想定したとしても，米10.1210石が不足し，これに夏稅負擔の麥0.9170石がくわわる。陳章戸は，山16.2990稅畝を所有しており，山からの收益で不足分を賄うことができたかもしれないが，とりあえず再生產できないものと判斷しておく。

　以上にみた二つの人戸に關するものと同じくシミュレーションして，萬曆30年冊・萬曆40年冊が記載する18戸の再生產の可否を判斷した結果を示せば，次のとおりである。

萬曆30年冊

再生產可能な人戸：11戸

　　里長戸：第1甲王茂，第2甲朱洪，第3甲朱學源，第4甲王正芳，第6甲朱貴，第7甲王齊興，第8甲陳元和，第10甲金萬鍾。

　　甲首戸：第1甲金尙尹，第9甲王茂伍，第10甲汪崔。

再生產不可能な人戸：7戸

　　里長戸：第5甲陳章，第9甲王敍。

　　甲首戸：第2甲吳天保，第4甲程友儀，第5甲金岩武，第6甲朱新風，第10甲陳新。

萬曆40年冊

再生產可能な人戸：10戸

　　里長戸：第1甲王茂，第2甲朱洪，第3甲朱學源，第4甲王正芳，第7甲王齊興，第8甲陳元和。

　　甲首戸：第1甲金尙尹，第6甲朱新風，第9甲王茂伍，第10甲汪崔。

再生產不可能な人戸：8戸

　　里長戸：第5甲陳章，第6甲朱貴，第9甲王敍，第10甲金萬鍾。

　　甲首戸：第2甲吳天保，第4甲程友儀，第5甲金岩武，第10甲陳新。

あくまで田・地からの收益をもとにした限りであるが，〈總戸－子戸〉制を行

106 第2章 階層構成

なっている人戸においても，所有事産で再生産できない人戸が萬暦30年冊の記載では7戸，萬暦40年冊の記載では8戸存在していた。萬暦30年冊から萬暦40年冊にかけて再生産できない人戸數の變化は1戸のみであるが，個々の人戸に着目すれば，安定を志向して〈總戸–子戸〉制を行なう人戸であっても事産の移動，再生産の可否をめぐる昇降は頻繁であったことが窺える。たとえば，萬暦30年冊から萬暦40年冊の間に第6甲里長の朱貴戸は19.8274税畝（田18.5510税畝＋地1.2764税畝）の田・地を失い，第10甲里長の金萬鍾戸は40.0055税畝（田39.3485税畝＋地0.6570税畝）もの田・地を失い，所有事産で再生産できない状態に陥っている[40]。

三　自作農と地主的土地所有の比率

　明代萬暦年間の休寧縣27都5圖所屬人戸には，所有事産で再生産可能な人戸がどれほどの比率で存在したのだろうか。前節までの檢討をふまえながら探ってみよう。

　〈總戸–子戸〉制を行なっていたと推測される人戸については前節の檢討結果をもとにし，他の人戸も〈總戸–子戸〉制を行なっていたと推測される人戸と同様にシミュレーション（米の畝當り收量2石，麥の裏作，地での麥作を想定して田・地で家族の食費，種籾，國家的負擔を賄える否か）して各戸の再生産の可否を判斷し，萬暦30年冊・萬暦40年冊の實在戸を再生産可能人戸・再生産不可能人戸・無産人戸に區分して所有事産額順に整理した結果が表9と表10である。

【表9】 萬暦30年冊（1602）における再生産可能人戸・不可能人戸

※ローマ數字は所屬の甲を示す。事産單位：税畝

所有事産（田・地）で再生産可能な人戸　　　　　　　　　　　　81戸／實在戸152戸＝53.3%

朱學源　Ⅲ-里長　匠戸　人口48（成丁25）　事産420.93066（田258.1850，地73.71962，山87.32502，塘河0.46102）3間　黃牛1　總戸

王　茂　Ⅰ-里長　軍戸　人口69（成丁39）　事産383.7377（田208.1630，地54.4983，山118.0304，

三 自作農と地主的土地所有の比率 107

塘3.0460） 6 間　總戸

王齊興 Ⅶ-里長 軍戸 人口50（成丁28）　事産274.0667（田165.9379, 地55.8698, 山48.0485,
塘4.2105） 6 間　水牛 1　總戸

金萬鍾 Ⅹ-里長 軍戸 人口44（成丁22）　事産117.9695（田62.4185, 地21.6680, 山32.5390,
塘1.3440） 6 間　水牛 1　總戸

陳元和 Ⅷ-里長 軍戸 人口31（成丁14）　事産101.8286（田50.7645, 地25.4609, 山25.3012,
塘0.3020） 3 間　總戸

金尙伊 Ⅰ-甲首 匠戸 人口11（成丁 5 ）　事産82.2825（田29.6685, 地26.1810, 山26.4330）
5 間　黃牛 1　總戸

朱　洪 Ⅱ-里長 民戸 人口18（成丁 6 ）　事産73.8726（田63.9436, 地4.6460, 山4.9352,
塘0.3478） 6 間　總戸

王正芳 Ⅳ-里長 匠戸 人口27（成丁11）　事産72.9070（田34.5790, 地14.4860, 山23.0410,
塘0.8010） 6 間　總戸

朱　貴 Ⅵ-里長 民戸 人口16（成丁 6 ）　事産69.10083（田26.6533, 地26.47676, 山7.92787,
塘8.0429） 2 間　總戸

王茂伍 Ⅸ-甲首 匠戸 人口31（成丁15）　事産66.0883（田42.4160, 地12.5393, 山11.0860,
塘0.0470） 4 間　總戸

朱師孔 Ⅱ-甲首 民戸 人口 1 （成丁 1 ）　事産48.0839（田33.2978, 地5.3859, 山9.0008,
塘0.3994, その他5.3859）

朱　護 Ⅵ-甲首 民戸 人口 4 （成丁 2 ）　事産45.3400（田31.3750, 地2.2200, 山11.6600,
塘0.0850） 2 間

朱　作 Ⅱ-甲首 民戸 人口 1 （成丁 1 ）　事産41.6980（田41.4160, 地0.2820）　立戸　淮
安より

朱永承 Ⅵ-甲首 民戸 人口 3 （成丁 2 ）　事産40.4510（田32.2310, 地2.8770, 山5.2320,
塘0.1110） 3 間

朱　仲 Ⅱ-甲首 民戸 人口 1 （成丁 1 ）　事産40.3600（田39.9180, 地0.4420）　立戸　原
籍なし

朱師顏 Ⅱ-甲首 民戸 人口 1 （成丁 1 ）　事産39.5915（田37.5995, 地1.7940, 山0.1980）

朱　信 Ⅱ-甲首 民戸 人口 2 （成丁 1 ）　事産38.0010（田25.2238, 地3.9135, 山8.4640,
塘0.3994）

朱　楷 Ⅵ-甲首 民戸 人口 1 （成丁 1 ）　事産36.5550（田28.3520, 地2.9340, 山3.3820,
塘1.8870）　20年立戸

朱　枝 Ⅵ-甲首 民戸 人口 3 （成丁 1 ）　事産35.5578（田28.1120, 地0.7628, 山6.4430,

108 第2章 階層構成

塘0.2400) 1間

朱伯才 Ⅱ-甲首 民戸 人口4 （成丁1） 事産35.0745（田24.0910，地8.6350，山2.3150，塘0.0150) 2間

朱 伊 Ⅱ-甲首 民戸 人口1 （成丁1） 事産34.6860（田27.1510，地4.9350，山2.5800，塘0.0200) 立戸 原籍なし

朱祐生 Ⅱ-甲首 民戸 人口3 （成丁1） 事産34.4820（田26.8270，地7.3100，山0.3450) 2間

朱 嵩 Ⅵ-甲首 民戸 人口2 （成丁1） 事産33.6720（田27.5000，地3.8730，山1.2500，塘1.0490)

朱 淳 Ⅱ-甲首 民戸 人口1 （成丁1） 事産33.3469（田18.5608，地5.3859，山9.0008，塘0.3994，その他5.3859)

朱之棟 Ⅵ-甲首 民戸 人口2 （成丁1） 事産33.2240（田29.6560，地2.2340，塘0.6100)

朱八奐 Ⅵ-甲首 民戸 人口3 （成丁2） 事産32.8630（田31.1060，地1.7570) 10年立戸

朱 偉 Ⅱ-甲首 民戸 人口1 （成丁1） 事産32.4845（田31.8165，地0.3080，山0.0200，塘0.3300) 立戸 淮安より

汪 顯 Ⅹ-甲首 民戸 人口3 （成丁1） 事産30.0860（田27.6560，地0.1660，山2.1660，塘0.0980) 2間

朱興龍 Ⅲ-甲首 民戸 人口3 （成丁?） 事産29.67948（田24.7780，地1.58848，山2.9790，塘0.3340)

朱國錢 Ⅹ-甲首 民戸 人口1 （成丁1） 事産29.3970（田26.5520，地0.6570，山2.1570，塘0.0310)

朱 俊 Ⅵ-甲首 民戸 人口2 （成丁1） 事産26.5750（田18.9460，地2.5030，山4.9700，塘0.1560) 20年立戸

朱 欽 Ⅱ-甲首 民戸 人口6 （成丁3） 事産26.0225（田23.0920，地1.5578，山1.3727) 1間 水牛1

汪世祿 Ⅵ-甲首 民戸 人口6 （成丁2） 事産25.0625（田17.5270，地5.1345，山2.1880，塘0.2130) 3間

朱世蕃 Ⅱ-甲首 民戸 人口1 （成丁1） 事産24.4090（田20.4450，地0.5420，山3.4220) 立戸 淮安より

朱 瑤 Ⅸ-甲首 民戸 人口2 （成丁1） 事産23.59505（田19.3160，地1.72925，山2.5498)

陳 新 Ⅴ-甲首 民戸 人口4 （成丁1） 事産21.6820（田5.2540，地5.4920，山10.2600，塘0.6760) 2間

朱時選 Ⅹ-甲首 民戸 人口5 （成丁2） 事産20.8428（田15.17855，地2.96275，山2.7015)

三　自作農と地主的土地所有の比率　109

劉再得　Ⅲ-甲首　民戸　人口3　（成丁1）　事産19.1410（田11.0700，地3.8010，山4.2700）
　　　　　　　　　　　　　　　　　　　2間

潘　傑　Ⅶ-甲首　民戸　人口6　（成丁3）　事産18.9740（田11.3210，地5.8990，山1.7540）
　　　　　　　　　　　　　　　　　　　1間

汪　崔　Ⅹ-甲首　民戸　人口11　（成丁4）　事産18.3950（田14.1610，地2.0400，山1.9940，
　　　　　　　　　　　　　　　　　　　塘0.2000）　3間　　總戸

朱　雷　Ⅹ-甲首　民戸　人口3　（成丁1）　事産18.2547（田16.5820，地0.6763，山0.9965）
　　　　　　　　　　　　　　　　　　　3間

吳　瑃　Ⅳ-甲首　民戸　人口3　（成丁1）　事産18.1960（田14.1050，地4.0640，塘0.0270）

王　盛　Ⅰ-甲首　民戸　人口4　（成丁2）　事産17.7740（田14.4280，地2.4690，山0.0690，
　　　　　　　　　　　　　　　　　　　塘0.2080）

潘天逐　Ⅶ-甲首　民戸　人口3　（成丁1）　事産17.6130（田12.3920，地5.0200，山0.2010）
　　　　　　　　　　　　　　　　　　　10年立戸

汪　瑞　Ⅵ-甲首　民戸　人口2　（成丁1）　事産17.5245（田15.4500，地2.0025，山0.0720）

朱　曜　Ⅵ-甲首　民戸　人口3　（成丁2）　事産17.1440（田17.1440）　3間

朱　標　Ⅲ-甲首　民戸　人口1　（成丁1）　事産17.12739（田12.1633，地1.92613，山2.45283，
　　　　　　　　　　　　　　　　　　　塘0.5851）

王　琴　Ⅰ-甲首　民戸　人口2　（成丁1）　事産17.11195（田16.5234，山0.58855）　3間

朱　汶　Ⅱ-甲首　民戸　人口1　（成丁1）　事産17.09715（田15.7590，地0.66615，山0.6570，
　　　　　　　　　　　　　　　　　　　塘0.0150）　立戸　原籍なし

朱誠佸　Ⅱ-甲首　民戸　人口1　（成丁1）　事産17.0145（田16.0784，地0.66565，山0.0150，
　　　　　　　　　　　　　　　　　　　塘0.2550）　立戸　浙江より

潘承鳳　Ⅶ-甲首　民戸　人口3　（成丁1）　事産16.9830（田15.8380，地1.1450）　20年立戸

程　相　Ⅰ-甲首　民戸　人口3　（成丁1）　事産15.4980（田12.4270，地1.0232，山1.6110，
　　　　　　　　　　　　　　　　　　　塘0.4368）　3間

朱德厚　Ⅵ-甲首　民戸　人口2　（成丁1）　事産15.4098（田12.3206，地1.3397，山1.5495，
　　　　　　　　　　　　　　　　　　　塘0.2000）

程　學　Ⅷ-甲首　民戸　人口4　（成丁1）　事産15.1250（田9.7280，地4.5930，山0.3410，塘
　　　　　　　　　　　　　　　　　　　0.4630）　2間

朱國昌　Ⅹ-甲首　民戸　人口1　（成丁1）　事産14.7818（田14.1990，地0.1788，山0.3240，
　　　　　　　　　　　　　　　　　　　塘0.0800）　立戸　原籍なし

朱時應　Ⅱ-甲首　民戸　人口3　（成丁1）　事産14.4655（田12.0380，地1.4255，山1.0020）
　　　　　　　　　　　　　　　　　　　2間

110 第2章 階層構成

朱良佑 Ⅷ-甲首 民戸 人口2 （成丁1） 事産14.4616（田12.9110，地0.0800，山1.4060，塘0.0100） 3間

朱德昌 Ⅹ-甲首 民戸 人口1 （成丁1） 事産14.4240（田14.4240） 立戸 原籍なし

呉　榛 Ⅶ-甲首 民戸 人口2 （成丁1） 事産13.89085（田10.9545，地2.20435，塘0.7320） 3間

陳信漢 Ⅴ-甲首 民戸 人口2 （成丁1） 事産13.6400（田13.5320，地0.1080） 3間

程廷隆 Ⅷ-甲首 民戸 人口3 （成丁1） 事産13.2080（田12.6840，地0.1573，山0.2980，塘0.0687） 3間

金宗社 Ⅰ-甲首 民戸 人口1 （成丁1） 事産12.8610（田12.5710，山0.2500，塘0.0400） 1間

汪應明 Ⅹ-甲首 民戸 人口6 （成丁2） 事産12.4440（田8.8730，地2.5220，山1.0100，塘0.0390）

呉　京 Ⅴ-甲首 民戸 人口5 （成丁2） 事産12.01734（田4.80214，地6.3742，山0.4080，塘0.4330）

王繼成 Ⅷ-甲首 民戸 人口5 （成丁2） 事産11.8410（田8.1230，地2.5350，山1.0830，塘0.1000） 2間

劉得應 Ⅲ-甲首 民戸 人口2 （成丁0） 事産11.5790（田10.1200，地1.1890，山0.2700） 3間　水牛1

朱　雪 Ⅷ-甲首 民戸 人口2 （成丁1） 事産10.5190（田10.3680，地0.1510） 1間

朱祖耀 Ⅱ-甲首 民戸 人口5 （成丁1） 事産10.2975（田6.2180，地1.5455，山2.5340） 2間

朱岩志 Ⅳ-甲首 民戸 人口2 （成丁1） 事産10.0253（田1.3900，地5.2213，山3.3340，塘0.0800） 2間　黄牛1

陳　方 Ⅴ-甲首 民戸 人口5 （成丁2） 事産8.8860（田8.2000，地0.2510，山0.4350） 2間

項興才 Ⅲ-甲首 民戸 人口4 （成丁2） 事産8.3710（田5.2080，地3.0630，山0.1000） 半間

呉　魁 Ⅷ-甲首 民戸 人口4 （成丁2） 事産8.1370（田8.1070，地0.0300） 3間

呉　仁 Ⅶ-甲首 民戸 人口3 （成丁2） 事産7.8666（田5.6450，地1.9716，山0.2500） 2間

程繼周 Ⅶ-甲首 民戸 人口2 （成丁1） 事産7.3600（田6.7600，地0.6000）

朱世福 Ⅱ-甲首 民戸 人口1 （成丁1） 事産6.8470（田3.4250，山3.4220） 立戸 原籍なし

三　自作農と地主的土地所有の比率　111

朱社學　Ⅲ-甲首　民戸　人口1　（成丁1）　事産6.3130（田4.7370，地1.2820，山0.2640，塘0.0300）　3間

潘　亮　Ⅶ-甲首　民戸　人口3　（成丁1）　事産5.7980（田3.8700，地1.9280）

朱　瑚　Ⅹ-甲首　民戸　人口3　（成丁1）　事産5.64695（田4.3930，地0.53275，山0.7212）

陳　宜　Ⅴ-甲首　民戸　人口3　（成丁2）　事産4.5980（田4.5980）　3間

朱時新　Ⅹ-甲首　民戸　人口3　（成丁1）　事産3.8300（田3.7740，地0.0360，塘0.0200）　2間

朱彰先　Ⅸ-甲首　民戸　人口2　（成丁1）　事産2.4940（田2.4940）　2間

- -

所有事産（田・地）で再生産できない人戸　　　　　71戸／實在戸152戸＝46.7%

陳　章　Ⅴ-里長　民戸　人口27（成丁11）　事産50.8930（田25.3600，地8.4760，山16.2990，塘0.7580）　3間　總戸

金岩武　Ⅴ-甲首　民戸　人口12（成丁4）　事産26.8919（田10.2880，地12.6760，山3.9279）　3間　總戸

程友儀　Ⅳ-甲首　匠戸　人口17（成丁8）　事産19.8200（田11.5050，地5.5460，山1.6670，塘1.1020）　6間　水牛1　總戸

朱新風　Ⅵ-甲首　匠戸　人口8　（成丁2）　事産18.29585（田7.11992，地8.22713，山2.9380，河塘0.0108）　3間　總戸

吳天保　Ⅱ-甲首　民戸　人口11（成丁5）　事産18.2120（田2.3060，地5.5260，山10.1800，塘0.2000）　3間　總戸

王　斂　Ⅸ-里長　匠戸　人口33（成丁13）　事産16.8993（田6.5168，地6.4700，山3.3625，塘0.5500）　7間　總戸

王　美　Ⅳ-甲首　民戸　人口6　（成丁2）　事産8.7435（田3.6810，地1.9795，山3.0830）　3間

王　富　Ⅰ-甲首　民戸　人口7　（成丁3）　事産7.9120（田4.6080，地2.4150，山0.8480，塘0.0410）　3間

陳　新　Ⅹ-甲首　軍戸　人口9　（成丁3）　事産7.0715（田3.1485，地3.7730，山0.1500，塘0.2000）　3間　水牛1　總戸

潘希遠　Ⅶ-甲首　民戸　人口3　（成丁1）　事産6.8380（田1.0940，地4.6440，山1.1000）　3間

王端祐　Ⅹ-甲首　民戸　人口5　（成丁3）　事産6.4750（田4.4050，地1.0150，山1.0550）　4間

朱社稷　Ⅱ-甲首　民戸　人口5　（成丁1）　事産5.9910（田2.6620，地0.9290，山2.4000）

112　第2章　階層構成

郭節華　Ⅰ-甲首　民戶　人口5　（成丁1）　事產5.5710（地5.5710）

畢　賓　Ⅸ-甲首　民戶　人口8　（成丁2）　事產5.1170（田1.4180，地2.1290，山1.5700）2
間

吳　興　Ⅱ-甲首　民戶　人口6　（成丁3）　事產4.6110（田1.8990，地2.1120，山0.6000）1
間

程義龍　Ⅰ-甲首　民戶　人口2　（成丁1）　事產4.4080（田1.8520，地0.4300，山2.1350）

李　成　Ⅲ-甲首　民戶　人口5　（成丁2）　事產4.2970（田3.4900，地0.8070）

汪廷眞　Ⅵ-甲首　民戶　人口7　（成丁2）　事產3.8100（地2.2300，山1.5800）3 間

程　產　Ⅹ-甲首　民戶　人口4　（成丁2）　事產3.7810（田0.8560，地2.3990，山0.3900，塘
0.1360）2 間

朱得九　Ⅷ-甲首　民戶　人口4　（成丁1）　事產3.4548（田0.5170，地1.0478，山1.8810，塘
0.0090）2 間

朱祖光　Ⅹ-甲首　民戶　人口3　（成丁1）　事產3.1830（田1.3270，地0.8590，山0.9970）

潘雲祥　Ⅶ-甲首　民戶　人口2　（成丁1）　事產2.6390（地2.1560，山0.4830）

王應享　Ⅷ-甲首　民戶　人口4　（成丁1）　事產2.2720（田0.3365，地0.7905，山1.1450）6
間

宋甲毛　Ⅲ-甲首　民戶　人口4　（成丁1）　事產2.2560（田1.5140，地0.6820，山0.0600）

郭正耀　Ⅷ-甲首　民戶　人口5　（成丁2）　事產2.0620（田0.3270，地1.5550，山0.1800）1
間

高　曜　Ⅰ-甲首　民戶　人口4　（成丁1）　事產2.0240（田1.2340，地0.7800，山0.0100）1
間

倪四保　Ⅳ-甲首　民戶　人口2　（成丁1）　事產1.8960（地1.7650，山0.1310）1 間

胡齊鳳　Ⅱ-甲首　民戶　人口2　（成丁1）　事產1.8380（田0.1390，地1.6890，山0.0100）2
間

朱大興　Ⅳ-甲首　民戶　人口3　（成丁1）　事產1.7636（田0.0320，地0.5043，山1.0143）

胡　風　Ⅲ-甲首　民戶　人口3　（成丁1）　事產1.7630（田0.0410，地1.7130，山0.0090）1
間

王　科　Ⅵ-甲首　民戶　人口3　（成丁1）　事產1.6950（田0.4200，地1.0710，山0.2040）6
間　水牛1

謝廷文　Ⅴ-甲首　民戶　人口4　（成丁2）　事產1.1610（地0.1770，山0.9840）1 間

汪福壽　Ⅳ-甲首　民戶　人口4　（成丁2）　事產1.5000（田1.5000）2 間

王宗元　Ⅱ-甲首　民戶　人口2　（成丁1）　事產1.2850（田1.2850）1 間

朱大斌　Ⅳ-甲首　民戶　人口2　（成丁1）　事產1.22975（地0.59125，山0.5435，塘0.0950）

三　自作農と地主的土地所有の比率　113

2 間

汪　使　Ⅶ-甲首　軍戶　人口 2　（成丁 1 ）　事產1.1480（地1.1480）

吳天龍　Ⅲ-甲首　民戶　人口 6　（成丁 3 ）　事產1.1330（地0.6980，山0.4350）

朱文魁　Ⅳ-甲首　民戶　人口 3　（成丁 1 ）　事產0.9321（田0.1270，地0.0450，山0.0700） 3
間

朱文節　Ⅳ-甲首　民戶　人口 4　（成丁 2 ）　事產0.8890（田0.1590，地0.6570，山0.0320，塘
0.0460） 2 間　水牛 1

吳　璜　Ⅹ-甲首　民戶　人口 4　（成丁 2 ）　事產0.7780（田0.2800，地0.3590，塘0.1390）

陳　應　Ⅴ-甲首　民戶　人口 5　（成丁 1 ）　事產0.6860（地0.6860） 2 間

陳富萬　Ⅳ-甲首　民戶　人口 1　（成丁 1 ）　事產0.6840（地0.6840）

朱法隆　Ⅸ-甲首　民戶　人口 3　（成丁 2 ）　事產0.6770（地0.5970，山0.0800） 3 間

朱大儀　Ⅲ-甲首　民戶　人口 2　（成丁 1 ）　事產0.6754（地0.4920，山0.0944，塘0.0890） 2
間　水牛 1

吳　濱　Ⅹ-甲首　民戶　人口 3　（成丁 2 ）　事產0.0460（地0.0460） 2 間

謝廷奉　Ⅰ-甲首　民戶　人口 4　（成丁 3 ）　事產0.4360（地0.0460，山0.3900） 3 間

倪壽得　Ⅵ-甲首　民戶　人口 3　（成丁 2 ）　事產0.3750（山0.3750） 1 間

王　鍾　Ⅴ-甲首　民戶　人口 3　（成丁 1 ）　事產0.3560（地0.1560，山0.2000） 2 間

汪文晃　Ⅳ-甲首　民戶　人口 2　（成丁 1 ）　事產0.3000（地0.3000） 3 間

王承興　Ⅶ-甲首　民戶　人口 3　（成丁 1 ）　事產0.2720（地0.2000，塘0.0720） 3 間

金　盛　Ⅵ-甲首　民戶　人口 3　（成丁 1 ）　事產0.2700（地0.2700） 2 間

王起鳳　Ⅵ-甲首　民戶　人口 3　（成丁 1 ）　事產0.2665（地0.2665） 3 間

朱文標　Ⅷ-甲首　民戶　人口 4　（成丁 1 ）　事產0.2354（地0.1854，塘0.0500） 1 間

王　英　Ⅳ-甲首　民戶　人口 2　（成丁 0 ）　事產0.2100（地0.2100） 3 間

程義祥　Ⅶ-甲首　民戶　人口 4　（成丁 2 ）　事產0.1660（田0.0410，山0.1250） 3 間

詹應星　Ⅹ-甲首　民戶　人口 2　（成丁 1 ）　事產0.0810（地0.0080，山0.0730） 3 間

余　鐸　Ⅰ-甲首　民戶　人口 2　（成丁 0 ）　事產0.0520（地0.0520）

劉文選　Ⅲ-甲首　民戶　人口 2　（成丁 1 ）　事產0.0150（地0.0150） 3 間

事產無所有人戶　　　　　　　　　　　　　　　　13戶／實在戶152戶＝8.6％

陳　使　Ⅰ-甲首　軍戶　人口 3　（成丁 1 ）　事產0.0000　3 間　黃牛 1

金　廣　Ⅸ-甲首　民戶　人口 2　（成丁 0 ）　事產0.0000　3 間　水牛 1

洪　龍　Ⅸ-甲首　民戶　人口 2　（成丁 0 ）　事產0.0000　3 間

程保同　Ⅰ-甲首　民戶　人口 4　（成丁 1 ）　事產0.0000　2 間

114　第2章　階層構成

李　清	Ⅸ-甲首	民戸	人口3	（成丁1）	事産0.0000	2間
汪　社	Ⅸ-甲首	民戸	人口4	（成丁2）	事産0.0000	1間
汪　義	Ⅶ-甲首	民戸	人口3	（成丁2）	事産0.0000	1間
楊　曜	Ⅳ-甲首	民戸	人口3	（成丁1）	事産0.0000	草1間
黄記大	Ⅷ-甲首	民戸	人口3	（成丁1）	事産0.0000	1間
呉初保	Ⅲ-甲首	民戸	人口2	（成丁1）	事産0.0000	1間
汪　振	Ⅸ-甲首	民戸	人口1	（成丁0）	事産0.0000	1間
謝　積	Ⅴ-甲首	民戸	人口4	（成丁2）	事産0.0000	
汪臘黎	Ⅷ-甲首	民戸	人口3	（成丁1）	事産0.0000	

附：萬暦30年册における絶戸（1602）　47戸

※ローマ數字は所屬の甲を示し、〝絶〟は絶戸と明記されたことを示す。人口の数字は年齢を示す。

汪社曜	Ⅷ-絶	軍戸	1	本身？		地0.1210 官民瓦房4
陳　法	Ⅳ-絶	軍戸	3	本身226，弟218，弟218		民瓦房8
陳紹怡	Ⅰ-絶	軍戸	5	本身169，侄149，侄151，妻195，姐176		民瓦房6　黄牛1
朱　福	Ⅹ	軍戸	2	本身124，母140		民瓦房6
汪義曜	Ⅴ-絶	民戸	3	本身87，母110，嫂90		民瓦房4
朱　和	Ⅷ-絶	軍戸	7	本身203，兄219，兄210，侄202，侄194，妻218，弟婦210		民瓦房3　水牛1
呉佛保	Ⅴ-絶	軍戸	4	本身199，弟196，弟185，弟182		民瓦房3　黄牛1
朱　彬	Ⅸ-絶	軍戸	3	本身205，弟194，弟189		民瓦房3　水牛1
呉社童	Ⅵ-絶	軍戸	1	本身219		民瓦房3　水牛1
陳兆均	Ⅶ-絶	軍戸	5	本身223，男186，男170，男168，弟婦200		民瓦房3
詹　曜	Ⅴ-絶	民戸	4	本身144，男122，妻138，男婦115		民瓦房3
方　記	Ⅶ-絶	軍戸	4	本身167，男147，男144，妻175		民瓦房3
朱永清	Ⅷ-絶	軍戸	4	本身186，弟183，弟182，叔母205		民瓦房3
朱　遠	Ⅹ-絶	軍戸	4	本身207，弟205，弟203，母230		民瓦房3
陳道壽	Ⅴ-絶	軍戸	3	本身237，弟210，妻219		民瓦房3
汪記遠	Ⅵ-絶	軍戸	3	本身167，義兄205，嫂188		民瓦房3

三　自作農と地主的土地所有の比率　115

汪文傑	Ⅶ	民戸	3	本身122，弟112，妻138	民瓦房3
汪計宗	Ⅷ-絶	軍戸	3	本身219，侄215，侄201	民瓦房3
陳　舟	Ⅰ-絶	軍戸	2	身114，妻242	民瓦房3
朱留住	Ⅱ-絶	軍戸	2	本身210，弟206	民瓦房3
陳清和	Ⅱ-絶	軍戸	2	本身179，弟177	民瓦房3
徐　奉	Ⅲ-絶	匠戸	2	本身85，妻73	民瓦房3
陳個成	Ⅳ-絶	軍戸	3	本身111，弟100，妻95	民瓦房3
陳記生	Ⅵ-絶	軍戸	2	本身178，母219	民瓦房3
陳永得	Ⅶ-絶	軍戸	2	本身230，弟225	民瓦房3
吳文軒	Ⅸ	民戸	2	本身125，男96	民瓦房3
陳舟興	Ⅲ-絶	軍戸	1	本身214	民瓦房3
汪添興	Ⅵ-絶	軍戸	1	本身280	民瓦房3
朱　雲	Ⅸ	民戸	1	本身123	民瓦房3
王文正	Ⅸ	軍戸	1	本身144	民瓦房3
朱記友	Ⅹ-絶	軍戸	1	本身178	民瓦房3
徐文錦	Ⅰ-絶	民戸	2	本身124，姐126	民瓦房2
胡　下	Ⅱ	民戸	2	本身100，伯母148	民瓦房2
程眞來	Ⅴ-絶	民戸	2	本身149，男145	民瓦房2
汪慶祐	Ⅲ-絶	軍戸	1	本身214	民瓦房2
朱税童	Ⅳ-絶	軍戸	1	本身213	民瓦房2
陳原得	Ⅴ-絶	軍戸	1	本身222	民瓦房2
潘玹童	Ⅸ-絶	軍戸	1	本身224	民瓦房2
朱兆壽	Ⅰ-絶	軍戸	2	本身135，侄215	民瓦房1
朱宗得	Ⅳ-絶	軍戸	2	本身230，弟216	民瓦房1
周淮得	Ⅴ-絶	軍戸	2	本身222，侄213	民瓦房1
朱神祖	Ⅱ-絶	軍戸	1	本身223	民瓦房1
朱添助	Ⅲ-絶	軍戸	1	本身228	民瓦房1
李社祖	Ⅶ-絶	軍戸	1	本身248	民瓦房1
朱永壽	Ⅹ-絶	軍戸	1	本身229	民瓦房半
黃關童	Ⅸ-絶	軍戸	4	本身200，男175，男181，妻208	
汪　榮	Ⅸ	民戸	1	本身106	

116　第2章　階層構成

【表10】　萬暦40年册（1612）における再生産可能人戸・不可能人戸

※ローマ数字は所屬の甲を示す。事産單位：税畝

所有事産（田・地）で再生産可能な人戸　　　　　　　　　　80戸／實在戸153戸＝52.3%

朱學源　Ⅲ-里長　匠戸　人口48（成丁25）　事産502.50186（田324.8741，地82.74549，山94.0067，
塘河0.8756）3間　黄牛1　總戸

王　茂　Ⅰ-里長　軍戸　人口69（成丁39）　事産394.72279（田209.5565，地59.18234，山122.8235，
塘3.1600）6間　總戸

王齊興　Ⅶ-里長　軍戸　人口50（成丁28）　事産265.5945（田164.8764，地56.4818，山40.5665，
塘3.6698）6間　水牛1　總戸

王正芳　Ⅳ-里長　匠戸　人口27（成丁11）　事産104.89627（田51.4100，地17.81427，山34.8710，
塘0.8100）6間　總戸

陳元和　Ⅷ-里長　軍戸　人口31（成丁14）　事産90.8401（田42.8635，地25.3119，山22.3637，
塘0.3010）3間　總戸

朱師孔　Ⅱ-甲首　民戸　人口3（成丁1）　事産73.2174（田53.3968，地5.5054，山13.9058，
塘0.4094，その他0.8200）

朱　洪　Ⅱ-里長　民戸　人口18（成丁6）　事産68.1158（田59.2576，地4.1142，山4.3962，
塘0.3478）6間　總戸

王茂伍　Ⅸ-甲首　匠戸　人口32（成丁15）　事産66.2604（田37.8405，地15.4829，山12.9260，
塘0.0470）3間　總戸

金尚伊　Ⅰ-甲首　匠戸　人口12（成丁6）　事産63.8735（田18.8220，地22.2030，山22.8465）
5間　水牛1　總戸

朱　作　Ⅱ-甲首　民戸　人口1（成丁1）　事産50.6275（田48.8070，地1.78975，塘0.0300）
30年立戸　淮安より

朱　仲　Ⅱ-甲首　民戸　人口1（成丁1）　事産50.2855（田49.1760，地1.1095）30年立戸
原籍なし

朱誠侹　Ⅱ-甲首　民戸　人口2（成丁1）　事産45.6973（田42.9614，地0.8939，山1.4400，
塘0.4020）30年立戸　浙江より

朱祐生　Ⅱ-甲首　民戸　人口3（成丁1）　事産44.4820（田26.8270，地7.3100，山0.3450）
2間

朱永興　Ⅱ-甲首　民戸　人口1（成丁1）　事産43.7569（田31.8689，地2.1449，山9.7131，
塘0.0300）立戸

朱　護　Ⅵ-甲首　民戸　人口4（成丁2）　事産41.8400（田30.3110，地2.2150，山9.2600，
塘0.0540）2間

三　自作農と地主的土地所有の比率　117

朱永承　Ⅵ-甲首　民戸　人口3　（成丁2）　事産39.7115（田32.2310，地2.6020，山4.7675，塘0.1110）3間

朱師顔　Ⅱ-甲首　民戸　人口1　（成丁1）　事産39.5995（田37.5995，地1.7940，山0.1980）

朱朝臣　Ⅱ-甲首　民戸　人口2　（成丁1）　事産38.6437（田25.8668，地3.9135，山8.4640，塘0.3994）

朱　淳　Ⅱ-甲首　民戸　人口1　（成丁1）　事産37.3689（田18.5608，地6.4419，山11.1468，塘0.3994）

朱伯才　Ⅱ-甲首　民戸　人口4　（成丁1）　事産34.6895（田24.0910，地8.2685，山2.3150，塘0.0150）2間

朱　伊　Ⅱ-甲首　民戸　人口2　（成丁1）　事産34.6860（田27.1510，地4.9350，山2.5800，塘0.0200）30年立戸　原籍なし

潘　傑　Ⅶ-甲首　民戸　人口8　（成丁4）　事産32.2060（田23.3410，地7.1110，山1.7540）1間

朱　欽　Ⅱ-甲首　民戸　人口6　（成丁3）　事産31.44568（田22.0920，地2.22747，山6.12621）1間　黄牛1

朱　偉　Ⅱ-甲首　民戸　人口2　（成丁1）　事産30.6465（田30.0285，地0.3080，山0.0300，塘0.2800）30年立戸　淮安より

朱國銭　Ⅹ-甲首　民戸　人口2　（成丁1）　事産29.50585（田26.8630，地0.52705，山2.08475，塘0.0310）

朱　曜　Ⅵ-甲首　民戸　人口3　（成丁2）　事産28.8801（田28.3620，地0.7191，山0.7770，塘0.0300）3間

朱　俊　Ⅵ-甲首　民戸　人口2　（成丁1）　事産28.8264（田20.0764，地3.0715，山5.5225，塘0.1560）20年立戸

朱朝道　Ⅹ-甲首　民戸　人口3　（成丁1）　事産28.46536（田25.69374，地1.73512，山1.0165，塘0.0200）3間

朱　楷　Ⅵ-甲首　民戸　人口1　（成丁1）　事産26.4635（田23.7305，地2.0340，山0.3820，塘0.3270）20年立戸

汪　瑞　Ⅵ-甲首　民戸　人口2　（成丁1）　事産26.3240（田21.3480，地3.5040，山1.4120，塘0.0600）

朱　枝　Ⅵ-甲首　民戸　人口3　（成丁1）　事産25.2820（田17.9900，地1.3090，山5.8505，塘0.1325）1間

朱世蕃　Ⅱ-甲首　民戸　人口1　（成丁1）　事産24.4090（田20.4450，地0.5420，山3.4220）30年立戸　淮安より

118　第2章　階層構成

朱　瑤　Ⅸ-甲首　民戸　人口2　（成丁1）　事産23.4812（田19.3160，地1.6154，山2.5498）

朱之棟　Ⅵ-甲首　民戸　人口3　（成丁？）　事産22.7577（田17.5037，地1.6250，山3.4260
塘0.2030）

朱　標　Ⅲ-甲首　民戸　人口1　（成丁1）　事産22.69355（田16.9558，地2.07896，山3.03419，
塘0.6346）

王　盛　Ⅰ-甲首　民戸　人口5　（成丁2）　事産21.8137（田17.3977，地2.6465，山1.5614，
塘0.2080）

劉　岩　Ⅲ-甲首　民戸　人口2　（成丁1）　事産21.4610（田13.2800，地3.9110，山4.2700）
2間

朱德昌　Ⅹ-甲首　民戸　人口1　（成丁1）　事産20.9990（田20.9990）　30年立戸　原籍なし

朱　嵩　Ⅵ-甲首　民戸　人口2　（成丁1）　事産20.6991（田20.3531，山0.3000，塘0.0460）

朱國昌　Ⅹ-甲首　民戸　人口3　（成丁1）　事産20.6615（田19.5002，地0.6078，山0.3240，
塘0.2295）　30年立戸　原籍なし

朱新風　Ⅵ-甲首　匠戸　人口7　（成丁2）　事産19.38973（田9.1780，地7.34073，山2.8710）
3間　總戸

朱時選　Ⅹ-甲首　民戸　人口5　（成丁2）　事産19.22938（田14.46905，地2.05882，山2.7015）

王　琴　Ⅰ-甲首　民戸　人口2　（成丁1）　事産18.95695（田18.3684，山0.58855）　3間

朱興龍　Ⅲ-甲首　民戸　人口3　（成丁1）　事産18.56248（田13.6610，地1.58848，山2.9790，
塘0.3340）

汪　崔　Ⅹ-甲首　民戸　人口11　（成丁4）　事産18.3950（田14.1610，地2.0400，山1.9940，
塘0.2000）　3間　總戸

項興才　Ⅲ-甲首　民戸　人口4　（成丁2）　事産18.2486（田13.3816，地2.9270，山1.9400）
半間

王端祐　Ⅹ-甲首　民戸　人口5　（成丁3）　事産17.9582（田15.6282，地1.2750，山1.0550）
4間

金宗社　Ⅰ-甲首　民戸　人口1　（成丁1）　事産16.9100（田16.6200，山0.2500，塘0.0400）
1間

朱時應　Ⅱ-甲首　民戸　人口3　（成丁1）　事産16.88358（田14.17088，地1.5497，山1.1530，
塘0.0100）　2間

朱徹昌　Ⅱ-甲首　民戸　人口1　（成丁1）　事産16.6740（田15.8820，地0.2340，山0.4950）
立戸　在外にて生長

王繼成　Ⅷ-甲首　民戸　人口6　（成丁2）　事産15.39907（田11.2630，地2.95307，山1.0930，
塘0.1000）　2間

三　自作農と地主的土地所有の比率　119

陳　新　Ⅴ-甲首　民戸　人口4　（成丁1）　事産14.6300（田1.5970，地4.3220，山8.0700，塘0.6410）　2間

劉得應　Ⅲ-甲首　民戸　人口2　（成丁1）　事産14.46035（田11.0300，地2.2126，山1.13775，塘0.0800）　3間　　水牛1

汪腊黎　Ⅷ-甲首　民戸　人口3　（成丁1）　事産14.3816（田12.9110，山1.4660，塘0.0100）　3間

朱社學　Ⅲ-甲首　民戸　人口1　（成丁1）　事産14.3280（田12.7420，地1.2820，山0.2640，塘0.0300）　3間

朱良五　Ⅷ-甲首　民戸　人口2　（成丁1）　事産13.4870（田12.0110，山1.4660，塘0.0100）　3間

朱德厚　Ⅵ-甲首　民戸　人口2　（成丁1）　事産13.2715（田10.2212，地1.3123，山1.5380，塘0.2000）

程　學　Ⅷ-甲首　民戸　人口4　（成丁1）　事産12.8123（田7.7643，地4.5290，山0.3410，塘0.1780）　2間

朱時新　Ⅹ-甲首　民戸　人口4　（成丁1）　事産11.9520（田11.8960，地0.0360，塘0.0200）　2間

汪應明　Ⅹ-甲首　民戸　人口6　（成丁2）　事産11.9340（田8.7630，地2.5220，山0.6100，塘0.0390）

朱　汶　Ⅱ-甲首　民戸　人口1　（成丁1）　事産11.18345（田9.7300，地0.32145，山1.1170，塘0.0150）　30年立戸　　原籍なし

陳信漢　Ⅴ-甲首　民戸　人口2　（成丁1）　事産11.0430（田10.9350，地0.1080）　3間

程廷隆　Ⅷ-甲首　民戸　人口3　（成丁1）　事産9.8110（田9.2870，地0.1573，山0.2980，塘0.0687）　3間

朱岩志　Ⅳ-甲首　民戸　人口2　（成丁1）　事産9.7930（田1.3900，地5.3430，山2.9800，塘0.0800）　2間　　黄牛1

吳　魁　Ⅷ-甲首　民戸　人口4　（成丁2）　事産9.3890（田9.3590，地0.0300）　3間

陳　方　Ⅴ-甲首　民戸　人口5　（成丁2）　事産8.8860（田8.2000，地0.2510，山0.4350）　2間

吳　瑄　Ⅳ-甲首　民戸　人口3　（成丁2）　事産8.7625（田5.5787，地3.1838）　1間

程繼周　Ⅶ-甲首　民戸　人口2　（成丁1）　事産8.28907（田7.6600，地0.62907）

朱　雪　Ⅷ-甲首　民戸　人口2　（成丁1）　事産7.9590（田7.9590）　1間

朱祖耀　Ⅱ-甲首　民戸　人口3　（成丁1）　事産7.80137（田3.7588，地1.5455，山2.3340）　2間

120 第2章 階層構成

朱世福 Ⅱ-甲首 民戸 人口1 （成丁1） 事産 6.8470 （田3.4250，山3.4220）30年立戸
原籍なし

朱八奠 Ⅵ-甲首 民戸 人口3 （成丁2） 事産6.76895 （田5.09295，地1.0805，山0.4835，
塘0.1120）10年立戸

潘必生 Ⅶ-甲首 民戸 人口2 （成丁1） 事産6.7610 （田4.3590，地2.4020）20年立戸

呉　仁 Ⅶ-甲首 民戸 人口3 （成丁2） 事産6.4266 （田5.6450，地0.5316，山0.2500） 2
間

呉　榇 Ⅶ-甲首 民戸 人口2 （成丁1） 事産6.28674 （田5.18719，地0.36755，塘0.7320）
3 間

朱　瑚 Ⅹ-甲首 民戸 人口3 （成丁1） 事産5.64695 （田4.3930，地0.53275，山0.7215）

程義龍 Ⅰ-甲首 民戸 人口2 （成丁1） 事産5.0250 （田3.5900，山1.4350）

湯　曜 Ⅸ-甲首 民戸 人口1 （成丁0） 事産4.7000 （田3.3250，山1.3750） 1 間

陳　宜 Ⅴ-甲首 民戸 人口3 （成丁2） 事産4.5980 （田4.5980） 3 間

朱彰先 Ⅸ-甲首 民戸 人口2 （成丁1） 事産2.4940 （田2.4940） 2 間

- -

所有事産（田・地）で再生産できない人戸　　　　　　73戸／實在戸153戸＝47.7%

金萬鍾 Ⅹ-里長 軍戸 人口46（成丁23） 事産74.29518（田23.0700，地21.0110，山28.85268，
塘1.3315） 6 間　黄牛1　總戸

朱　貴 Ⅵ-里長 民戸 人口16（成丁6） 事産44.26077 （田8.1023，地25.20036，山3.05171，
塘7.8164） 2 間　總戸

陳　章 Ⅴ-里長 民戸 人口27（成丁11）事産33.7240 （田9.9930，地8.2110，山14.7920，
塘0.7280） 3 間　總戸

程友儀 Ⅳ-甲首 匠戸 人口17（成丁8 ）事産19.7745 （田11.7435，地5.4350，山1.5040，
塘1.0920） 6 間　水牛1　總戸

呉天保 Ⅱ-甲首 民戸 人口11（成丁5 ）事産18.7320 （田2.3060，地5.7460，山10.4800，
塘0.2000） 3 間　總戸

金岩武 Ⅴ-甲首 民戸 人口12（成丁4 ）事産14.2999 （地10.8960，山3.4039）　　總戸

王　歛 Ⅸ-里長 匠戸 人口34（成丁13）事産14.1413 （田4.9158，地5.8130，山2.8625，塘
0.5500）　總戸

王　祥 Ⅳ-甲首 民戸 人口6 （成丁3 ）事産12.2730 （田4.3710，地3.0133，山4.8860） 3
間

汪世禄 Ⅵ-甲首 民戸 人口6 （成丁2 ）事産11.9863 （田5.4253，地4.1100，山2.3480，塘
0.1030） 3 間

三　自作農と地主的土地所有の比率　121

朱社稷　II-甲首　民戸　人口5　（成丁1）　事産6.8650（田3.5360，地0.9290，山2.4000）

呉　京　V-甲首　民戸　人口5　（成丁2）　事産6.47082（田0.35862，地5.2212，山0.4580，塘0.4330）

潘　亮　VII-甲首　民戸　人口5　（成丁2）　事産6.2740（田3.8700，地2.4040）

李　象　III-甲首　民戸　人口5　（成丁2）　事産5.3810（田3.5590，地1.7670，山0.0250，塘0.0300）

潘希遠　VII-甲首　民戸　人口3　（成丁1）　事産5.1290（地4.1890，山0.9400）　3間

畢　賓　IX-甲首　民戸　人口8　（成丁2）　事産5.1170（田1.4180，地2.1290，山1.5700）

程　相　I-甲首　民戸　人口3　（成丁1）　事産4.7440（田1.4960，地1.0342，山2.0210，塘0.1942）　3間

呉　曜　II-甲首　民戸　人口7　（成丁3）　事産4.6550（田1.2300，地2.8100，山0.6150）　1間

程　產　X-甲首　民戸　人口4　（成丁1）　事産4.6348（田0.8560，地3.2328，山0.4100，塘0.1360）　2間

王　富　I-甲首　民戸　人口7　（成丁3）　事産4.4543（田2.1780，地1.4283，山0.8480，塘0.0410）　3間

汪廷眞　VI-甲首　民戸　人口7　（成丁2）　事産3.8100（地2.2300，山1.5800）　3間

郭節華　I-甲首　民戸　人口5　（成丁1）　事産3.7760（地3.7760）

潘天遂　VII-甲首　民戸　人口3　（成丁1）　事産3.1211（田0.2410，地2.5191，山0.3610）10年立戸

陳　新　X-甲首　軍戸　人口9　（成丁3）　事産3.0837（田0.0375，地2.9962，山0.0500）　3間　水牛1　總戸

朱永保　X-甲首　民戸　人口3　（成丁1）　事産3.0280（田1.3280，地0.7040，山0.9970）

朱得九　VIII-甲首　民戸　人口4　（成丁1）　事産2.8594（田0.5170，地0.73425，山1.59915，塘0.0090）　2間

呉長富　III-甲首　民戸　人口6　（成丁3）　事産2.6650（田0.0500，地1.6370，山0.9780）

朱　良　X-甲首　民戸　人口3　（成丁1）　事産2.5415（田0.6775，地0.8660，塘0.9980）　2間

宋甲毛　III-甲首　民戸　人口4　（成丁1）　事産2.3390（田1.5140，地0.7650，山0.0600）

洪　源　IX-甲首　民戸　人口2　（成丁1）　事産2.3210（地0.6110，山1.7100）　3間

高　曜　I-甲首　民戸　人口4　（成丁1）　事産2.0240（田1.2340，地0.7800，山0.0100）　1間

王應玄　VIII-甲首　民戸　人口4　（成丁1）　事産1.9410（田0.3365，地0.6895，山0.9150）　6

122　第 2 章　階層構成

　　　　　　　　　　　　間

倪四保　Ⅳ-甲首　民戶　人口 2　（成丁 1 ）　事產1.8960（地1.7650，山0.1310）

郭正耀　Ⅷ-甲首　民戶　人口 5　（成丁 2 ）　事產1.8820（田0.3270，地1.5550）　1 間

胡齊鳳　Ⅱ-甲首　民戶　人口 3　（成丁 1 ）　事產1.8380（田0.1390，地1.6890，山0.0100）　2
　　　　　　　　　　　　間

潘雲祥　Ⅶ-甲首　民戶　人口 2　（成丁 1 ）　事產1.7740（地1.4710，山0.3030）

朱大興　Ⅳ-甲首　民戶　人口 3　（成丁 1 ）　事產1.7191（田0.0320，地0.4673，山1.0068，塘
　　　　　　　　　　　　0.2130）

胡　風　Ⅲ-甲首　民戶　人口 3　（成丁 1 ）　事產1.6417（田0.0410，地1.5927，山0.0080）　1
　　　　　　　　　　　　間

汪福壽　Ⅳ-甲首　民戶　人口 4　（成丁 2 ）　事產1.5000（田1.5000）　2 間

王　科　Ⅵ-甲首　民戶　人口 3　（成丁 1 ）　事產1.3060（田0.4200，地0.6820，山0.2040）　6
　　　　　　　　　　　　間　　水牛 1

王宗元　Ⅱ-甲首　民戶　人口 2　（成丁 1 ）　事產1.2850（田1.2850）　1 間

朱大斌　Ⅳ-甲首　民戶　人口 2　（成丁 1 ）　事產1.18575（地0.54825，山0.5425，塘0.0950）

汪　使　Ⅶ-甲首　軍戶　人口 2　（成丁 1 ）　事產1.1480（地1.1480）

謝廷文　Ⅴ-甲首　民戶　人口 4　（成丁 2 ）　事產1.0960（地0.1120，山0.9840）　1 間

朱文節　Ⅳ-甲首　民戶　人口 5　（成丁 2 ）　事產1.0580（田0.1590，地0.8210，山0.0320，塘
　　　　　　　　　　　　0.0460）　2 間　　水牛 1

陳富萬　Ⅳ-甲首　民戶　人口 1　（成丁 1 ）　事產0.9590（地0.7640，山0.1900）

吳　璜　Ⅹ-甲首　民戶　人口 4　（成丁 2 ）　事產0.7780（田0.2800，地0.3590，塘0.1390）

朱文魁　Ⅳ-甲首　民戶　人口 3　（成丁 1 ）　事產0.7526（田0.1270，地0.5591，山0.0165，塘
　　　　　　　　　　　　0.0700）　3 間

朱法隆　Ⅸ-甲首　民戶　人口 3　（成丁 1 ）　事產0.6570（地0.5770，山0.0800）　3 間

朱繼伯　Ⅲ-甲首　民戶　人口 3　（成丁 1 ）　事產0.6456（地0.4720，山0.0844，塘0.0890）　2
　　　　　　　　　　　　間　　水牛 1

陳　應　Ⅴ-甲首　民戶　人口 4　（成丁 1 ）　事產0.6860（地0.6860）　2 間

王　鍾　Ⅴ-甲首　民戶　人口 3　（成丁 1 ）　事產0.3560（地0.1560，山0.2000）　2 間

金　盛　Ⅵ-甲首　民戶　人口 3　（成丁 1 ）　事產0.2700（地0.2700）　2 間

王起鳳　Ⅵ-甲首　民戶　人口 3　（成丁 1 ）　事產0.2665（地0.2665）　3 間

倪壽得　Ⅵ-甲首　民戶　人口 3　（成丁 2 ）　事產0.2500（山0.2500）　1 間

王承興　Ⅶ-甲首　民戶　人口 3　（成丁 1 ）　事產0.2470（地0.1760，塘0.0720）　3 間

王　英　Ⅳ-甲首　民戶　人口 2　（成丁 0 ）　事產0.2100（地0.2100）　3 間

三　自作農と地主的土地所有の比率　123

朱文標　Ⅷ-甲首　民戸　人口4　（成丁2）　事産0.1754　（地0.1254，塘0.0500）　1間

程義祥　Ⅶ-甲首　民戸　人口5　（成丁2）　事産0.1660　（田0.0410，山0.1250）　3間

謝廷奉　Ⅰ-甲首　民戸　人口4　（成丁2）　事産0.1294　（地0.0460，山0.0834）　3間

詹應星　Ⅹ-甲首　民戸　人口2　（成丁0）　事産0.0810　（地0.0800，山0.0730）　3間

余　鐸　Ⅰ-甲首　民戸　人口2　（成丁1）　事産0.0520　（地0.0520）

呉　濱　Ⅹ-甲首　民戸　人口3　（成丁2）　事産0.0460　（地0.0460）　2間

劉文選　Ⅲ-甲首　民戸　人口2　（成丁1）　事産0.0150　（地0.0150）　3間

事産無所有人戸　　　　　　　　　　　　　　　　　10戸／實在戸153戸＝6.7%

陳岩祐　Ⅰ-甲首　軍戸　人口3　（成丁1）　事産0.0000　3間　黄牛1

金　廣　Ⅸ-甲首　民戸　人口2　（成丁0）　事産0.0000　3間　水牛1

汪文晃　Ⅳ-甲首　民戸　人口2　（成丁1）　事産0.0000　3間

程富義　Ⅰ-甲首　民戸　人口4　（成丁1）　事産0.0000　2間

李　清　Ⅸ-甲首　民戸　人口3　（成丁1）　事産0.0000　2間

汪　社　Ⅸ-甲首　民戸　人口4　（成丁2）　事産0.0000　1間

汪　義　Ⅶ-甲首　民戸　人口3　（成丁2）　事産0.0000　1間

楊　曜　Ⅳ-甲首　民戸　人口3　（成丁1）　事産0.0000　草1間

黄記大　Ⅷ-甲首　民戸　人口3　（成丁1）　事産0.0000　1間

謝　積　Ⅴ-甲首　民戸　人口4　（成丁2）　事産0.0000

附：萬暦40年册における絶戸（1612）46戸

※ローマ數字は所屬の甲を示し，人口の數字は年齢を示す。

汪社曜	Ⅷ	軍戸	1	本身123	地0.1210　官民瓦房4
陳　法	Ⅳ	軍戸	3	本身236，弟228，弟218	民瓦房8
陳紹怡	Ⅰ	軍戸	5	本身179，侄159，侄161，妻105，姐186	民瓦房6　黄牛1
朱　福	Ⅹ	軍戸	2	不成丁1，婦女1	民瓦房6
汪義曜	Ⅴ	民戸	3	本身97，母120，嫂100	民瓦房4
朱　和	Ⅷ	軍戸	7	本身230，弟230，弟229，弟212，侄204，妻226，弟婦220	民瓦房3　水牛1
呉佛保	Ⅴ	軍戸	4	本身209，弟206，弟195，弟192	民瓦房3　黄牛1

124　第2章　階層構成

朱　彬	Ⅸ	軍戸	3	本身215，弟204，弟199	民瓦房3	水牛1
吳社童	Ⅵ	軍戸	1	不成丁1	民瓦房3	黃牛1
陳兆均	Ⅶ	軍戸	5	本身233，男196，男180，男178，弟婦210	民瓦房3	
詹　曜	Ⅴ	民戸	4	本身154，男132，妻148，媳125	民瓦房3	
方　記	Ⅶ	軍戸	4	本身177，男157，男154，妻185	民瓦房3	
朱永淸	Ⅷ	軍戸	4	本身196，弟192，弟192，叔母275	民瓦房3	
朱　遠	Ⅹ	軍戸	4	不成丁3，婦女1	民瓦房3	
陳道壽	Ⅴ	軍戸	3	本身247，弟220，妻229	民瓦房1	
汪記遠	Ⅵ	軍戸	3	不成丁2，婦女1	民瓦房3	
汪文傑	Ⅶ	民戸	3	本身132，弟123，妻148	民瓦房3	
汪計宗	Ⅷ	軍戸	3	本身229，侄225，侄210	民瓦房3	
陳　舟	Ⅰ	軍戸	2	本身224，妻222	民瓦房3	
朱留住	Ⅱ	軍戸	2	本身220，弟216	民瓦房3	
徐　奉	Ⅲ	匠戸	2	本身95，妻83	民瓦房3	
陳個成	Ⅳ	軍戸	3	本身121，弟110，妻105	民瓦房3	
陳記生	Ⅵ	軍戸	2	不成丁1，婦女1	民瓦房3	
陳永得	Ⅶ	軍戸	2	不成丁2	民瓦房3	
吳文軒	Ⅸ	民戸	2	本身135，男106	民瓦房3	
陳舟興	Ⅲ	軍戸	1	本身224	民瓦房3	
汪添興	Ⅵ	軍戸	1	不成丁1	民瓦房3	
朱　雲	Ⅸ	民戸	1	本身134	民瓦房3	
王文正	Ⅸ	軍戸	1	本身154	民瓦房3	
朱記友	Ⅹ	軍戸	1	不成丁1	民瓦房3	
徐文錦	Ⅰ	民戸	2	本身134，姐136	民瓦房2	
程眞來	Ⅴ	民戸	2	本身159，男155	民瓦房2	
汪慶祐	Ⅲ	軍戸	1	本身224	民瓦房2	
朱稅童	Ⅳ	軍戸	1	本身223	民瓦房2	
陳原得	Ⅴ	軍戸	1	本身232	民瓦房2	
潘玹童	Ⅸ	軍戸	1	本身234	民瓦房2	
朱兆壽	Ⅰ	軍戸	2	本身245，侄225	民瓦房1	
朱宗得	Ⅳ	軍戸	2	本身240，弟226	民瓦房1	
周淮得	Ⅴ	軍戸	2	本身232，侄223	民瓦房1	

三　自作農と地主的土地所有の比率　125

朱神祖	Ⅱ	軍戸	1	本身233	民瓦房1
朱添助	Ⅲ	軍戸	1	本身238	民瓦房1
李社祖	Ⅶ	軍戸	1	本身158	民瓦房1
朱永壽	Ⅹ	軍戸	1	不成丁1	民瓦房半
黄關童	Ⅸ	軍戸	4	本身210，男185，男190，妻290	
陳清和	Ⅱ	軍戸	2	本身189，弟187	
汪　榮	Ⅸ	民戸	1	本身116	

　萬暦30年册は，再生産可能な人戸が81戸で實在戸に占める比率は53.3％，再生産できない人戸が71戸（實在戸に占める比率は46.7％），無産人戸が13戸（實在戸に占める比率は8.6％）であり，萬暦40年册は，再生産可能な人戸が80戸で實在戸に占める比率は52.3％，再生産できない人戸が73戸（實在戸に占める比率は47.7％），無産人戸が10戸（實在戸に占める比率は6.7％）であった。所有する田・地で再生産可能と判斷した人戸は，前稿の理解（萬暦30年册：48.7％，萬暦40年册：44.4％）[41]よりも多く，5割を越える。これは，ほぼ同時期の日本の先進地域（寛永21年［1644］の河内幕領内）における自家保有地で再生産可能な持高5石以上の百姓の比率——44.8％[42]をはるかに上回っている。一方，まったく事産を所有しない無産人戸は13戸，10戸にすぎず，日本の先進地域において無高の百姓が34.6％存在した[43]のと比べて際立って少ない比率である。

　萬暦30年册の81戸，萬暦40年册の80戸という所有事産で再生産可能な人戸のなかには，當然，事産を出租した人戸が多く含まれていたはずである。出租した人戸，また地主的土地所有は，どれほどの比率で存在したのだろうか。

　地主的土地所有の存在を探るにあたって留意すべきは，山の利用についてである。先學が獲得した認識を示せば，徽州府下において山は墳墓，柴薪の採取，木炭生産，廣葉杉・杉などの木材生産に利用された。木材生産の山場經營は，山主が自ら植林・育林する〝山主自裁〟の場合もあるが，山場を貸し出して植林・育林させる場合が多い。後者の場合，苗木の育成と植林（約3年間），枝打ちや見廻りを行なう育林（約20〜30年間）という優に20〜30年を越える年月を

126 第2章 階層構成

經て，伐採・賣却時に山主と植林・育林者との間で收益を定率分配する。"主分"（山主側）と "力分"（植林・育林者側）の分配比率は，"栽苗工食"・"長養工食"（植林・育林中に雜穀の栽培や柴薪の採取によって植林・育林者が收益を得ること）によって變化するが，１：１の場合が多かったという[44]。

これによれば，零細な規模の山を所有する場合は，墳墓のほか，雜木を植えて柴薪の採取や木炭の生産に利用し，ある程度の規模の山を所有する場合は，商品價値のある木材生産の山場を經營して植林・育林者に貸し出されていたと考えてよいだろう。出租した人戸を判斷するにあたっては，〈總戸−子戸〉制を行なっていたと推測される人戸のうち，再生産できない人戸は山を"山主自栽"していたと想定し，再生産可能な人戸については生活の最低支出に要する以外の田・地と山は出租したと想定しよう。また，人口數５口以下で再生産可能な人戸は，やや餘裕をもたせて田10税畝以上，地2.5税畝以上，山５税畝以上の事産を所有する場合に出租したと想定する[45]。

こうした想定にもとづいて，萬曆30年册・萬曆40年册における出租した人戸，ならびに出租額を算出した結果は，表11と表12のとおりである。

【表11】 萬曆30年册（1602）で出租したと推測される人戸の事産

〈總戸−子戸〉制を行なっていた人戸（9戸）

第3甲	朱學源	田173.4467税畝＋地52.53502税畝＋山87.32502税畝＝313.30674税畝
第1甲	王　茂	田91.3274税畝＋地25.2894税畝＋山118.0304税畝＝234.6472税畝
第7甲	王齊興	田86.8462税畝＋地36.0969税畝＋山48.0485税畝＝170.9916税畝
第1甲	金尙尹	田9.5722税畝＋地21.1596税畝＋山26.4330＝57.1648税畝
第2甲	朱　洪	田34.3589税畝＋地7.3969税畝＝41.7558税畝
第6甲	朱　貴	田3.5221税畝＋地20.6940税畝＋山7.92787税畝＝32.14397税畝
第10甲	金萬鍾	山32.5390税畝
第4甲	王正芳	山23.0410税畝
第9甲	王茂伍	山11.0860税畝
	計	田399.0735税畝＋地163.17182税畝＋山354.43079税畝＝916.67611税畝
		（田・地562.24532税畝）

三　自作農と地主的土地所有の比率　127

人口數に比して所有事産が多額な人戸（51戸）

第 2 甲　朱師孔　田23.2978税畝＋地2.8859税畝＋山9.0008税畝＝35.1845税畝

第 6 甲　朱　護　田21.3750税畝＋山11.6600税畝＝33.0350税畝

第 2 甲　朱　作　田31.4160税畝

第 2 甲　朱　仲　田29.9180税畝

第 6 甲　朱永承　田22.2310税畝＋地0.3770税畝＋山5.2320税畝＝27.8400税畝

第 2 甲　朱師顔　田27.5995税畝

第 2 甲　朱　信　田15.2238税畝＋地1.4135税畝＋山8.4640税畝＝25.1013税畝

第 6 甲　朱　枝　田18.5578税畝＋山6.4430税畝＝25.0008税畝

第 2 甲　朱　偉　田21.8165税畝

第 2 甲　朱祐生　田16.8270税畝＋地4.8100税畝＝21.6370税畝

第 2 甲　朱伯才　田14.0910税畝＋地7.1350税畝＝21.2260税畝

第 6 甲　朱八奬　田21.1060税畝

第 2 甲　朱　淳　田8.5608税畝＋地2.8859税畝＋山9.0008税畝＝20.4475税畝

第 6 甲　朱之棟　田19.6560税畝

第 2 甲　朱　伊　田17.1510税畝＋地2.4350税畝＝19.5860税畝

第 6 甲　朱　嵩　田17.5000税畝＋地1.3730税畝＝18.8730税畝

第 6 甲　朱　楷　田18.3520税畝＋地0.4340＝18.7860税畝

第10甲　汪　顯　田17.6560税畝

第10甲　朱國錢　田16.5520税畝

第 1 甲　王　琴　田16.5234税畝

第 3 甲　朱興龍　田14.7780税畝

第 5 甲　陳　新　地2.9920税畝＋山10.2600税畝＝13.2520税畝

第 2 甲　朱　欽　田13.0920税畝

第 2 甲　朱世蕃　田10.4450税畝

第 6 甲　汪世祿　田7.5270税畝＋地2.6345税畝＝10.1615税畝

第 9 甲　朱　瑤　田9.3160税畝

第 6 甲　朱　俊　田8.9460税畝＋地0.0030税畝＝8.9490税畝

第 6 甲　朱　曜　田7.1440税畝

第10甲　朱　雷　田6.5820税畝

第 2 甲　朱誠侄　田6.0784税畝

第 7 甲　潘承風　田5.8380税畝

第 2 甲　朱　汶　田5.7590税畝

128　第2章　階層構成

第4甲　呉　琯　田4.1050税畝＋地1.5640税畝＝5.6690税畝

第10甲　朱時選　田5.17855税畝＋地0.46275＝5.6413税畝

第6甲　汪　瑞　田5.4500税畝

第7甲　潘天遂　田2.3920税畝＋地2.5200税畝＝4.9120税畝

第1甲　王　盛　田4.4280税畝

第10甲　朱德昌　田4.4240税畝

第10甲　朱國昌　田4.1990税畝

第5甲　陳信漢　田3.5320税畝

第8甲　朱良佑　田2.9110税畝

第8甲　程廷隆　田2.6840税畝

第1甲　金宗社　田2.5710税畝

第1甲　程　相　田2.4270税畝

第3甲　劉再得　田1.0700税畝＋地1.3010税畝＝2.3710税畝

第6甲　朱德厚　田2.3206税畝

第3甲　朱　標　田2.1633税畝

第2甲　朱時應　田2.0380税畝

第7甲　呉　榛　田0.9545税畝

第8甲　朱　雪　田0.3680税畝

第3甲　劉得應　田0.1200税畝

　　計　田534.24395税畝＋地35.22655＋山60.0606税畝＝629.5311税畝

　　　　（田・地569.4785税畝）

全體　　田933.31745税畝＋地198.39837税畝＋山414.49139税畝＝1546.20721税畝

　　　　（田・地1131.71582税畝）

【表12】　萬暦40年册（1612）で出租したと推測される人戸の事産

〈總戸=子戸〉制を行なっていた人戸（8戸）

第3甲　朱學源　田233.1223税畝＋地59.80759税畝＋山94.0067税畝＝386.93659税畝

第1甲　王　茂　田92.1860税畝＋地29.83974税畝＋山122.8235税畝＝244.84924税畝

第7甲　王齊興　田85.9392税畝＋地36.7475税畝＋山40.5665税畝＝163.2532税畝

第6甲　王正芳　田10.1652税畝＋地7.50307税畝＋山34.8710税畝＝52.5393税畝

第8甲　陳元和　山22.3637税畝

第2甲　朱　洪　田29.2372税畝

第9甲　王茂伍　山12.9260税畝

第 1 甲　金尙伊　田2.5061税畝＋地18.1240税畝＋山22.8465税畝＝43.4766税畝

　　計　田453.1560税畝＋地152.0219税畝＋山350.4039税畝＝955.5818税畝

　　（田・地605.1779税畝）

人口數に比して所有事産が多額な人戶（48戸）

第 2 甲　朱師孔　田43.3968税畝＋地3.5054税畝＋山8.9058税畝＝55,8080税畝

第 2 甲　朱　仲　田39.1760税畝

第 2 甲　朱　作　田38.8070税畝

第 2 甲　朱誠佺　田32.9614税畝

第 2 甲　朱師顔　田27.5915税畝

第 2 甲　朱永興　田21.8689税畝＋山4.7131税畝＝26.5820税畝

第 6 甲　朱　護　田20.3110税畝＋山4.2600税畝＝24.5710税畝

第 6 甲　朱永承　田22.2310税畝

第 2 甲　朱祐生　田16.8370税畝＋地4.8100税畝＝21.6470税畝

第 2 甲　朱朝臣　田15.8668税畝＋地1.4135税畝＋山3.4640税畝＝20.7443税畝

第 2 甲　朱　偉　田20.0285税畝

第 2 甲　朱伯才　田14.0910税畝＋地5.7685税畝＝19.8595税畝

第 2 甲　朱　伊　田17.1510税畝＋地2.4350税畝＝19.5860税畝

第 2 甲　朱　淳　田8.5608税畝＋地3.9419税畝＋山6.1468税畝＝18.6495税畝

第 6 甲　朱　曜　田18.3620税畝

第 7 甲　潘　傑　田13.3410税畝＋地4.6110税畝＝17.9520税畝

第10甲　朱朝道　田15.69374税畝

第 2 甲　朱　欽　田12.0920税畝＋山1.12621税畝＝13.21821税畝

第10甲　朱國錢　田16.8630税畝

第 6 甲　朱　楷　田13.7305税畝

第 6 甲　汪　瑞　田11.3480税畝＋地1.0040税畝＝12.3520税畝

第 6 甲　朱　俊　田10.0764税畝＋地0.5715税畝＋山0.5225税畝＝11.1704税畝

第10甲　朱德昌　田10.9990税畝

第 2 甲　朱世蕃　田10.4450税畝

第 6 甲　朱　嵩　田10.3531税畝

第10甲　朱國昌　田9.5002税畝

第 9 甲　朱　瑤　田9.3160税畝

第 6 甲　朱　枝　田7.9900税畝＋山0.8505税畝＝8.8405税畝

130　第2章　階層構成

第1甲　王　琴　田8.3684税畝

第1甲　王　盛　田7.3977税畝＋地0.1465税畝＝7.5442税畝

第6甲　朱之棟　田7.5037税畝

第3甲　朱　標　田6.9558税畝

第1甲　金宗社　田6.6200税畝

第2甲　朱徹昌　田5.8820税畝

第10甲　王端祐　田5.6282税畝

第3甲　劉　岩　田3.2800税畝＋地1.4110税畝＝4.6910税畝

第10甲　朱時選　田4.46905税畝

第2甲　朱時應　田4.17088税畝

第3甲　項興才　田3.3816税畝＋地0.4270税畝＝3.8086税畝

第3甲　朱興龍　田3.6610税畝

第8甲　汪腊黎　田2.9110税畝

第3甲　朱社學　田2.7420税畝

第8甲　朱良五　田2.0110税畝

第10甲　朱時新　田1.8960税畝

第8甲　王繼成　田1.2630税畝＋地0.45307税畝＝1.71607税畝

第3甲　劉得應　田1.0300税畝

第5甲　陳信漢　田0.9350税畝

第6甲　朱德厚　田0.2212税畝

　　計　田589.31617税畝＋地30.49837税畝＋山29.98891税畝＝649.80345税畝

　　　　（田・地619.81454税畝）

全體　田1047.4471税畝＋地182.52027税畝＋山380.39281税畝＝1610.38518税畝

　　　　（田・地1229.99237税畝）

　萬暦30年册では，出租した人戸が60戸存在し，實在戸に占める比率は39.5％，出租した事産は1546.20721税畝であり，27都5圖所屬人戸が所有する事産（3385.14053税畝）の45.7％を占めたと推測される。出租した事産を田・地に限ってみれば所有する田・地の（2766.86128税畝）の40.8％となる。

　萬暦40年册の場合，出租した人戸は56戸であり，實在戸に占める比率が36.6％とやや減少するが，出租した事産は1610.38518税畝，所有事産（3403.05169税

畝）に占めるその比率は47.3%，田・地に限れば田・地（2770.94660税畝）の44.4％に少し増加したと推測される[46]。

27都5圖所屬人戸の地主的土地所有の特徴として第一に確認すべきは，1546.20721税畝（萬暦30年册），1610.38518税畝（萬暦40年册）という出租した事産の大半は27都5圖以外の都圖に所屬する人戸に出租されていたと考えられることである。先にあげた表9と表10で示したように，所有事産で再生産できないと判斷される人戸は無産人戸も含めて萬暦30年册では71戸，萬暦40年册では73戸であった。これら再生産不可能な人戸が租佃して生計を補完するために必要な田は出租された田の50％以下にとどまると考えられること[47]からみて，出租した事産の大半は圖外の人戸に出租されていたと理解するのが妥當であろう[48]。

第二は，出租した人戸が〈總戸-子戸〉制を行ない多額の事産を所有していた人戸と，人口數に比して多額の事産を所有していた人戸との二つに大別され，両者の間には事産所有の傾向性に差異がみられることである。萬暦30年册の場合に卽して確認しよう。

〈總戸-子戸〉制を行ない多額の事産を所有していた人戸，計9戸が出租した事産は，916.67611税畝であり，出租された事産全體の59.3％を占めた。しかし，田に限れば42.8％にとどまり，地・山については高い比率を占める。地は82.2％，とりわけ山は85.5％にのぼった。山場を營んで山を出租した人戸の多くは，〈總戸-子戸〉制を行なう人戸であり，山の所有，山場経営は里長や特殊徭役の重い役を負擔してゆくための保險的な機能を果たしていたものと推測される[49]。

人口數に比して多額の事産を所有していた人戸，計51戸が出租した事産は，629.5391税畝，出租された事産の40.7％であるが，田については57.2％を占めた。人口數に比して多額の事産を所有した人戸の典型は，第2甲の朱仲，朱作，朱世蕃，朱偉，朱伊，朱汶，朱誠偅といった新規に立戸した人戸である。朱作，朱世蕃，朱偉，朱誠偅の履歴は，『黄册底籍』萬暦30年册に次のように記されている。

132　第2章　階層構成

　○朱　作　本身系淮安生長，今回置産當差。
　　　　　　本身淮安の生長に系り，今回産を置きて當差す。
　○朱世蕃　本身係淮安生長，今回置産立戸當差。
　　　　　　本身淮安の生長に係り，今回産を置き立戸して當差す。
　○朱　偉　本身系淮安生長，今回置産奉例告明立戸當差。
　　　　　　本身淮安の生長に系り，今回産を置き例を奉りて告明立戸して
　　　　　　當差す。
　○朱誠侸　本身浙江生長，今回置産立戸。
　　　　　　本身浙江の生長，今回産を置きて立戸す。

　周知のように，淮安・浙江は進出した徽州商人の多くが居住して活動した典
型の地である(50)。そこで生まれ育ったというから，彼らはほかでもない徽州
商人として活動していた者が故地で立戸したと考えられる。これら以外の"原
無戸籍（原と戸籍無し）"と記される新たに立戸した人戸（朱尹，朱汶）につい
ても，一度に多額の事産を購入して立戸していることからみて，商業を營んで蓄
財していた存在であったと推測される。これは，萬暦10年に立戸した第4甲の
朱八奠，第7甲の潘天遂，萬暦20年に立戸した第4甲の朱楷，朱俊，第7甲の
潘承鳳についても同様である(51)。しかし，こうした商業活動によって蓄財し
た人戸であっても，その所有事産額のほとんどは15税畝前後から30税畝であり，
出租した事産額は20税畝臺までにとどまっていた(52)。

　商業活動によって蓄財したと推測される人戸の場合も所有事産・出租額が小
規模であったのは，徽州府下の経済状況に規定された現象であろう。徽州府下
では，15世紀後半以降，地價が急騰し，全國で最も土地が高價な地域になった
後，16世紀前半には地價の高騰が収束したという(53)。こうした地價の状況の
ために事産への投資は自家消費分を産出する程度の額まで――多い場合でも30
税畝臺までに抑制されたと考えられる。

　さて，表9・表10に示した所有事産で再生産可能な人戸から表11・表12に示
した出租したと推測される人戸を差し引いたものが，自作農と推測される人戸
となる。それを一覧に示せば，表13のとおりである。萬暦30年冊では21戸，實

三　自作農と地主的土地所有の比率　133

在戸に占める比率が13.8％であり，萬暦40年册では24戸，實在戸に占める比率
が15.7％であった。そのなかには，〈總戸-子戸〉制を行なっていたと推測され
る人戸が2戸ずつ含まれている。萬暦30年册では第8甲里長の陳元和戸と第10
甲の汪崔戸，萬暦40年册では第6甲の朱新風戸と第10甲の汪崔戸である。
〈總戸-子戸〉制を行なっていたと推測される人戸を除いて自作農と推測される
人戸の平均所有事産額を算出すると，萬暦30年册の場合は8.7828税畝，萬暦40
年册の場合は8.0366税畝であり，第1節でシミュレーションした5人家族で再
生産可能な所有事産の額と近似している。

【表13】　自作農と推測される人戸

※ローマ數字は所屬の甲を示す。

萬暦30年册（1602）　　　　　　　　　　　　　　　　　　　　21戸

陳元和　Ⅷ-里長　軍戸　人口31（成丁14）　事産101.8286（田50.7645，地25.4609，山25.3012，
　　　　　　　　　　　　　　　　　　　　塘0.3020）3間　總戸

潘　傑　Ⅶ-甲首　民戸　人口6（成丁3）　事産18.9740（田11.3210，地5.8990，山1.7540）
　　　　　　　　　　　　　　　　　　　　1間

汪　崔　Ⅹ-甲首　民戸　人口11（成丁4）　事産18.3950（田14.1610，地2.0400，山1.9940，
　　　　　　　　　　　　　　　　　　　　塘0.2000）3間　總戸

程　學　Ⅷ-甲首　民戸　人口4（成丁1）　事産15.1250（田9.7280，地4.5930，山0.3410，塘
　　　　　　　　　　　　　　　　　　　　0.4630）2間

汪應明　Ⅹ-甲首　民戸　人口6（成丁2）　事産12.4440（田8.8730，地2.5220，山1.0100，塘
　　　　　　　　　　　　　　　　　　　　0.0390）

吳　京　Ⅴ-甲首　民戸　人口5（成丁2）　事産12.01734（田4.80214，地6.3742，山0.4080，
　　　　　　　　　　　　　　　　　　　　塘0.4330）

王繼成　Ⅷ-甲首　民戸　人口5（成丁2）　事産11.8410（田8.1230，地2.5350，山1.0830，塘
　　　　　　　　　　　　　　　　　　　　0.1000）2間

朱祖耀　Ⅱ-甲首　民戸　人口5（成丁1）　事産10.2975（田6.2180，地1.5455，山2.5340）2
　　　　　　　　　　　　　　　　　　　　間

朱岩志　Ⅳ-甲首　民戸　人口2（成丁1）　事産10.0253（田1.3900，地5.2213，山3.3340，塘
　　　　　　　　　　　　　　　　　　　　0.0800）2間　黃牛1

陳　方　Ⅴ-甲首　民戸　人口5（成丁2）　事産8.8860（田8.2000，地0.2510，山0.4350）2

134 第 2 章 階層構成

間

項興才 Ⅲ-甲首 民戶 人口 4 （成丁 2） 事產8.3710（田5.2080，地3.0630，山0.1000）半
間

吳　魁 Ⅷ-甲首 民戶 人口 4 （成丁 2） 事產8.1370（田8.1070，地0.0300）1 間

吳　仁 Ⅶ-甲首 民戶 人口 3 （成丁 2） 事產7.8666（田5.6450，地1.9716，山0.2500）2
間

程繼周 Ⅶ-甲首 民戶 人口 2 （成丁 1） 事產7.3600（田6.7600，地0.6000）

朱世福 Ⅱ-甲首 民戶 人口 1 （成丁 1） 事產6.8470（田3.4250，山3.4220）

朱社學 Ⅲ-甲首 民戶 人口 1 （成丁 1） 事產6.3130（田4.7370，地1.2820，山0.2640，塘
0.0300）3 間

潘　亮 Ⅶ-甲首 民戶 人口 3 （成丁 1） 事產5.7980（田3.8700，地1.9280）

朱　瑚 Ⅹ-甲首 民戶 人口 3 （成丁 1） 事產5.64695（田4.3930，地0.53275，山0.7212）

陳　宜 Ⅴ-甲首 民戶 人口 3 （成丁 2） 事產4.5980（田4.5980）3 間

朱時新 Ⅹ-甲首 民戶 人口 3 （成丁 1） 事產3.8300（田3.7740，地0.0360，塘0.0200）2
間

朱彰先 Ⅸ-甲首 民戶 人口 2 （成丁 1） 事產2.4940（田2.4940）2 間

萬曆40年册（1612）　　　　　　　　　　　　　　　　　　　　　　24戶

朱新風 Ⅵ-甲首 匠戶 人口 7 （成丁 2） 事產19.38973（田9.1780，地7.34073，山2.8710）
3 間　總戶

汪　崔 Ⅹ-甲首 民戶 人口11 （成丁 4） 事產18.3950（田14.1610，地2.0400，山1.9940，
塘0.2000）3 間　總戶

陳　新 Ⅴ-甲首 民戶 人口 4 （成丁 1） 事產14.6300（田1.5970，地4.3220，山8.0700，塘
0.6410）2 間

程　學 Ⅷ-甲首 民戶 人口 4 （成丁 1） 事產12.8123（田7.7643，地4.5290，山0.3410，塘
0.1780）2 間

汪應明 Ⅹ-甲首 民戶 人口 6 （成丁 2） 事產11.9340（田8.7630，地2.5220，山0.6100，塘
0.0390）

朱　汝 Ⅱ-甲首 民戶 人口 1 （成丁 1） 事產11.18345（田9.7300，地0.32145，山1.1170，
塘0.0150）

程廷隆 Ⅷ-甲首 民戶 人口 3 （成丁 1） 事產9.8110（田9.2870，地0.1573，山0.2980，塘
0.0687）3 間

朱岩志 Ⅳ-甲首 民戶 人口 2 （成丁 1） 事產9.7930（田1.3900，地5.3430，山2.9800，塘

三　自作農と地主的土地所有の比率　135

0.0800）　2 間　黄牛 1

呉　魁	Ⅷ-甲首	民戸	人口 4	（成丁 2 ）	事産9.3890	（田9.3590，	地0.0300）　3 間
陳　方	Ⅴ-甲首	民戸	人口 5	（成丁 2 ）	事産8.8860	（田8.2000，	地0.2510，山0.4350）　2 間
呉　琯	Ⅳ-甲首	民戸	人口 3	（成丁 2 ）	事産8.7625	（田5.5787，	地3.1838）　1 間
程繼周	Ⅶ-甲首	民戸	人口 2	（成丁 1 ）	事産8.28907	（田7.6600，	地0.62907）
朱　雪	Ⅷ-甲首	民戸	人口 2	（成丁 1 ）	事産7.9590	（田7.9590）　1 間	
朱祖耀	Ⅱ-甲首	民戸	人口 3	（成丁 1 ）	事産7.80137	（田3.7588，	地1.5455，山2.3340）　2 間
朱世福	Ⅱ-甲首	民戸	人口 1	（成丁 1 ）	事産6.8470	（田3.4250，	山3.4220）
朱八奠	Ⅵ-甲首	民戸	人口 3	（成丁 2 ）	事産6.76895	（田5.09295，	地1.0805，山0.4835，塘0.1120）
潘必生	Ⅶ-甲首	民戸	人口 2	（成丁 1 ）	事産6.7610	（田4.3590，	地2.4020）
呉　仁	Ⅶ-甲首	民戸	人口 3	（成丁 2 ）	事産6.4266	（田5.6450，	地0.5316，山0.2500）　2 間
呉　榛	Ⅶ-甲首	民戸	人口 2	（成丁 1 ）	事産6.28674	（田5.18719，	地0.36755，塘0.7320）　3 間
朱　瑚	Ⅹ-甲首	民戸	人口 3	（成丁 1 ）	事産5.64695	（田4.3930，	地0.53275，山0.7215）
程義龍	Ⅰ-甲首	民戸	人口 2	（成丁 1 ）	事産5.0250	（田3.5900，	山1.4350）
湯　曜	Ⅸ-甲首	民戸	人口 1	（成丁 0 ）	事産4.7000	（田3.3250，	山1.3750）　1 間
陳　宜	Ⅴ-甲首	民戸	人口 3	（成丁 2 ）	事産4.5980	（田4.5980）　3 間	
朱彰先	Ⅸ-甲首	民戸	人口 2	（成丁 1 ）	事産2.4940	（田2.4940）　2 間	

　萬曆30年册・萬曆40年册が記載する27都5圖所屬人戸は，所有事産で再生産可能な人戸が81戸（53.3%）・80戸（52.3%）も存在しており，21戸（13.8%）・24戸（15.7%）の自作農を挟みながら，60戸（39.5%）・56戸（36.6%）の出租する人戸と，71戸（46.7%）・73戸（47.7%）の租佃を必要とする人戸とが緩やかに廣がった階層構成であった。

136　第 2 章　階層構成

おわりに

【表14】 27都 5 圖所屬人戶の經濟的階層構成

萬曆30年册			萬曆40年册		
出租した人戶（地主）	60戶	39.5%	出租した人戶（地主）	56戶	36.6%
自作農人戶	21戶	13.8%	自作農人戶	24戶	15.7%
自小作農人戶	58戶	38.2%	自小作農人戶	63戶	41.2%
無產人戶	13戶	8.6%	無產人戶	10戶	6.5%

　本章の檢討結果を一覧に示すと，表14のようになる。自作農と推測される人戶の平均所有事產額は10稅畝弱であったこと，第 3 甲里長戶の朱學源戶の場合によれば〈總戶-子戶〉制を行なって多額の事產を所有した人戶の〈子戶〉も所有事產額が10稅畝前後であったことからすると，休寧縣27都 5 圖所屬人戶の階層構成の基軸は10稅畝程度の事產所有であったといえる。また，圖內の 9 割を超える人戶が事產を所有していたこと，さらに 5 割を超える人戶が所有事產で再生產可能であったことからすれば，ほぼ同時期の日本の先進地域をはるかに凌駕する「小農自立」に達した階層構成であったといえよう。

　なお，章有義氏は，萬曆 9 年丈量で作製された休寧縣內の 3 種の魚鱗圖册の分析をもとに，12都 1 圖もしくは 3 圖，11都 3 圖，15都 5 圖所屬の92.9%の人戶が所有事產5畝におよばない貧戶であったと指摘している[54]。こうした指摘からすると，27都 5 圖所屬人戶の階層構成は休寧縣內でも特異なものであったかのように映ってしまう。しかし，所屬人戶の92.9%が所有事產 5 畝未滿であったという理解は，魚鱗圖册が記載する事產を集計して各人戶の所有事產とみなす章氏の分析方法に規定された誤りである。魚鱗圖册は郷村行政區域＝圖內に所在する事產の情報を記すものであり，當該圖の所屬人戶は圖內の事產だけでなく圖外に所在する事產も所有していたから，魚鱗圖册が記載する事產を集計したとしても所屬人戶のすべての所有事產額にはならない。第 6 章第 1 節でもみるように，27都 5 圖所屬人戶の場合は，萬曆 9 年の時點で所有事產の55%が

おわりに　137

27都5圖以外の都圖に所在していた。假に，27都5圖所屬人戸の場合の比率を援用して12都1圖もしくは3圖，11都3圖，15都5圖所屬人戸の所有事產額を推測するとすれば，章氏が集計した各人戸の事產額を2.22倍して檢討する必要がある[55]。

　地主的土地所有の比率は，27都5圖所屬人戸の所有事產の45%程度であったと推測される。地主的土地所有を實現した人戸の多くは，里長の役や特殊徭役を負擔しながら〈總戸-子戸〉制を行なって多額の事產を所有した人戸，ならびに商業活動によって蓄財したと推測される人戸であったが，後者の所有事產額のほとんどは15稅畝から30稅畝臺であり，出租した事產額も20稅畝臺にとどまっていた。

　こうした階層構成が形成された要因には，徹底した均分相續による上昇機會の付與，里長と特殊徭役の永充制とならんで，15世紀後半に地價が急騰して國内で最も土地が高價な地域になった後，16世紀前半に地價の高騰が收束したという徽州府下の經濟狀況があげられよう。この經濟狀況をみれば，15世紀頃までに當地の農業開發・生產は限界に達し，資金を有する人戸は外地で商業を營み，當地での事產投資・事產集積は自家消費分を產出する程度の額まで抑制されていたと考えられる。その意味で，明代萬曆年間の27都5圖所屬人戸の階層構成は，南宋期に確立した集約的な水稻作技術が普及・定着し，成熟した結果であったといえよう。

　本章の檢討は，あくまで經濟的側面から27都5圖所屬人戸の階層構成の性格を探ったにとどまる。第1章第1節第3項で論じたように，第3甲里長の朱學源戸は儒教的敎養を修得した讀書人を含んでおり，その後は科擧階梯上の學位保持者も輩出してゆく存在であった。天啓6年（1626）序の曹嗣軒等撰『新安休寧名族志』は，27都5圖所屬人戸が居住する集落の名族を記載している。27都5圖所屬人戸の階層構成の理解をより具體的なものにするには，そうした有力氏族の實態を探り，文化的・政治的側面の要素もくわえて檢討する必要がある。章をあらためよう。

138　第2章　階層構成

註

（1）　寺田隆信「明代蘇州平野の農家經濟について」（『東洋史研究』16-1，1957年）。森正夫「明初江南官田の存在形態」（『東洋史研究』19-3・4，1960・61年。のち『明代江南土地制度の研究』同朋舍出版，1988年，所收）。

（2）　伊藤正彦「明初里甲制體制の歷史的特質──宋元史研究の視角から──」（『宋元鄉村社會史論──明初里甲制體制の形成過程──』汲古書院，2010年。以下，前稿とよぶ）。

（3）　欒成顯「萬曆九年淸丈歸戶親供册」（『明代黃册研究』中國社會科學出版社，1998年。增訂本，2007年）162頁。

（4）　第1章第2節第1項でみたように，一つの號に記載された事產には複數の種類の事產によって構成される場合（田と塘，地と山など）があるため，事產數は號ではなく坵を單位に計上した。27都5圖內の事產3689坵のうち，田は2237坵，地は1014坵，山は375坵，塘は63坵であった。

（5）　田と地の等級の比率も，坵を單位に算出したものである。田（2237坵）のうち上田は933坵，中田は697坵，下田は430坵，下下田は181坵，地（1014坵）のうち上地は327坵，中地は323坵，下地は227坵，下下地は131坵であった。

（6）　前稿287頁。地方志が傳える萬曆9年丈量以前の稅率とは，萬曆『休寧縣志』卷3，食貨志「公賦」が傳える龍鳳11年（1365）に定めた休寧縣の民田の各地目の稅率（「乙巳改科歲征之式」）と弘治『徽州府志』卷3，食貨2「稅賦」の「國朝」が傳える徽州府下諸縣の稅率である。

（7）　前揭註（3）欒「萬曆九年淸丈歸戶親供册」164頁。

（8）　欒成顯「萬曆二十七都五圖黃册底籍」（『明代黃册研究』中國社會科學出版社，1998年。增訂本，2007年）201頁。

（9）　朱學源戶をはじめとする27都5圖第3甲の所屬人戶が霞瀛に居住していたことは，安徽省圖書館藏『休寧縣都圖里役備覽』（2:30710號），安徽師範大學圖書館藏『休寧縣都圖甲全錄』（139863號）が記している。後段103頁の引用を參照。

（10）　陳霞鄉內の現地見學には，筆者のほか，欒成顯（中國歷史研究院），卞利（南開大學歷史學院），張小坡（安徽大學徽學研究中心），大田由紀夫（鹿兒島大學），楊纓（熊本大學）の5氏が參加した。古老からの聞き取りは，霞瀛の朱訓謙宅で行ない，朱訓謙（70歲。年齡は當時。以下，同じ）のほか，宋敍貳（76歲），朱景升（63歲），徐志柱（76歲），朱服祥（73歲）から話を聞いた。現地見學は，當時，安徽大學徽學研究中心の主任であった卞利氏が手配してくださった。記して深謝する。

（11）　長井千秋「南宋時代江南の小農經營と租稅負擔」（『東洋史苑』47，1996年）。そ

の後，長井氏は，「南宋時代の小農民經營再考」（伊藤正彥編『『萬曆休寧縣27都5圖黃册底籍』の世界』2009〜2011年度科學研究費補助金基盤研究（C）研究成果報告書，2012年）において南宋期の農業生產力と小農民經營を再檢討し，南宋期に稻米の生產性が最も高かったのは浙東の慶元府（明州）であり，米の畝當り平均收穫量は2.5石に達し，15畝の所有地で再生產可能であったことを明らかにしている。

(12) 田尻利「淸代江西の稻作と『撫郡農產攷畧』」（『社會システム研究（立命館大學）』20，2010年）。

(13) 周紹泉「明淸徽州畝產蠡測」（『明史研究』2，1992年）。周氏は，明代について214件の土地賣買文書をサンプルに分析している。

(14) 中國歷史研究院圖書館藏004205號。〈子戶〉については，本章の本文後段で說明する。王三魁戶が王茂戶の〈子戶〉であったことは，第3章第1節第3項（154〜155頁）を參照。

(15) 前揭註（13）周「明淸徽州畝產蠡測」。

(16) 劉和惠・汪慶元『徽州土地關係』（安徽人民出版社，2005年）88頁。

(17) 前揭（3）樊「萬曆九年淸丈歸戶親供册」163頁。

(18) 前揭註（16）劉・汪『徽州土地關係』。

(19) 吳慧『中國歷代糧食畝產研究』（農業出版社，1985年）。

(20) 古島和雄「明末長江デルタ地帶における地主經營」（『歷史學研究』148，1950年。のち『中國近代社會史研究』研文出版，1982年，所收）。小山正明「明末淸初の大土地所有——とくに江南デルタ地帶を中心にして——」（『史學雜誌』66-12・67-1，1957年・58年。のち『明淸社會經濟史研究』東京大學出版會，1992年，所收）。中島樂章「明代中期、徽州農民の家產分割——祁門縣三都の凌氏——」（『山根幸夫教授追悼記念論叢　明代中國の歷史的位相』（上）汲古書院，2007年）。

(21) 『沈氏農書』運地農法。

(22) ほかに中國歷史研究院圖書館藏『休寧縣都圖地名字號便覽』，安徽大學徽學研究中心藏『徽州府休寧縣都圖鄉村詳記』。兩文書の影印の入手にあたっては，それぞれ樊成顯氏，卞利氏の御厚意にあずかった。記して感謝する。

(23) 中島樂章「明末徽州の里甲制關係文書」（『東洋學報』80-2，1998年）129〜130頁，142頁。

(24) 『徽州千年契約文書（宋元明編）』第3卷（花山文藝出版社，1991年）420頁。

(25) 岸本美緒「淸代前期江南の米價動向」（『史學雜誌』87-9，1978年。のち『淸代中國の物價と經濟變動』研文出版，1997年，所收）。

(26) 休寧縣全體では下地が多かったと考えられることから下地を想定し，地の畝數は

140 　第 2 章　階層構成

税畝數を1.46倍して算出した。

(27)　費孝通（小島晉治ほか譯）『中國農村の細密畫──ある村の記錄　1936〜82──』（研文出版，1985年）86〜88頁。

(28)　前揭註（1）寺田「明代蘇州平野の農家經濟について」。

(29)　鈴木博之「明代徽州府の族產と戶名」（『東洋學報』71-1・2，1989年），同「明代徽州府の戶と里甲制」（井上徹・遠藤隆俊編『宋─明宗族の研究』汲古書院，2005年）。欒成顯（岸本美緒譯）「明末清初庶民地主の一考察──朱學源戶を中心に──」（『東洋學報』78-1，1996年），同「明清大戶經濟形態」（『明代黃冊研究』中國社會科學出版社，1998年。增訂本，2007年）。

(30)　前揭註（29）欒「明末清初庶民地主の一考察」，同「明清大戶經濟形態」。

(31)　李文治編『中國近代農業史資料』第 1 輯（三聯書店，1957年）672〜678頁。

(32)　前揭註（31）李『中國近代農業史資料』第 1 輯673頁の「歷年經營規模表」にある稻穀產量を田場面積で除し，精米によって穀の半分の量になったものとして算出した數値である。

(33)　前揭註（31）李『中國近代農業史資料』第 1 輯673頁の「歷年經營規模表」にある田場面積の數値である。

(34)　實在戶數は，第 1 章第 1 節第 1 項（24頁）で示した理解にもとづく。

(35)　民戶以外の軍戶・匠戶・竈戶等の特殊徭役負擔人戶の永充制・析戶禁止については，前揭註（29）鈴木「明代徽州府の戶と里甲制」，前揭註（20）中島「明代中期、徽州農民の家產分割──祁門縣三都の凌氏──」を參照。なお，民戶以外の軍戶・匠戶・竈戶等を Ping-ti Ho, *The Ladder of Success in Imperial China Aspects of Social Mobility 1368-1911*, Columbia University Press, 1962.何炳棣（寺田隆信・千種眞一譯）『科擧と近世中國社會──立身出世の階梯──』（平凡社，1993年）は「世襲身分集團」とよんでいるが，一般民戶が負擔しない徭役を永充で負擔していたとはいえ，徭役負擔の責務を果たせば應擧をはじめ法的權限に一般民戶と何ら差等はない。そうした存在を身分ととらえるのは適切ではないと考えるため，小論では民戶以外の人戶を「特殊徭役負擔人戶」とよぶ。

(36)　前揭註（29）鈴木「明代徽州府の戶と里甲制」，前揭註（20）中島「明代中期、徽州農民の家產分割」，中島樂章「明代徽州の小規模同族と山林經營」（『明代史研究會創立三十五年記念論集』汲古書院，2003年）。なお，前揭註（8）欒「萬曆二十七都五圖黃冊底籍」185〜186頁は『黃冊底籍』の記載對象時期，休寧縣27都 5 圖では里長も永充であったと指摘している。

(37)　前揭註（9）にあげた『休寧縣都圖里役備覽』と『休寧縣都圖甲全錄』の記載を

筆者が整理したものである。『休寧縣都圖里役備覽』は，末尾に嘉慶２年（1797）
の「休寧縣田地山塘各項規則」を載せており，嘉慶２年以降に抄寫されたものと考
えられる。『休寧縣都圖甲全錄』は，冒頭で嘉慶20年縣志の記載を引用しており，
嘉慶20年（1815）以降に抄寫されたものと考えられる。

(38)　『黃册底籍』によれば，第１甲の王茂，第５甲の陳章は萬暦元年以前から（萬暦
10年册の舊管の項にみえる），第３甲の朱學源，第４甲の王正芳，第６甲の朱貴は
萬暦20年から，第８甲の陳元和は萬暦30年からの戸名である。

(39)　特殊徭役負擔人戸については，支出の國家的負擔に特殊徭役をくわえる必要があ
るが，各人戸の特殊徭役の具體的な負擔狀況を定かにすることはできないため，特
殊徭役の負擔分は捨象して議論をすすめる。この點の檢討は後考に委ねたい。

(40)　『黃册底籍』萬暦40年册の記載によれば，第６甲里長の朱貴戸は23件の賣却を重
ねて19.8274稅畝の田・地を失い，第10甲里長の金萬鍾戸は30件の賣却と５件の購入
を重ねた結果40.0055稅畝の田・地を失っている。ここで示した數値は田・地に限る
（山・塘は除く）。なお，27都５圖所屬人戸がどれほどの頻度で事產賣買を行ない，
どれほどの所有事產を變動させていたかは，第５章で檢討する。

(41)　前揭註（２）伊藤「明初里甲制體制の歷史的特質」272～275頁。

(42)　朝尾直弘『近世封建社會の基礎構造──畿內における幕藩體制』（御茶の水書房，
1967年。のち『朝尾直弘著作集』第１卷〈近世封建社會の基礎構造〉岩波書店，
2003年，所收）71～75頁。

(43)　同上。

(44)　陳柯雲「明清徽州地區山林經營中的“力分”問題」（『中國史研究』1987年１期）。
前揭註（36）中島「明代徽州の小規模同族と山林經營」。

(45)　もちろん，田10稅畝，地2.5稅畝，山５稅畝を所有していなくとも出租する人戸は
存在したはずである。個々の人戸によって選擇は異なったであろうが，ここではあ
くまで全體的傾向を探るために，田10稅畝以上，地2.5稅畝以上，山５稅畝以上を所
有する場合に出租したと想定しておく。

(46)　萬暦30年册・萬暦40年册が傳える27都５圖所屬人戸の所有事產額，また所有する
田・地の額は，前揭註（８）欒「萬暦二十七都五圖黃册底籍」200頁の表18の數值
による。

(47)　先にあげた租佃經營の再生產可能規模を試算した數値（97頁の表６）を利用し，
所有事產で再生產できない人戸がすべて家族３人分の生活支出を賄う6.2611稅畝の
田を租佃したと假定して算出しても總額は450稅畝程度にとどまり，出租された田
の50％にはおよばない。欒成顯氏は，實在戸のほかに『黃册底籍』には記載されな

142 第2章 階層構成

い佃僕＝火佃も存在したと推測する（前揭註（3）欒「萬曆九年淸丈歸戶親供册」171頁）が，その數は不明であるため，この點は捨象する。

(48) 第1章の註（18）において，想像を逞しくすれば，絕戶は佃僕＝火佃の人戶である可能性もあるのではないかと述べた（84頁）が，この想像が許される場合は，ここでの理解を修正しなければならない。

(49) 祁門縣の奇峰鄭氏の20世鄭英才の子孫のように，軍戶の役負擔を賄うために軍莊を設けて大規模な山場を經營する事例も存在した。詳しくは，康健「明代徽州軍戶家族的山林經營——以祁門鄭英才家族爲中心」（『明代徽州山林經濟研究』中國社會科學出版社，2022年）を參照。

(50) 藤井宏「新安商人の研究」（二）（『東洋學報』36-2，1953年）。

(51) 萬曆10年における第4甲の朱八奠，第7甲の潘天逢の立戶狀況，萬曆20年における第4甲の朱楷，朱俊，第7甲の潘承鳳の立戶狀況は，第1章第1節第1項にあげた表2「『萬曆27都5圖黃册底籍』基礎データ」（26～55頁）で確認していただきたい。

(52) 萬曆30年册の場合，商業活動によって蓄財したと推測される人戶のうち，40稅畝を超える事產を所有したのは第2甲の朱作戶のみである。人口數に比して多額の事產を所有した人戶で40稅畝を越える事產を所有したものとして，第2甲の朱師孔戶・朱仲戶があるが，兩戶の實態については第3章第1節第2項（148～150頁）で述べる。

(53) 岸本美緒「明末の田土市場に關する一考察」（『山根幸夫教授退休記念明代史論叢』汲古書院，1990年。のち『淸代中國の物價と經濟變動』研文出版，1997年、所收）。大田由紀夫「徽州における私家文書の傳來——『率東程氏置產簿』をめぐって——」（伊藤正彥編『『萬曆休寧縣27都5圖黃册底籍』の世界』2009～2011年度科學研究費補助金基盤研究（C）研究成果報告書，2012年）。

(54) 章有義「明淸徽州地權分配狀況的蠡測」（『明淸徽州土地關係研究』中國社會科學出版社，1984年）2～4頁。

(55) 章有義氏が分析した萬曆9年丈量で作製された休寧縣內の3種の魚鱗圖册は，中國社會科學院經濟研究所藏の①『萬曆休寧縣魚鱗草册』，②『休寧縣魚鱗經册』，③『萬曆9年丈量魚鱗淸册』である。①の魚鱗字號の文字（千字文）は"潛"，②の魚鱗字號の文字（千字文）は"淡"，③の魚鱗字號の文字（千字文）は"虞"であるという。②を11都3圖の魚鱗圖册とするのは問題ないが，①の"潛"と③の"虞"は，それぞれ休寧縣の萬曆9年の丈量で12都3圖と16都4圖に付された魚鱗字號の文字（千字文）であったことを都圖文書（前揭註（9））にあげた『休寧縣都圖里役

備覽』，『休寧縣都圖甲全錄』。本書【資料篇】第 4 章「休寧縣都圖文書記載データ」
で確認されたい）が傳えるから，①は12都 3 圖の魚鱗圖册，③は16都 4 圖の魚鱗圖
册と理解すべきである。

第3章　有力氏族

はじめに

　徽州府休寧縣27都5圖所屬人戸が居住する主要な集落の一つである陳村（古稱・別稱は藤溪という）は，南宋期に7名の進士及第者，3名の特奏名進士を輩出し[1]，元代には著名な朱子學者の陳櫟を生み出したと傳えられており[2]，南宋期から高い文化的・政治的水準にあったと推測される。

　天啓6年（1626）序の曹嗣軒等撰『新安休寧名族志』（以下，『休寧名族志』と略す）は，27都5圖内の集落に居住する名族として陳村（藤溪）の陳氏，揚冲の朱氏，藤溪の王氏を記している[3]。これらの三氏は，嘉靖30年（1551）序の戴廷明・程尚寬等撰『新安名族志』にも記されており[4]，嘉靖年間には休寧縣だけでなく廣く徽州府内で名族として認知されていたと理解してよい。

　本章は，主に族譜史料，上海圖書館藏『明萬曆9年休寧縣27都5圖得字丈量保簿』1冊（線普563585號。以下，『得字丈量保簿』と略す），安徽博物院藏『萬曆27都5圖黃册底籍』4冊（2:24527號。以下，『黃册底籍』と略す）を活用して，『黃册底籍』の記載對象時期——萬曆10年（1582）から同40年（1612）前後における陳村陳氏，揚冲朱氏，藤溪王氏の實態を探り，文化的・政治的要素もくわえて27都5圖所屬人戸の階層構成の理解をより具體的なものにすることを目標とする。また，廣東地方や福建地方と同樣に徽州府下に存在した〈總戸-子戸〉制——家産分割後も獨立の戸名を立てることなく，册籍上の名義戸（總戸）のもとに複數の戸（子戸）が含まれつづける慣行[5]の形成時期についても，27都5圖内の集落に居住する名族の實態をもとに檢討する。

146　第3章　有力氏族

一　萬曆年間の名族三氏

　休寧縣27都5圖内の集落に居住した名族三氏の萬曆10年から同40年頃におけ
る實態を探っていこう。

1　陳村（藤溪）陳氏

　三氏のうち，最も早くから藤溪に居住して繁榮をきわめたのは陳村陳氏であ
る。陳豐纂『藤溪陳氏宗譜』7巻（上海圖書館藏，康熙12年［1673］刻本。以下，
『陳氏宗譜』と略す）と『休寧名族志』卷2「陳・陳村」によれば，藤溪陳氏の
始遷祖は唐・廣明元年（880）に黃巢の亂を避けて嚴州桐廬縣から移り住んだ
陳禧であった。その子孫は，南宋期に11世の陳尙文（紹興21年［1151］），13世の
陳孚先（紹興24年［1154］）・陳篆（乾道8年［1172］），14世の陳明（嘉定元年［1208］），
15世の陳唯（慶元2年［1196］），16世の陳慶勉（紹定5年［1232］）という6名の
進士及第者と3名の特奏名進士を輩出し[6]，また宋代を通じて8名の擧人と
5名の太學生を輩出した[7]。こうした陳氏の繁榮によって集落は“陳村”と
稱されるようになったという[8]。元代を代表する朱子學者であり，『新安大族
志』を編纂した陳櫟は18世の人物とされる[9]。

　『陳氏宗譜』卷4「塋兆圖」は，27都5圖内に陳村陳氏の6つの墓所が存在
したことを傳える。得字2730號は5世祖昂公の墓所，得字596號は6世祖暹公
の墓所，得字1976號は7世祖種公の墓所，得字1699號は18世祖櫟公（陳櫟）の
墓所，得字2232號は20世祖天德公の墓所，得字1229・30・31號の事産は21世餘
慶公の墓所であった。“得”は萬曆9年（1581）の丈量で付された27都5圖の
魚鱗字號の文字（千字文）であり[10]，27都5圖内の事産であったことを示す。

　27都5圖内に陳氏の墓所が存在したとはいえ，陳村陳氏であったことが確認
できる27都5圖所屬人戶は，第5甲里長の陳章戶と同甲甲首の陳新戶の2戶に
限られる。『黃册底籍』の陳章戶の人口に記される人物のうち，廷椿・天漢・
尙思・成富・成堅・信・奎光の7名が『陳氏宗譜』卷2「系牒」に記載されて

一　萬曆年間の名族三氏　　147

いる[11]。ただし，戸主の陳章は記載されていない。陳新戸については，『陳氏宗譜』に記載されていないが，『得字丈量保簿』得字596號，すなわち6世祖暹公の墓所の事産（下下地・山）の所有人戸の一つとして記されている[12]から陳村陳氏の構成員であったとみてよい。

　一方，『得字丈量保簿』の見業の記載によれば，陳村陳氏の多くは27都1圖——萬曆20年（1592）に1圖から2圖が増置されて以降は27都1圖と2圖に所屬する人戸であったことがわかる[13]。『得字丈量保簿』の見業に戸主・戸丁として記され，『陳氏宗譜』卷2「系牒」にも記載されている27都1圖の所屬人戸を一覧に示せば，次のとおりである。"戸丁"とは，〈總戸–子戸〉制の〈子戸〉を意味した[14]。

　　陳岩求（26世の岩求，27世の應張・應軫・應文・應亢・應婁）

　　陳　嘉（27世の嘉）

　　陳建忠（27世の建忠）

　　陳　本（26世の本，27世の社澤）

　　陳天相（25世の天相，26世の春陽・重陽・鳳陽・淮陽・祖陽，27世の應鍾）

　　陳文討（26世の文討）

　　陳積社（26世の積社）

　　陳應時（27世の應時）

　　陳　興（26世の正陽，27世の潤德・興・鳳・富・壽・玉）

　　陳寅祿（25世の寅祿・湯・潯，26世の遇・達）

　　陳振達（25世の楷・枝）

　二重下線は里長であったこと，丸括弧内の下線は戸丁＝〈子戸〉であったことを示す。陳岩求・陳本・陳天相・陳興・陳寅祿・陳振達の6戸が〈總戸–子戸〉制を行なっており，これら6戸のうち，上海圖書館藏『著存文卷集』——萬曆10年前後に著存觀という金氏の祠觀をめぐって休寧縣の11都3圖所屬の金氏と27都1圖所屬の陳氏が行なった爭訟の記錄であり，結果的に勝訴した金氏が爭訟の一件書類を入手して版刻した書物[15]の記載によれば，陳岩求・陳天相・陳振達は里長戸であった[16]。同じく『著存文卷集』は，陳興が都正——

148　第3章　有力氏族

萬曆9年の丈量で27都全體の責任を擔う職役を務めた人戶であったことも傳える(17)。

　以上のように，南宋期に6名の進士及第者を輩出して繁榮をきわめた陳村陳氏は，萬曆10年前後の時期にはその多くが27都1圖に所屬しており，任官者や科擧階梯上の學位保持者はみられないものの，〈總戶−子戶〉制を行ないながら里長や都正の役を擔っていた。27都5圖に所屬していたことが確認できるのは，第5甲の陳章戶と陳新戶のみである。

2　揚冲朱氏

　康熙『休寧縣志』卷5，選擧「舍選」は，明代の萬曆年間以降に國子監生から任官した休寧縣27都5圖内出身の人物について次のように傳える。

　　　萬曆　朱淳，字伯仁，揚冲人。歷任達州同知。
　　　　　　朱淳，字は伯仁，揚冲の人なり。歷任して達州同知。
　　　　　　朱師孔，字惟義，揚冲人。由儒士授武清縣丞。
　　　　　　朱師孔，字は惟義，揚冲の人なり。儒士由り武清縣丞を授かる。
　　　天啓　朱仲，字特豫，揚冲人。歷任鴻臚寺少卿。
　　　　　　朱仲，字は特豫，揚冲の人なり。歷任して鴻臚寺少卿。
　　　崇禎　朱朝臣，字正色，揚冲人。河南任汝州判。
　　　　　　朱朝臣，字は正色，揚冲の人なり。河南汝州判に任ぜらる。

　この4名は，いずれも揚冲の出身であるという。揚冲は，休寧縣27都5圖の第2甲に編成された人戶が居住した集落である(18)。朱淳と朱師孔の任官は萬曆年間，朱仲の任官は天啓年間，朱朝臣の任官は崇禎年間であったというが，朱淳と朱師孔の任官時期については，記載された箇所からみて朱淳が萬曆年間前期のこと，朱師孔が萬曆年間中期のことだろう。事實，萬曆35年（1607）序の萬曆『休寧縣志』卷5，選擧志「舍選」は，萬曆年間の任官者として朱淳と朱師孔を記しているから，朱師孔も萬曆35年までに任官したと理解してまちがいない。

　管見の限り，揚冲朱氏の族譜は殘っていない。『休寧名族志』卷3「朱・首

一 萬暦年間の名族三氏　149

村」と「朱・揚冲」によれば，揚冲朱氏の遠祖は第1章第1節でみた霞瀛朱氏と同じく朱瑋とされ，始遷祖は朱瑋の長子――首村（休寧縣26都内の集落）春公（朱逢，字は邦用）の14世孫朱彦仁であった[19]。康熙『休寧縣志』巻5，選擧「舍選」が傳える揚冲出身4名の任官者は，その後裔である。

『休寧名族志』巻3「朱・揚冲」の記載をもとに，朱淄・朱師孔・朱仲・朱朝臣がかかわる世代を系圖として示そう。

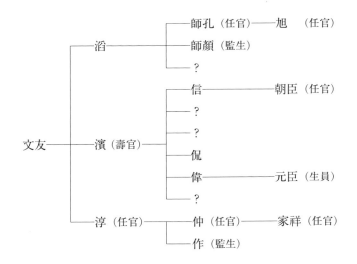

朱淄・朱濱・朱淳は第2甲里長の朱洪戸に屬していた人物であり[20]，朱淳・朱師孔・朱仲・朱朝臣はいずれも朱洪戸に由來していた。『黄册底籍』萬暦20年册によれば，朱淳と朱師孔は萬暦19年（1591）に朱洪戸から析出して翌20年（1592）に告明分析した人戸である。朱仲については，『黄册底籍』萬暦30年册が萬暦30年に告明立戸して"本身原無戸籍（本身原と戸籍無し）"であったと傳えるが，『休寧名族志』巻3「朱・揚冲」によると朱洪戸から析出した朱淳の長子であった[21]。また朱朝臣については，朱淳と朱師孔とともに萬暦19年に朱洪戸から析出して翌20年に告明分析した朱信の息子であった[22]。

さらに『休寧名族志』巻3「朱・揚冲」によれば，朱師孔の弟の朱師顏は監

150　第3章　有力氏族

生であり[23]，朱淳の息子で朱仲の弟の朱作も監生であった[24]という。朱師顔と朱作が監生の資格を得た時期は判然としないが，『黄冊底籍』萬暦30年冊が朱師顔は30歳，朱作は23歳であったと傳えるから，兩名とも萬暦40年冊の時点までには監生の資格を得ていたとみて大過ないだろう。假に監生の資格を得ていなくとも，兩名が儒教的教養を修得していたことはまちがいない。

　以上から，揚冲朱氏は，萬暦40年冊の時点までに朱淳・朱師孔という任官者，朱師顔・朱作という科擧階梯上の資格保持者（監生）を輩出していたと理解できる。『黄冊底籍』が傳える朱淳戸の43.2719税畝（萬暦20年冊）→33.3469税畝（萬暦30年冊）→37.3689税畝（萬暦40年冊），朱師孔戸の43.2119税畝（萬暦20年冊）→48.0839税畝（萬暦30年冊）→73.2174税畝（萬暦40年冊）は，任官者輩出人戸の具體的な所有事産額であり，朱仲戸の40.3600税畝（萬暦30年冊）→50.2855税畝（萬暦40年冊），朱朝臣戸の38.6437税畝（萬暦40年冊）は，天啓年間以降に任官者を生み出す人戸の所有事産額ということになる[25]。また，『休寧名族志』巻3「朱・揚冲」は，朱洪戸に屬した朱滔・朱濱・朱淳の父――朱文友が"善詩詞（詩詞を善くし）"て『竹村俚語』を著わした人物であり，朱滔と朱濱もそれぞれ"積累善行（善行を積累）"した人物，"恩授壽官（壽官を恩授）"された人物であったと傳える[26]から，朱洪戸は在野の讀書人を含む存在であったとみてよい。朱滔については，萬暦9年の丈量で圖正――27都5圖の責任を擔う職役を務めていた[27]。總じて，27都5圖所屬の揚冲朱氏には，萬暦40年までに任官者と讀書人を輩出した5戸が存在していた。

　なお，『得字丈量保簿』は，得字188號・209號・215號・216號・232號・233號・251號・254號の8つの事産が27都5圖内の揚冲朱氏の墓所と佃僕＝火佃の居住地であったことを傳える[28]。その所有人戸は，任官者・讀書人を輩出した第2甲の朱洪戸・朱淳戸・朱師孔戸・朱師顔戸・朱作戸のほか，同じく第2甲に所屬する朱邦戸・朱隆戸・朱憲戸，第8甲所屬の朱瑾戸，第10甲所屬の朱瑚戸であり[29]，揚冲朱氏は大多數が第2甲所屬の人戸によって構成され，一部が第8甲と第10甲に所屬する人戸であったと理解できる。

3　藤溪王氏

　藤溪王氏は，婺源縣の武口王氏の後裔であった。宋代の江南東路・江南西路から浙東路にかけての鄱陽湖・錢塘江水系一帶は，北宋前期に累世同居——家產分割することなく同居共財（收入・支出・財產の共同關係）をつづける大家族が多く形成されるとともに，南宋から元代に宗族形成が活發に進んだ地域である。武口王氏の動向を詳らかにした中島樂章氏は，累世同居が最も多くみられたのは江南東路であり，武口王氏は累世同居とその後の宗族結合の典型であったという[30]。中島氏の成果をもとに，武口王氏の履歷を確認しておこう。

　武口王氏の遠祖は江南西道觀察使を務めた王仲舒とされ，始遷祖は黃巢の亂を避けて宣州から歙縣の黃墩に移り，廣明元年（880）に武口に移り住んだ仲舒の孫の王希翔とされる。唐朝の官僚の子孫が黃巢の亂を避け，黃墩を經て徽州各地に移住したというのは，徽州の多くの宗族に共有される傳承であり，武口王氏もその例にもれない。累世同居を始めたのは，王希翔の一子王延釗の息子たちである。延釗の男子10名が同居共財をつづけて累世同居の大家族を形成した。累世同居は始遷祖の玄孫にあたる王德聰の代に絶頂に達する。その規模は最大で家族員約500名，所有地100頃にのぼり，德聰は鄉里から"長者"と稱えられ，天聖元年（1023）には旌表を受けて"孝友信義の家"の扁額が賜與された。これは國家の人民敎化の模範となる義門として認證されたことを意味する。

　しかし，直後の天聖2年（1024），武口王氏は累世同居を解消して33戶に別れることを選擇する。その後，皇祐5年（1053）に武口王氏から初めての進士及第者が生まれる。德聰の孫の王汝舟である。彼は族譜の編纂に努め，嘉祐3年（1058）に「九族圖」を編纂し，元符3年（1100）にはそれを重修した。南宋期に入ると，開禧2年（1206）に王大中が「續九族圖」を編纂し，嘉定4年（1211）に王炎が「九族圖」と「續九族圖」をまとめて「王氏世系祿」を編纂した。王炎は乾道5年（1169）の進士であり，朱熹とも親交が厚く南宋の徽州を代表する道學者であった。武口王氏は，王汝舟から王炎に至るまでに進士8名，特奏名進士3名，太學生21名を輩出し，婺源縣屈指の名族となる。累世同

152　第 3 章　有力氏族

居を解消して以降，王氏の族人は武口とその周邊に同姓集落を形成するととも
に，徽州各縣さらには長江中・下流域の各地に移住していったという。

　藤溪王氏も，累世同居を解消した後に外地へ移住したものの一つである。
『休寧名族志』卷 4「王・藤溪」は，12世の溪が婺源縣の武口から南宋・建炎
年間に休寧縣の藤溪へ移住したと傳える[31]。王溪の 4 世孫・5 世孫には殿前
軍御幹（15世の王元道）・潞州府教授（16世の王恭）を輩出しており，元・大德 4
年（1300）には陳氏とならぶ繁榮した一族であると陳櫟が傳えている[32]。

　王鴻等纂『武口王氏統宗世譜』24卷（天啓 3 年［1623］刻本，上海圖書館藏，殘
本。以下，『統宗世譜』と略す）の「墓圖」は，始遷祖王溪と始祖妣程氏，13世王
仁仲と13世妣金氏の墓所を圖示するとともに，萬曆 9 年の丈量で作製された魚
鱗圖册の記載情報を傳える。その內容に『黃册底籍』が傳える所有人戶の所屬
都圖・甲，戶計の情報をくわえて示せば，次のとおりである[33]。

　始遷祖　溪の墓所の所有人戶

　　得字1568號（土名：王村住後山［住後山金鷄下田形］）　11戶

　　上地　實測面積4.0　計稅0.02

　　山　　　　　　　計稅0.65

　　27都 1 圖第 3 甲　王　爵　　　　［地0.8・山0.1］

　　27都 5 圖第 1 甲　王　茂（軍戶）［地0.8・山0.1］，王榮　［地0.2］

　　27都 5 圖第 4 甲　王　時（匠戶）［地0.2］，王法　［地0.25］

　　27都 5 圖第 5 甲　王　鍾（民戶）［地0.2］

　　27都 5 圖第 6 甲　王　科（匠戶）［地0.2］

　　27都 5 圖第 7 甲　王齊興（軍戶）［地0.4・山0.1］

　　27都 5 圖第 8 甲　王繼成（民戶）［地0.4・山0.1］，王桂（民戶）［地0.15・
　　　　　　　　　　　　　　　　　　　　　山0.25］

　　27都 5 圖第 9 甲　王　初（匠戶）［地0.4］

　始祖妣　程氏の墓所の所有人戶

　　必字3477・78號（土名：［藤溪嶺帳下金箱形］）　11戶

　　必字3477號　山　　　　　　　計稅0.75

一 萬曆年間の名族三氏　153

必字3478號　地　實測面積256.0　計税1.024

27都1圖第3甲　王　爵　　　　［地51.2・山0.256］

27都5圖第1甲　王　茂（軍戸）［地51.2・山0.256］，王榮［地13,0］

27都5圖第4甲　王　時（匠戸）［地13.0・山0.064］，王法［地10,0・山0.11］

27都5圖第5甲　王　鍾（民戸）［地13.0・山0.064］

27都5圖第6甲　王　科（匠戸）［地13.0］

27都5圖第7甲　王齊興（軍戸）［地25.5］

27都5圖第8甲　王繼成（民戸）［地25.5］，王應元（＝王桂，民戸）［地9.6］

27都5圖第9甲　王　初（匠戸）［地25.0］

13世 仁仲の墓所の所有人戸

得字2467・68號（土名：伏兔形）　12戸

得字2467號　下下地　實測面積168.0　計税0.336

得字2468號　　山　　　　　　　　計税3.011

27都1圖第3甲　王　爵　　　　［地33.6・山0.604］

27都5圖第1甲　王　茂（軍戸）［地33.6・山0.604］，王榮［地 8.4・山0.151］

27都5圖第4甲　王　時（匠戸）［地8.4・山0.151］，王法［地10.5・山0.189］

27都5圖第5甲　王　鍾（民戸）［地8.4・山0.14］

27都5圖第6甲　王　科（匠戸）［地8.4・山0.14］

27都5圖第7甲　王齊興（軍戸）［地16.8・山0.302］

27都5圖第8甲　王繼成（民戸）［地16.8・山0.302］，王桂（民戸）［地 6.3・
　　　　　　　　　　　　　　　　山0.113］

27都5圖第9甲　王　初（匠戸）［地16.1・山0.302］，王茂伍（匠戸）［山
　　　　　　　　　　　　　　　　0.26］

13世妣 金氏の墓所の所有人戸

得字1740・41號（土名：銅鑼形）　11戸

得字1740號　上地　實測面積 60.0　計税0.3

得字1741號　上地　實測面積103.6　計税0.518

27都1圖第3甲　王　爵　　　　［地12.0・地20.72］

154　第 3 章　有力氏族

　　27都 5 圖第 1 甲　王　茂（軍戸）［地12.0・地20.72］，王榮（民戸）［地3.0・
　　　　　　　　　　　　　　　地5.18］

　　27都 5 圖第 4 甲　王　時（匠戸）［地3.0・地5.18］，王法（民戸）［地3.0・
　　　　　　　　　　　　　　　地5.18］

　　27都 5 圖第 5 甲　王　鍾（民戸）［地3.0・地5.18］

　　27都 5 圖第 6 甲　王　科（匠戸）［地3.0・地5.18］

　　27都 5 圖第 7 甲　王齊興（軍戸）［地6.0・地10.36］

　　27都 5 圖第 8 甲　王繼成（民戸）［地6.0・地10.36］，王桂（民戸）［地3.0・
　　　　　　　　　　　　　　　地5.18］

　　27都 5 圖第 9 甲　王　初（匠戸）［地6.0・地10.36］

　二重下線は里長であったことを示す(34)。墓所を所有していた12戸――王爵・
王茂・王榮・王時・王法・王鍾・王科・王齊興・王繼成・王桂（＝王應元）・王
初・王茂伍は，萬暦 9 年時點の藤溪王氏であったと理解してよい。27都 1 圖第
3 甲所屬の王爵戸以外はすべて27都 5 圖所屬の人戸である。12戸のうち，『黄
册底籍』に人口として記され，あるいは『得字丈量保簿』の見業に戸主・戸丁＝
〈子戸〉として記され，かつ『統宗世譜』「世系」にも記載される人物を含む人
戸は，27都 1 圖第 3 甲の王爵，27都 5 圖第 1 甲の王茂，第 4 甲の王時，第 6 甲
の王科，第 7 甲の王齊興，第 8 甲の王桂，第 9 甲の王初の 7 戸である。次に，
里長を務めていた27都 5 圖所屬の王茂戸・王時戸・王齊興戸・王初戸，27都 1
圖所屬の王爵戸の状況を順にみていこう(35)。

　27都 5 圖第1甲里長　王茂戸（軍戸）　圖 9 は『統宗世譜』「世系」の記載にも
とづいて作成した王茂戸の系圖である（155〜158頁）。『黄册底籍』の人口に記
された人物には二重下線を付し，『得字丈量保簿』の「見業」に戸主・戸丁＝
〈子戸〉として記された人物には下線を付した（以下の王時戸・王齊興戸・王爵戸
についても同じ）。『黄册底籍』に記された人物は，24世の樓・伯元・仁元・德
元・禮元・文元・新元・意元・用賢・進賢・應元・文明・文昉・文旦，25世の
貞元・積應・祖應・保應・守益・守忠・守信・守仁・元壽・岩周・延長・延用・
三壽・三益・三良・德華・德富・三錫・三鎭・三鑑・三陽・三魁・三略であり，

37名にのぼる。『得字丈量保簿』に記された人物は，23世の岩本・岩慶・岩成，24世の卿・敬賢，25世の涪・泓・守和の８名である。これによれば，王茂戸は20世の性成（如璞）と隆富（如珍，永樂16年［1418］～？）の子孫の範囲で構成されており，圖示することは割愛するが，性成と隆富は從兄弟であり，彼らの父の19世再得（洪武４年［1371］～？）と森得（洪武13年［1380］～？），さらに祖父の18世祿三（仕祿，至正元年［1341］～洪武20年［1387］）にまでさかのぼると思われる[36]。なお，戸主の王茂は『統宗世譜』「世系」に記載されていない。

　王茂戸には，讀書人の資質を具えた人物として21世の端芳（正統５年［1440］～正德13年［1518］）と22世の雲賜（成化17年［1481］～嘉靖30年［1551］）がおり[37]，『黃册底籍』の記載對象時期には"恩授壽官（壽官を恩授）"され"耆年邵德"と表彰された24世の仁元（嘉靖24年［1545］～），鄉約の役職を務めた24世の文元，北京禮部冠帶儒士である25世の德富（隆慶２年［1568］～）が所屬していた[38]。

【圖９】　27都５圖第１甲里長　王茂戸系圖

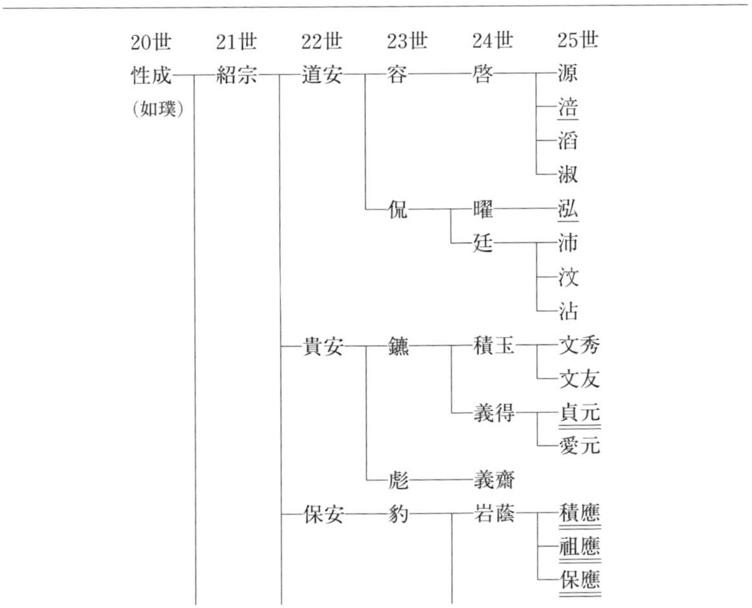

156　第3章　有力氏族

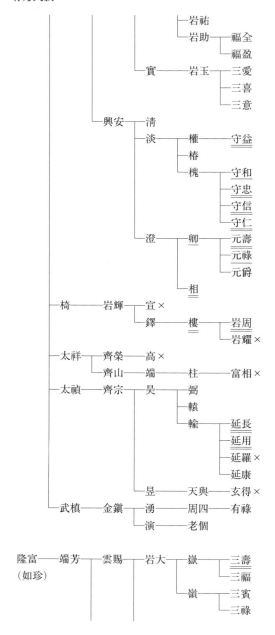

一　萬暦年間の名族三氏　157

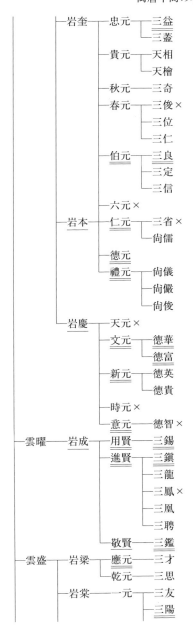

158　第3章　有力氏族

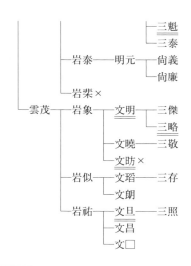

　27都5圖第4甲里長　王時（王正芳）戸（匠戸）　王時戸の戸主は萬曆20年册以降, 王正芳となる。圖10は王時（王正芳）戸に關する系圖である（159～160頁）。『黃册底籍』に記された人物は, 24世の應齊・時, 25世の汝傳・汝億・汝侃, 26世の萬德（命德）・良佐（良卿）・懋貞の8名であり, 『得字丈量保簿』に記された人物は, 24世の應雲の1名である。王時（王正芳）戸は, 21世の玹慶（永樂元年［1403］～？）の子孫の範圍で構成されており, 玹慶の父——20世の福童（洪武5年［1372］～？）にまでさかのぼると考えられる。なお, 戸主の王時は『統宗世譜』「世系」に24世の人物と記されているが, 萬曆20年册以降の戸主の王正芳については『統宗世譜』「世系」に記載されていない。

　王時（王正芳）戸には, 讀書人の資質を具えた人物として23世の文萱（成化11年［1475］～嘉靖38年［1559］）がおり[39], 『黃册底籍』の記載對象時期頃には"潛心理學（理學に潛心）"したという26世の萬德（萬曆14年［1586］～）が所屬していた[40]。

　27都5圖第7甲里長　王齊興戸（軍戸）　圖11は王齊興戸に關する系圖である（160～163頁）。『黃册底籍』に記された人物は, 23世の三元・字・以義・以信・

一　萬曆年間の名族三氏　159

【圖10】　27都5圖第4甲里長　王時（王正芳）戶系圖

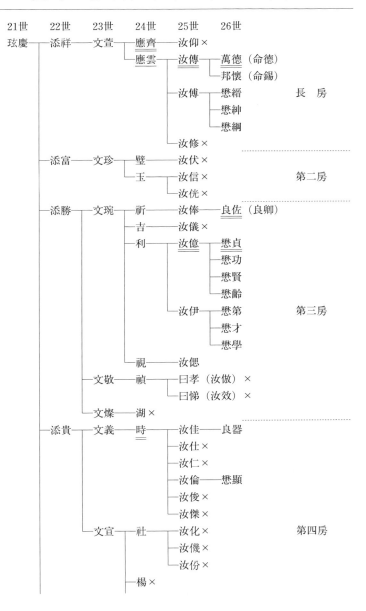

160　第3章　有力氏族

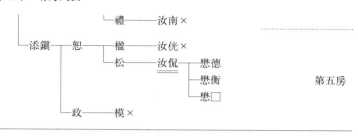

第五房

　以俊・以亮・岩秀，24世の應箕・有禮・應福・應宿・應兆・應仙・應堯・應麒・應麟・應遠の17名であり，『得字丈量保簿』に記された人物は，23世の岩季の1名である。王齊興戸は，18世の梓（後至元元年［1335］～洪武12年［1379］）・楡（後至元3年［1337］～建文4年［1402］）・楸（後至元5年［1339］～永樂6年［1408］）の子孫の範囲で構成されており，彼らの父――17世の文（大德11年［1307］～洪武10年［1377］）にまでさかのぼると思われる。なお，戸主の王齊興は『統宗世譜』「世系」に記載されていない。

　『黄册底籍』の記載對象時期頃の王齊興戸には，讀書人の資質を具えた人物として"涉獵經・史（經・史を涉獵）"したという23世の字（嘉靖10年［1531］～），鄕約の約正に選ばれた23世の以倫（嘉靖28年［1545］～）が所屬していた[41]。

【圖11】　27都5圖第7甲里長　王齊興戸系圖

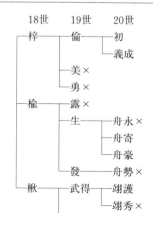

一　萬曆年間の名族三氏　161

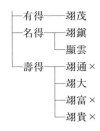

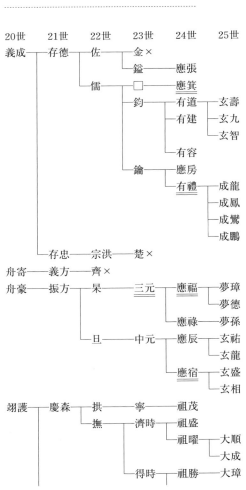

162　第3章　有力氏族

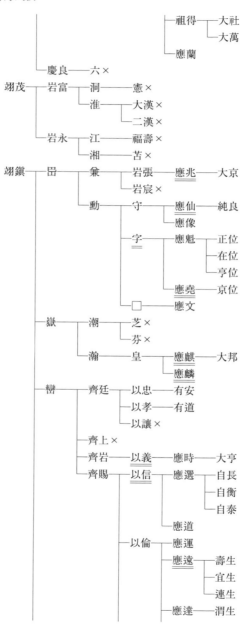

一　萬暦年間の名族三氏　163

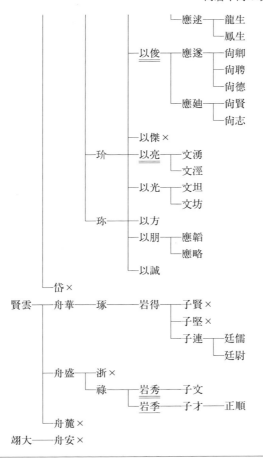

　27都5圖第9甲里長　王初（王敘）戸（匠戸）　王初戸は萬暦30年册以降，王敘が戸主となる。『黃册底籍』に記された人物が23世の初・敘，24世の順得の3名のみであるため，王初（王敘）戸の範圍を明確にすることはできない。初・敘は從兄弟であり，順得は敘の息子である。初・敘の祖父——21世の賜安（正統4年［1439］～弘治12年［1499］）の子孫が所屬したことはまちがいない。なお，讀書人の資質を具えた人物の存在は確認できない。

164　第3章　有力氏族

27都1圖第3甲里長　王爵戸　圖12は王爵戸に關する系圖である（164～166頁）。『得字丈量保簿』に記された人物は、24世の梁・軒・表・衰、25世の浦・濟・洌・沐・淮・誥・詔・世民の12名であり、王爵戸は、20世の天賢（洪武18年[1385]～天順4年[1460]）の子孫の範圍で構成されていた。天賢の兄弟3名の子孫はいずれも23世までに途絶えている[42]ため、天賢の父――19世の南得（至正16[1356]～永樂20年[1422]）までさかのぼると思われる。戸主の王爵は24世の人物と『統宗世譜』「世系」に記載されるが、萬曆3年（1575）に沒しており、『黃册底籍』の記載對象時期頃には實在しない。

　王爵戸の範圍には、早くから讀書人の資質を具える人物が存在していた。20世の天賢は"交締士友（交も士友と締）"んだと傳えられ[43]、21世の性吾（永樂13年[1415]～弘治7年[1494]）と瑷玖（永樂19年[1421]～正德5年[1510]）は鄉飲賓・冠帶であり[44]、戸主である24世の爵も"縉紳之所推重，鄉里之所欽仰者（縉紳の推重する所，鄉里の欽仰する所の者）"であった[45]という。『黃册底籍』の記載對象時期には、縣學の生員である25世の逵（問卿　正德10年[1515]～）、萬曆35年の貢生で寧國府訓導に就いた26世の榜（嘉靖24年[1545]～）が所屬していた[46]。

【圖12】　27都1圖第3甲里長　王爵戸系圖

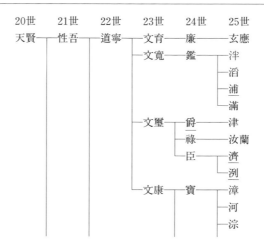

一 萬暦年間の名族三氏　165

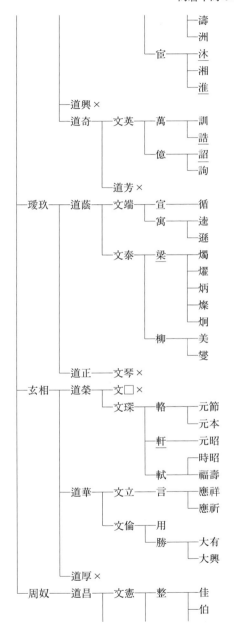

166　第3章　有力氏族

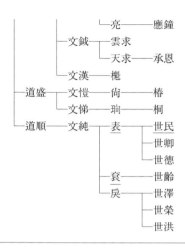

　以上のように，元代中期には陳氏と並ぶ繁榮した一族と認識されていた藤溪王氏の多くは，『黃册底籍』の記載對象時期頃には27都5圖に所屬し，〈總戶-子戶〉制を行ないながら第1甲・第4甲・第7甲・第9甲の里長を擔い，儒教的教養を修得した讀書人の資質をもつ人材も輩出しつづけていた。

4　小　括——休寧縣27都5圖所屬人戶の階層構成——

　『黃册底籍』の記載對象時期頃，南宋期に進士及第者を輩出して繁榮をきわめた陳村陳氏の後裔の多くは27都1圖もしくは2圖に所屬しており，27都5圖の所屬で最も有力であったのは，一族の多くが所屬して第1甲・第4甲・第7甲・第9甲の里長を擔い，讀書人の資質を具えた人材も輩出していた藤溪王氏であったとみてよい。多くが27都5圖第2甲に所屬する揚冲朱氏は，國子監生からの任官者と監生を生み出していた。

　第1章でみたように，關係者が『黃册底籍』を作製したと推測される27都5圖第3甲の里長戶——霞瀛朱氏の朱學源戶（萬曆20年册以前は朱淸戶）は，『休寧名族志』に記載されておらず，明末の段階では名族とは認知されていない新興の存在であった。しかし，朱學源戶は萬曆30年册以降，圖內第一の事產所有

二　〈總戶-子戶〉制の形成時期　167

人戶となり，『黄册底籍』の記載對象時期に 6 名の讀書人の資質をもつ人材を
輩出していた。『黄册底籍』の記載對象時期には，藤溪王氏と揚沖朱氏に霞瀛
朱氏がくわわり，27都 5 圖所屬人戶ではこの三氏が有力な存在であったと理解
してよいだろう。

『黄册底籍』萬曆30年册・萬曆40年册の記載時點で任官者・在野の讀書人が
存在していた27都 5 圖所屬人戶を確認すれば，第 1 甲里長の王茂戶，第 2 甲里
長の朱洪戶，同甲の朱淳戶，朱師孔戶，朱師顏戶，朱作戶，第 3 甲里長の朱學
源戶，第 4 甲里長の王正芳戶，第 7 甲里長の王齊興戶の計 9 戶である。こうし
た文化的・政治的側面の要素をくわえて，萬曆30年册・萬曆40年册が記載する
27都 5 圖所屬人戶の階層構成を示せば，表15のようになる。

【表15】　明末27都 5 圖所屬人戶の階層構成

萬曆30年册	實在戶	152戶	萬曆40年册	實在戶	153戶
任官者・讀書人輩出人戶	9 戶	5.9%	任官者・讀書人輩出人戶	9 戶	5.9%
出租した人戶（地主）	51戶	33.6%	出租した人戶（地主）	47戶	30.7%
自作農人戶	21戶	13.8%	自作農人戶	24戶	15.7%
自小作農人戶	58戶	38.1%	自小作農人戶	63戶	41.2%
無產人戶	13戶	8.6%	無產人戶	10戶	6.5%

二　〈總戶-子戶〉制の形成時期

従來，族產を管理する總戶の設置や戶丁＝〈子戶〉の出現，具體的な人戶の
事例の分析をもとに，明代後半以降の徽州府下では〈總戶-子戶〉制が普及し
ていたことが明らかにされてきた[47]。しかし，〈總戶-子戶〉制の形成時期が
十分に問われることはなかった。それは，史料の制約に規定されて，〈總戶-子
戶〉關係を結んでいる範圍を明らかにすることが困難だったからであろう。だ
が，前節で得た休寧縣27都 5 圖所屬の有力氏族に關する知見は，從來の制約を
越える素材を提供している。『黄册底籍』の記載對象時期頃に有力であった氏
族，なかでも詳細を窺うことができた藤溪王氏の人戶を主な事例として，〈總

168　第3章　有力氏族

戸—子戸〉制の形成時期を檢討してみよう。

　いま一度確認すれば，27都5圖第1甲の里長王茂戸は20世の性成と隆富（永樂16年［1418］〜？）の子孫，第4甲の里長王時（王正芳）戸は21世の玹慶（永樂元年［1403］〜？）の子孫，第7甲の里長王齊興戸は18世の梓（後至元元年［1335］〜洪武12年［1379］）・楡（後至元3年［1337］〜建文4年［1402］）・楸（後至元5年［1339］〜永樂6年［1408］）の子孫，27都1圖第3甲の里長王爵戸は20世の天賢（洪武18年［1385］〜天順4年［1460］）の子孫によって構成されていた。いずれも元末から明初の洪武・永樂年間の時期を生きた人物の子孫である。

　27都1圖所屬で里長を務めていた陳村陳氏の人戸——陳岩求戸・陳天相戸・陳振達戸の戸丁＝〈子戸〉も，明代前半を生きた人物の子孫であった[48]。また27都5圖第3甲の里長朱學源戸の場合も，元末明初を生きたであろう霞瀛朱氏長房派20世の福・周・山の子孫によって構成されていた[49]。

　族産を管理する總戸の設置は，〈總戸—子戸〉制の不可缺な要件ではない。家産分割後も析戸（告明分析）することなく賦役黄册上の同一人戸内に記載されつづけることこそが，不可缺な要件である。上に確認した藤溪王氏・陳村陳氏・霞瀛朱氏の人戸が〈總戸—子戸〉關係を結んでいる範圍からすれば，明初の時期から家産分割後も析戸することなく賦役黄册上の同一人戸に記載されることをつづけてきた可能性が高い。次に，〈總戸—子戸〉制が形成される要因を整理してみよう。

　〈總戸—子戸〉制が形成される要因の第一としてあげるべきは，明初における特殊徭役負擔人戸の析戸禁止である。周知のことであるが，確認しておこう。洪武元年（1368）正月頒行の『大明令』の時點から戸計の變更は禁止されており[50]，軍戸・匠戸・竈戸の特殊徭役は“永充”であったと傳えられる[51]。洪武24年（1391）の第2回賦役黄册編造に際して頒行された「攢造黄册格式」では戸等の變更と徭役を忌避するための析戸が禁止され[52]，景泰2年（1451）に至って特殊徭役負擔人戸の析戸禁止が嚴格に規定される。その規定は，『後湖志』卷4，事例1，景泰2年「奏准攢造事宜」が次のように記す[53]。

　　凡各圖人戸，有父母俱亡而兄弟多年各爨者，有父母存而兄弟近年各爨者，

二　〈總戶-子戶〉制の形成時期　169

有先因子幼而招壻，今子長成而壻歸宗另爨者，有先無子而乞養異姓子承繼，今有親子而乞養子歸宗另爨者。査照各人戶内，如果別無軍・匠等項役占規避窒礙，自願分戶者聽。如人丁數少，及有軍・匠等項役占窒礙，仍照舊不許分居。

凡そ各圖の人戶に，父母倶に亡くなりて兄弟多年各爨する者有り，父母存るも兄弟近年各爨する者有り，先に子幼きに因りて壻を招くも，今子長成して壻宗に歸り爨を另つ者有り，先に子無くして異姓の子を乞養して承繼するも，今親子有りて乞養の子宗に歸り爨を另つ者有り。各人戶内を査照し，如し果して別に軍・匠等の項の役占規避窒礙すること無く，自ら戶を分かつを願う者は聽す。如し人丁數少なく，及び軍・匠等の項の役占窒礙すること有れば，仍お舊に照らして分居するを許さず。

里＝圖内に①兩親が亡くなって兄弟が長く家産分割している人戶，②兩親が健在であっても兄弟が近いうちに家産分割した人戶，③息子が幼いために招婿したが，息子が成長し贅婿が歸宗して家産分割した人戶，④息子がいないため異姓を養子としたが，後に實子が生れ養子が歸宗して家産分割した人戶がいる場合には，軍戶・匠戶等の特殊徭役の負擔に障碍がなければ析戶を認める。しかし，人丁が少ない場合と軍戶・匠戶等の役務に障碍がある場合は析戶を許可しないという。前節でみたように27都5圖の里長を務める藤溪王氏の人戶──王茂・王時（王正芳）・王齊興・王初は特殊徭役負擔人戶であり，霞瀬朱氏の朱學源戶も匠戶であった。

　もう一つあげるべき要因は，阿風氏が明らかにしたように，明初には元代以來の墓所・墓産を管理する“贍塋戶”・“膳塋戶”等の「擬制戶名」が禁止され，その後は同族の或る人戶の所有事産とするか，同族の人戶が“分裝”する（分割して所有し，税糧を分納する）ようになったことである(54)。

　阿風氏のあげる事例を確認すれば，歙縣の雙橋鄭氏の場合，洪武14年（1381）の第1回賦役黄册編造の際に“不許立膳塋戶，作二十五分均裝（膳塋戶を立つるを許さず，二十五分と作して均裝す）”るようになり(55)，歙縣の西溪南吳氏の場合，始遷祖吳光の墓所は洪武24年の黄册から5派44戶が“分裝”するようになっ

170 第3章 有力氏族

た[56]。27都5圖に關する事例をあげれば，11都3圖の金氏の祠觀——著存觀の場合，永樂元年（1403）に所有事産を11都に所屬する金氏の8戸に"收税入戸"した結果，事産がなく道士もいない狀態となっている[57]。いうまでもなく前節でみた藤溪王氏の12戸が始遷祖等の墓所を所有していたのも"分裝"であり，それは明初期に始まったことであったのかもしれない。

墓所・墓産を管理する「擬制戸名」が禁止されたのは，阿風氏の指摘するように詭名行爲禁止の一環である[58]。もちろん，宋代から詭名挾戸・詭名寄産・詭名女戸などの詭名行爲は禁止されていたが，明初に至って宋・元期以上に嚴しく禁止されたのは，郷村行政組織の里甲制が「正役」體制——里長・甲首の役が事産所有＝税糧負擔人戸の普遍的義務とされ，里甲制は税糧と里長・甲首の役を負擔する正管戸によって編成されるものであった[59]からである。墓所・墓産を所有するのみで人丁が所屬しない「擬制戸名」の人戸は，帶管戸とせざるを得ず，かつ詭寄の恰好の對象となるために，「擬制戸名」は禁止されたと考えられる。

「擬制戸名」禁止によって生じた同族の人戸が墓所・墓産を"分裝"する狀態は，家産分割後に析戸する欲求を抑制して同一の人戸内に殘りつづけることを選擇させたであろう。析戸することは，それによって增加した人戸各々が墓所・墓産を爭奪の對象とする危險性を高めるからである。ほかでもない始遷祖等の墓所を"分裝"しながら〈總戸–子戸〉制をつづけていた藤溪王氏の事例は，それを如實に物語っている。

以上にみた事實と論理からすれば，〈總戸–子戸〉制は，特殊徭役負擔人戸の役務と「正役」體制の維持という國家の側の動機，墓所・墓産を維持してゆくためのリスク回避という人民の側の動機の二つが相いまって，明初から形成されてきた慣行と理解するのが自然であろう。鈴木博之氏は『徽州千年契約文書（宋元明編）』（花山文藝出版社，1992年）に收錄された中國歷史研究院圖書館（以前の歷史研究所）藏の徽州文書を精査し，"戸丁"が現れてくるのは墓所・族産を管理する總戸が設置されるのと同じ嘉靖年間以降のことと主張する[60]。だが，阿風氏は徽州府下には成化年間から"戸丁"が現れる事例があることを指

摘している(61)。成化年間は洪武末年から60年余り經過した時期であり，洪武年間から始まった家産分割後も析戸せず人戸内に殘りつづける世帶の呼稱が史料上に出現してくる時期としては蓋然性の高い時期といえよう。

　もちろん，ここに示した理解は，同族の人戸が合併して〈總戸–子戸〉關係を始める場合や〈總戸–子戸〉關係の範圍を擴大する場合があることを否定するものではない。事實，27都5圖所屬の人戸でも，『歸戸親供册』の記載によれば，揚冲朱氏である27都5圖第2甲里長の朱洪戸は萬曆9年の時點に朱滔戸と朱淳戸を併せて〈總戸–子戸〉制の範圍を擴大していた(62)。

　阿風氏によれば，墓所や族産を管理する「擬制戸名」が再び出現してくるのは，16世紀以降，祠廟祭祀の要求が高まり，嘉靖15年（1536）の禮部尙書夏言の奏請によって民間の始遷祖祭祀が許可されるのを大きな契機としたものであったという(63)。とすれば，鈴木博之氏が明らかにした嘉靖年間以降に墓所・族産を管理する總戸が設置される動き(64)は，「擬制戸名」の復活として位置づけるべきだろう。『黃册底籍』の記載對象時期の27都5圖內には墓所・族産を管理する總戸の存在を確認できないが，前節でみたように藤溪王氏の王茂戸・王正芳戸・王齊興戸などは，族譜には記載されない架空の人物を戸主として〈總戸–子戸〉制を行なっていた。第1章第1節第3項でみたように，朱學源戸の場合も同樣である。こうした架空の人物を戸主とする總戸が現れてくるのは，「擬制戸名」が復活する動きと連動するものであったのかもしれない。

結びに代えて──就役方法と讀書人の存在──

　南京大學歷史系資料室藏『元至正2年至乾隆28年王氏文約契膽錄簿』1册（000013號。以下，『文約契膽錄簿』と略す）は，休寧縣27都5圖第4甲の里長を務めた王時（王正芳）戸の抄契簿(65)であり，天啓4年（1624）から淸・康熙46年（1707）に議立した11件の里長合同文書（同族承役合同）を收める(66)。そのうち最も古い天啓5年（1625）の就役にむけて議立した里長合同からは，『黃册底籍』の記載對象時期における王時（王正芳）戸の就役方法を窺うことができる。

172　第3章　有力氏族

全文を引用しよう。

　　議立合同王萬德・王汝億・王汝偘等，本戶承祖四甲里長，祖墨五大房，輪
　　流帮貼充當。奈今第二房流落無踪，第四房瑩子無力。若依舊例津貼，難免
　　掣肘之患。今輪里長，輪該第五房王汝偘充當，本戶衆等近前商議。但倣舊
　　時帮貼之規，不泥舊時論房分之例。其貼役銀四拾壹兩，内照房分，惟長・
　　三・五房各出銀貳兩，共成陸兩，毛不扳扯第四房，仍銀參拾五兩，長・三・
　　五房照依丁糧派出，并前共四十一兩之數，付與承役之人，庶情義兩盡，帮
　　貼無難，不致外晒矣。自立合同之後，一應公務，俱是承役人支當，不涉戶
　　衆之事。下輪里長，如第四房茂盛，亦照依此議，同衆帮貼無辭。如有清軍・
　　清匠・單勾册取，及外人挾仇侮害，俱情愿照依丁糧派出，以貼盤費。恐後
　　人心難憑，立此合同，壹樣參張，各執一張，永遠爲照。

　　　一，議貼役銀兩，盡行預先付出，以便應賍。
　　　一，議本戶糧邊，亦預先盡行付出，以便完官。

天啓四年十一月十五日，議立合同人王萬德
　　　　　　　　　　　　　　　　王汝億
　　　　　　　　　　　　　　　　王汝伊
　　　　　　　　　　　　　　　　王良佐
　　　　　　　　　　　　　　　　王良器
　　　　　　　　　　　　　　　　王命錫
　　　　　　　　　　　　　　　　王汝偘
　　　　　　　　　　　　　　　　王之璠
　　　　　　　　　　　　　中見人陳王道
　　　　　　　　　　　　　代書人王懋紳

合同を議立する王萬德・王汝億・王汝偘等，本戶承祖の四甲里長は，祖墨
の五大房，輪流帮貼して充當す。奈せん今第二房流落して踪無く，第四房
瑩子にして力無し。若し舊例に依りて津貼すれば，掣肘の思いを兔るに難
し。今里長を輪するに，第五房の王汝偘を輪該して充當し，本戶の衆等近
前に商議す。但だ舊時の帮貼の規に倣うも，舊時の房分を論ずるの例に泥

結びに代えて　173

まず。其れ貼役銀四拾壹兩は，内ち房分に照らし，惟だ長・三・五房のみ各おの銀貳兩を出だし，共せて陸兩と成し，毛も第四房に扳扯せず，仍お銀參拾五兩，長・三・五房丁・糧に照依して派出し，前に拌せて共に四十一兩の數，承役の人に付與すれば，情・義兩つながら盡し，幇貼難無く，外哂を致さざるに庶からん。合同を立つる自りの後，一應の公務は，倶に是れ承役の人支當し，戸衆の事に渉らず。下里長を輪するに，如し第四房茂盛すれば，亦た此の議に照依し，同衆幇貼して辭無し。如し清軍・清匠の單勾册取，及び外人の挾仇侮害有れば，倶に丁・糧に照依して派出し，以て盤費を貼するを情愿す。後に人心憑るに難きを恐れ，此の合同を立つること，壹樣參張，各おの一張を執り，永遠に照と爲す。

　　　一，議りて貼役の銀兩，盡く預め先に付出するを行ない，以て應賍に便たらしむ。

　　　一，議りて本戸の糧邊，も亦た預め先に盡く付出するを行ない，以て完官に便たらしむ。　　　　　　　　　　　　（以下，略す）

　第4甲の里長を務める王正芳戸は，從來，現年里長を五大房（長房・第二房・第三房・第四房・第五房）が"輪流幇貼"――一つの房が輪番で就役し，必要な役費は各房が共同出資する方式で負擔していた。しかし，第五房の王汝侃が就役する順番の天啓5年の現年里長の役費については，第二房が絶え，第四房が凋落しているために，役費の銀41兩を長房・第三房・第五房が2兩ずつ出資し（3房×2兩），殘る35兩を長房・第三房・第五房の丁・糧に應じて據出することにしたという[67]。これによれば，本來，王時（王正芳）戸は，五大房が2兩ずつ出資し（5房×2兩＝10兩），殘る31兩を各房の丁・糧に應じて據出する形で役費の銀41兩を準備し，五大房が輪番で現年里長に就役していたと理解できる。

　もう一つ注目しておくべきは，合同末尾の箇條が示すように，王正芳戸が職役と稅糧負擔に強い責任感を有していたことである。これは宋代士大夫の家訓書や明太祖・朱元璋の教戒[68]に通ずるものであり，同族内に讀書人の能力を具えた人物が存在していたことは，こうした意識をもつに至る大きな要因であっ

174　第3章　有力氏族

たろう。ほかでもない議立合同人の筆頭者──王萬德は前節でみたように"理學に潛心"したと傳えられる人物であった。

　休寧縣27都5圖所屬のなかで最も有力であった藤溪王氏の事例によれば，元代中期以來の名族は明初期から家產分割後も析戶することなく賦役黃冊上の人戶内に殘りつづける〈總戶─子戶〉の關係を重ね，稅役負擔に強い責任感をもって總戶内の各房が"輪流帶貼"する方式で里長の役務を擔いつづけていた。

　名族の藤溪王氏・揚冲朱氏に新興の霞瀛朱氏がくわわり，『黃冊底籍』萬曆30年冊・萬曆40年冊が記載する27都5圖所屬人戶には數多くの任官者・在野の讀書人が存在していた。人戶を單位にすれば任官者・在野の讀書人を輩出したのは9戶（5.9％）であるが，任官者・在野の讀書人自體の數は王仁元・王文元・王德富（以上，第1甲王茂戶），朱滔・朱濱・朱淳・朱師孔・朱師顏・朱作（以上，第2甲所屬），朱積存・朱積團・朱春成・朱夏成・朱元成（以上，第3甲朱學源戶），王萬德（第4甲王正芳戶），王字・王以倫（以上，第7甲王齊興戶）の17名にのぼる。これらのなかには，里長の役務を擔いつづけるほかに，丈量や鄕約の役職を務めた人物もいた（丈量の圖正に就いたのは朱滔，鄕約の役職に就いたのは王文元，朱積團，朱夏成，王以倫）。在野の讀書人・有德者層を鄕村行政に從事させることは，本來，明朝國家が糧長・里甲制體制の編成に際して企圖したことであった[69]。儒教的教養を修得した讀書人が數多く存在し，鄕里のために活動する人材がいたことは，圖内の9割を超える人戶が事產を所有し，所有事產で再生產可能な人戶が5割を超えて存在していたことと並んで，明末に至っても里甲制が維持され機能しつづけた要因といえよう。

註

（1）　萬曆『休寧縣志』卷5，選擧志「進士」。

（2）　汪炎昶撰「定宇先生行狀」（陳櫟撰『定宇集』卷17，文淵閣四庫全書本）。

（3）　陳村（藤溪）陳氏については『休寧名族志』卷2「陳・陳村」，揚冲朱氏については同書卷3「朱・揚冲」，藤溪王氏については同書卷4「王・藤溪」に記す。

（4）　陳村（藤溪）陳氏については『新安名族志』後卷「陳・休寧・陳村」，揚冲朱氏については同書後卷「朱・休寧・揚冲」，藤溪王氏については同書後卷「王・休寧・

藤溪」に記す。

（5）　鈴木博之「明代徽州府の族產と戶名」（『東洋學報』71-1・2，1989年），同「明代徽州府の戶と里甲制」（井上徹・遠藤隆俊編『宋―明宗族の研究』汲古書院，2005年）。欒成顯「明清大戶經濟形態」（『明代黃冊研究』中國社會科學出版社，1998年。增訂本，2007年）。

（6）　『陳氏宗譜』卷2「系牒」。特奏名進士は11世の陳尙忠（紹興21年［1151］），13世の陳嘉善（隆興元年［1163］），14世の陳倬（慶元5年［1199］）である。

（7）　『陳氏宗譜』卷2「系牒」。舉人は12世の陳天倪，13世の陳嘉會・陳範，14世の陳才・陳天虎・陳大有，16世の陳志・陳應午であり，太學生は12世の陳滋，14世の陳有章・陳翼，15世の陳行簡，17世の陳之望である。

（8）　汪炎昶撰「定宇先生行狀」（陳櫟撰『定宇集』卷17，文淵閣四庫全書本）

　　　　其先蓋有嬀氏之苗裔，唐末避巢寇亂，自桐廬遷新安者，曰禧。得地于休寧縣治西南三十里藤溪，樂山川風土之美家焉。……後子孫蕃衍，至數千指。在宋時登科及第入仕者，代不乏人，族益大，以姓名村，藤溪之名罕稱焉。

　　　　ここでは藤溪は“罕稱”とされるが，藤溪は陳村の別稱として清代まで使用されつづける。

（9）　『陳氏宗譜』卷2「系牒」。

（10）　安徽省圖書館藏『休寧縣都圖里役備覽』（2:30710號），安徽師範大學圖書館藏『休寧縣都圖甲全錄』（139863號）の記載による。本書【資料篇】第4章「休寧縣都圖文書記載データ」で確認されたい。

（11）　廷椿・天漢は26世，尙思・成富・成堅・信は27世，奎光は28世とされる。

（12）　『得字丈量保簿』得字596號の「見業」に“本圖陳新，地柴拾參步，山壹畝貳厘”とある。

（13）　『得字丈量保簿』の「見業」に記される人戶の所屬都圖が“本都壹圖”と記されている。27都2圖が萬曆20年に設置されたことは萬曆『休寧縣志』卷1，輿地志「沿革」による。また2圖が1圖から增置されたことは，2圖の魚鱗字號の文字（千字文）が1圖と同じ“必”であったことによって明らかである。

（14）　欒成顯「黃冊制度的几个基本問題」（『明代黃冊研究』中國社會科學出版社，1998年。增訂本，2007年）286～291頁。

（15）　高橋芳郎「明代徽州府休寧縣の一爭訟――『著存文卷集』の紹介――」（『北海道大學文學部紀要』46-2，1998年。のち『宋代中國の法制と社會』汲古書院，2002年，所收）。

（16）　『著存文卷集』〈10〉「二十七都排年陳祿等告按院狀」による。項目の番號と名稱

176　第 3 章　有力氏族

は，前掲註（15）高橋「明代徽州府休寧縣の一爭訟」が付したものによる（以下，同じ）。

(17)　『著存文卷集』〈8〉「巡按御史の批」，〈9〉「休寧縣の詳文」にそれぞれ"都正陳興"，"都・圖正陳興・朱滔"とある。

　　汪道昆撰『太函集』卷75「魯令君經野記」は，休寧縣における萬暦 9 年丈量の圖正・都正について次のように傳える。

　　　　邑三（二）百有十里，里爲圖，圖有正，則以馴謹者一人職之。小事從隅都質成，大事專達。郭以內，合十里而各爲隅，隅有四。其外合三（二）百里而各爲都，都三十有三。隅正治隅，都正治都。小事則稽於衆而決其成，大事專達。然必擇可以使，務得端靖長厚者一人職之。　　　　　　　　（丸括弧內は引用者）

　　"邑三百有十里"・"其外合三百里……"と記すが，萬暦『休寧縣志』卷 1，輿地志「沿革」の國朝・萬暦十年壬午の項に"編戶二百一十三里，增二里"とあるから，"邑二百有十里"・"其外合二百里……"とするのが正しい。

(18)　前掲註（10）にあげた『休寧縣都圖里役備覽』，『休寧縣都圖甲全錄』の記載による。第 2 章第 2 節（103頁），第 6 章第 1 節（275～276頁）の引用を參照。

(19)　『休寧名族志』卷 3 「朱・揚冲」

　　　　出首村春公十世孫彥隆公派。彥隆四世孫曰彥仁，始遷此地。

(20)　朱滔・朱濱・朱淳が第 2 甲里長の朱洪戶に屬していたことは，安徽博物院藏『萬暦淸丈27都 5 圖歸戶親供册』（2:24528號）の記載による。また『黃册底籍』萬暦10年册も，朱滔と朱淳が萬暦10年から朱洪戶に"倂入"されたと傳える。

(21)　『休寧名族志』卷 3 「朱・揚冲」

　　　　淳由太學任湖廣布政司經歷，陞四川達州同知，以子爵贈儒林郎。……子二，曰仲，曰作。仲就業太學，任光祿寺掌醢署署丞，蒙覃恩敕命階徵仕郎。……次作，太學生。

(22)　『黃册底籍』は，朱信が萬暦19年に朱洪戶から析出して翌20年に告明分析したこと（萬暦20年册），朱朝臣が父の朱信から承繼して萬暦40年に戶主となったこと（萬暦40年册）を傳える。

(23)　『休寧名族志』卷 3 「朱・揚冲」

　　　　長曰師孔，由儒士任陝西涇陽簿，兩署三原篆，陞順天武淸丞。居官淸愼，政聲懋著。子曰旭，浙江布政司知印。次曰師顏，太學生。

　　なお，朱師孔と朱師顏が兄弟であったことは，『黃册底籍』の記載からは窺えない。

(24)　前掲註（21）の引用を參照。なお，朱仲と朱作が兄弟であったことは，『黃册底

註　177

　　籍』の記載からは窺えない。

(25)　第1章第1節第1項**表2**「『萬暦27都5圖黄册底籍』基礎データ」（26〜55頁）を
　　參照。

(26)　『休寧名族志』卷3「朱・揚冲」

　　　　文友善詩詞，著有竹村俚語傳世。子三，曰滔，曰濱，曰朱淳。滔溫和渾厚，積
　　　　累善行。……濱耆德好義，恩授壽官。

　　　萬暦『休寧縣志』卷6，人物志「風雅」も，朱文友について次のように傳える。

　　　　朱文友，字子益，揚冲人。幼攻儒，已謝去而遊於詩，著有竹村俚語。

(27)　朱滔が萬暦9年の丈量で圖正を務めたことは，『著存文卷集』〈8〉「巡按御史の
　　批」，〈9〉「休寧縣の詳文」がそれぞれ"圖正朱滔"，"都・圖正陳興・朱滔"と記
　　している。

　　　圖正については，前掲註（17）に引用した汪道昆撰『太函集』卷75「魯令君經野
　　記」の記事を參照。

(28)　第4章第4節にあげる**表20**「佃僕＝火佃の存在を示す事産」（220〜223頁）を參
　　照。

(29)　ほかに朱祐・朱得・朱鶴も，佃僕＝火佃の居住地の所有人戸として『得字丈量保
　　簿』に記される（得字188號・215號・216號）が，これらは未詳である。戸丁＝
　　〈子戸〉であったのではないかと推測する。

(30)　中島樂章「累世同居から宗族形成へ──宋代徽州の地域開發と同族結合──」
　　（平田茂樹・遠藤隆俊・岡元司編『宋代社會の空間とコミュニケーション』汲古書
　　院，2006年）。

(31)　王鴻等纂『武口王氏統宗世譜』所收の畢祈鳳撰「休寧藤溪王氏族譜序」（德祐元
　　年［1275］）は建炎3年（1129）のこと，同書所收の陳櫟撰「休寧藤溪王氏族譜序」
　　（大德4年［1300］）は建炎4年（1130）のことと傳える。なお，畢祈鳳は陳村から
　　陳氏以外の唯一の進士及第者（咸淳元年［1265］）である。

(32)　王鴻等纂『武口王氏統宗世譜』所收の陳櫟撰「休寧藤溪王氏族譜序」（大德4年
　　［1300］）

　　　　余里藤溪，在邑西南四十里許。有王・陳・金・畢數姓居焉，歴世於斯幾三百年
　　　　矣。其族之繁，惟王・陳爲最著者也。

(33)　『統宗世譜』「墓圖」が傳える27都5圖の魚鱗圖册の記載情報は，『丈量保簿』の
　　記載と一致している。なお，13世妣金氏の墓所の情報については，破損している箇
　　所があるため，『丈量保簿』得字1740・41號の記載によって補った。

(34)　王爵が27都1圖の里長であったことは，『著存文卷集』〈10〉「二十七都排年陳祿

178　第 3 章　有力氏族

等告按院状」による。王爵が同圖第 3 甲の所屬であったことは，『黄册底籍』の
「新收」轉收と「開除」轉除に27都 1 圖第 3 甲の人戸と記されることからわかる。

(35)　第 6 甲の王科戸，第 8 甲の王桂戸については割愛する。『統宗世譜』「世系」によ
　　れば，戸主の王科・王桂はともに24世の人物である。

(36)　藤溪王氏の人物の生沒年は，『統宗世譜』「世系」の記載による。以下も同じ。

(37)　端芳と雲賜については，『統宗世譜』に江涯撰「明故處士端芳王公行狀」と汪應
　　試撰「藤溪處士鶴埶王公行狀」が收められている。

(38)　仁元・文元・德富については，『休寧名族志』卷 4 「王・藤溪」と『統宗世譜』
　　「世系」の記載による。

(39)　文萓については，『統宗世譜』に汪惟一撰「明故處士竹泉王公行狀」が收められ
　　ている。

(40)　『休寧名族志』卷 4 「王・藤溪」の記載による。なお，萬德の弟の邦懷も學問に
　　努めたと傳えられる（『休寧名族志』卷 4 「王・藤溪」）が，彼は萬曆30年の生まれ
　　であり，萬曆40年册の時點では成丁（16歳）に達していない。

(41)　字と以倫については，『休寧名族志』卷 4 「王・藤溪」の記載による。

(42)　『統宗世譜』「世系」の記載による。

(43)　『休寧名族志』卷 4 「王・藤溪」の記載による。

(44)　『統宗世譜』「世系」の記載による。

(45)　同上。

(46)　『休寧名族志』卷 4 「王・藤溪」の記載による。

(47)　前揭註（ 5 ）鈴木「明代徽州府の族産と戸名」，同「明代徽州府の戸と里甲制」，
　　欒「明清大戸經濟形態」。

(48)　陳岩求戸の戸丁＝〈子戸〉は23世周來（永樂 2 年［1404］～成化 5 年［1469]）
　　の子孫，陳天相戸の戸丁＝〈子戸〉は23世周甦（永樂14年［1404］～成化22年
　　［1486]）の子孫，陳振達戸の戸丁＝〈子戸〉は21世性初（洪武27年［1394]～成化
　　4 年［1468]）の子孫であった。生沒年は『陳氏宗譜』卷 2 「系牒」の記載による。

(49)　朱學源戸の〈子戸〉の範圍は，霞瀛朱氏長房派の26世～28世であった。第 1 章第
　　1 節第 3 項（59～63頁）を參照。上海圖書館藏：朱坤纂『霞瀛朱氏統宗譜』卷 3 ～
　　5 「世系」によれば，彼らは元末明初の時期を生きたであろうと推測される20世の
　　福・周・山の子孫である。

(50)　『大明令』戸令（『皇明制書』卷 1 ）
　　　軍・民・醫・陰陽諸色戸計，各以原報抄籍爲定，不得妄行變亂，違者治罪，仍
　　　從原籍。

註　179

(51)　『明史』巻78，食貨2，役法

　　　凡軍・匠・竈戸，役皆永充。

(52)　『明太祖實錄』巻203，洪武23年8月丙寅條

　　　戸部奏，重造黃册，以册式一本幷合行事宜條例頒行。……其上・中・下三等人

　　　戸，亦依原定編類，不許更改，因而分丁析戸，以避差徭。

(53)　正德『大明會典』巻21，戸部6「攢造黃册」も同記事を収めるが，文章に亂れが

　　　あるため，『後湖志』による。

(54)　阿風「明代宗族墓産擬制戸名考」（『第三屆中日學者中國古代史論壇文集』中國社

　　　會科學出版社，2012年）。

(55)　前揭註（54）阿「明代宗族墓産擬制戸名考」390頁。

(56)　前揭註（54）阿「明代宗族墓産擬制戸名考」392～393頁。

(57)　前揭註（15）高橋「明代徽州府休寧縣の一爭訟」348頁，『著存文卷集』〈40〉「刑

　　　南科の供稿」・〈56〉「道士底籍」。

(58)　前揭註（54）阿「明代宗族墓産擬制戸名考」389頁。

(59)　里甲制が具えた「正役」體制の性格については，伊藤正彦「明初里甲制體制の歷

　　　史的特質——宋元史研究の視角から——」（『宋元郷村社會史論——明初里甲制體制

　　　の形成過程——』汲古書院，2010年）242～250頁を參照。

　　　　なお，洪武14年正月の里甲制の全國的施行に先行する「小黃册圖の法」の段階か

　　　ら里は“有田人戸（有田の人戸）”によって編成され，里長・甲首の役は事産所有＝

　　　税糧負擔人戸の普遍的義務とされていた。これは，靜嘉堂文庫藏『漢書』紙背と上

　　　海圖書館藏『後漢書』紙背の「小黃册」原本の記載によって明らかである。

　　　①靑田縣坊郭里長董均明等承奉本縣旨揮該。奉溫州府旨揮，爲稅糧黃册事。仰將

　　　　坊郭有田人戸，每一佰家分爲十甲。內選田糧丁力近上之家十名，定爲里長，每

　　　　一年挨次一名，承當十年，週而復始。其□頭名承當甲首，下年一體挨次輪當。

　　　　保內但有編排不盡畸零戸或二十三四十戸，務要不出本保，一體設立甲首，

　　　　鄰近里長，通行代管。如及五十□編排成甲，置立小黃册，開寫各戸田糧數目，

　　　　令當該里長收管，相沿交割，催辦錢糧。奉此，今將坊郭攢造到人丁田粮黃册，

　　　　編排里長甲首戸□，開具于後。（靜嘉堂文庫藏『漢書』傳69上，41葉の紙背）

　　　②處州府靑田縣四都承奉本縣旨揮該。奉處州府旨揮，爲稅糧黃册事。仰本都有田

　　　　人戸，每壹佰家分爲十甲。內選田糧丁力近上之家壹拾名，定爲里長，每一年挨

　　　　次一名，承當十年，周而復始。其余人戸，初年亦以　名承充甲首，下年一體挨

　　　　次輪當。保內但有編排不盡畸零戸，數貳拾參拾肆拾戸，務要不出本保，一體設

　　　　立甲首，鄰近里長，通行帶管。如及伍十戸者，別立里長一名，排編成甲。置立

180　第3章　有力氏族

　　小黄册一本，開寫各戸田糧數目，令當該里長收受，相沿交割，催辦錢粮。奉此，
　今將攢造到人丁田糧黄册，編排里長甲首資次，備細數目，開具于後。

（上海圖書館藏『後漢書』卷4，13葉の紙背）

　　①の引用は，竺沙雅章「漢籍紙背文書の研究」（『京都大學文學部研究紀要』14，
1973年），尹敏志「靜嘉堂藏宋刊明印本《漢書》紙背文書初探——以洪武三年浙江
試行黄册爲中心——」（『文史』2023年第2輯），②の引用は，宋坤・張恆「明洪武
三年處州府小黄册的發見及意義」（『歷史研究』2020年第3期）にもとづく。

(60)　前掲註（5）鈴木「明代徽州府の戸と里甲制」。

(61)　前掲註（54）阿「明代宗族墓産擬制戸名考」405頁。

(62)　『萬暦9年清丈27都5圖歸戸親供册』は，朱洪戸を構成するものとして“戸丁朱
大等”，“戸丁朱濱”，“歸併朱滔”，“歸併朱淳”を記す。朱洪戸の場合は，戸丁もみ
えることからすれば，すでに〈總戸−子戸〉制を行なっていた朱洪戸が萬暦9年に
朱滔戸と朱淳戸を併合したと理解できる。その後，萬暦20年に朱洪戸から朱淳戸，
朱滔の長子である朱師孔戸は告明分析している。

(63)　前掲註（54）阿「明代宗族墓産擬制戸名考」404〜405頁。

(64)　前掲註（5）鈴木「明代徽州府の族産と戸名」。

(65)　『文約契膽録簿』は，計139件（元代：1件，明代：28件，清代：110件）の文書
を抄寫して收めている。筆者は，范金民氏（南京大學歷史系）のご理解とご協力を
得て，2015年3月に『文約契膽録簿』を閲覧した。閲覧にあたってご協力いただい
た范金民氏と南京大學歷史系資料室の方々に，記して感謝する。

(66)　11件の里長合同文書は，卞利編『徽州民間規約文獻精編』村規民約卷（安徽教育
出版社，2020年）に收録されている。11件の里長合同文書を活用して王正芳戸の就
役方法の變遷を探ったものして，洪性鳩「明末清初　休寧縣二十七都五圖王正芳戸
の日常生活」（『東洋史學研究』155，2021年，韓國）がある。參照されたい。

(67)　圖10（159〜160頁）に五大房の範圍を示したとおり，五大房は22世の添祥・添房・
添勝・添貴・添鎮の子孫によって構成されていた。また第二房が途絶え，第四房が
苦境にあったことも確認できる。『文約契膽録簿』「老屋基鬮分圖」（萬暦14年2月
12日）に，五大房のうち第二房の相續分のみが記されていないことから，第二房は
萬暦14年2月には絶えていたと考えられる。なお，『文約契膽録簿』には王時（王
正芳）戸の一員である24世の「應雲公分單」（萬暦13年11月），同世の「王齊公産業
分單」（萬暦30年閏2月初2日），26世の「邦懷公遺囑」（崇禎12年12月），同世の
「萬德公分單」（崇禎13年7月）が收められており，構成員が外地で商業を營んでい
たことが窺える。

（68）　たとえば袁采撰『袁氏世範』巻 3 「稅賦宜預辦」「稅賦早納爲上」，『教民榜文』
　　　　第31條。

（69）　伊藤正彦「元末一地方政治改革案——明初地方政治改革のイデオロギー——」
　　　　（『宋元鄕村社會史論——明初里甲制體制の形成過程——』汲古書院，2010年）208
　　　　〜209頁。

第4章　租佃關係

はじめに

　第2章において安徽博物院藏『萬暦27都5圖黃册底籍』4册（2:24527號。以下，『黃册底籍』と略す）の萬暦30年册・萬暦40年册の記載をもとに休寧縣27都5圖所屬人戶の經濟的階層構成を探るなかで，地主的土地所有についても檢討したが，それはあくまで27都5圖所屬人戶の地主的土地所有の全體的傾向を推論したにとどまる。本章では，上海圖書館藏『明萬暦9年休寧縣27都5圖得字丈量保簿』1册（線普563585號。以下，『得字丈量保簿』と略す）の記載を活用し，萬暦9年（1581）時點の27都5圖內に存在した事産をめぐる租佃關係の具體的あり方を探ることにしよう。

　戰後日本の中國史研究において最も多くの論爭を重ねた地主佃戶關係理解の追究[1]は，いまや終熄している。それは1970年代後半から80年代の大きな成果によるものであろう。地主佃戶關係研究を終熄させた主要な成果を確認すれば，その第一は，身分法の觀點から宋・元期の佃戶を人格的隸屬性がある佃僕・地客（兩者は同一實體の別稱）と人格的隸屬性が希薄な佃客という二つの類型としてとらえる高橋芳郎氏の理解[2]，第二は，宋代以來の地主經營の方式を分種と租佃という二つの類型によってとらえる草野靖氏の理解[3]，第三は，明代後半以降の田面田底慣行を中國固有の多重所有權としてとらえる寺田浩明氏の理解[4]であろう。なかでも，地主－佃戶間の人格的支配隸屬性の有無をめぐる問題を解決した高橋氏の成果をうけて，その後の課題は佃僕・地客と佃客がどのように存在していたか——佃戶の具體的な存在形態の追究へと移った。

　渡邊信一郎氏は，宋代の佃客の多くが自ら土地を所有し國家に下等主戶（五等戶制の四等戶・五等戶）として把握される自小作農であったことを明らかにし[5]，宮澤知之氏も宋代兩浙（浙西路・浙東路）における農民の階層構成を探

184　第4章　租佃關係

るなかで，地主佃戸關係の支配的形態は下等主戸がとり結ぶ自小作關係であり，浙東を典型とする當時の先進的な水稻作技術を實現した扇狀地・河谷平野・山間盆地では人格的隸屬性の強い佃僕・地客が併存していたことを指摘した[6]。これらは宋代の佃戸の存在形態を追究した重要な認識である。しかし，宋代史料の制約性のために，その檢討は文獻史料の記述と州・縣レヴェルの數値に依據したものであり，具體的な地域に卽して租佃關係のあり方を探ることは課題として殘されている。

　緒論第2節と第2章第1節で確認したように，27都5圖は宋代の先進的な水稻作技術が普及した江南の典型的な山間盆地に位置しており，ここでの檢討はそうした地域における租佃關係のあり方を探る意義も有している。本章は，こうした地主佃戸關係研究の展開からの課題にも應えようとする試みである。

一　27都5圖內の事産と出租事産の概況

　『得字丈量保簿』の書誌は第1章第2節第1項で論じたとおりであるが，行論に必要な點，ならびに檢討にあたっての留意點を確認しておこう。

　『得字丈量保簿』は，張居正の丈量──休寧縣では知縣の曾乾亨が萬曆9年8月下旬から11月に實施した丈量によって作製された魚鱗圖冊である。全442葉の分量であり，萬曆9年丈量で把握した休寧縣27都5圖の得字9號～3544號の事産の情報を傳える。第1章第2節第1項でみたように，淸・順治年間の丈量で作製された27都5圖の魚鱗圖冊（『淸順治15年27都5圖良字登業草冊』5冊）の冊首第7面が萬曆9年丈量の27都5圖の事産は得字1號～3567號であったと傳えているから，現存する『得字丈量保簿』は缺損した31號分（得字1～8號と得字3545～3567號）を除き本來の99％の分量を殘していた（70頁）。27都5圖內の事産の狀況を探るには十分な分量である。

　『得字丈量保簿』が各號の事産について記載する項目は次のとおりであり，佃人に關する記載があることが特徴の一つである。

　　字號數，土名，事産の種類・等則，實測面積額（步數），計稅額（稅畝數），

個人，事産の形状（圖示），四至（東西南北の順），見業戸（所有人戸）の所
屬都圖・戸名（所有人戸が複數の場合，各人戸の事産の實測面積額も記す）。

　個人の項の記載に着目すれば，萬曆9年に明朝國家が把握した27都5圖内の
事産の租佃關係を探ることができる。ただし，檢討にあたっては，次の諸點に
留意しておかなければならない。

　第一は，個人が記載されていても，出租・租佃している事産額は記されてお
らず，一つの號が付された事産すべてを出租・租佃していたのか，事産の一部
を出租・租佃していたのかは不明な點である。どちらも可能性があるが，實際
の出租・租佃事産額を知り得ない以上，ここでは一つの號の事産すべてを出租・
租佃していたと假定して出租事産額・租佃事産額を算出する。

　第二は，一つの號の事産の個人が複數名記される場合があり，また事産の見
業戸（所有人戸）も複數の場合がある點である。租佃事産額・出租事産額とも
にその内譯を知り得ないため，個人が複數名記される場合はそれぞれの個人に
租佃事産額として計上し，見業戸が複數の場合は見業戸それぞれに出租事産額
として計上する。したがって，租佃事産・出租事産ともに想定される最大の事
産額の數値を示すことになる。

　第三は，個人の項の記載のとらえ方である。明末の徽州府下では田面田底慣
行が存在したことが明らかにされており[7]，章有義氏は魚鱗圖册の個人の項
に記載される人名は田面權の所有者であり，個人の項に“自”と記載される場
合は見業戸が田面權も所有していること，個人の項に記載がない場合は見業戸
が自耕（自作）あるいは出租していることを示すという理解を提出している[8]。
この章氏の理解を汪慶元氏も支持している[9]。しかし，魚鱗圖册の個人の項
に記載される人名を田面權の所有者とする章氏の理解には，田面權をもたない
個戸は頻繁に交替するという一般的傾向のほかに論據がない。むしろ，田面田
底慣行が形成される以前の元末朱元璋政權下や明初洪武丈量の魚鱗圖册にも個
戸や個人の項の記載がある[10]ことからすれば，個人の項の記載を田面權の所
有者と理解するのには無理がある。筆者は，魚鱗圖册の記載から田面田底慣行
について檢討することは困難であると考えるため，田面田底慣行の問題は捨象

する。佃人の項に記載がない場合は“自”と記すのを省略したものであり，佃人の項に“自”と記載される場合と記載がない場合を見業戶が自耕した事產と理解して檢討する。

　さて，以上の留意點をふまえたうえで，27都５圖內の事產の內譯（田・地・山・塘の額），ならびに租佃關係を結んでいた事產（出租事產）の全體的傾向をみておこう。『得字丈量保簿』が傳える事產の內譯，個人名が記載される出租事產を集計した結果は，表16のとおりである。一つの號で把握された事產のなかには複數の種類の事產によって構成される場合（田と塘，地と山など）があるため，事產數は號ではなく坵を單位に記上した。なお，以下に事產額を示す場合は，萬曆９年の丈量以降採用された各種等級の事產面積を相當する納稅面積に換算した稅畝によって表記する。

【表16】　萬曆９年27都５圖內の事產と出租事產

27都５圖內の事產			出租事產		
田	2237坵	60.6%	田	1410坵	63.0%
地	1014坵	27.5%	地	255坵	25.1%
山	375坵	10.2%	山	75坵	20.0%
塘	63坵	1.7%	塘	11坵	17.5%
計	3689坵		計	1751坵	47.5%

　『得字丈量保簿』によって判明する萬曆９年の27都５圖內の事產は，總數3689坵（總額3176.3614稅畝）であり，そのうち地は27.5%，山は10.2%にとどまり，田は60.6%であった。出租された事產に眼を移せば，總數1751坵（總額1663.6389稅畝）——半數に近い47.5%の事產が出租されていた。また，地と山の出租率は25.1%と20.0%と低いが，田の出租率は63.0%と高い。

　ここでみた27都５圖內の半數に近い事產が出租されており，かつ田の出租率が高いという全體的傾向からすると，萬曆９年の27都５圖では地主的土地所有が發達していたように映る。その內實はどのようなものであったのだろうか，詳しい檢討に移ろう。

二　27都5圖內事產の出租人戶

　休寧縣27都5圖內の事產を出租していた人戶は，どのような人戶であり，どれほどの額を出租していたのだろうか。

　『得字丈量保簿』の個人の項に人名の記載がある事產を出租されたものとみなして，見業戶ごとに27都5圖の事產の出租額を集計した結果が**表17**である。**表17**では，27都5圖所屬人戶は所屬の甲ごとに出租事產額の多い順に示し，27都5圖所屬以外の人戶については27都內の圖，27都以外の都圖ごとに出租事產額の多い順に示している。第3章で論じたように，徽州府下では明初期以來，家產分割後も獨立の戶名を立てることなく，册籍上の名義戶（總戶）のもとに複數の戶（子戶）が含まれる慣行——いわゆる〈總戶–子戶〉制が形成され，明代後半には廣く定着していた。〈總戶–子戶〉制の〈子戶〉は，徽州文書のなかで"戶丁"と記され[11]，『得字丈量保簿』でも事產所有の主體として戶丁が記されている。そのため，所有主體が戶丁＝〈子戶〉であるとわかる事產については總戶のもとに合わせて計上した。

【表17】　萬曆9年27都5圖內事產の出租人戶

※事產額の單位は稅畝。○は〈總戶–子戶〉制を行なっている人戶を示す。□は判讀不能を示す。

27都5圖所屬人戶　　48戶

第1甲

○王　茂　214.0365（田183.3490，地16.2000，山14.0925，塘0.3950）　202坵

　程　相　6.4180（田6.2620，地0.1560）　11坵

○王　榮　7.1130（田6.1130，山1.0000）　7坵

　金　清　3.4820（田3.4820）　1坵

　謝　社　3.7060（田3.7060）　2坵

第2甲

○朱　洪　74.7450（田72.4960，地0.9980，山1.1100，塘0.1410）　75坵

　朱　隆　21.1100（田19.6900，山1.4200）　23坵

○吳四保　3.6700（田3.6700，地1.6110）　7坵

188 第4章 租佃關係

朱時應　　0.6500　（田0.6500）　1坵

第3甲

○朱　清　　5.9660　（田5.7040, 地0.2620）　8坵

第4甲

○王　時　　16.3660　（田12.5280, 地1.0880, 山2.7500）　22坵

○王　法　　6.9690　（田0.1740, 地0.1730, 山6.6220）　6坵

第5甲

○陳　章　　87.9230　（田80.9060, 地1.8270, 山4.9000, 塘0.2900）　87坵

　朱勝付　　2.7630　（田2.1330, 山0.6300）　3坵

　陳　新　　7.5140　（田2.0880, 地0.3720, 山5.0540）　6坵

　陳信漢　　10.1220　（田10.1220）　7坵

　陳　宜　　3.0390　（田3.0390）　3坵

第6甲

　王　科　　0.7100　（地0.7100）　1坵

　汪　琰　　11.8210　（田10.6360, 地1.1850）　12坵

　汪　龍　　0.2440　（地0.2440）　1坵

第7甲

○王齊興　　49.2190　（田25.2160, 地13.2400, 山10.7630）　47坵

　程周宣　　1.2160　（田1.2160）　2坵

第8甲

　王繼成　　5.0570　（田3.7310, 地1.3260）　5坵

　朱　瑾　　18.1930　（田17.1610, 地0.6620, 山0.3700）　17坵

○王　桂　　23.3180　（田15.5920, 地0.9240, 山6.8020）　20坵

　程　學　　11.0800　（田10.1720, 地0.0710, 山0.7000, 塘0.1370）　21坵

第9甲

○王　初　　4.7890　（田1.9680, 地1.0710, 山1.7500）　5坵

　朱　得　　1.3320　（田1.3320）　1坵

○畢　盛　　8.8560　（田4.7760, 山4.0800）　8坵

○朱廷鶴　　11.3240　（田11.3240）　14坵

第10甲

○金萬政　　57.6464　（田50.2260, 地1.8350, 山5.5854）　58坵

　朱　太　　0.6500　（田0.6500）　1坵

　朱　祐　　12.0420　（田11.8530, 地0.1890）　10坵

陳　祥　　33.0170（田33.0170）　33坵

　朱　社　　3.2720（田3.2720）　5坵

　朱　瑚　　2.0350（田2.0350）　3坵

その他の27都5圖所屬人戸（27都5圖所屬人戸の〈子戸〉と推測される人戸）

　朱　憲　　11.1010（田10.1010，地0.6970）　13坵

　朱　稷　　1.2070（田1.2070）　1坵

　朱　邦　　8.3900（田8.1260，地0.2640）　9坵

　朱祖祐　　2.4810（田2.4810）　2坵

　汪大祿　　2.4060（田2.4060）　2坵

　王岩本　　1.3730（田1.3730）　1坵

　王淸明　　0.0930（田0.0930）　1坵

　王楸房　　0.9450（地0.9450）　1坵

　汪　才　　0.2120（地0.2120）　1坵

　王廷榮　　0.7860（田0.7860）　1坵

　王　敍　　0.7740（地0.7740）　1坵

　王　將　　0.7400（山0.7400）　1坵

27都1圖所屬人戸　　53戸

○陳　興　　276.7770（田230.7410，地34.3580，山11.5770，塘0.1010）　278坵

○王　爵　　156.5720（田114.0350，地13.2400，山28.3770）　116坵

○陳振達　　89.5120（田66.0670，地18.7400，山4.7050）　99坵

○陳天相　　84.0240（田75.3530，地4.9260，山2.6840，塘0.2060）　77坵

○陳寅祿　　80.6150（田67.6100，地4.8670，山8.1380）　70坵

○陳岩求　　74.1070（田21.7930，地41.6590，山10.4490，塘0.2060）　60坵

○汪　明　　27.7260（田20.9040，地1.8720，山4.9500）　28坵

○著存觀　　27.4570（田26.8570，塘0.6000）　32坵

○陳　嘉　　23.5140（田12.6670，地5.0730，山5.7740）　21坵

　陳　本　　20.6280（田17.6680，地0.4600，山2.5000）　18坵

　朱得眞　　19.8840（田19.8840）　10坵

○陳　法　　12.8550（田7.3610，地0.2520，山5.2420）　16坵

○陳建忠　　11.8020（田9.4520，地2.3500）　12坵

　陳時陽　　11.7330（田11.7330）　9坵

　陳　學　　11.4150（田9.0650，地2.3500）　8坵

190　第 4 章　租佃關係

○陳　鵬　　11.2980（田10.0580，地0.0400，山1.2000）　6 坵

　陳　善　　10.4890（田10.4890）　9 坵

　陳文討　　9.7370（田3.8510，地3.6470，山2.2390）　11坵

　汪　希　　8.9340（田2.2890，地3.0050，山3.6400）　4 坵

　陳　長　　8.9060（田0.6500，地6.6010，山1.6550）　8 坵

　陳應時　　8.8490（田0.4440，地7.3250，山1.0800）　3 坵

　陳積社　　8.1020（地6.3470，山1.7550）　7 坵

　朱　法　　7.3210（田7.3210）　6 坵

○陳文燦　　6.3450（田6.3450）　6 坵

　陳光儀　　6.3330（田6.3330）　6 坵

　程道華　　5.7330（田1.6200，地1.0730，山3.0400）　5 坵

○程岩才　　5.4860（田2.4460，山3.0400）　6 坵

○朱　曜　　4.0250（田3.7990，地0.2260）　7 坵

　陳　亮　　3.9030（田0.8370，地0.2920，山2.7740）　3 坵

　陳三同　　3.3600（山3.3600）　1 坵

　陳　相　　3.0840（田3.0840）　3 坵

　汪　志　　2.9840（田2.9840）　2 坵

　陳　討　　2.9540（地2.9540）　1 坵

　黃　雲　　2.7190（田2.7190）　2 坵

　陳　鉤　　2.6300（田2.3500，山0.2800）　4 坵

　陳寄得　　2.6250（地1.5450，山1.0800）　4 坵

○朱天生　　1.9450（田1.9450）　1 坵

　周　進　　1.9360（田1.9360）　1 坵

　汪　琰　　1.8430（田1.8430）　1 坵

○朱自方　　1.8120（田1.8120）　1 坵

　陳勝佑　　1.7660（田1.7660）　1 坵

　陳　貴　　1.7140（田1.7140）　3 坵

　朱　友　　1.3480（田1.3480）　1 坵

　陳　學　　1.2800（田1.2800）　1 坵

　陳□陽　　1.2000（地1.2000）　1 坵

　汪本亨　　1.1360（地1.1360）　1 坵

　陳　明　　0.8520（田0.8520）　1 坵

　陳　大　　0.6960（田0.6960）　1 坵

二　27都5圖内事産の出租人戸　191

　陳天付　　0.6630（田0.6630）　1坵
　陳齊龍　　0.5580（地0.3580，山0.2000）　2坵
　吳天志　　0.5000（山0.5000）　1坵
○陳天盛　　0.3590（地0.3590）　2坵
　汪　鑑　　0.3120（田0.1540・地0.1580）　1坵
　陳　進　　0.1000（山0.1000）　1坵

27都3圖所屬人戸　　3戸
　朱玄貴　　8.0830（田8.0830）　6坵
　金萬全　　1.3970（田1.3620，地0.0350）　1坵
　朱持金　　1.2520（田1.2520）　1坵

27都6圖所屬人戸　　6戸
　李　福　　4.2090（田4.2090）　3坵
　汪得祐　　2.6660（田2.6660）　1坵
　金有祥　　1.1190（田1.1190）　2坵
　汪天祿　　1.0360（田1.0360）　1坵
　金　齊　　0.2500（山0.2500）　1坵
　陳　甫　　0.1690（田0.1690）　1坵

西北隅1圖所屬人戸　　1戸
　蘇叔武　　2.9260（田1.5560，地1.3700）　3坵

西南隅2圖所屬人戸　　1戸
　巴　麟　　0.6430（田0.6430）　1坵

11都3圖所屬人戸　　31戸
　金桐竹　　40.2220（田29.9260，地1.6310，山7.9170，塘0.7480）　51坵
　金經衞　　18.4970（田17.9340，地0.5090，塘0.0540）　16坵
　金湛英　　12.8270（田12.2640，地0.5090，塘0.0540）　12坵
　金神護　　8.2890（田6.7480）　10坵
○金以用　　5.1330（田5.1330）　5坵
　金文獻　　4.6450（田4.6450）　4坵

192　第4章　租佃關係

金子厚	3.9520	（田3.7310，地0.2210）	5坵
金初孫	3.7480	（田3.7480）	3坵
金汝鐀	3.7170	（田3.7170）	4坵
金可儀	3.0690	（田3.0690）	3坵
金澤民	3.0340	（田3.0340）	2坵
程　珊	2.3280	（田2.3280）	1坵
○汪國英	2.0940	（田1.3540，山0.7400）	2坵
金守進	1.6800	（田1.1800，山0.5000）	2坵
金應元	1.4970	（田1.4970）	1坵
金應昂	1.4410	（田1.4410）	2坵
金　儒	1.4040	（田1.4040）	1坵
金王陞	1.3690	（田1.3690）	1坵
金汝賢	1.3420	（田1.1710，地0.1710）	3坵
金應陞	1.0470	（田1.0470）	1坵
汪尙楷	1.0190	（田1.0190）	1坵
金求英	1.0080	（田1.0080）	1坵
○吳小保	0.9410	（田0.8870・塘0.0540）	1坵
羅岩付	0.8120	（田0.8120）	1坵
金廷黃	0.6070	（田0.6070）	1坵
金景付	0.5840	（田0.5840）	1坵
金繼宗	0.4950	（田0.4950）	1坵
金　齊	0.3920	（田0.3920）	1坵
金廷淑	0.3530	（田0.3530）	1坵
金革孫	0.2340	（地0.2340）	1坵
汪本靜	0.2240	（地0.2240）	1坵

13都2圖所屬人戶　　1戶

程　文	4.1380	（田4.1380）	3坵

26都4圖所屬人戶　　2戶

洪雲相	2.9020	（田2.9020）	3坵
朱允升	0.5500	（地0.5500）	1坵

二 27都5圖内事産の出租人戸　193

26都5圖所屬人戸　　1戸

　　汪登源　　9.1670（田9.1670）　9垠

30都1圖所屬人戸　　1戸

　　陳明宗　　3.1240（田3.1240，地0.6170，山2.1900）　4垠

　　表17の内容をみよう。27都5圖内の事産を出租する人戸は，計148戸であった。そのうち，27都5圖所屬の出租人戸は48戸にとどまり[12]，他圖所屬の人戸は100戸と出租人戸の67.6%にのぼった。最も出租人戸が多いのは27都1圖所屬の53戸であり，つづいて多い順に確認すれば，11都3圖が31戸，27都6圖が6戸，27都3圖が3戸，26都4圖が2戸，30都1圖・26都5圖・13都2圖・西南隅2圖・西北隅1圖がいずれも1戸ずつであった。

　　次に，27都5圖内の事産を出租する人戸自體に眼を移そう。第2章で檢討したとおり，萬暦年間の27都5圖では，中國の平均的な家族とされる5人家族（夫妻2人と子ども3人）を想定した場合，10稅畝程度の田・地を所有すれば十分に再生産が可能であり，商業活動で蓄財した人戸であっても出租する事産は20稅畝臺にとどまっていた。こうした點から，20稅畝以上の事産を出租していた人戸を多額の事産を出租する人戸とみなすことにする。

　　表17から20稅畝以上の事産を出租する人戸を出租事産額の多い順に抽出すれば，次のとおりである（丸括弧内には，所屬の圖［27都5圖については圖・甲］と圖内の職役を示す）。

　　陳興：276.7770稅畝（1圖），王茂：214.0365稅畝（5圖第1甲里長），王爵：155.6520稅畝（1圖里長），陳振達：89.5120稅畝（1圖里長），陳天相：83.1690稅畝（1圖里長），陳寅祿：80.6150稅畝（1圖），陳岩求：74.1070稅畝（1圖里長），陳章：87.9230稅畝（5圖第5甲里長），朱洪：74.7450稅畝（5圖第2甲里長），金萬政：57.6464稅畝（5圖第10甲里長），王齊興：49.2190稅畝（5圖第7甲里長），陳祥：33.0170稅畝（5圖第10甲），汪明：27.7260稅畝（1圖），著存觀：27.4570稅畝（1圖），陳嘉：23.5140稅畝（1圖），王桂：

194　第4章　租佃關係

23.3180税畝（5圖第8甲），朱隆：21.1100税畝（5圖第2甲），陳本：20.6280
税畝（1圖）

　27都5圖所屬の8戶と27都1圖所屬の10戶の計18戶である。この半數の9戶
が27都5圖と27都1圖の里長を務める人戶であった（27都5圖：王茂・陳章・朱
洪・金萬政・王齊興の5戶，27都1圖：王爵・陳振達・陳天相・陳岩求の4戶）(13)。
276.7770税畝と最も出租事產額が多い27都1圖所屬の陳興戶は，里長戶ではな
いが，萬曆9年の丈量で都正を務めており(14)，27都全體の有力人戶であった
と解してよい。なお，27都5圖の他の里長戶の出租事產が少額であったのは不
思議に映るかもしれないが，それは他の里長戶が27都5圖內の事產を少額しか
所有せず，他圖に所在する事產を所有していたからである。27都5圖內の事產
の出租額が5.9660税畝にとどまった第3甲の里長である朱清戶を例にしよう。
萬曆9年の丈量を經て作製された魚鱗圖册關係文書である安徽博物院藏『萬曆
9年清丈27都5圖歸戶親供册』1册（2:24528號。以下，『歸戶親供册』と略す）の
記載によれば，朱清戶は總數472坵，總額305.6265税畝の事產を所有していた
が，27都5圖內の所有事產はわずか19坵にとどまり，27都1圖內の所有事產が
430坵にのぼっていた(15)。重ねて確認するが，『得字丈量保簿』が傳えるのは2
7都5圖內の事產のみである。

　里長戶と並んで出租人戶に多いのは，〈總戶–子戶〉制を行なっていた人戶で
ある。『得字丈量保簿』に戶丁が記され，〈總戶–子戶〉制を行なっていたこと
が確認できる人戶については，表17のなかに丸印を付した。27都5圖の所屬は，
里長を務める人戶のほか，王榮・吳四保・王法・王桂・畢盛・朱廷鶴の6戶で
ある。27都1圖の所屬では，里長戶のほか，陳寅祿・汪明・著存觀・陳嘉・陳
法・陳建忠・陳鵬・陳文燦・朱曜・朱天生・朱友・朱自方・陳天盛の13戶であ
る。これらの人戶の出租事產額は，里長を務める人戶ほど多額ではなく，20〜
10税畝前後の場合が多い。

　以上のように，里長を務める人戶や〈總戶–子戶〉制を行なっている人戶が
出租人戶の主軸であったが，所有事產が少額の人戶が出租している點も看過で
きない。『歸戶親供册』の記載によって27都5圖所屬人戶の所有事產額を確認

すると，第1甲の謝社戸は3.9570税畝（地：2.2915税畝，山：1.6655税畝），第5甲の陳宜戸は4.5980税畝（田：4.5980税畝），第6甲の王科戸は1.5940税畝（田：0.4330税畝，地：0.9570税畝，山：0.2040税畝），同甲の汪龍戸は3.8260税畝（地：2.2460税畝，山：1.5800税畝），第7甲の程周宜戸は4.0220税畝（田：3.4220税畝，地：0.6000税畝）であった[16]。謝社戸・王科戸・汪龍戸の場合は，明らかに所有事産で再生産することができない[17]。そうした人戸であっても，事産を出租していた。

　あわせて指摘しておくべきは，多額の事産を出租する人戸も生産活動から遊離していたわけではなかったことである。たとえば，出租事産額が最も多い27都1圖所屬の陳興戸は63坵の田を出租せず，27都5圖所屬で出租事産額が最も多い第1甲里長の王茂戸は113坵の田を出租せず，第2甲里長の朱洪戸は58坵の田を出租していなかった[18]。こうした例によれば，出租事産が多額の人戸であっても，自耕する事産を所有したうえで出租しており，27都5圖内の事産を對象とする地主的土地所有は寄生的な性格のものではなかったと考えられる。

三　27都5圖内事産の佃人

　では，休寧縣27都5圖内の事産を租佃する佃人はどのような状況だったのだろうか。佃人の側に眼をむけよう。

　『得字丈量保簿』に佃人名の記載がある事産を租佃されたものとみなして，佃人ごとに情報を集計した結果が表18である。そこには，佃人ごとに，租佃する事産の數，租佃する事産の種類（田・地・山・塘の別）と數，租佃する事産の總額，租佃關係を結んでいる見業戸の數を記した。佃人の所屬都圖に關する記載はなく，佃人名から所屬都圖が推測できる場合はごく少數であり，基本的に佃人の所屬都圖は不明である。佃人名については，姓・名ともに記す場合（例：郭晶，謝足），名のみを記す場合（例：新志，進曜），姓・名ともに記したか，名のみを記したか判然としない場合（例：岩玘，付曜）が混在している。また，佃人名は晉通異字で記されることも多くみられる。晉通異字の場合は最初に記された表記に統一し，末尾に（○○を含む）と附記した。

196　第4章　租佃關係

【表18】　27都5圖內事産の個人一覽

※個人ごとに租佃する事産數，租佃事産の內譯（事産の種類），租佃事産額（單位は稅畝），租佃關係
を結ぶ見業戶の總數を示した。□は判讀不能を示す。姓名が判明する場合は末尾に附記した。

---

1. 郭晶　　　5坵　　田4（2.7180）＋地1（0.0420）＝2.7600　主5
2. 郭曾　　　2坵　　田2＝0.6940　主1
3. 郭互　　　2坵　　田2＝1.2550　主2
4. 新志　　　2坵　　田2＝1.0520　主2
5. 進曜　　　8坵　　田7（4.2090）＋地1（1.0650）＝5.2740　主4
6. 黑志　　　7坵　　田6（8.1240）＋山1（0.0600）＝8.1840　主3
7. 社個　　　14坵　田14（8.7380）＋塘1（0.0920）＝8.8300　主13
8. 謝足　　　4坵　　田4＝6.6450　主3
9. 白個　　　12坵　田11（11.3680）＋地1（0.6620）＝12.0300　主7
10. 積志　　　3坵　　田3＝1.6850　主2
11. 社保　　　3坵　　田2（2.4130）＋地1（0.4330）＝2.8460　主2
12. 謝澤　　　1坵　　田1＝0.9020　主1
13. 岩志　　　2坵　　田2＝0.8680　主2
14. 天興　　　4坵　　田4＝7.3610　主3
15. 謝全　　　6坵　　田6＝4.1290　主5
16. 辛志　　　2坵　　田2＝3.3780　主3
17. 謝廷林　　3坵　　田2（1.9820）＋地（0.1890）＝2.1710　　主17
18. 雲玘　　　4坵　　田3（2.4290）＋地1（0.6620）＝3.0910　主7
19. 社祖　　　5坵　　田5＝4.0830　主8
20. 金住　　　2坵　　田2＝1.5750　主4
21. 謝堂　　　3坵　　田1（0.8940）＋地2（0.8700）＝1.7640　主9
22. 謝僕　　　1坵　　山1＝1.0500　主5
23. 社保祖　　1坵　　地1＝0.4330　主8
24. 潤志　　　6坵　　田4（3.5840）＋地2（0.1570）＝3.7410　主7
25. 趙曜　　　1坵　　田1＋塘1＝0.1410　主3
26. 牛欄　　　1坵　　地1＝0.4370　主4
27. 社林　　　1坵　　田1＝0.6740　主1
28. 謝祖　　　5坵　　田5＝6.3860　主7
29. 參個　　　10坵　田10＝6.4890　主8

三　27都5圖内事産の佃人　197

30. 社才　　6垇　田 6 ＝ 7.2010　主 4

31. 謝巴　　3垇　田 3 ＝ 4.7100　主 6

32. 社堂　　3垇　田 3 ＝ 3.7760　主 4

33. 起林　　2垇　田 2 ＝ 1.8820　主 3

34. 岩溥　　4垇　田 4 ＝ 4.9290　主 4

35. 春曜　　1垇　田 1 ＝ 0.4670　主 2

36. 社曜　　2垇　田 2 ＝ 2.6220　主 3

37. 天溥　 16垇　田13（13.0160）＋地 3 （0.4680）＝13.4840　主17

38. 岩㔫　　1垇　田 1 ＝ 1.1310　主 3

39. 文義　　7垇　田 6 （10.0590）＋地 1 （0.5570）＝10.6160　主 3

40. 周法　　2垇　田 2 ＝ 6.2680　主 3

41. 付曜　　6垇　田 6 ＝ 4.3730　主 5　（富曜を含む）

42. 謝憲　　1垇　田 1 ＝ 0.5340　主 3

43. 謝欽　　2垇　田 2 ＝ 2.5820　主 4

44. 初義　 15垇　田13（16.6070）＋地2（1.1000）＝17.7070　主 9

45. 洪志　 23垇　田23＝33.0920　主13

46. 金祥　　3垇　田 3 ＝ 3.0550　主 3

47. 黑駒　　5垇　田 5 ＝ 7.1760　主 5

48. 宋八　　5垇　田 4 （3.3450）＋地 1 （0.2920）＋山 1 （2.1900）＝5.8270　主12

49. 志個　 53垇　田45（48.5010）＋地 5 （0.8200）＋山 3 （2.1385）＝51.4595　　主27
　　　　　　　　（至個・志固・遲固・遲個・細個を含む）

50. 法志　　6垇　田 6 ＝ 6.4900　主 6

51. 社㔫　　3垇　田 3 ＝ 5.8250　主 3

52. 王德　　2垇　田 2 ＝ 2.3640　主 2

53. 社志　　4垇　田 4 ＝ 6.6220　主 3

54. 初曜　　2垇　田 2 ＝ 1.2660　主 2

55. 三義　 16垇　田12（15.9550）＋地 3 （0.7310）＋山 1 （3.2000）＝19.8860　主10

56. 四義　　3垇　田 3 ＝ 2.4620　主 4

57. 遲德　　3垇　田 3 ＝ 2.6460　主 2

58. 金春　　1垇　田 1 ＝ 1.6500　主 1

59. 汪溥　　3垇　田 3 ＝ 4.0550　主 3

60. 起龍　　1垇　田 1 ＝ 2.3440　主 1

61. 付進　 14垇　田11（10.9160）＋地 1 （0.1700）＋山 2 （0.7870）＝11.8730　主 8

198　第 4 章　租佃關係

（富進を含む）

62. 天曜　　4 坵　田 4 ＝6.3370　主 3

63. 四個　　6 坵　田 6 ＝6.3180　主 5

64. 程曜　　9 坵　田 8 （8.07702）＋地1（0.2190）＝8.29602　主 6

65. 保壽　　4 坵　田 4 ＝5.4960　主 4

66. 金仲　　10坵　田10＝6.6650　主 4

67. 進祿　　13坵　田13＝6.7510　主 5

68. 汪祥　　5 坵　田 3 （2.1100）＋地 1 （0.0710）＋山（1.2500）＝3.4310　主 2

69. 陳黃　　3 坵　田 2 （0.4720）＋地 1 （0.0710）＝0.5430　主 2

70. 招保　　20坵　田17（10.8800）＋地 1 （0.1200）＋山 2 （2.4900）＝13.4900　主12

71. 付俚　　1 坵　田 1 ＝1.6200　主 1

72. 大法　　8 坵　田 8 ＝8.0910　主 7

73. 志法　　1 坵　田 1 ＝0.1860　主 1

74. 伍拾　　17坵　田17＝17.4760　主11

75. 陸曜　　1 坵　田 1 ＝1.2450　主 1

76. 勝保　　6 坵　田 6 ＝7.7400　主 5

77. 富龍　　3 坵　田 1 （3.2560）＋地 2 （0.3410）＝3.5970　主 2 （付龍を含む）

78. 長付　　12坵　田10（8.9670）＋地 2 （0.8440）＝9.8110　主 7 （長富を含む）

79. 長潯　　1 坵　田 1 ＝1.1100　主 1

80. 金侕　　5 坵　田 5 ＝4.8530　主 3

81. 汪元　　7 坵　田 7 ＝5.2940　主 5

82. 談保　　1 坵　田 1 ＝1.1650　主 1

83. 五潯　　2 坵　田 2 ＝1.6750　主 2

84. 陳相　　2 坵　田 2 ＝3.5440　主 2

85. 義龍　　5 坵　田 5 ＝6.6150　主 4

86. 曜潯　　4 坵　田 4 ＝5.4670　主 3

87. 老個　　5 坵　田 4 （4.5620）＋地 1 （0.0910）＝4.6530　主 5

88. 金下　　7 坵　田 7 ＝5.5790　主 3

89. 五個　　4 坵　田 4 ＝3.7220　主 5

90. 法潯　　4 坵　田 4 ＝4.5660　主 1

91. 汪洋　　1 坵　田 1 ＝1.5960　主1

92. 成良　　1 坵　田 1 ＝1.0150　主 1

93. 教化　　13坵　田10（10.9860）＋地 3 （0.4700）＝11.4560　主12

三　27都5圖内事産の佃人　199

94. 來興　　14坵　田6　（6.3470）　＋山8　（23.3720）　＝29.3720　　主8
95. 良成　　3坵　田3＝3.6610　　主2
96. 初元　　2坵　田2＝2.1810　　主2
97. 辛德　　3坵　田3＝3.8980　　主6
98. 狢仍　　3坵　田3　（2.7300）　主3　（狢力を含む）
99. 雲付　　5坵　田5＝6.0920　　主3　　【金雲付】
100. 周義　　1坵　田1＝0.8650　　主1
101. 明曜　　5坵　田5＝3.7760　　主5
102. 黑狗　　1坵　田1＝0.63802　　主1
103. 義林　　2坵　田2＝1.3290　　主1
104. 社雷　　1坵　田1＝1.1810　　主1
105. 天進　　9坵　田9＝14.0220　　主8
106. 天付　　11坵　田11＝11.3840　　主10　　【陳天付】
107. 白九　　1坵　田1＝0.5660　　主1
108. 岩付　　2坵　田2＝2.2540　　主1　　【羅岩付】
109. 初法　　7坵　田7＝7.8850　　主4
110. 曜得　　1坵　田1＝0.5660　　主1
111. 有德　　3坵　田3＝3.39502　　主1
112. 初貞　　1坵　田1＝1.6300　　主1
113. 雲時　　1坵　田1＝1.1940　　主1
114. 卮溽　　1坵　田1＝1.8800　　主1
115. 辛得　　1坵　田1＝1.5660　　主1
116. 付保　　8坵　田8＝8.9690　　主3
117. 卮林　　1坵　田1＝0.9900　　主1
118. 託盛　　1坵　田1＝0.4970　　主1
119. 法曜　　6坵　田5　（4.1800）　＋地1　（0.0720）　＝4.2520　　主5
120. 唐保　　19坵　田16　（12.5310）　＋地3　（0.8370）　＝13.3680　　主9
121. 黑九　　4坵　田4＝3.8370　　主4　　【葉黑九】
122. 六個　　6坵　田6＝5.7980　　主6
123. 法廷　　1坵　田1＝1.5880　　主1
124. 義富　　1坵　田1＝1.5880　　主1
125. 姨婆　　2坵　田2＝0.6080　　主1
126. 甲毛　　7坵　田7＝7.0650　　主5

200　第 4 章　租佃關係

127. 天槐　　1 坵　田 1 ＝ 1.0850　主 1

128. 王相　　1 坵　田 1 ＝ 1.1040　主 1

129. 義齊　　4 坵　田 4 ＝ 2.5730　主 3

130. 汪員　　2 坵　田 2 ＝ 2.1990　主 1

131. 長法　　1 坵　田 1 ＝ 0.7960　主 2

132. 金付　　2 坵　田 1 （0.5430）＋山 1 （1.0000）＝ 1.5430　主 2

133. 長才　　5 坵　田 5 ＝ 2.2570　主 4

134. 員德　　1 坵　田 1 ＝ 0.7660　主 1

135. 津拾　　20 坵　田 10 （11.7760）＋地 7 （4.1440）＋山 2 （0.7870）＋塘 1 （0.0540）＝
　　　　　　　16.7610　主 16 【吳津拾】

136. 員力　　3 坵　田 2 （3.1100）＋地 1 （0.2210）＝ 4.1730　主 3

137. 新法　　1 坵　田 1 ＝ 0.3930　主 1

138. 能曜　　1 坵　田 1 ＝ 0.9380　主 1

139. 黑林　　1 坵　田 1 ＝ 0.9500　主 1

140. 天員　　2 坵　田 2 ＝ 1.7960　主 2

141. 新德　　3 坵　田 3 ＝ 3.2950　主 2

142. 新玘　　4 坵　田 4 ＝ 4.5820　主 4　（新起を含む）

143. 天元　　1 坵　田 1 ＝ 1.1910　主 1

144. 寄保　　8 坵　田 8 ＝ 8.0040　主 7

145. 社潯　　1 坵　田 1 ＝ 1.2160　主 1

146. 記盛　　3 坵　田 3 ＝ 4.4830　主 4　（記成を含む）

147. 長保　　8 坵　田 8 ＝ 12.3140　主 6

148. 吳元　　1 坵　田 1 ＝ 1.4760　主 1

150. 天法　　9 坵　田 9 ＝ 8.5870　主 8

151. 雲白　　2 坵　田 1 （1.6540）＋地 1 （0.2300）＝ 1.8840　主 2

152. 記來　　3 坵　田 3 ＝ 3.4000　主 3

153. 齊興　　1 坵　田 1 ＝ 1.1870　主 1

154. 四十　　6 坵　田 2 （2.4620）＋地 3 （5.3480）＋山 1 （0.9750）＝ 8.7850　主 13
　　　　　　　【金四十】

155. 四十力　　6 坵　田 1 （0.9800）＋地 5 （1.9340）＝ 2.9140　主 7　（四十俚・津拾力
　　　　　　　を含む）

156. 辛潯　　3 坵　田 3 ＝ 4.2630　主 3

157. 辛法　　2 坵　田 2 ＝ 1.6080　主 2

三　27都5圖内事産の佃人　201

158. 龍俚	3坵	田 3 ＝ 5.6380	主 3
159. 文□	1坵	田 1 ＝ 0.8250	主 1
160. 白狗	1坵	田 1 ＝ 1.3770	主 1
161. 天雷	1坵	田 1 ＝ 1.0270	主 1
162. 元義	5坵	田 5 ＝ 4.5880	主 3
163. 白元	2坵	田 2 ＝ 2.8790	主 2
164. □俚	1坵	田 1 ＝ 0.9910	主 1
165. 萬全	1坵	田 1 ＝ 1.9060	主 1
166. 天成	1坵	田 1 ＝ 0.8140	主 1
167. 雲林	1坵	田 1 ＝ 1.4470	主 1
168. 向明	1坵	田 1 ＝ 1.7380	主 2
169. 查長	3坵	田 3 ＝ 2.6380	主 3
170. 三保	1坵	田 1 ＝ 1.1330	主 1
171. 義力	1坵	田 1 ＝ 0.6840	主 1
172. 天龍	3坵	田 3 ＝ 3.9720	主 3
173. 記明	1坵	田 1 ＝ 0.6140	主 1
174. 再德	1坵	田 1 ＝ 0.6000	主 1
175. 佝明	4坵	田 2 （2.0090） ＋ 地 2 （0.3220） ＝ 2.3310	主 3
176. 金大	1坵	田 1 ＝ 0.5840	主 1
177. 初員	2坵	田 2 ＝ 4.0980	主 2
178. 辛忌	2坵	田 2 ＝ 1.9360	主 1
179. 紹保	1坵	田 1 ＝ 1.2150	主 1
180. 天潯	3坵	田 2 （1.9760） ＋ 地 1 （0.3140） ＝ 2.2900	主 4
181. 陳法	17坵	田 4 （1.2620） ＋ 地 4 （0.6440） ＋ 山 9 （11.8180） ＝ 13.7240	主14
182. 進喜	8坵	田 8 ＝ 5.8250	主 5
183. 陳順	6坵	田 6 ＝ 4.2190	主 5
184. 陳時	6坵	田 6 ＝ 3.4310	主 6
185. 順力	3坵	田 3 ＝ 1.9780	主 3
186. 陳進	4坵	田 4 ＝ 3.3980	主 3
187. 進賢	1坵	田 1 ＝ 0.8410	主 1
188. 班理	1坵	田 1 ＝ 0.7350	主 3
189. 天雲	16坵	田13 （11.2800） ＋ 地 3 （0.6420） ＝ 11.9220	主11
190. 記保	1坵	田 1 ＝ 0.9490	主 1

202　第 4 章　租佃關係

191. 銀童　9坵　田 9 ＝15.1470　主 6

192. 七溥　3坵　田 3 ＝3.4050　主 2

193. 天得　2坵　田 2 ＝0.8930　主 2

194. 應雷　5坵　田 4 （2.6080）＋地 1 （0.1670）＝2.7750　主 3

195. 雲來　1坵　田 1 ＝1.3900　主 1

196. 臘保　2坵　田 2 ＝0.8750　主 2

197. 互力　3坵　田1（0.5000）＋地 1 （0.1090）＋山 1 （2.0000）＝2.6090　主 6 （互俚を含む）

198. 王法　8坵　田 3 （2.9480）＋地 2 （0.1890）＋山 3 （1.9500）＝5.0870　主 9

199. 吳志　1坵　地 1 ＝0.1560　主 1

200. 義付　1坵　田 1 ＝2.3390　主 1

201. 書童　13坵　田 6 （5.1530）＋地 4 （2.5200）＋山 2 （4.8600）＋塘 1 （0.0540）＝ 12.5870　主 7 （書同を含む）

202. 法力　10坵　田 9 （9.9760）＋地 1 （0.3400）＝10.3160　主 6

203. 齊六　14坵　田11 （8.3470）＋地 1 （0.0180）＋山 3 （1.3000）＝9.6650　主 7

204. 黑個　2坵　田 2 ＝1.5370　主 2

205. 雲生　13坵　田10 （6.5400）＋地 3 （1.5730）＝8.1130　主 5

206. 倪社　13坵　田 2 （1.7120）＋地 9 （10.5450）＋山 2 （2.7500）＝15.0070　主 6

207. 王進　2坵　田 1 （0.7500）＋地 1 （0.9380）＝1.6880　主 3

208. 王壽　2坵　地 1 （1.1680）＋山 1 （2.0000）＝3.1680　主 1

209. 大個　9坵　田 5 （5.7780）＋地 3 （0.6160）＋山 1 （2.1000）＝8.4940　主 4

210. 秋時　2坵　田 2 ＝1.4660　主 2

211. 臘梨　2坵　田 2 ＝2.8880　主 2

212. 廷珎　1坵　田 1 ＝0.8000　主 1

213. 天佑　6坵　田 4 （6.1530）＋地 2 （0.5150）＝6.6680　主 5 （天祐を含む）

214. 長力　13坵　田12 （13.8210）＋地 1 （0.3750）＝14.1960　主 9 （長仍・長俚を含む）

215. 文然　3坵　田 3 ＝2.7190　主 3

216. 吳壽　1坵　田 1 ＝3.3800　主 2

217. 天玄　18坵　田 7 （7.2510）＋地 4 （0.8030）＋山 7 （4.3430）＝12.3970　主17

218. 天四　6坵　田 4 （4.9890）＋地 1 （0.2540）＋山 1 （2.5000）＝7.7430　主10

219. 保兒　1坵　田 1 ＝1.4680　主 2

220. 元保　1坵　田 1 ＝1.6730　主 1

三　27都5圖内事産の個人　203

221.	進才	1坵	田1＝4.4900　主1
222.	岩順	4坵	田2（2.3460）＋地2（0.2360）＝2.5820　主3
223.	相固	1坵	地1＝0.0800　主1
224.	陳皇	1坵	田1＝0.4730　主1
225.	參拾	6坵	田5（2.6060）＋地1（0.2260）＝2.8320　主4
226.	三十仍	3坵	田1（0.4450）＋地2（0.7500）＝1.1950　主3
227.	□兒	1坵	田1＝0.2550　主2
228.	應來	1坵	田1＝2.2100　主1
229.	孫進	1坵	田1＝1.2120　主1
230.	金鴌	2坵	田2＝2.4410　主3
231.	齊互	3坵	田2（2.4500）＋地1（0.0300）＝2.4800　主2
232.	雲九	1坵	田1＝0.7320　主1
233.	汪才	10坵	田6（5.2930）＋地3（5.4870）＋塘（0.0130）＝10.7930　主7
234.	卹法	2坵	田2＝3.3580　主2
235.	進貴	1坵	田1＝1.0910　主1
236.	潭保	2坵	田2＝3.7330　主2
237.	則法	4坵	田4＝6.7280　主3
238.	程互	1坵	田1＝2.8700　主4
239.	守牛	3坵	田2（2.8940）＋地1（0.0560）＝2.9500　主4
240.	象仍	5坵	田5＝6.6820　主5　（象力・象俚を含む）
241.	卮龍	2坵	田2＝3.4000　主3
242.	金華	1坵	田1＝1.2180　主2
243.	個個	2坵	田2＝2.6300　主2
244.	付成	6坵	田1（2.0560）＋地4（2.3570）＋山1（0.7930）＝5.2060　主12
			（富成を含む）
245.	法龍	14坵	田13（11.8700）＋地1（0.6200）＝12.4900　主9
246.	天相	2坵	田2＝2.1690　主2
247.	法林	6坵	田4（3.2050）＋地1（0.3600）＋山1（1.0000）＝4.5650　主6
248.	廷光	14坵	田5（3.5570）＋地6（5.1310）＋山3（3.5000）＝12.1880　主9
			【汪廷光】
249.	廷雲	2坵	田2＝1.7060　主2
250.	祐力	7坵	田7＝6.4120　主8
251.	廷直	1坵	田1＝0.6540　主1

204　第 4 章　租佃關係

252. 廷眞　　17坵　田11（11.5380）＋地 3 （2.4880）＋山 3 （0.6800）＝14.7060　主16
　　　　　　　　　【汪廷眞】

253. 天津　　 2 坵　田 2 ＝3.0420　主 3

254. 李奇　　 2 坵　田 2 ＝3.0530　主 2

255. 雲奇　　 7 坵　田 5 （5.1720）＋地 2 （1.1900）＝6.3620　主 3　　【李雲奇】

256. 文進　　14坵　田 9 （11.0230）＋地 5 （1.9380）＝12.9610　主10　【陳文進】

257. 園保　　12坵　田10（7.5930）＋地 2 （0.6240）＝8.2170　主 5 （員保を含む）

258. 李盛　　 1 坵　田 1 ＝1.9790　主 1

259. 員保　　11坵　田 9 （6.6110）＋地 2 （0.6240）＝7.2350　主 5

260. 李高　　 2 坵　田 1 （0.8600）＋地 1 （0.1560）＝1.0160　主 2

261. 員相　　 2 坵　田 1 （0.0460）＋地 1 （0.9310）＝0.9770　主 2

262. 高力　　 1 坵　田 1 ＝1.1180　主 1

263. 李象　　 4 坵　田 4 ＝3.4280　主 5

264. 玄應　　 3 坵　田 2 （2.0300）＋地 1 （0.4320）＝2.4620　主 2

265. 晉溥　　 1 坵　田 1 ＝1.4150　主 2

266. 積法　　 1 坵　田 1 ＝0.9240　主 1

267. 雲力　　 1 坵　田 1 ＝1.4930　主 2

268. 法盛　　 1 坵　田 1 ＝0.9710　主 1

269. 奇力　　 1 坵　田 1 ＝0.8150　主 1

270. 辛保　　 1 坵　田 1 ＝2.1260　主 1

271. 劉溥　　 1 坵　田 1 ＝0.8600　主 1

272. 壽兒　　 1 坵　田 1 ＝2.0700　主 1

273. 天貴　　 8 坵　田 6 （6.3580）＋地 1 （0.3360）＋塘 1 （0.1010）＝6.7950　主 4

274. 文相　　 3 坵　田 3 ＝1.5610　主 2

275. 卮力　　 4 坵　田 1 （1.2310）＋地 3 （0.9110）＝2.1420　主 3

276. 原林　　 1 坵　山 1 ＝1.0000　主 3

277. 玄宗　　 1 坵　田 1 ＝0.2800　主 1

278. 金鑒　　10坵　田 9 （6.6200）＋山 1 （0.1000）＝6.7200　主12

279. 陳特　　 1 坵　田 1 ＝1.5550　主 1

280. 程護　　 5 坵　田 5 ＝4.6940　主 4

281. 長祐　　 1 坵　田 1 ＝1.0850　主1

282. 程象　　 2 坵　田 2 ＝3.4700　主 2

283. 六齊　　 1 坵　田 1 ＝0.0820　主 1

三　27都5圖内事産の個人　205

284. 金成　　17坵　　田13（10.2640）＋地3（2.9340）＋山1（0.5700）＝13.7680　主5
　　　　　　　【程金成】

285. 滿溥　　2坵　　田2＝0.8590　主2

286. 王悌　　1坵　　田1＝1.0660　主1

287. 齊曜　　1坵　　田1＝0.6420　主1

288. 王祥　　1坵　　地1＝0.2860　主1

289. 佛保　　4坵　　田1（1.3100）＋地3（2.3300）＝3.6400　主2

290. 陳壽　　2坵　　地1（1.2600）＋山1（2.6000）＝3.8600　主1

291. 臘保　　1坵　　田1＝0.1730　主1

292. 應付　　1坵　　田1＝1.0440　主1

293. 文意　　2坵　　田2＝1.9780　主2

294. 長貴　　6坵　　田5（5.9500）＋地1（0.1000）＝6.0500　主4

295. 員頭　　10坵　　田6（6.3650）＋地4（0.7850）＝7.1500　主4

296. 天保　　10坵　　田9（7.1690）＋地1（0.2210）＝7.3900　主5

297. 文富　　1坵　　田1＝0.9780　主1

298. 天象　　1坵　　田1＝0.8450　主1

299. 滿得　　10坵　　田9（7.9070）＋地1（0.0690）＝7.9760　主5

300. 朱遲　　8坵　　田5（3.6600）＋地3（0.8710）＝4.5310　主4

301. 義溥　　5坵　　田5＝4.7730　主5

302. 朱保　　8坵　　田6（5.1730）＋地1（1.6890）＋塘1（0.7480）＝7.6100　主3

303. 天德　　7坵　　田6（4.7830）＋地1（0.2340）＝5.0170　主5

304. 岩好　　5坵　　田3（2.5170）＋地2（1.9720）＝4.4890　主3

305. 邵初　　2坵　　田2＝1.3200　主2

306. 來九　　2坵　　田2＝1.0840　主1

307. 初溥　　2坵　　田2＝1.0710　主1

308. 遲保　　7坵　　田6（7.0700）＋地1（0.2300）＝7.3000　主6

309. 陳保　　3坵　　田2（1.5940）＋地1（0.0860）＝1.6800　主1

310. 法隆　　2坵　　田2＝2.3220　主2

311. 朱進　　1坵　　田1＝0.4790　主1

312. 進德　　1坵　　田1＝0.5520　主1

313. 顯保　　3坵　　田3＝2.4120　主2

314. 齊玘　　1坵　　田1＝0.8150　主1

315. 應力　　12坵　　田7（6.4280）＋地4（1.8730）＋山1（0.1000）＝8.4010　主4

206 第4章 租佃關係

（應仇を含む）

316. 丫頭　　13坵　田8（9.9620）＋地5（3.1060）＋山2（5.8900）＝18.9580　主5

317. 澪特　　1坵　田1＝0.5350　主1

318. 岩鳳　　2坵　田2＝1.1960　主2

319. 文盛　　6坵　田6＝5.0790　主4

320. 伴儻　　4坵　田4＝3.0050　主2　【吳伴儻】

321. 梁成　　2坵　地2＝0.6040　主1

322. 李元　　3坵　田2（2.0700）＋地1（1.0730）＝2.1460　主3

323. 進澪　　9坵　田8（6.9110）＋地1（1.0730）＝7.9840　主10　【程進澪】

324. 臘生　　1坵　田1＝1.5590　主1

325. 明澪　　1坵　田1＝0.3590　主1

326. 齊起　　7坵　田7＝6.6950　主2

327. 陳希　　13坵　田7（5.0430）＋地3（0.7000）＋山3（0.6620）＝6.4050　主5

328. 新壽　　1坵　田1＝0.7600　主1

329. 社希　　10坵　田6（6.6980）＋地3（1.5690）＋山1（3.7000）＝11.9670　主4

330. 盛仇　　1坵　田1＝1.8000　主1

331. 澪個　　7坵　田5（4.1120）＋地2（0.8180）＝4.9300　主5

332. 辛壽　　1坵　地1＝0.4360　主1

333. 文隆　　1坵　田1＝0.8770　主1

334. 希力　　2坵　田1（1.8410）＋地1（0.3850）＝2.2260　主1

335. 屎力　　1坵　田1＝0.9400　主1

336. 汪明　　18坵　田4（2.2160）＋地12（10.6380）＋山1（0.5000）＋塘1（0.2060）＝
　　　　　　　　　13.5600　主10

337. 李員　　3坵　田3（1.9130）＋地1（0.1110）＝2.0240　主2

338. 進保　　3坵　田2（1.3070）＋地1（1.2240）＝2.5310　主4

339. 元象　　4坵　田1（0.5520）＋地3（0.5990）＝1.1510　主4

340. 富元　　1坵　田1＝1.4270　主1

341. 富員　　1坵　地1＝0.6860　主1

342. 員象　　5坵　田2（0.8070）＋地3（1.2220）＝2.0290　主6

343. 祈力　　1坵　地1＝0.4170　主1

344. 汪貴　　1坵　地1＝0.2100　主1

345. 金支　　1坵　地1＝0.4480　主1

346. 初保　　3坵　田1（1.2200）＋地2（1.0670）＝2.2870　主3

三　27都5圖内事産の佃人　207

347. 初力　　6坵　田3（3.4980）＋地4（1.9680）＝5.4660　主4

348. 四保　　2坵　地2＝13.8810　主2

349. 天玘　　2坵　田2＝2.7190　主2

350. 天壽　　7坵　田1（0.7500）＋地5（5.2580）＋山1（0.2870）＝6.2950　主13

351. 天賜　　3坵　田3＝2.5940　主3

352. 文付　　4坵　田3（3.0670）＋地1（0.2330）＝3.3000　主5

353. 李富　　1坵　田1＝1.3770　主1

354. 黑龍　　1坵　田1＝1.3500　主1

355. 文志　　6坵　田2（2.2610）＋地4（2.5310）＝4.7920　主13

356. 彪力　　1坵　地1＝0.1780　主1

357. 李相　　1坵　田1＝0.4400　主1

358. 李玘　　2坵　田2＝3.5140　主2

359. 文顯　　1坵　田1＝2.6120　主1

360. 李其　　1坵　田1＝0.7270　主1

361. 社亭　　1坵　地1＝0.8700　主1

362. 曜仍　　1坵　地1＝0.2340　主1

363. 文貴志　1坵　田1＝1.8350　主1

364. 五郎　　1坵　地1＝0.8830　主1

365. 李信成　1坵　地1＝0.0960　主1

366. 應祥　　1坵　山0.2500　主1

367. 有力　　1坵　田1＝0.5000　主1

368. 文林　　1坵　田1＝0.3770　主1

369. 付興　　1坵　地1＝0.1400　主1

370. 道力　　2坵　山2＝4.7920　主2

371. 張道　　15坵　田10（6.2950）＋地2（0.7180）＋山2（4.0840）＋塘1（0.3100）＝
　　　　　　　　　11.4070　主8

372. 岩頭　　1坵　田1＝0.7970　主1

373. 保力　　1坵　田1（0.6230）＋地1（0.0330）＝0.6560　主1

374. 朱盛　　1坵　地1＝0.5580　主1

375. 天福　　1坵　田1＝0.9170　主1

376. 應保　　1坵　地1＝0.9390　主1

377. 滿德　　1坵　田1＝0.8530　主1

378. 程大　　2坵　田2＝0.9380　主2

208　第 4 章　租佃關係

379. 吳義　　1坵　地 1 ＝ 1.9230　主 1

380. 滿溥　　1坵　田 1 ＝ 0.6210　主 1

381. 義德　　1坵　地 1 ＝ 1.2790　主 1

382. 岩雲　　6坵　田 6 ＝ 2.8980　主 4　【程岩雲】

383. 岩大　　2坵　田 2 ＝ 2.7340　主 3

384. 岩光　　1坵　田 1 ＝ 1.3150　主 1

385. 初德　　1坵　田 1 ＝ 1.0000　主 1

386. 遲力　　1坵　田 1 ＝ 0.9790　主 1

387. 盛兒　　1坵　田 1 （0.7000）＋地 1 （0.0960）＝ 0.7960　主 1

388. 長白　　1坵　田 1 ＝ 1.2400　主 1

389. 白象　　1坵　田 1 ＝ 0.5500　主 1

390. 應金　　1坵　田 1 ＝ 0.6670　主 1

391. 程義　　2坵　田 1 （1.9960）＋地 2 （1.2730）＝ 3.2690　主 2

392. 程萬　　1坵　田 1 ＝ 0.4390　主 1

393. 洗力　　1坵　田 1 ＝ 1.0100　主 1

394. 程豹　　1坵　田 1 ＝ 0.9740　主 1

395. 五保　　13坵　田13 ＝ 13.6640　主13　【吳五保】

396. 來付　　2坵　田 2 ＝ 1.7730　主 2

397. 齊義　　1坵　田 1 ＝ 0.7750　主 1

398. 仲方　　1坵　田 1 ＝ 0.5620　主 1

399. 來福　　5坵　田 5 ＝ 2.5780　主 5

400. 岩□　　1坵　田 1 ＝ 0.4350　主 1

401. 來保　　4坵　田 4 ＝ 3.6320　主 4

402. 程時　　1坵　田 1 ＝ 1.0930　主 1

403. 齊象　　2坵　田 2 ＝ 1.5150　主 1

404. 寄羅　　2坵　田 2 ＝ 1.0600　主 2　（記羅を含む）

405. 程羅　　3坵　田 3 ＝ 2.8610　主 3

406. 岩討　　1坵　田 1 ＝ 1.2590　主 1

407. 吳象　　12坵　田 8 （7.8610）＋地 1 （0.3200）＋山 2 （1.2000）＋塘 1 （0.2900）＝
　　　　　　　　9.6710　主 8

408. 岩時　　3坵　田 3 ＝ 3.0420　主 1

409. 五十力　1坵　田 1 ＝ 0.7690　主 1

410. 朱祥　　2坵　田 2 ＝ 1.3570　主 1

三　27都5圖内事産の個人　209

411. 來貴　　4垠　田4 = 3.9790　主3
412. 朱祖　13垠　田11（8.9880）＋地2（0.3280）= 9.3160　主8
413. 吳馬　　1垠　田1 = 1.0950　主1
414. 大付　　5垠　田5 = 3.4250　主5
415. 岩天　　1垠　田1 = 0.6550　主1
416. 吳海　10垠　田10 = 7.6430　主4
417. 尖大　　1垠　田1 = 1.4970　主1
418. 八個　　2垠　田2 = 2.6550　主2
419. 岩救　　4垠　田2（2.1260）＋地2（1.5820）= 3.7080　主3
420. 天祥　　3垠　田3 = 4.1870
421. 玖兒　　1垠　田1 = 0.5920　主1
422. 貴來　　1垠　田1 = 0.5430　主1
423. 應馬　　5垠　田5 = 5.9960　主5
424. 岩海　　2垠　田1（1.3510）＋地1（0.0750）= 1.4260　主2
425. 天漢　　1垠　田1 = 0.8220　主1
426. 應成　　1垠　田1 = 0.6000　主1
427. 禮力　　1垠　田1 = 0.2530　主1
428. 吳和　　2垠　地1（0.1710）＋山1（0.7514）= 0.9224　主2
429. 仲和　　1垠　田1 = 0.9180　主1
430. 廷進　　1垠　田1 = 1.5640　主1

　　表18の内容をみよう。27都5圖内の事産を租佃する個人の總數は，430名であった。表18を通覽すれば，次の二點が明らかである。一つは，租佃する事産の總額が10稅畝以下の個人は396名にのぼり，壓倒的多數の個人の租佃事産額は少額であったことである。1垠の事産のみを租佃する個人も167名であった。もう一つは，1垠の事産のみを租佃する個人を除くと，單獨の見業戸からのみ租佃している個人は少なく，個人の大多數は複數の見業戸から租佃していたことである。最も多い場合は17の見業戸と租佃關係を結んでおり（17の謝廷林，37の天濤），1垠の事産のみを租佃する場合であっても複數の見業戸と租佃關係を結んでいることがある（たとえば，238の程互は1垠の田を4戸の見業戸から租佃

210　第4章　租佃關係

していた）。こうした複數の見業戶と租佃關係をとり結ぶ傾向からすると，見業戶と個人の間に支配隷屬關係が存在したとは考え難い。個人の項の記載に反映された租佃關係は，人格的支配隷屬をともなわない經濟的契約關係——高橋芳郎氏の宋代佃戶の二類型論でいえば佃客がとり結ぶ關係に相當するもの——であったと考えてよいだろう。

　壓倒的多數の個人の租佃事産額が少額であったなかで，多額の事産を租佃する個人もいた。表19は，10稅畝以上の事産を租佃する個人について，田を10稅畝以上租佃する個人，田以外の事産を含めて10稅畝以上租佃する個人に區分し，租佃する事産の情報（租佃する事産の地番，事産の種類，事産額，見業戶），租佃する事産の總額（事産數，事産の種類ごとの數と事産額，總額）を一覽にしたものである。

【表19】　10稅畝以上の事産を租佃する個人

※個人ごとに租佃する事産の地番，事産の種類・稅畝額，見業戶（丸括弧內の數字は所屬都圖）の順に示し，最後に總事産數と總額，租佃關係を結ぶ見業戶の總數を示した。事産の地番はゴシックで示す。同號の事産を複數の個人が租佃する場合はその個人名を［○○］と示し，個人名が記されず"○○等"とのみ記される場合は［等］と示した。姓名がわかる場合，〈子戶〉であることがわかる場合は末尾に附記した。□は判讀不能を示す。

___

10稅畝以上の田を租佃する個人（租佃する田の額が多い順）

49. 志個　**593**山0.0385（27-5王茂），**594**下地0.0960・山1.5000（27-5王茂），**598**中田0.9230（27-5王茂），**599**中田0.9520（27-1陳祖陽），**600**中田0.4000（27-5王茂），**601**中田0.7900（27-5王茂），**626**上田1.6460（27-1王爵），**683**下田0.7380（27-5王時），**689**上田0.9190（27-1陳天相），**719**上田1.3720（27-5金萬政），**693**上田1.2600（27-5朱滔・朱濱・朱淳），**730**上田1.4900（27-1陳本），**741**下田0.2180（27-1陳本），**742**下田0.3000（27-5王茂），**774**上田3.8470（27-1鄭才・王爵），**814**上田1.8320（27-5陳章，27-1陳善），**852**上田2.5350（27-5王茂，26-5汪登源），**856**上田1.3620・上地0.0350（27-3金萬全），**881**下田1.0260（27-5金萬政），**890**下田1.1870（27-5王時），**1007**中田1.7120（27-5金萬政），**1008**中田0.4490（27-5金萬政），**1016**中田1.2390（27-5金萬政，27-1王爵），**1034**上田0.9630（27-1朱曜），**1062**上田1.8110（27-5陳章・王時），**1082**　上地0.3650（27-1王爵），**1084**中田

三　27都5圖内事産の佃人　211

1.4500（27-5陳祥），1085中田0.5340（27-5陳祥），1123上田1.1510（27-1陳天相），
1258上田1.3480（27-1朱友），1263上田1.5050（27-1陳興），1273上田1.1820
（27-5王時，27-1陳振達），1367上田1.0980（26-4洪雲相），1369上田1.5460（27-
1陳學），1372上田2.8600（27-5王茂），1375中田1.2110（27-1王爵），1896中田
0.5960（27-5王茂，27-1陳學），1915中田0.5560（27-5畢盛），1917下田0.1690
（27-1陳興），1923下下地0.0600・山0.6000（27-5王茂，27-1陳興），1938下田
0.1200（27-1陳興），2348中田1.2700（27-5王茂），2368中田0.3350（27-1王爵），
2369中田0.5110（27-1王爵），2595上田0.4390（27-1著存觀），2988中地0.2640
（27-1陳龍生），3037上田1.5960（27-5王茂），3038下田0.0530（27-1陳興）
53坵　田45（48.5010）＋地5（0.8200）＋山3（2.1385）＝51.4595　主27
（至個・志固・遲固・遲個・細個を含む）

45.洪志　487上田0.3760（27-5王茂），488上田1.7950（27-1陳興），694上田1.5020（27-5
陳章），695上田1.5040（27-5陳章），778上田1.1150（27-5王茂），819上田0.7560
（27-1陳本），935中田1.3430（27-3朱玄貴），970中田0.8790（27-5王茂，27-1王
爵），1023上田1.1130（27-5陳祥），1043上田0.9460（27-1王爵），1083中田1.4210
（27-5王茂，27-1陳興），1088上田1.5740（27-1朱得眞），1094上田1.6300（27-5
王茂，27-1王爵），1098上田0.9330（27-5王茂），1101上田2.1870（27-1陳時陽）
［記成］，1102上田1.0150（27-5王茂），1140上田1.1900（27-5王茂），1157上田
3.3330（27-1朱得眞），1161上田1.4430（27-5金萬政），1190中田1.0740（27-1汪
明），1370上田1.6230（27-1王爵），2122上田2.7240（27-1著存觀）［象仂］，
2124上田1.6160（27-1陳天相）
23坵　田23＝33.0920　主13　【王洪志】27-5王茂の〈子戸〉

74.伍拾　707中田0.3910（27-5王茂），939下田0.7840（27-5王茂），997下田1.0210（27-5
陳祥），1000中田1.0540（27-5汪琰），1009中田1.1240（27-5王茂），1142上田
1.0860（27-5王茂，27-1朱法），1301下下田0.9510（27-1王爵），1312中田0.5480
（27-5王茂），1313中田1.5220（27-1王爵），1317中田1.1640（27-1陳興）［等］，
1786中田2.6230（11-3金桐竹），1791中田0.7390（27-5陳章），1792中田0.3760
（27-5王茂），2238中田0.5860（27-5陳祥），2261中田1.0200（27-1陳振達），2298
上田1.7180（27-5程相，27-1陳法），3343下田0.7690（27-1王爵）
17坵　田17＝17.4760　主11

44.初義　481上田1.5100（27-5朱滔・朱濱・朱淳），482上田0.6380（27-5朱邦），483上
田2.7440（27-5朱邦），484上田1.5180（27-5王茂），744下下地 1.0870（27-1王
爵），748下下田0.3440（27-1王爵），755上田1.6100（27-5王茂，27-1王爵），760

212　第 4 章　租佃關係

上田0.7930（27-5王茂），789上田0.9900（27-1王爵），1089上田0.8510（27-1王爵），1177上田0.8590（27-1陳建忠），1277中田1.6380（27-1王爵，27-3朱玄貴），1278下地0.0130（27-1王爵），1373上田2.7510（27-1王爵・汪明）［天進］，1408上田0.3610（27-1王爵）

15坵　田13（16.6070）＋地2（1.1000）＝17.7070　主9

55. 三義　611下地0.0110・山3.2000（27-1陳振達・王爵・汪明），612下下地0.0660（27-1陳振達・王爵・汪明），613下下地0.6540（27-1汪明），615下下田0.8210（27-5朱洪，27-1汪明），616下下田0.2420（27-5朱洪，27-1汪明），618下下田2.4090（27-1汪志），620下下田0.1800（27-5朱洪，27-1汪明）621下下田1.4540（27-5朱洪，27-1汪明），706上田1.4560（27-1陳興），809上田2.2830（27-5王茂，27-1陳寅祿），815上田1.6980（27-1王爵），1037上田1.8270（27-1陳時陽），1172上田1.1410（27-1陳寅祿），1175上田0.5080（27-1汪明），2297上田1.9360（27-1周進）

16坵　田12（15.9550）＋地3（0.7310）＋山1（3.2000）＝19.8860　主10

191. 銀童　1358上田0.7200（27-1王爵），1833中田0.8530（27-5王齊興），2085上田1.1180（27-5王茂），2086上田2.1450（27-5王茂），2093上田2.6640（27-1陳興），2100上田1.8520（27-1陳興），2392上田2.5570（27-5陳章），2393上田1.7680（27-1陳振達），2400上田1.4700（27-1王爵）

9坵　田9＝15.1470　主6

105. 天進　793上田0.8620（27-1陳本），1148上田2.8980（27-1鄭才），1165上田0.9960（27-1朱得眞），1176上田2.6170（27-1朱得眞），1373上田2.7510（27-1王爵・汪明）［初義］，2358下田0.6460（27-1陳貴），2364中田0.9170（26-4洪雲相），2365中田1.1580（27-1王爵），2366中田1.1770（27-1王爵）

9坵　田9＝14.0220　主8

214. 長力　1932上田1.8170（27-5陳章），2082上田1.4690（27-1陳天相），2111上田0.8770（27-5陳章），2114中田1.0550（27-1陳寅祿），2115中田1.2520（11-3金湛英・金經衞），2116上田1.6020（11-3金湛英・金經衞），2129上田1.2680（27-1陳善），2133上田2.1620（27-1陳天相），2167中田0.1710（27-5王齊興），2169中田0.6680（27-5王齊興），2223上田 0.8550（27-1陳天相），2341中田0.6250（27-1陳天相），2832中地0.3750（27-1陳寅祿）

13坵　田12（13.8210）＋地1（0.3750）＝14.1960　主9（長仍・長俚を含む）

395. 五保　3150上田1.3120（27-1著存觀），3157中田0.2150（11-3金桐竹），3161上田1.5280（27-1陳時陽），3162上田1.8430（27-1汪琰・汪明），3196中田1.0920（27-5陳章），

三　27都5圖内事産の佃人　213

　　　3222上田1.7540（27-5陳章）［等］, 3223中田0.5380（27-1程岩才）, 3395上田
　　　1.4550（11-3金可儀）, 3432中田1.4890（13-2程文）, 3449上田1.0480（27-1陳鵬）,
　　　3450上田0.6550（11-3金可儀）, 3504中田0.4960（27-5程學）, 3526中田0.2390
　　　（27-5王茂, 27-1陳興）

　　　13坵　田13＝13.6640　主13　【吳五保】

37. 天潯　334下下田0.4500（27-5朱滔・朱濱・朱淳）, 762上田0.7680（27-5王茂）, 1013
　　　上田1.6890（27-5陳宜）, 1270上田0.6220（27-1陳振達・汪明）, 1403上田1.1600
　　　（27-5金萬政, 27-1王爵）, 1407上田0.7000（27-5金萬政）, 2575上田1.2580（27-
　　　1陳興）, 2619下田0.4910・下地0.0340（27-1陳興・陳岩求）, 3106上田1.3540
　　　（27-1著存觀）, 3031下地0.3140（27-1陳晉）, 3136中田1.0200（27-1陳興）, 3140
　　　中田1.9960・中地0.1200（27-5王桂）［程義］, 3168中田0.8680（11-3金桐竹）,
　　　3514中田0.6400（27-5陳章）

　　　16坵　田13（13.0160）＋地3（0.4680）＝13.4840　主17

120. 唐保　850中田1.1260（27-5王茂）, 1339上田0.7660（27-1王爵）, 2119上田1.8550（27-
　　　1陳天相）, 2334中田0.5830（27-5王茂）, 2342中田0.5700（27-5王茂）, 2343中
　　　田0.8870（27-5王茂）, 2347中田0.7200（27-5王茂）, 2355中田1.1100（27-1陳振
　　　達）, 2359下下地0.2320（27-1王爵）, 2360下下地0.2260（27-1王爵）, 2361下
　　　田0.0930（27-5王清明）, 2362下下田0.8480（27-1王爵）, 2367下田0.2350（27-1
　　　王爵）, 2370中田0.7860（27-1陳枝）, 2371中田0.9200（27-1王爵）, 2372中田
　　　1.2660（27-5王茂・王初, 27-1陳寅祿）, 2373中田0.5400（27-5王茂）, 2375下
　　　下地 0.3100（27-5金萬政, 27-1王爵）, 2378下下地 0.2950（27-1王爵）

　　　19坵　田16（12.5310）＋地3（0.8370）＝13.3680　主9

245. 法龍　2140上田1.5470（27-1陳興）, 2143上田1.1450（27-1陳嘉）, 2182上田0.7170
　　　（27-5陳章）, 2187上田 0.7990（27-1陳寅祿）, 2188中田0.9560（27-5王茂）,
　　　2470上田1.4420（27-1陳文討）, 2578中田0.7730（27-1陳興）, 2737上田1.5280
　　　（27-1陳天相）, 2760中田0.2860（27-1陳興）, 2761上田0.3900（27-1陳興）, 2768
　　　下田0.5500（27-1陳興）, 2777上田1.1180（27-1陳天相）, 2878中地0.6200（27-1
　　　陳岩求）, 2885中田0.6190（27-1陳寅祿・陳岩求）

　　　14坵　田13（11.8700）＋地1（0.6200）＝12.4900　主9

135. 津拾　1019中田0.3840（27-5金萬政）, 1382下下田0.1300（27-5王齊興）, 1395下下地
　　　0.1700・山0.5070（27-5王齊興）, 1396山0.2800（27-5陳新, 27-1陳鉤・陳晉・
　　　陳岩求）, 1834中田0.7920（27-1陳興）, 2075上田1.8270（27-5金萬政・王齊興）,
　　　2089上田3.4820（27-5金清）, 2145上田1.6790（27-1陳興）, 2302中田0.3550

214　第4章　租佃關係

(27-5王茂，27-1陳寅祿)，2336中田0.8400（27-5王齊興），2386下田1.6350・下地0.4770・塘0.0540（11-3金經衞・金湛英），2825中田0.6520（27-5吳四保），2875中地0.7240（27-1陳興），2879中地0.3960（27-1陳岩求），2899中地0.4600（27-1陳嘉・陳本），2926中墳地0.6700（27-1陳天相），2927下地1.2470（27-1陳興）

20坵　田10（11.7760）＋地7（4.1440）＋山2（0.7870）＋塘1（0.0540）＝16.7610　主16　【吳津拾】

252.廷眞　2154下田（27-5王齊興），2157上田2.2840（27-1陳興），2162上田1.2240（27-1陳建忠），2318山0.2000（27-1陳振達）［來興］，2417中田0.6980（27-5王茂・汪琰），2421中地0.2440（27-5汪林），2426上地0.7100（27-5王科），2427中田0.7860（27-5王廷榮），2428中田0.5120（27-5王齊興），2430上田1.9630（27-1陳天相），2438中田0.8800（27-1陳天相），2439中田1.1750（27-5王齊興），2445中地1.5340（27-5王齊興），2446下下田0.6400（27-5王齊興），2450下下田0.7560（27-5王齊興），2458山0.3800（27-5畢盛，27-1陳興），2459山0.1000（27-1陳進・陳應時・陳積社）

17坵　田11（11.5380）＋地3（2.4880）＋山3（0.6800）＝14.7060　主14　【汪廷眞】

106.天付　794上田0.8340（27-1陳本），800上田0.5620（27-5陳章），1031上田0.5420（27-1汪明），1032上田1.2330（27-1陳天相），1169上田1.3260（27-1陳天相），1173上田0.7820（27-1朱得眞），1198上田1.4390（27-1王爵），2481上田2.0710（27-5王茂），2560上田0.9870（11-3金桐竹），2589上田0.6000（27-1陳興），3105下田1.0080（11-3金求英）

11坵　田11＝11.3840　主10　【陳天付】

9.白個　134中田1.2930（27-5朱滔），140中田3.1310（27-5朱瑾）［天興］，174中田0.5050（27-5朱隆），194中田1.2960（27-5朱滔），216中地0.6620（27-5朱瑾）［雲玘］，275下田0.3380（27-5朱洪），296下田0.6080（27-5王茂），313下下田0.4200（27-5朱洪），318下下田0.8770（27-5朱憲），321上田1.9320（27-5朱廷鶴），371下田0.4050（27-5朱洪），372下田0.5630（27-5朱滔）

12坵　田11（11.3680）＋地1（0.6620）＝12.0300　主7

189.天雲　1340上田1.5690（27-1陳興），1955下下田0.7530（27-5王齊興・王桂），1959下田0.5130（27-5王茂），2168下田0.8760（27-1王爵），2172上田0.5950（27-1陳鵬），2176上田0.6230（27-1陳寅祿），2177上田1.1880（27-1王爵・陳寅祿），2922下田1.0080・下地0.1900（27-1陳興），2923下田0.3000・下地0.3600（27-1陳興），

2932中田0.9400・中地0.0920（27-1陳興），2982上田0.6630（27-1陳天付），2983

上田1.8120（27-1朱自方）［等］，3019中田0.4400（27-1陳振達）

16圻　田13（11.2800）＋地3（0.6420）＝11.9220　主11

256.文進　2174上田1.2800（27-5金萬政），2175中田0.7430（27-5金萬政），2179上田0.9550

（27-5王桂），2184中田1.2820（27-1陳興），2218上田1.9990（27-1陳興），2475

上田1.6390（27-1陳興・陳寅祿），2491上田0.4130（27-1陳文燦），2784中地

1.2140（27-1陳振達），2872中田1.6500（27-1陳振達），2880中地0.1910（27-1陳

岩求），2951下地 0.1250（27-1陳興・陳天盛），2952下地0.1740（27-1汪明），

2977中地0.2340（27-1陳興・陳天盛），3010上田1.0620（27-5王茂）

14圻　田9（11.0230）＋地5（1.9380）＝12.9610　主10　【陳文進】27-1陳天

盛の〈子戸〉

93.教化　759上田1.1890（27-5陳章），864中田0.6080（27-5陳祥，26-5汪登源），1149上

田1.0340（27-1王爵・陳天相），1360上田1.3600（27-5朱滔・王茂），1389下下

田0.3200（27-1陳振達），1390下下田0.6970（27-1陳振達），2077上田2.0840

（27-1陳天相），2299中田1.7660（27-1陳勝佑），2337中田0.9970（27-1陳鋤），

2338中田0.9310（27-1陳鋤），3099下地0.0940（27-1陳岩求），3101下地0.0570

（27-1陳岩求），3102下地0.3190（27-1陳岩求）

13圻　田10（10.9860）＋地3（0.4700）＝11.4560　主12

61.付進　630上田1.1220（27-1王爵），631上田1.1590（27-1王爵），635上田2.1690（27-5

陳祥），643下下田0.1480（27-5朱廷鶴），645下下田0.1780（27-5朱廷鶴），651

中田0.4440（27-5朱廷鶴），728上田1.0870（27-1王爵），766上田1.1370（27-1陳

本），1267上田0.6320・（27-5陳祥），1393山0.2800（27-5王齊興），1394下下地

0.1700・山0.5070（27-5王齊興），2117上田2.4180（27-1陳寅祿），2335中田0.4220

（27-1陳鋤）

14圻　田11（10.9160）＋地1（0.1700）＋山2（0.7870）＝11.8730　主8

（富進を含む）

70.招保　671下田0.4180（27-1陳法），672下田0.1790（27-1陳法），673下田0.2670（27-1

陳法），674下田0.2500（27-1陳法），675下田0.2930（27-1陳法），676下田0.0780

（27-1陳法），938下田0.5500（27-5金萬政），1338上田1.7170（27-5王齊興），

1347上田0.7550（27-5王茂），1349上田1.0340（27-5王茂），1353下田0.2080

（27-5王時），1354上田1.0260（27-5王時），1356上田0.9650（27-1陳天相），209

5中田0.8400（27-5金萬政），2331下田0.3110（27-5陳章・程周宣），2333中田

0.9050（27-5陳章・程周宣），2541上田1.0840（27-1陳興），3299山0.7400（27-5

216　第4章　租佃關係

王將，11-3汪國英，27-1陳寅祿），3300下下地0.1200・山1.7500（27-5王初・王時，27-1汪明）

　　20垆　田17（10.8800）＋地1（0.1200）＋山2（2.4900）＝13.4900　主12

284. 金成　2313山0.5700（27-1陳興），2324下下田 0.5130（27-1陳振達），2325下下田0.3720（27-1陳振達），2328中田0.4790（27-1陳振達），2516下田0.8040・下地0.5710（11-3金桐竹），2543 上田0.3840（27-1陳興），2547上地0.6530（27-1陳興），2563上田1.0470（27-1陳興），2564上田0.7690（27-1陳興），2574上田1.0630（27-1陳興），2601中田1.3960（27-1陳興），2606下田1.4220（27-1陳興），2616下田 0.5180（27-1陳興），2650中地1.7100（27-1陳興・陳岩求），2701下田0.4620（27-1陳興），3094上田1.0350（27-1著存觀）

　　17垆　田13（10.2640）＋地3（2.9340）＋山1（0.5700）＝13.7680　主5

【程金成】

39. 文義　355下下田3.8250（27-1陳鵬），2580上田0.5740（27-1陳興），2582上田0.9370（27-1陳興），2664中地0.5770（27-1陳興），2702中田1.2810（27-1陳興）［齊起］，2734中田1.4450（27-1陳興），3096中田1.9970（11-3金初孫）［等］

　　7垆　田6（10.0590）＋地1（0.5570）＝10.6160　主3

その他の10税畝以上の事産を租佃する佃人（租佃する事産の總額が多い順）

94. 來興　767上田1.4490（27-1王爵），1099上田1.0500（27-1王爵），1119上田0.5460（27-1王爵），1126上田1.0110（27-1王爵），1128上田1.2010（27-1王爵），1135上田1.0900（27-1王爵），2314山1.2540（27-1王爵），2315山3.0400（27-1程道華・程岩才），2316山0.5840（27-5金萬政），2317山0.1000（27-5陳章），2318山0.2000（27-1陳振達）［廷眞］，2319山4.6470（27-1王爵・陳法），2320山12.0000（27-1王爵），2321山1.2000（27-1王爵）

　　14垆　田6（6.3470）＋山8（23.3720）＝29.3720　主8

316. 丫頭　2612下田0.8640（27-1陳岩求），2641中田1.7100（27-1陳興），2675中地0.4480（27-1陳興・陳岩求），2699中地0.3110（27-1陳岩求），2700中地0.2840（27-1陳興），2713中田1.1000（27-1陳興），2715下田0.7400（27-1陳興），2716中田1.0600（27-1陳興），2718中田1.2160（27-1陳寅祿），2722上田2.1100（27-1陳興），2726下地0.3430・山2.2500（27-1陳興），2730下地1.7200・山3.6400（27-1陳岩求・汪希），3087上田1.1620（11-3金神護）

　　15垆　田8（9.9620）＋地5（3.1060）＋山2（5.8900）＝18.9580　主5

206. 倪社　1795中地0.5000（27-1陳興），1803下田0.4620・下地0.0140（27-1陳寅祿），1811

中地0.4810（27-5王茂），1812中地1.9630（27-5王茂），1813中地1.0490（27-5王
茂），1814中地1.0490（27-5王茂），1815中地1.6130（27-5王茂），1816中地0.9960
（27-5王茂），1823中地2.8800・山0.7500（27-5王茂，27-1王爵），1824山2.0000
（27-5王茂，27-1王爵），2110上田1.2500（27-5畢盛）

13坵　田2（1.7120）＋地9（10.5450）＋山2（2.7500）＝15.0070　主6

181.陳法　1279山0.9780（27-5王法・王桂），1280下下地0.0620・山0.9350（27-1陳興・陳
振達），1282山0.9250（27-1陳興），1288下下地0.0300・山1.2500（27-5王法・
王桂），1303下下田0.3700（27-1陳振達），1793中田0.2330（27-1陳興），2011
下地0.1820・山0.2000（27-5王茂・陳章，27-1陳齊龍・陳法），2012山0.3700
（27-5王茂・程學・朱瑾・朱隆，27-1陳法・王爵・陳振達），2028下地0.3700・
墳山0.3300（27-1王爵），2237下田0.3860（27-1陳振達），2247山5.3300（27-1陳
寅祿），3315山1.5000（27-5陳章），3326下下田0.2730（27-1陳興・陳振達）

17坵　田4（1.2620）＋地4（0.6440）＋山9（11.8180）＝13.7240　主14

336.汪明　2754上田0.9090（27-5陳章），2757下田0.0700（27-5陳章），2779上地0.3000
（27-1陳岩求），2780山0.5000（27-5王茂），2817中地3.6180（27-5陳齊興，27-1
陳興），2819下地0.5850（27-1陳岩求），2826下地0.2900（27-5王齊興），2835
中田0.8850（27-1陳岩求・陳光儀），2836塘0.2060（27-1陳天相・陳岩求），
2844中地0.7750（27-5王齊興），2847下地0.1290（27-1陳龍生），2849中地0.2220
（27-5陳章），2850下地0.1970（27-5吳四保），2852中田0.3520（27-5王齊興），
2856中地3.0690（27-5王齊興，27-1陳興）［等］，2857中地1.2850（27-1汪希），
2862下地0.0800（27-1陳龍生），2864下地 0.0880（27-1陳龍生）

18坵　田4（2.2160）＋地12（10.6380）＋山1（0.5000）＋塘（0.2060）＝
13.5600　主10

201.書童　1460中地0.8230（27-1陳興），1464下下田0.2410（27-5王茂，27-1陳興），1465
下下田 0.1900（27-5王茂，27-1陳興），1894上田0.7470（27-5王茂），2101上田
1.1900（27-1陳興），2102山3.3600（27-5王茂・王齊興，27-1陳三同），2108下
下地0.1820・山1.5000（27-5王齊興），2139上田1.1670（27-5王榮），2401中田
0.7310（27-5王齊興），2403中地0.5700（27-5王齊興），2404中地0.9450（27-5王
楸房）

12坵　田6（5.1530）＋地4（2.5200）＋山2（4.8600）＋塘1（0.0540）＝
12.5870　主6

217.天玄　1957下下地0.0400・山1.2000（27-1陳鵬），1958下下地0.0480・山0.6000（27-1
陳寅祿），1965中田1.2650（11-3金以用），1981上田1.6200（27-5王齊興，27-1

218 第4章 租佃關係

陳寅祿），2141中地0.0320（11-3金經衞・金湛英），2380下田0.5560（11-3金經衞・金湛英），2381下田0.7940（11-3金經衞・金湛英），2382下田1.6680（11-3金經衞・金湛英），2447下田 0.9970（27-5王齊興）［廷光］，2448下下田 0.3510（27-5王齊興），2483山0.6300（27-5王茂・朱勝付，27-1陳寅祿），2484山0.5000（27-5王茂，27-1吳天志），2485山0.5380（27-1陳寅祿），2486山0.5750（27-1陳晉・陳龍生・陳長・陳文討・陳應時・陳積社），2487山0.3000（27-1陳寅祿），2787下地0.6830（27-1陳振達）

18坵　田7（7.2510）＋地4（0.8030）＋山7（4.3430）＝12.3970　主17

248. 廷光　2148上田1.0370（27-1陳嘉），2155下下地1.7360・山2.6260（27-1王爵），2158上田0.6980（27-1陳嘉），2161中田0.6720（27-1陳振達），2443中地1.1550（27-5王齊興・王繼成），2444中地0.1710（27-5王繼成），2447下田0.9970（27-5王齊興）［天玄］，2449下下田0.1530（27-5王齊興），2452中地1.1400・山0.1000（27-1陳天相），2453中地0.7740（27-5王敍・王桂・王初），2454上地0.1550（27-5王齊興），2457山0.7740（27-5王茂）

14坵　田5（3.5570）＋地6（5.1310）＋山3（3.5000）＝12.1880　主9

【汪廷光】

329. 社希　2684下田0.8150（27-1陳興），2686中田1.2580（27-1陳興），2688中田0.5670（27-1著存觀），2692山3.7000（27-5畢盛，27-1陳興），2695中地0.4580（27-1陳興），2703中地0.2910（27-1陳興），2704下地0.8200（27-1陳興），2719中田0.9400（27-1陳興），2732上田1.5580（27-1陳興），2735中田1.5600（27-1汪希）

10坵　田6（6.6980）＋地3（1.5690）＋山1（3.7000）＝11.9670　主4

371. 張道　3052下田0.5410（11-3金桐竹），3053下田0.7500（11-3金桐竹），3057山0.5840（27-5陳新，27-1陳亮・陳文討・陳嘉・陳天相・陳岩求），3059塘0.3100（27-1著存觀），3060下田0.1170（27-1著存觀），3061上地0.2380・山3.5000（11-3金桐竹），3063下田0.2610（11-3金桐竹），3069上田0.6760（11-3金桐竹），3070上田0.8030（11-3金桐竹），3072中田0.4140（11-3金桐竹），3073中田1.2750（11-3金桐竹），3075下田1.0280（11-3金桐竹），3076中地0.4800（11-3金桐竹），3079中田0.4300（11-3金桐竹）

15坵　田10（6.2950）＋地2（0.7180）＋山2（4.0840）＋塘1（0.3100）＝11.4070　主8

233. 汪才　2078下田1.4970（27-1王爵），2120中地1.5930（27-5王茂），2127上田1.0520（27-1陳興），2131中田0.0950（27-5王茂），2379下田0.5450（11-3金經衞・金湛英），2409上田1.2620（27-1陳興），2410上田0.8420（27-1陳天相），2411中地

三　27都5圖内事産の佃人　219

3.5460（27-1王爵），2414塘0.0130（27-5王茂），2830中地0.3480（27-1王爵）

10垞　田6（5.2930）＋地3（5.4870）＋塘1（0.0130）＝10.7930　主7

202. 法力　1461下下田0.3500（27-1陳興），1462中地0.3400（27-1陳興），1886上田1.0520（27-1陳嘉），1888中田0.3270（27-1陳興），1910上田1.0810（27-1陳光儀），2103上田1.9440（27-5王茂），2104上田3.0580（27-1陳興），2217上田0.7530（27-1陳興），2220上田0.9430（27-1陳寅祿），3307下田0.4680（27-1陳振達）

10垞　田9（9.9760）＋地1（0.3400）＝10.3160　主6

　10税畝以上の事産を租佃する佃人は，51.4595税畝の事産を租佃した志個（49）を筆頭とする35名であった。田のみを租佃する佃人は洪志（45）・伍拾（74）・銀童（191）・天進（105）・五保（395）・天付（106）の6名のみであり，長力（214）・天濤（37）・唐保（120）・法龍（245）・津拾（135）・白個（9）・天雲（189）・文進（256）・教化（93）・付進（61）・招保（70）・金成（284）・文義（39）・丫頭（316）・天玄（217）・法力（202）などのように，10税畝前後の田と少額の地・山を租佃した場合が多くみられる[19]。第2章第1節で萬暦年間の27都5圖における租佃經營の再生産可能規模をシミュレーションしたとおり，5人家族（夫妻2人と子ども3人）を想定した場合の再生産可能な租佃事産額は田10.4107税畝であり，10税畝前後の田の租佃というのはこの數値とほぼ一致している[20]。

　20税畝を超える多額の事産を租佃したのは，志個（49）・洪志（45）・來興（94）の3名であった。來興の場合，租佃事産額29.3720税畝のうち山の租佃額が23.3720税畝にのぼった。また，租佃事産の總額が20税畝におよばなくとも，多額の地・山を租佃した佃人がみられる。陳法（181）の山の租佃額は11.8180税畝であり，汪明（336）の地の租佃額は10.6380税畝であった。これらの佃人のうち陳法と汪明については，前節にあげた**表17**からわかるように，ともに27都1圖に所屬し，それぞれ12.8550税畝，27.7260税畝の事産を出租しており，〈總戸−子戸〉制を行なっている人戸でもあった。さらに，33.0920税畝の田を租佃する洪志は，前節でみた214.0365税畝もの事産を出租し，27都5圖第1甲の里長を務める王茂戸の〈子戸〉であった[21]。

220 第4章 租佃關係

　洪志・陳法・汪明の例が示すように，自家消費目的を超える規模の事產を租佃していたのは，里長戶や〈總戶─子戶〉制を行なう人戶で自ら出租もしている有力な存在であった。それ以外の場合は，10稅畝前後の田と少額の地・山といった自家消費目的規模の事產を租佃するのが一般的であったと考えられる。『得字丈量保簿』が傳えるのは27都5圖内の事產を租佃する情報に限られるため，推測の域にとどまらざるを得ないが，壓倒的多數を占めた租佃事產額が少額の個人は，租佃額からみて自小作農が生計補完する存在であったと理解するのが自然であろう。

四　佃僕＝火佃の存在

　周知のように，明清期の徽州府下では，一般に"種主田，住主屋，葬主山（主の田を種やし，主の屋に住み，主の山に葬むらる）"といわれ，佃租のほかにも様々な勞役を負擔して代々主家に隸屬する佃僕制が普及していた[22]。

　『得字丈量保簿』からも休寧縣27都5圖における佃僕＝火佃（佃僕と火佃は同一實體の異稱）の存在[23]を窺うことができる。てがかりとなるのは，事產の土名と四至に關する記載である。

　佃僕＝火佃の存在を示す情報を傳えるのは，表20に示す計29號の事產に限られる。これらの事產は，土名に佃僕・火佃の名稱が付され，あるいは鄰接する事產の四至の記載に佃僕・火佃の名稱が付されており，"住地"・"基地"・"屋地"・"倉基地"と呼ばれていることからすると佃僕＝火佃が居住する庄屋が置かれた事產と考えられる[24]。また，これらの事產の見業戶は，佃僕＝火佃の居住地を所有したのであるから，佃僕＝火佃の主家であったと理解してよいだろう。

【表20】　佃僕＝火佃の存在を示す事產

※地番，土名，事產の種類・稅畝額，佃人，見業戶（數字は所屬都圖。戶丁の場合は丸括弧内に記す）の順に示す。□は判讀不能を示す。

四　佃僕＝火佃の存在　221

188號　榨充火佃地　　中地0.1890　　個人：謝廷林住
　　　　見業：27-5朱祐・朱邦・朱憲

209號　揚冲西培及高園坎山　　山0.1050　　個人：謝僕葬祖
　　　　見業：朱洪・朱隆・朱滔・朱濱・朱淳
　　　　※232號の四至が“南至貳百玖號謝火佃坎山”と記す。

215號　外佃僕住地　　中地0.4330　　個人：謝堂・社保祖
　　　　見業：27-5朱憲・朱滔・朱濱・朱淳・朱洪・朱祐・朱得・朱邦・朱隆
　　　　※214號の四至が“北至後號朱滔等火佃地”と記す。

216號　裡佃僕住地　　中地0.6620　　個人：雲玘謝（謝雲玘）・白個等住
　　　　見業：27-5朱瑾・朱滔・朱濱・朱淳・朱洪・朱瑚・朱鶴・朱憲
　　　　※215號の四至が“北至後號本家裏火佃地”，217號の四至が“南至前號本家裡
　　　　　火佃地”と記す。

232號　火佃對面牛欄基　　中地0.4370　　個人：謝堂等・牛欄
　　　　見業：27-5朱洪・朱滔・朱濱・朱淳

233號　墙園佃僕住地　　下地0.4500　　個人：なし
　　　　見業：27-5朱滔・朱濱・朱淳・朱洪

251號　新火佃地　　中地0.8000　　個人：なし
　　　　見業：27-5朱滔・朱濱・朱淳

254號　揚冲□火佃　　中地0.3260　　個人：なし
　　　　見業：27-5朱隆・朱瑾
　　　　※256號の四至が“東至貳百五拾津號火佃地”と記す。

1496號　田西火佃基地　　中地0.1120　　個人：なし
　　　　見業：27-5陳章（戶丁：漢・祿・廷春）

1539號　陳村火佃地　　上地0.2280　　個人：なし
　　　　見業：27-5金萬政

1596號　陳村火佃基地　　中地0.1970　　個人：なし
　　　　見業：27-5王齊興

1597號　陳村火佃地　　中地0.2680　　個人：なし
　　　　見業：27-5王齊興

1683號　陳村心火佃基地　　上地0.1000　　個人：なし
　　　　見業：27-5王茂

1764號　街頭火佃屋地　　上地0.3340　　個人：なし

222　第 4 章　租佃關係

　　　　　　見業：27-5王時・王初
1768號　街頭火佃基地　中地0.1840　佃人：なし
　　　　　　見業：27-5王時・王廷榮・王初
1776號　陳村頭火佃基地　中地0.4250　佃人：なし
　　　　　　見業：27-1王爵（戶丁：濟・冽）
1779號　陳村火佃基地　中地0.4460　佃人：なし
　　　　　　見業：27-1陳興（戶丁：玉）
1780號　陳村頭火佃地　中地0.4760　佃人：なし
　　　　　　見業：27-5金萬政（汶・源・寬）
1781號　陳村火佃倉基地　中地0.4420　佃人なし
　　　　　　見業：27-1陳興（戶丁：富）
1782號　陳村火佃倉基地　中地0.3040　佃人：なし
　　　　　　見業：27-1陳興（戶丁：鳳・富）
1783號　陳村頭火佃基地　中地0.1600　佃人：なし
　　　　　　見業：27-1陳興（戶丁：付・鳳）
1784號　陳村頭火佃基地　上地0.1890　佃人：なし
　　　　　　見業：27-5王齊興（戶丁：齊賜）・27-1陳興（戶丁：富・鳳）
2648號　火佃屋地　中地0.4040　佃人：なし
　　　　　　見業：27-1陳興（戶丁：正陽）
2650號　沈塘　中地1.7100　佃人：金成等住
　　　　　　見業：27-1陳興（戶丁：正陽）・陳岩求（戶丁：應・軫・光・文・仁壽）
　　　　　　※2651號の四至が“西至前號正陽等火佃屋地”と記す。
2853號　周村火佃　中地0.5540　佃人：初保
　　　　　　見業：27-1陳興（戶丁：付・鳳）
2901號　周村火地　中地0.6910　佃人：四十力
　　　　　　見業：27-1陳岩求・陳嘉・吳四保
2902號　周村火地　中地1.2810　佃人：なし
　　　　　　見業：27-1陳嘉・陳天相・陳岩求・吳四保
2903號　周村火地　中地0.3020　佃人：なし
　　　　　　見業：27-5吳五潯
2904號　周村火地　中田0.2510・中地0.2130　佃人：なし
　　　　　　見業：27-1陳春陽
3005號　後塘　中地0.6240　佃人：付成
　　　　　　見業：27-1陳寅祿
　　　　　　※3006號の四至が“西至前號寅祿火佃屋地”と記す。

四　佃僕＝火佃の存在　223

3016號　後塘火佃　中地0.5950　佃人：なし
　　　　見業：27-1陳興・陳積社・陳嘉・陳天相・陳長・陳龍生・陳寅祿・陳應時・陳晉

　表20から佃僕＝火佃の居住地の所有人戸を整理すると，27都5圖第2甲の里長を務める朱洪（朱滔・朱濱・朱淳を含む）戸を中心とした5圖所屬の揚冲朱氏（朱隆は第2甲，朱瑾は第8甲，朱祐・朱瑚は第10甲の所屬），同圖第1甲の里長を務める王茂戸，同圖第4甲の里長を務める王時戸，同圖第5甲の里長を務める陳章戸，同圖第7甲の里長を務める王齊興戸，同圖第9甲の里長を務める王初戸，同圖第10甲の里長を務める金萬政戸，また27都1圖所屬の王爵戸・陳興戸・陳岩求戸・陳天相戸・陳寅祿戸などであった。第2節でみたように，王爵・陳岩求・陳天相は27都1圖の里長を務める人戸であり，陳興は27都5圖内の事産を最も多く所有し，萬曆9年の丈量で都正を務めた人戸であった。これによれば，佃僕＝火佃を保有したのは，27都5圖と1圖の里長等を務める有力人戸とその一族であったと考えられる。第3章でみたように，揚冲朱氏・藤溪王氏・陳村陳氏は徽州府内で名族と認知された存在であった。

　表20に示した計31號の事産のうち，22號の事産には佃人が記されていない。おそらく佃僕＝火佃の居住地だったからであろう。ただし，得字215號・216號・232號・2650號のように佃人が記される事産がある。また，得字209號のように佃人が主家の祖墳の管理に従事していたと推測される記述がある事産，得字216號や得字2650號のように佃人の項に"〇〇等住"と記される事産がある。こうした佃人の項に記された人物は，佃僕＝火佃と理解してよいのだろうか。しかし，佃人の項に記された人物のなかには，得字216號の佃人である謝雲屺のように賦役黃册上に戸名をもって自ら事産を所有し，かつ複數の見業戸から租佃していた者（27都5圖第5甲所屬）や，得字216號の事産の佃人に記された白個と得字2650號の事産の佃人に記された金成のように10稅畝以上の事産を租佃していた者がいる。後者の白個と金成の租佃事産額は，前節の表18・表19で示したとおり，それぞれ12.0300稅畝と13.7680稅畝にのぼっていた。こうした謝雲

卮や白個・金成が佃僕＝火佃であったとは考え難い。

　この問題を考える絲口となるのは，27都 5 圖第 4 甲の里長を務めた王時（王正芳）戸の抄契簿——南京大學歷史系資料室藏『元至正 2 年至乾隆28休寧王氏文約契謄錄簿』（000013號）である。同簿が抄錄する26世の萬德の家產分割書——「萬德公分單」（崇禎13年〔1640〕 7 月）は，王氏が火佃に關わる事產として“王蘭火佃地三步”・“富進火佃地拾八步”・“進德火佃地三拾步”・“街頭火佃衆地十三步”を所有していたことを傳える。前節の表18で確認できるように，富進（＝付進）と進德は27都 5 圖內の事產を租佃する佃人であった（富進＝付進は表18の61，進德は表18の312）が，王時戸の所有事產の佃人には記されていない。また表20が示すように，得字1764號の街頭火佃屋地，得字1768號の街頭火佃基地には，ともに佃人が記されていない。こうした事例からすると，佃僕＝火佃の居住地の事產の佃人の項には，佃僕＝火佃は記されず，居住地の事產を租佃する者がいる場合（佃僕＝火佃自身が租佃する場合もある）にその人物が記されたのではないかと思われる。佃僕＝火佃の居住地の事產の佃人の項に“○○等住”と記されるのは，庄屋を賃借して住む者がいた場合なのであろう。

　なお，王氏の火佃である富進（＝付進）と進德は，主家以外の人戸と租佃關係を結んでおり，富進（＝付進）の場合， 8 戸の見業戸から11.8730稅畝の事產を租佃していた[25]。明末に至ると，自ら事產を所有し，かつ商業活動にも參入して蓄財する佃僕＝火佃が現れることが指摘されており[26]，主家以外の人戸ととり結ぶ租佃關係は，そうした佃僕＝火佃の社會的上昇の背景の一つとして位置づけられるものであろう。

おわりに——租佃關係の選擇的性格——

　休寧縣27都 5 圖內の多額の事產を出租していた人戸の多くは，27都 5 圖と27都 1 圖の里長を務める人戸や〈總戸–子戸〉制を行なっている人戸であり，里長を務める人戸とその一族は佃僕＝火佃を保有する存在でもあった。27都 5 圖內の事產の出租率が過半數を超えており，田の場合は出租率が 6 割を超えるこ

とからすると，27都5圖では地主的土地所有が發達していたようにみえるが，出租事産が多額の人戸であっても，生産活動から遊離せず自耕する事産を所有したうえで出租しており，27都5圖内の事産を對象とする地主的土地所有は寄生的なものではなかった。

佃人の側に眼を移せば，10税畝以上の事産を租佃する場合であっても，10税畝前後の田と少額の地・山を租佃する自家消費目的の規模の事産を租佃するものが一般的であり，壓倒的多數の佃人の租佃事産額は少額であった。なかには自家消費目的を超える規模の事産を租佃する佃人もみられたが，それは里長戸を務める人戸や〈總戸–子戸〉制を行なう人戸で自ら出租もしている有力な存在であった。

壓倒的多數を占める租佃事産額が少額の佃人は自小作農が生計補完する存在であったと推測されるが，『得字丈量保簿』によって出租・租佃事産額が判明する27都5圖所屬の人戸について，『歸戸親供册』が傳える所有事産の情報（事産額，事産數，所在都圖ごとの事産數）をくわえて示したのが表21である。實在戸145戸（里長・有産戸・無産戸）のうちの42戸である[27]が，出租・租佃事産額が判明する人戸は27都5圖内の事産を所有する人戸に偏っている（逆に，27都5圖内の事産を所有しない人戸は出租・租佃事産額が不明な場合が多い）。これは，租佃關係が所有事産の所在地の近緣性によって結ばれる傾向にあったことを物語っている。一例を示せば，27都1圖所屬の汪明戸は27都5圖内に所有する事産（得字2840號・2841號・2842號）の近鄰の事産（得字2835號・2836號・2844號・2847號・2849號・2950號）を租佃していたことが『得字丈量保簿』の記載からもわかる[28]。

【表21】　萬曆9年27都5圖所屬人戸の事産所有と出租・租佃狀況

※『得字丈量保簿』から出租・租佃狀況がわかる人戸について，『歸戸親供册』が傳える事産所有の
　狀況（所有事産の總額［單位は税畝］，所有事産數，所有事産の所在都圖ごとの事産數）を示した。
　出租狀況は下線，租佃狀況は波線を附した。

226 第4章 租佃關係

第1甲
里 長
王　茂　547.3404　737坵　27-5：555坵，27-1：147坵，11-3：15坵，26-2：2坵，26-5：18坵

（田347.7118［394坵］，地76.1424［183坵］，山119.8872［137坵］，塘3.5990［23坵］）

出租214.0365（田183.3490，地16.2000，山14.0925，塘0.3950）　202坵

租佃33.0920＝田23　23坵　主13　〈子戸〉の洪志が佃人

有産戸
程　相　13.1110　33坵　27-5：30坵，27-6：3坵

（田10.4700［16坵］，地0.9580［8坵］，山1.3080［6坵］，塘0.3750［3坵］）

出租6.4180（田6.2620，地0.1560）　11坵

王　榮　14.2518　41坵　27-5：34坵，27-1：7坵

（田7.6580［10坵］，地4.7348［26坵］，山1.8380［4坵］，塘0.0210［1坵］）

出租7.1130（田6.1130，山1.0000）　7坵

金　清　96.5208　99坵　27-5：1坵，27-1：83坵，1-2：2坵，1-6：1坵，26-5：12坵

（田38.8488［48坵］，地26.2015［32坵］，山31.4705［19坵］）

出租3.4820（田3,4820）　1坵

謝　社　3.9570　9坵　27-5：5坵，27-1：3坵，26-5：1坵

（地2.2915［4坵］，山1.6655［5］）

出租3.7060（田3.7060）　2坵

第2甲
里 長
朱　洪　203.6334　829坵　27-5：704坵，27-1：7坵，27-3：77坵，27-6：31坵，29-4：6坵，西南隅1：4坵

（田148.2960［473坵］，地19.6310［166坵］，山34.2844［157坵］，塘1.4220［29坵］，正地2.9740［4坵］）

出租74.7450（田72.4960，地0.9980，山1.1100，塘0.1410）　75坵

有産戸
吳　和　19.3550　31坵　27-5：18坵，27-1：12坵，11-3：1坵

（田2.5790［6坵］，地6.9630［11坵］，山9.6130［13坵］，塘0.2000［1坵］）

　　　　　租佃0.9224＝地１（0.1710）＋山１（0.7514）　　２垬　主２

朱　　隆　48.2000　97垬　27-5：95垬，27-3：1垬，11-3：1垬
　　　　　（田43.2960［44垬］，地2.1460［33垬］，山2.7580［20垬］）
　　　　　出租21.1100（田19.6900，山1.4200）　　23垬

吳四保　6.9310　15垬　27-5：14垬，27-1：1垬
　　　　　（田4.5860［７垬］，地2.3450［８垬］）
　　　　　出租3.6700（田3.6700，地1.6110）　　７垬
　　　　　租佃13.8810＝地２　　２垬　主２

朱時應　25.3655　59垬　27-5：52垬，27-3：7垬
　　　　　（田22.7290［30垬］，地1.1455［19垬］，山1.4910［10垬］）
　　　　　出租0.6500（田0.6500）　　１垬

第３甲
里　長
朱　　清　305.6265　472垬　27-5：19垬，27-1：430垬，27-3：1垬，11-3：4垬，26-2：5垬，
　　　　　26-5：13垬
　　　　　（田185.1700［228垬］，地51.6010［165垬］，山68.6625［75垬］，塘0.1930［４垬］）
　　　　　出租5.9660（田5.7040，地0.2620）　　８垬

無産戸
吳初保　租佃2.2870＝田１（1.2200）＋地２（1.0670）　　３垬　主３

第４甲
里　長
王　　時　68.3190　108垬　27-5：88垬，27-1：13垬，11-3：7垬
　　　　　（田29.7560［34垬］，地13.5620［42垬］，山24.2400［29垬］，塘0.7610［３垬］）
　　　　　出租16.3660（田12.5280，地1.0880，山2.7500）　　22垬

有産戸
王　　法　9.1010　40垬　27-5：37垬，27-1：3垬
　　　　　（田4.3110［10垬］，地1.8070［17垬］，山2.8520［11垬］，塘0.1310［２垬］）
　　　　　出租6.9690（田0.1740，地0.1730，山6.6220）　　６垬
　　　　　租佃5.0870＝田３（2.9480）＋地２（0.1890）＋山３（1.9500）　　６垬　主９

228　第 4 章　租佃關係

第 5 甲
里　長
陳　章　176.0080　256坵　27-5：175坵，27-1：81坵
　　　　（田128.9980 ［149坵］，地14.3630 ［55坵］，山31.9130 ［46坵］，塘0.7340 ［ 6 坵］）
　　　　<u>出租87.9230 （田80.9060，地1.8270，山4.9000，塘0.2900）　87坵</u>

有産戶
朱勝付　9.5430　14坵　27-5：11坵，27-1：3坵
　　　　（田8.9810 ［ 9 坵］，地0.2460 ［ 2 坵］，山0.2860 ［ 2 坵］，塘0.0300 ［ 1 坵］）
　　　　<u>出租2.7630 （田2.1330，山0.6300）　 3 坵</u>
陳　新　23.6060　33坵　27-5：17坵，27-1：14坵，11-3：2坵
　　　　（田6.1890 ［ 7 坵］，地5.8540 ［12坵］，山10.8520 ［11坵］，塘0.7110 ［ 3 坵］）
　　　　<u>出租7.5140 （田2.0880，地0.3720，山5.0540）　 6 坵</u>
陳信漢　14.9400　17坵　27-5：10坵，27-1：7坵
　　　　（田14.6420 ［15坵］，地0.2980 ［ 2 坵］）
　　　　<u>出租10.1220 （田10.1220）　 7 坵</u>
金社保　32.4230　60坵　27-1：52坵，26-2：2坵，26-5：6坵
　　　　（田12.0350 ［21坵］，地14.1540 ［27坵］，山6.2340 ［12坵］）
　　　　<u>租佃2.8460＝田 2 （2.4130）＋地 1 （0.4330）　 3 坵　主 2</u>
謝雲玘　1.0260　 5 坵　27-5：5坵
　　　　（地0.1670 ［ 2 坵］，山0.8590 ［ 3 坵］）
　　　　<u>租佃3.0910＝田 3 （2.4290）＋地 1 （0.6620）　 4 坵　主 7</u>
陳　宜　4.5980　 6 坵　27-5：6坵
　　　　（田4.5980 ［ 6 坵］）
　　　　<u>出租3.0390 （田3.0390）　 3 坵</u>

絶　戶
吳佛保　<u>租佃3.6400＝田 1 （1.3100）＋地 3 （2.3300）　 4 坵　主 2</u>

第 6 甲
有産戶
王　科　1.5940　14坵　27-5：11坵，27-1：3坵
　　　　（田0.4330 ［ 2 坵］，地0.9570 ［10坵］，山0.2040 ［ 2 坵］）
　　　　<u>出租0.7100 （地0.7100）　 1 坵</u>
汪　琰　19.9570　31坵　27-5：26坵，27-1：5坵

（田11.8300［14坵］，地4.7640［13坵］，山3.2500［3坵］，塘0.1130［1坵］）

出租11.8210（田10.6360，地1.1850）　12坵

汪　龍　3.8260　9坵　27-5：9坵

（地2.2460［6坵］，山1.5800［3坵］）

出租0.2440（地0.2440）　1坵

絶　戸

汪添興　租佃7.3610＝田4　4坵　主3

第7甲

里　長

王齊興　109.5820　194坵　27-5：182坵，27-1：10坵，11-3：1坵，30-1：1坵

（田39.9350［56坵］，地35.8990［98坵］，山29.7410［32坵］，塘4.0070［8坵］）

出租49.2190（田25.2160，地13.2400，山10.7630）　47坵

有産戸

程周宣　4.0220　11坵　27-5：9坵，27-1：2坵

（田3.4220［9坵］，地0.6000［2坵］）

出租1.2160（田1.2160）　2坵

絶　戸

李社祖　租佃4.0830＝田5　5坵　主8

第8甲

有産戸

王繼成　10.2190　29坵　27-5：24坵，27-1：3坵，26-4：2坵

（田7.0670［13坵］，地2.4910［10坵］，山0.6610［6坵］）

出租5.0570（田3.7310，地1.3260）　5坵

朱　瑾　49.5920　108坵　27-5：105坵，27-1：1坵，27-3：1坵，27-6：1坵

（田45.5270［50坵］，地2.0450［35坵］，山1.9920［22坵］，塘0.0280［1坵］）

出租18.1930（田17.1610，地0.6620，山0.3700）　17坵

王應元　21.9570　49坵　27-5：46坵，27-1：2坵，30-1：1坵

（田18.6340［21坵］，地1.6600［18坵］，山1.4430［7坵］，塘0.2200［3坵］）

出租23.3180（田15.5920，地0.9240，山6.8020）　20坵

程　學　13.0450　37坵　27-5：37坵

（田11.8530［23坵］，地0.8530［7坵］，山0.2140［6坵］，塘0.1250［1坵］）

230　第 4 章　租佃關係

　　　　出租11.0800（田10.1720，地0.0710，山0.7000，塘0.1370）　21坵

陳　進　17.9520　21坵　27-6：21坵

　　　　（田17.8010 [20坵]，地0.1510 [1 坵]）

　　　　租佃3.3980＝田 4　　4 坵　主 3

汪社曜　0.1200　　1 坵　27-3：1坵

　　　　（地0.1200 [1 坵]）

　　　　租佃2.6220＝田 2　　2 坵　主 3

第 9 甲

里　長

王　初　37.5310　103坵　27-5：36坵，27-1：10坵，11-3：4坵，13-3：53坵

　　　　（田20.8090 [32坵]，地7.8100 [48坵]，山8.3620 [22坵]，塘0.5500 [1 坵]）

　　　　出租4.7890（田1.9680，地1.0710，山1.7500）　　5 坵

有産戶

朱　得　0.6230　　10坵　27-3：10坵

　　　　（地0.5970 [8 坵]，山0.0260 [2 坵]）

　　　　出租1.3320（田1.3320）　　1 坵

畢　盛　14.5400　28坵　27-5：17坵，27-1：4坵，26-5：7坵

　　　　（田9.2930 [11坵]，地2.9960 [8 坵]，山2.2510 [9 坵]）

　　　　出租8.8560（田4.7760，山4.0800）　　8 坵

朱廷鶴　20.1590　71坵　27-5：68坵，27-1：2坵，27-3：1坵

　　　　（田16.5180 [31坵]，地1.5830 [25坵]，山2.0580 [15坵]）

　　　　出租11.3240（田11.3240）　14坵

第10甲

里　長

金萬政　138.7560　201坵　27-5：176坵，27-1：13坵，27-3：5坵，27-6：2坵，11-3：5坵

　　　　（田83.1730 [97坵]，地21.3890 [67坵]，山31.9390 [30坵]，塘2.2550 [7 坵]）

　　　　出租57.6464（田50.2260，地1.8350，山5.5854）　　58坵

有産戶

朱　太　1.9150　　27坵　27-5：26坵，27-6：1坵

　　　　（田0.5350 [7 坵]，地0.5550 [12坵]，山0.8250 [8 坵]）

　　　　出租0.6500（田0.6500）　　1 坵

おわりに　231

朱　祐　39.2180　83坵　27-5：70坵，27-3：8坵，27-6：5坵
　　　　　（田32.5610［41坵］，地3.2470［26坵］，山3.3100［15坵］，塘0.1000［１坵］）
　　　　　出租12.0420（田11.8530，地0.1890）　10坵

陳　祥　61.3490　78坵　27-5：74坵，27-1：4坵
　　　　　（田48.3840［53坵］，地9.9230［18坵］，山3.0420［７坵］）
　　　　　出租33.0170（田33.0170）　33坵

朱　社　5.2200　40坵　27-5：31坵，27-3：2坵，27-6：7坵
　　　　　（田2.3470［12坵］，地1.8260［16坵］，山1.0470［12坵］）
　　　　　出租3.2720（田3.2720）　５坵

朱　瑚　8.3310　49坵　27-5：48坵，27-3：1坵
　　　　　（田6.8380［14坵］，地0.6820［21坵］，山0.8110［14坵］）
　　　　　出租2.0350（田2.0350）　３坵

　　出租・租佃事産額が判明する27都５圖所屬の人戸は限られるとはいえ，表21
からは多額の事産を所有する人戸が出租し，事産所有が少額の人戸や無産人戸
が租佃する具體像が窺えるとともに，先に言及したように所有事産が5税畝にも及ばない少額の人戸（第１甲の謝社戸・第５甲の陳宜戸・第６甲の王科戸・同甲の
汪龍戸・第７甲の程周宣戸）であっても出租していたことや，第２甲の呉和戸・
第５甲の金社保戸・第８甲の陳進戸のように自家消費には十分な額の事産を所
有する人戸が租佃していたこともわかる。
　　個人の多くは複數の見業戸と租佃關係を結んでいたことが示すように，租佃
關係は人格的支配隷屬をともなわない經濟的契約關係であり，第１甲の里長を
務める王茂戸のように多額の事産を所有して出租する人戸が自家消費目的を超
える規模の事産を租佃していた。第２甲の呉四保戸と第４甲の王法戸のように，
多額の事産を所有する人戸ではなくとも事産を出租し，租佃することもあった。
王法戸の場合，9.1010税畝の事産を所有しながら，6.9690税畝の事産を出租し，
5.0870税畝の事産を租佃していた。さらには，個僕＝火佃が主家以外の人戸の
事産を租佃することもあった。萬暦９年の27都５圖内の事産をめぐる租佃關係
は，多額の事産を所有する人戸から個僕＝火佃に至るまで，誰もが各々の經濟

232　第4章　租佃關係

状況の必要性に應じて自由に選擇してとり結ぶ生産關係であったといえる。

　壓倒的多數を占めた租佃事産額が少額の個人については，生計を補完する自小作農と推測するにとどまり，實態（具體的人戸と所有事産額）が判明する例は限られた。その理由としては次の二點の可能性が考えられる。一つは，個人が27都5圖以外の圖に所屬していたことである。27都5圖内の事産の半數以上が他圖所屬人戸によって所有されていたことからすれば，個人の多くが他圖所屬であっても不思議はない。もう一つは，個人の項に記された人物が〈總戸−子戸〉制の〈子戸〉であったことである。27都5圖第1甲の王茂戸の洪志の例が示すように，〈子戸〉が租佃の主體となることはまちがいなく存在していた。それは他圖所屬人戸の場合であっても同樣である。指摘した二つのいずれも可能性が高いが，今後追究すべき課題として後考に委ねざるを得ない。

註
（1）　宮澤知之「宋代農村社會史研究の展開」（谷川道雄編『戰後日本の中國史論爭』
　　　河合文化教育研究所，1993年。『宋代社會經濟史論集』汲古書院，2022年，所收）。
（2）　高橋芳郎「宋元代の奴婢・雇傭人・佃僕の身分」（『北海道大學文學部紀要』26-2，
　　　1978年。のち『宋─淸身分法の研究』北海道大學圖書刊行會，2001年，所收），同
　　　「宋元代の佃客身分」（『東洋史研究』37-3，1978年。のち同上書，所收）。
（3）　草野靖『中國の地主經濟──分種制──』（汲古書院，1985年），同『中國近世の
　　　寄生地主制──田面慣行──』（汲古書院，1989年）。
（4）　寺田浩明「田面田底慣行の法的性格──槪念的檢討を中心にして──」（『東洋文
　　　化研究所紀要』93，1983年）。
（5）　渡邊信一郎「唐宋變革期における農業構造の發展と下級官人層──白居易の慙愧」
　　　（『京都府立大學學術報告　人文』36，1984年。のち『中國古代社會論』靑木書店，
　　　1986年，所收）。
（6）　宮澤知之「宋代先進地帶の階層構成」（『鷹陵史學』10，1985年。のち『宋代社會
　　　經濟史論集』汲古書院，2022年，所收）。
（7）　劉和惠・汪慶元『徽州土地關係』（安徽人民出版社，2005年）103〜118頁。中島
　　　樂章「明代中期、徽州農民の家産分割──祁門縣三都の凌氏──」（『山根幸夫敎授
　　　追悼記念論叢　明代中國の歷史的位相』上卷，汲古書院，2007年）。
（8）　章有義「明淸徽州地權分配狀況的蠡測」（『明淸徽州土地關係研究』中國社會科學

出版社，1984年）8頁，同「康熙初年江蘇長洲三册魚鱗簿所見」（『中國經濟史研究』1988年第4期）90頁。

(9) 汪慶元「清順治休寧縣"均圖"魚鱗清册」（『清代徽州魚鱗圖册研究』安徽教育出版社，2017年）56頁。

(10) 中國歷史研究院圖書館藏『至正24年（龍鳳10年）祁門14都5保魚鱗册』（3001000號。『徽州千年契約文書（宋元明編）』第11卷，花山文藝出版社，1991年，所收），同『明洪武18年歙縣16都3保萬字號清册分庄』（315010000001號）。兩史料の書誌については，それぞれ欒成顯「朱元璋によって攢造せられた龍鳳期魚鱗册について」（『東洋學報』70-1・2，1989年），同「洪武魚鱗圖册考實」（『中國史研究』2004年第4期）を參照。

(11) 欒成顯「黃册制度的几个基本問題」（『明代黃册研究』中國社會科學出版社，增訂本，2007年）286～291頁。

(12) 27都5圖の所屬人戶と記されるが，『歸戶親供册』と安徽省博物院藏『黃册底籍』萬曆10年册には記載されない出租人戶が12戶存在する（表17には，その他の27都5圖所屬人戶の出租事産として記した）。それは，27都5圖所屬人戶の〈子戶〉と推測されるが，そうした人戶も27都5圖所屬の出租人戶に計上して48戶とした。27都5圖の所屬人戶については，第1章第1節第1項にあげた表2「『萬曆27都五圖黃册底籍』基礎データ」（26～55頁）を參照。

(13) 27都5圖の里長戶については，『黃册底籍』萬曆10年册の記載による。第1章第1節第1項の表2「『萬曆27都5圖黃册底籍』基礎データ」（26～55頁）を參照。王爵・陳振達・陳天相・陳岩求が27都1圖の里長戶であったことは，著存觀という祠觀をめぐる萬曆10年前後の爭訟記錄である上海圖書館藏『著存文卷集』1卷の〈10〉「二十七都排年陳祿等告按院狀」にみえる。『著存文卷集』の項目の番號と名稱は，高橋芳郎「明代徽州府休寧縣の一爭訟──『著存文卷集』の紹介──」（『北海道大學文學部紀要』46-2，1998年。のち『宋代中國の法制と社會』汲古書院，2002年，所收）が付したものによる（以下，同じ）。なお，休寧縣の都圖文書（安徽省圖書館藏『休寧縣都圖里役備覽』2:30710號と安徽師範大學圖書館藏『休寧縣都圖甲全錄』139863號）は，第6章第1節（275頁）で引用するとおり，汪明も27都1圖第7甲の里長戶であったと記すが，都圖文書が傳えるのは萬曆20年に27都2圖が1圖から增置されて以降の情報であり，萬曆9年の段階で汪明が27都1圖の里長戶であったことを確定できないため，汪明については里長戶に數えなかった。

(14) 陳興が都正を務めていたことは，『著存文卷集』〈8〉「巡按御史の批」・〈9〉「休寧縣の詳文」にみえる。都正については，第3章註（17）の記述（176頁）を參照。

234　第4章　租佃關係

(15)　朱清戸の所有事産の詳細は，本章の本文後段にあげる**表21**（227頁）を參照。

(16)　謝社戸・陳宜戸・王科戸・汪龍戸・程周宜戸の所有事産額は，本章の本文後段に
あげる**表21**「萬曆9圖27都5圖所屬人戸の事産所有と出租・租佃狀況」（225～231
頁）を參照。なお，謝社戸は田を所有していないにもかかわらず3.7060稅畝の田を
出租するという矛盾した結果になるのは，第1章第2節第2項で論じたように，
『歸戸親供册』の記載內容は『得字丈量保簿』の記載情報そのものではなく，丈量
後に行なわれた事産交易の結果を反映していたからである。謝社戸の場合，萬曆9
年內に26.9830稅畝の田・地を賣却していた。謝社戸が3.7060稅畝の田を出租してい
たというのは，田を賣却する以前の段階のことである。

(17)　第2章で行なった所有田産の再生産可能規模のシミュレーションの結果によって，
再生産できないと判斷した。

(18)　『得字丈量保簿』が記載する陳興戸・王茂戸・朱洪戸の所有事産のうち佃人名が
記されていない田を數えた數値である。

(19)　便宜的に7～13稅畝臺の田と少額の地・山を租佃する個人を例示した。

(20)　再生産可能な田の租佃額のシミュレーションの詳細は，第2章第1節（97～98頁）
を參照。その結果の數値をあげておく。家族5人の場合：10.4107稅畝，家族4人の
場合：8.3402稅畝，家族3人の場合：6.2611稅畝，家族2人の場合：4.2238稅畝，家
族1人の場合：2.0573稅畝。

(21)　『得字丈量保簿』が洪志を王茂の戸丁と記すことにもとづく。

(22)　葉顯恩『明淸徽州農村社會與佃僕制』（安徽人民出版社，1983年）。中島樂章「明
末徽州の佃僕制と紛爭」（『東洋史硏究』58-3，1993年。のち『明代鄕村の紛爭と秩
序――徽州文書を史料として――』汲古書院，2002年，所收）。前揭註（7）劉・
汪『徽州土地關係』。

(23)　休寧縣27都5圖においても佃僕と火佃が同一實體の異稱であったことは，『得字
丈量保簿』の得字215號の土名"外佃僕住地"が得字214號の四至では"北至後號朱
滔等火佃地"と記され，得字216號の土名"裡佃僕住地"が得字215號と得字217號
の四至ではそれぞれ"北至後號本家裏火佃地"・"南至前號本家裡火佃地"と記され
ていることによって明らかである。

(24)　前揭註（23）で記したように，"佃僕住地"が"火佃地"とも呼ばれているから，
"住地"や"屋地"ではなく單に"火佃地"と記されるものも庄屋が置かれた事産
と解してよいだろう。

(25)　富進＝付進が結んだ租佃關係の內容は前節であげた**表18**「27都5圖內事産の個人
一覽」を參照。進德については，27都1圖の陳興戸が所有する得字2596號の田0.5520

税猷を租佃していた（本書【資料篇】第 2 章「『明萬曆 9 年休寧縣27都 5 圖得字丈量保簿』記載データ」で確認されたい）。

(26)　前揭註（22）中島「明末徽州の佃僕制と紛争」。

(27)　表21によれば，第 5 甲の吳佛保戸，第 6 甲の汪添興戸，第 7 甲の李社租戸といった絶戸（100歳や200歳を越える異常に高齢な人口のみによって構成され，承繼や所有事産の移動もまったくみられず實在戸とは考えられない人戸）も租佃關係を結んでいたことになる。欒成顯氏は前揭註（ 9 ）論文で佃僕＝火佃は公籍には記載されなかったと指摘しているが，第 1 章の註（18）で述べたように，絶戸は佃僕＝火佃であり，沒落して賣身契約を結んだ人物が生存するものとして記されつづけた（實際には賣身契約を結んだ人物の子孫が佃僕＝火佃として服役している）可能性があるのではないかと筆者は考えている（83〜84頁）。しかし，確證はないため，ここでは表21から窺える事實のみを指摘するにとどめる。

(28)　本書【資料篇】第 2 章「『明萬曆 9 年休寧縣27都 5 圖得字丈量保簿』記載データ」によって確認されたい。同データを通覽すれば，ほかにも所有事産に鄰接する事産を租佃する人戸の事例をみることができる。なお，個人が鄰接する事産を租佃する傾向にあったことは，表19「10税猷以上の事産を租佃する個人」（210〜219頁）から窺える。なかでも70の招保の場合（215〜216頁）に顯著である。

　　所有事産に鄰接する事産を租佃し，個人が鄰接する事産を租佃する傾向は，いうまでもなく農作業の効率性のためにほかならない。

第 5 章　事産賣買の頻度と所有事産の變動

はじめに

　中國封建制論の呪縛から解かれ，專制國家によって總括される中國社會——とくに「唐宋變革」以降の社會が垂直的な社會的流動性の高い環境であったことは，いまや中國史理解の基礎認識になっているといえよう。政治面の流動性の高さについては，ほぼすべての男子に科擧を通じて官僚となる途が開かれており，明代では庶民から官僚となるケースが半數近くを占め，官僚であった者もほとんどが 3 世代のうちにその地位を失ったことが，登科錄・族譜等の統計的分析を驅使した何炳棣（Ping-ti Ho）氏の勞作によって明らかにされている[1]。經濟面の流動性については，男子の間の均分相續慣行，兩稅法下における事産賣買の公認，殘存する土地賣買文書などから，頻繁に事産が賣買され貧富の昇降が激しかったとイメージされている[2]。經濟的富は事産の獲得に向けられるのが一般的であった[3]から，所有事産の變動は庶民レヴェルでの垂直的な社會的流動性を意味する。

　南宋の袁采が"貧富無定勢，田宅無定主。有錢則買，無錢則賣（貧富に定勢無く，田宅に定主無し。錢有れば則ち買い，錢無ければ則ち賣る）"と述べ[4]，元の胡祗遹も"千年田，換八百主（千年に田，八百の主を換う）"という言い習わしを傳える[5]ように，頻繁な事産賣買と激しい貧富の昇降は，宋・元期から認識されていた。しかし，史料の制約のために，一般の人戶がどのような頻度で事産を賣買し，どのような規模で所有事産を變動させていたのかが具體的に明らかにされることはなかった。

　第 2 章において安徽博物院藏『萬曆27都 5 圖黃册底籍』 4 册（2:24527號。以下，『黃册底籍』と略す）の記載をもとに徽州府休寧縣27都 5 圖所屬人戶の階層構成の經濟的性格を探るなかで，〈總戶－子戶〉制を行なって安定を志向する人

238　第5章　事産賣買の頻度と所有事産の變動

戸であっても，事産賣買，再生産の可否をめぐる昇降は頻繁であったことを指摘した[6]ように，『黄册底籍』の記載は從來の史料の壁を越えることができる。

　本章では，『黄册底籍』の記載を活用し，27都5圖所屬人戸がどのような頻度で事産を賣買し，どのような規模で所有事産を變動させていたのかを探ることにしよう。

一　『黄册底籍』の轉收・轉除の記載

　檢討にあたって活用するのは，『黄册底籍』の「實在」の項，「新收」轉收と「開除」轉除の項の記載である。「實在」の項は，周知のとおり，大造（賦役黄册の編纂）時點の人戸の人口數と所有事産額（ならびに負擔税糧額）を記すものであり，説明を要しない。第1章第1節第2項で論じたように，「新收」轉收の項，「開除」轉除の項は，それぞれ大造の間（10年間）に增加した人口と事産（ならびに負擔税糧額），大造の間に減少した人口と事産（ならびに負擔税糧額）について記す。轉收・轉除の項ともに，事産について記すのはほとんどが賣買によるものである[7]。『黄册底籍』萬暦10年册の第1甲王元戸の轉收と轉除の項の記載を例にあげて記載内容を確認しよう。

　　　一戸王元　原籍故兄王深　民下戸
　　　　　　　（中　略）
　　　　轉收　田地四分四厘二毫　麥八合五勺　米一升九合二勺
　　　　　　　田一分三厘八毫　石橋頭八年買十三都
　　　　　　　地三分〇四厘
　　　　　　　　一分四厘四毫　石橋頭十年買十三都一　吳冕戸
　　　　　　　　一分六毫　后山十年買十三都一　吳伯詳戸
　　　　　　　　　（中　略）
　　　　轉除　民田山四畝七分八厘四毫四絲　麥五升七合九　米七升八合一勺
　　　　　　　田六分八厘二毫　墩上五年賣與十三都一　汪吳戸　麥一升三合四勺
　　　　　　　　米三升三合六勺

山四畝一分五厘六毫四絲

　　　三畝八分二厘八毫四絲　比前塘五年賣與十三都三　吳活戶

　　　三分二厘八毫　樟木塘子塢五年賣與十三都四　吳淙慶戶

　轉收の項には，獲得した事產の總額と負擔稅糧額を記したうえで，事產の種別ごとの總額，購入した事產の額と所在地（土名），購入した年，購入相手の所屬都圖と戶名（不明な場合もある）を記しており，逆に轉除の項には，喪失した事產の總額と負擔稅糧額を記したうえで，事產の種別ごとの總額，賣却した事產の額と所在地（土名），賣却した年，賣却相手の所屬都圖と戶名を記している。つまり，轉收と轉除の項は，大造の間の事產賣買と推收過割（事產賣買にともなう稅糧負擔の移し替え）の履歷を傳える。これは，宋・元期の稅役收取原簿にはみられない賦役黃册の機能である。

　周知のように，中國近世の土地取引は“典賣”とよばれた。典とは，占有質であり，一定の期限＝典限を設けて使用收益を許し，典限を過ぎると出典人に回贖（質物の請け戻し）の權利が生ずる。それゆえ，典は“活賣”ともよばれた。賣は，回贖等の條件をつけずに代價と引き替えに買主に引き渡すものであり，“絕賣”ともよばれた。典＝活賣と賣＝絕賣は，このように區別されていたが，國家は新たな土地の使用收益者もしくは取得者の財產として稅籍に記載して稅役を徵收したから，國家の稅役徵收上は典＝活賣と賣＝絕賣に差異はなかった[8]。萬曆10年册の第1甲王元戶の轉收と轉除の項でも，事產賣買の行爲は“買”・“賣”と記されているが，賦役黃册が傳える事產賣買の履歷には典＝活賣も含み得ると考えればまちがいがない。それゆえ，本章が檢討する事產賣買には活賣も含まれると理解していただきたい。

　上に確認した賦役黃册の機能に着目すれば，所屬人戶の事產賣買の狀況を探ることができる。事實，欒成顯氏は，『黃册底籍』の「新收」轉收と「開除」轉除の項の記載が正確なものであったことを考證した[9]うえで，休寧縣27都5圖所屬人戶の購入事產額・賣却事產額を算出し，事產賣買の性質を檢討している。欒氏が算出した27都5圖所屬人戶の購入事產額・賣却事產額，所有事產額，所有事產額と對比した賣買事產額の比率を一覽に示すと，表22のとおりで

240　第5章　事産賣買の頻度と所有事産の變動

ある[10]。欒氏は萬曆10年册が記載する賣買事産額も算出しているが，第1章で確認したように，萬曆10年册には缺落があり，第9甲朱廷鶴戶以降の人戶の賣買事産額が不明であるため，ここでは割愛した。なお，27都5圖所屬人戶の事産額については，萬曆9年の丈量以降採用された各種等級の事産面積を相當する納税面積に換算した税畝によって示す。

【表22】　27都5圖所屬人戶の賣買事産額，所有事産額，賣買事産額の比率

事産額の單位：税畝

	萬曆20年册	萬曆30年册	萬曆40年册
購入事産額	653.4190	833.70295	632.95794
賣却事産額	832.0603	474.37381	598.82898
賣買事産額	1485.4793	1308.07676	1231.7869
所有事産額	3058.6688	3385.14053	3403.05169
賣買事産額の比率	49%	39%	36%

欒成顯『明代黄册研究』増訂本205～206頁の表21・表22・表23の數値をもとに作成。

　『黄册底籍』萬曆20年册，萬曆30年册，萬曆40年册が傳える27都5圖所屬人戶の賣買事産額は，それぞれ1485.4793税畝，1308.07676税畝，1231.7869税畝にのぼり，大造時點の27都5圖所屬人戶の所有事産額と對比した値はそれぞれ49％，39％，36％に達していた。ここから欒氏は，事産賣買が頻繁に行なわれており，事産賣買が地主・商人の事産集積の主要手段であったと指摘している[11]。

　欒成顯氏の議論に間然するところはない。だが，27都5圖所屬の各人戶が行なった事産賣買の件數と賣買事産額に着目すれば，事産賣買の頻度，所有事産の變動の規模をより具體的に把握できるはずである。節を改めて檢討に入ろう。

二　事産賣買の頻度

　本來，『黄册底籍』が傳える休寧縣27都5圖所屬人戶の事産賣買の履歴は，萬曆10年册が萬曆元年（1573）から同10年，萬曆20年册が萬曆11年（1583）から同20年，萬曆30年册が萬曆21年（1593）から同30年，萬曆40年册が萬曆31年

二 事産賣買の頻度 241

（1603）から同40年のはずであるが，實際には各年册とも前後する時期の事産賣買の履歴も記載している。具體的には，萬曆10年册が隆慶6年（1572）から萬曆11年，萬曆20年册が萬曆10年から同21年，萬曆30年册が萬曆20年から同31年，萬曆40年册が萬曆30年から同42年（1614）における事産賣買の履歴を記載しており，『黄册底籍』が記載する事産賣買の履歴は隆慶6年から萬曆42年の43年間にわたる。それは，前册での記載漏れや賦役黄册の完成の遅れ等の事情があったからであろう[12]。

前述したように，萬曆10年册の缺落によって第9甲朱廷鶴戸以降の人戸の事産賣買に關する情報を知り得ないため，萬曆20年册以降が記載する萬曆10年から萬曆42年——32年間の27都5圖所屬各人戸の事産賣買と所有事産に關する情報を表23に示そう。本來，43年間の情報を窺えるはずのものが32年間の情報に限定されることになるが，30年間とはおよそ1世代であり，1世代における事産賣買狀況と所有事産の變動としてイメージできるメリットもある。

表23は，萬曆40年册の實在戸の事産賣買と所有事産に關する情報を甲ごとに一覽にしている[13]。萬曆10年の所有事産額は萬曆10年册の「實在」の數值であり，第9甲朱廷鶴戸以降の人戸については，萬曆20年册の「舊管」の記載によって補った（第9甲朱廷鶴戸は萬曆20年册以降，記載されていないため，表23には記していない。萬曆20年册の「舊管」の記載によって萬曆10年時點の所有事産額を補ったのは，第9甲朱瑤戸以降の人戸である）。

事産賣買件數の欄の上段には大造の間の賣買件數（總數と田・地・山・塘ごとの件數）を記し，下段には購入件數（＋と表記）と賣却件數（－と表記）を記し，事産增減額の欄には大造の間の賣買による事産の增減額を記した（增加した場合は＋，減少した場合は－と表記）。萬曆40年册の所有事産額の欄の上段には同册の「實在」の數值を記し，下段には萬曆10年時點の所有事産額との差額を記した（增加した場合は＋，減少した場合は－と表記）。なお，承繼などにより戸主の變更があった場合は戸名の欄に新たな戸名を記し，誰からの承繼かを傳える場合は下段に記した。後段に述べる〈總戸−子戸〉制を行なっていたと推測される人戸については，冒頭に總戸と記した。

242　第5章　事産賣買の頻度と所有事産の變動

【表23】 27都5圖所屬人戸の事産賣買と所有事産に關するデータ

事産額の單位：税歟

第1甲	戸名	萬暦10年冊(1582) 事産額(稅歟)	萬暦20年冊(1592) 事産賣買件数	戸名	事産増減額	萬暦30年冊(1602) 事産賣買件数	戸名	事産増減額	萬暦40年冊(1612) 事産賣買件数	戸名	事産増減額	事産額(稅歟)
排年 總戸	王茂 軍戸	546.9155	142(田67,地23,山36,塘10) +38,-104	軍戸	-137.3175	186(田100,地36,山41,塘9) +87,-99		-19.7408	181(田84,地2,山6,塘10) +111,-70		+10.97509	394.72279 / -152.19271
	程相 義父より	13.3410	5(田4,地1) +2,-3		+2.6630	24(田13,地4,山5,塘2) +17,-7		-0.3730	28(田10,地7,山3,塘8) +9,-19		-10.7576	4.7440 / -8.5970
總戸	王榮 兄より	14.2418	10(田4,地4,山1,塘1) +3,-7	兄より	-5.8400	3(田1,地2) -3		-0.7270	11(田3,地5,塘3) -11		-3.4577	4.4543 / -9.7875
總戸	金清 竹匠	96.8265	11(田6,地2,山3) +3,-8	竹匠	-1.2980	22(田11,地1,山7) +7,-15	伯より	-13.2255	40(田18,地9,山13) -40		-18.4135	63.8735 / -32.9530
	郭印	10.0825	7(田2,地4,山1) +2,-5		-4.9470	1(地1) +1	叔より	+0.2770	2(地2) -2		-1.7950	3.7760 / -6.3065
總戸	王元 兄より	4.8180	15(田10,地2,山3) +12,-3	兄より	+15.9850	2(田2) -2		-2.6150	9(田4,地2,山3) +9		+4.0399	21.8137 / +17.7319
	方促 兄より	2.4300	4(田1,地1,山2) +0,-4	兄より	-2.1240	0	舅より	0	0		0	0.0520 / -2.3780
	高全 義父より	2.9880	5(地4,山1) +0,-5	義父より	-0.9940	1(地1) -1		-0.0290	0		0	0.0240 / -0.9640
軍戸	陳使	0.1960	0	軍戸	0	1(地1) -1		-0.1960	0	陳巖祐 父より	0	0.0000 / -0.1960
	謝壯	3.9585	2(地1,山1) +0,-2	孫より	-1.5590	0	兄より	0	1(山1) -1		-0.3066	0.1294 / -2.8586
	程保同	0.0000	0		0.0000	0		0	0	程富義 叔より	0	0.0000 / ±0
	王蘭富	0.0000	0		0.0000	18(田16,山2) +18	繼より	+17.11195	2(田2) +2		+1.8450	18.95695 / +18.95695
	詹祐	0.0000	0		0.0000	17(田15,山1,塘1) +17	外繼より	+12.5700	6(田6) +6		+6.8880	16.9100 / +16.9100
	程興	9.0280	4(田1,地1,山2) +3,-1		-0.2390	9(田2,地3,山4) -9		-5.6180	4(田2,地1,山1) +1,-3		+0.6170	5.0250 / -4.0030
程限同り所由												

賣買した人戸 10　205件(+63,-142)　　賣買した人戸 11　284件(+147,-137)　　賣買した人戸 10　284件(+138,-146)　在戸 14　賣買經驗人戸13

在戸 14　賣買經驗人戸 10　773件(+348,-425)　買賣額なし 1　買賣經驗なし 1

二 事産賣買の頻度　243

第2甲	萬曆10年冊(1582)		萬曆20年冊(1592)			萬曆30年冊(1602)			萬曆40年冊(1612)			
	戶名	事産額(實在)	戶名	事産賣買件數	事産増減額	戶名	事産賣買件數	事産増減額	戶名	事産賣買件數	事産増減額	事産額(實在)
排年	朱 洪	203.6334		7(田1, 地2, 山4) −7	−3.6722		26(田5, 地13, 山8) +7, −19	−3.4926		25(田5, 地13, 山7) +4, −21	−5.8068	68.1158　（※ −12.9716）
德戶	朱祖耀（伯斗より）	16.6769		2(地1, 山1) −2	−0.2075		9(田5, 地3, 山1) +3, −6	−6.1945		4(田3, 山1) +2, −2	−2.49213	7.80137　（−8.87553）
	朱 寛	5.9908			0　0	朱莊瓊		0　0		2(田2) +2	+0.8740	6.8650　（+0.8742）
	胡天法　父より	2.9859	胡齊猷　父より所出	3(田1, 地1, 塘1) −3	−1.4660			0　0			0	1.8380　（−1.1479）
	吳 和　父より／禰より	21.5670	吳 興　父より	9(田1, 地5, 山3) +1, −8	−2.3910		3(地1, 山2) −3	−0.9640	吳 曜	6(地1, 山15) +3, −3	+0.5200	18.7320　（−2.8350）
德戶	朱 隆	48.2000	朱 欽　禰より	6(田3, 地2, 山1) −6	−18.2084		20(田3, 地9, 山9) +1, −19	−3.8855		14(地4, 山10) +12, −2	+5.42318	31.44568　（−16.75432）
	王 洪	2.2120		6(田1, 地4, 塘1) −6	−1.9510	王宗元より	1(田1) −1	−0.1100			0	1.2850　（−0.9270）
	吳四保　父より	7.6630	吳 興　父より	6(田4, 地1, 山1) −6	−2.2520	朱伯才	1(田1) −1	−0.8000	兄より	4(地3, 山1) +4	+0.7130	4.6550　（−3.0080）
	朱添資	1.3670		22(田8, 地7, 山6, 塘1) +22	+27.2220		5(田4, 地1) +3, −2	+6.4855		1(地1) −1	−0.3850	34.6895　（+33.3225）
	汪義亮　朱師顏より	0.0000	朱師顏　外禰より	9(田3, 地3, 山3) +9	+32.1782		3(地3) +3	+7.4135			0	39.5915　（+39.5915）
	汪 慶　外禰より	0.0000		9(田6, 地1, 山2) +9	+16.9160	朱順生　義父より	22(田18, 地2, 山2) +19, −3	+18.5660			0	34.4820　（+34.4820）
	朱時橔　父より	25.3665		5(地3, 山2) +3, −2	−0.4570		11(田8, 地2, 山1) +3, −8	−10.8515		9(田4, 地3, 山1, 塘1) +9	+2.41808	16.88358　（−8.48292）
	朱 淳　朱洪より折出			7(田2, 地2, 山2, 正塘1) +7	+1.7457		6(田6) −6	−9.9200		12(地7, 山15) +11, −1	+2.0220	37.3689　（※ −6.1523）
	朱 信　朱洪より折出				0　0		4(田2, 山2) +4	+1.2460	朱明臣　父より	1(田1) +1	+0.6430	38.6437　（※ +1.8890）
	朱師孔　朱洪より折出			7(田2, 地2, 山2, 正塘1) +7	+1.7437		4(田3, 地1) +4	+4.8720		19(田8, 地5, 山7, 塘1) +19	+25.1335	73.2174　（※ +31.7492）
						朱 仲　立戶	24(田21, 地3) +24	+40.3600		9(田6, 地3) +9	+9.9255	50.2855　（※ 50.2855）

第3甲 （上段・續き）

戸名	事産賣買件數	事産增減額	事産賣買件數	事産增減額	事産額（實在）
朱 作 立戸番家で生長	25(田23,地2) +25	+41.6980	14(田6,地7,塘1) +14	+8.92875	50.6275 +50.6275
朱世番 立戸番家で生長	19(田14,地2,山3) +19	+24.0090	0 0	0	24.0090 +24.0090
朱 倅 立戸番家で生長	25(田20,地1,山1,塘3) +25	+32.4845	2(田1,塘1) -2	-1.8380	30.6465 +30.6465
朱 尹 立戸	22(田15,地4,山2,塘1) +22	+34.6860	0 0	0	34.6860 +34.6860
朱 攽 立戸	31(田15,地12,山2,塘2) +31	+17.09715	9(田2,地6,山1) +2,-7	-5.9137	11.18345 +11.18345
朱誠任 立戸番江で生長	42(田21,地12,山1,塘8) +41,-1	+17.01405	36(田19,地13,塘5) +32,-4	+29.48325	46.6973 +46.6973
朱世輔 立戸	6(田3,山3) +6	+6.8470	0 0	0	6.8470 +6.8470
未永興 立戸			45(田22,地12,山10,塘1) +45	+43.7569	43.7569 +43.7569
朱徹昌 立戸 名休生長			20(田9,地6,山5) +20	+16.6740	16.6740 +16.6740

賣買した人戸 13　98件(+58,-40)　　賣買した人戸 20　309件(+240,-69)　　賣買した人戸 18　232件(+189,-43)　實在戸 25

※は財産相續による事産を除いた額　639件(+487,-152)　賣買經驗入戸 25　賣買經驗なし 0

第3甲

	萬曆10年冊(1582)		萬曆20年冊(1592)		萬曆30年冊(1602)		萬曆40年冊(1612)		
	戸名	事産額（實在）	戸名	事産賣買件數 / 事産增減額	事産賣買件數	事産增減額	戸名	事産賣買件數	事産增減額 事産額（實在）
排年	朱 清	305.0825	朱舉源 匠戸	73(田23,地23,山19,塘3) +55,-18 / +33.13043	184(田82,地63,山35,塘4) +166,-18 / +83.50666		李 象 父より	172(田77,地52,山29,塘4) +127,-45	+83.32637 / 502.50186 +197.41936
總戸	李 成	4.2430	匠戸	3(田1,地1,塘1) +1,-2 / -0.3580	4(田3,地1) +2,-2 / +0.3800			6(田3,地1,山1,塘1) +4,-2	+1.0840 / 5.3810 +1.1380
	吳 樹	0.8580	吳天龍 孫より	1(地1) -1 / -0.2500	2(地1,山1) +2 / +0.5250		吳長宵 兄より	7(田1,地3,山3) +7	+1.5320 / 2.6650 +1.8070
	朱積高	2.4850	朱甲毛 兄より	2(地2) -2 / -1.1440	1(地1) -1 / -0.0850			1(地1) +1	+0.0830 / 2.3390 -0.1460
	胡 曜	1.8760	胡 鳳 兄より	2(地1,山1) -2 / -0.0620	2(地1,山1) -2 / -0.0500		胡 鳳 父より	3(地2,山1) -3	-0.1330 / 1.6417 -0.2343

二　事産賣買の頻度　245

（承前）

萬曆10年冊 戶名	事産額	萬曆20年冊 戶名	事産賣買件數	事産增減額	萬曆30年冊 戶名	事産賣買件數	事産增減額	萬曆40年冊 戶名	事産賣買件數	事産增減額	事産額(實在)
劉再得	18.8790	劉文連 父より	5(田4,山1) +3,-2	+0.2950		0	0	劉再得 義父より	5(田4,地1) +5	+2.3200	21.4610 +2.5820
朱文權	5.0054	朱大儀 父より	10(田4,地2,山3,婚1) -10	-4.0380		3(地2,山1) -3	-0.1370	朱欄伯 父より	3(地2,山1) -3	-0.0300	0.6456 -4.3598
劉巴山	0.0000	劉文連 父より	0	0	1(地1) +1	+0.0150		0	0	0.0150 +0.0150
朱興元	24.1429	朱興龍	15(田7,地3,山3,婚2) +12,-3	+3.2660		0	0		2(田2) -2	-11.1170	18.56248 -5.58042
項興才	8.2290		4(田2,地2) +1,-3	+0.1350		0	0		11(田7,地1,山3) +10,-1	+9.8776	18.2486 +10.0196
金黑	0.0000	劉得應 義父より	5(田5) +5	+4.4220	10(田6,地3,山1) +10	+7.1500		11(田6,地4,山3,婚1) +11	+2.88135	14.46035 +14.46035
朱莊擧	3.7630	義父より	6(田5,地1) +5,-1	+2.1680	2(田1,婚1) +2	+0.6900	朱興運	8(田7,婚1) +8	+8.0150	14.3280 +10.5650
外裔より 王宗林	0.0000	外裔より	0	0	36(田8,地14,山7,婚7) +36	+17.12739	外裔より	8(田3,地3,山1,婚1) +8	+5.56616	22.69355 +22.69355

賣買した人戶　11　126件　(+82, -44)　　賣買した人戶　10　245件　(+219, -26)　　賣買した人戶　12　237件　(+181, -56)　　實在戶　13

賣買經驗人戶　13　　賣買經驗人戶　12　　賣買經驗人戶　13　　608件　(+482, -126)

賣買經驗なし　0

第4甲　排年　總戶

萬曆10年冊(1582) 戶名	事産額(實在)	萬曆20年冊(1592) 戶名	事産賣買件數	事産增減額	萬曆30年冊(1602) 事産賣買件數	事産增減額	萬曆40年冊(1612) 事産賣買件數	事産增減額	事産額(實在)
王時	68.4450	王正芳	18(田10,地6,山2) +9,-9	-3.8070	22(田7,地15) +21,-1	+7.7930	21(田11,地9,山1) +21	+31.98927	104.89627 +36.45127
辻福壽	1.5000	辻福壽	0	0	0	0	0	0	1.5000 ±0
朱世明 編より	40.5836	朱大興 編より	26(田9,地9,山6,婚4) +3,-23	-38.5906	23(田8,地14,山5,婚2) +10,-13	-0.2304	3(地1,山2) -3	-0.1120	1.7191 -38.8645
辻山 編より	0.0000	辻文龍 編より	2(田1,地1) +2	+2.6460	4(田2,地2) +1,-3	-2.3460	1(地1) -1	-0.3000	0.0000 ±0
朱文龍 編より	1.8940		15(田2,地6,山5,婚2) +7,-8	+0.1220	20(田1,地13,山5,婚1) -20	-1.2799	5(地3,山2) -5	-0.1595	0.7526 -1.1414
王法 兄より	9.1640	王祥 叔より	5(田1,地3,山1) -5	-0.9970	6(田1,地5) +5,-1	+0.4075	12(田1,地7,山4) +12	+3.80653	12.2730 +3.1090

第5甲

区分	戸名(1582)	萬暦10年冊(1582) 事産額(實在)	萬暦20年冊(1592) 事産賣買件数	事産増減額	萬暦30年冊(1602) 事産賣買件数	事産増減額	萬暦40年冊(1612) 事産賣買件数	事産増減額	事産増減額	事産額(實在)
排年	陳章	179.6440	64(田2,地9,山11,塘2) +3,-61	-89.2510	42(田24,地8,山10) +2,-40	-38.4910	23(田14,地8,山14,塘1) +1,-22	-17.1690	-145.9200	33.7240
	朱勝付　陳方 外父より	9.5420	8(田4,地1,山2,塘1) +5,-3	-0.6220	0	0	0	0	-0.6560	8.8860
	陳新	23.6060	2(田1,地1) -2	-0.5700	2(田1,塘1) -2	-0.4850	10(田3,地2,山14,塘1) -10	-7.0490	-8.9760	14.6300
	陳宿漢	14.9420	1(田1) -1	-0.4000	2(田2) -2	-2.0220	1(田1) -1	-2.5970	-3.8990	11.0430
德戸	金社保　金戴武 伯より	34.8040	15(田8,地7) +10,-5	+3.4210	22(田8,地7,山17) +1,-21	-11.33212	15(田9,地6,山12) -15	-12.5920	-20.5041	14.2999

区分	戸名(1582)	萬暦10年冊(1582) 事産額(實在)	萬暦20年冊(1592) 事産賣買件数	事産増減額	萬暦30年冊(1602) 事産賣買件数	事産増減額	萬暦40年冊(1612) 事産賣買件数	事産増減額	事産増減額	事産額(實在)
	朱景和	15.3910	21(田4,地5,山7,塘5) +5,-16	-8.8844	23(田3,地13,山5,塘2) +5,-18	-4.0825	2(地1,山1) -2	-0.0440	-14.20525	1.18575
	倪十　倪四保	0.1310	4(地4) +4	+1.9140	2(地2) +1,-1	-0.1450	0	0	+1.7650	1.8960
德戸	程大寅　程文儀	52.1360	35(田10,地10,山11,塘) -31	-28.1870	30(田11,地10,山7,塘2) -30	-10.6090	27(田5,地13,山8,塘1) +5,-22	-0.0455	-32.3615	19.9745
	韓匠									
	朱象　朱文節 伯より	1.1250	4(田2,地2) -4	-0.9900	4(田1,地3) +4	+0.7540	4(地4) +4	+0.1690	-0.0670	1.0580
	王英	0.2100	0	0	0	0	0	0	±0	0.2100
	吳裕	13.4310	6(田2,地4) +4,-2	+3.5160	1(地1) +1	+0.3000	9(田5,地3,塘1) -9	-9.4335	-4.6685	8.7625
	汪得　朱岩志 外祖より	0.0000	11(田1,地8,山2) +11	+3.4870	36(田3,地25,山7,塘1) +36	+6.5453	9(地5,山4) +4,-5	-0.0250	+9.7930	9.7930
	楊曜	0.0000	0	0	0	0	0	0	±0	0.0000
	汪容英　陳姓に變更・立戸		4(田1,地3) +4	+1.8140	3(田1,山2) +2,-1	-1.1300	2(地1,山1) +2	+0.2750	+0.9590	0.9590

賣買した人戸 11　151件 (+53, -98)　賣買した人戸 11　174件 (+86, -88)　賣買した人戸 10　95件 (+48, -47)　賣買した人戸 12

實在戸 15　　賣買經驗戸 12　　賣買經驗なし 3

420件 (+187, -233)

第6甲

戸名	萬暦10年冊(1582) 事産額(實在)	戸名	萬暦20年冊(1592) 事産賣買件數	事産増減額	戸名	萬暦30年冊(1602) 事産賣買件數	事産増減額	戸名	萬暦40年冊(1612) 事産賣買件數	事産増減額	事産額(實在)
朱廣	115.1190	朱賈（承祖より）	22(田8,地4,山6,塘1) / −22	−37.6090	朱新風	34(田2,地18,山10,塘1) / −34	−8.37417	陳應	36(田14,地9,山10,塘3) / −36	−27.44406	44.26077
			2(地1,山1)	−0.3150		0	0				−70.85823
朱溪	45.7273	朱德厚	4(田1,地3) / +3,−1	+0.9800	汪世緣	4(田3,地1) / −4	−0.8630	汪世緣	4(田1,地1,山1,塘1) / −4	−3.5000	41.8400
王料	1.5940		3(田3) / −3	−1.2900		7(田2,地3,山1,塘1) / +2,−5	−8.9624		1(地1) / −1	−0.3890	−3.8873
朱綻	25.6435	朱龍	12(田3,地4,山4,塘1) / +1,−11	−4.5050		11(田4,地4,山3) / +1,−10	−3.9795		5(田2,地2,山1) / +2,−3	−2.1383	1.3060
											−0.2880
朱龍	26.7235	汪節（父より）	11(田8,地2,塘1) / +7,−4	−0.5320		11(田7,地4) / +9,−2	+4.8725		7(田2,地3,山1,塘1) / +1,−6	+1.0906	13.2715
										−7.33377	−12.3720
汪埃	19.9570	汪瑞（兄より）	2(田2) / +2	+2.2930		15(田9,地5,山11) / +14,−1	+10.4785		23(田3,地5,山1,塘1) / +4,−19	−13.0762	19.38973
汪洞	4.7930										−7.9707
汪龍	3.8250	汪廷眞（孫より）	1(地1) / −1	−0.0700		0	0		14(田6,地5,山5,山1) / +14	+8.8235	26.3240
											+21.5310
											3.8100
											−0.0160

戸名	事産額(實在)	戸名	件數	増減額	件數	増減額	件數	増減額	事産額(實在)
吳京	24.4720		0	0	30(田16,地13,塘1) / +6,−24	−13.28366	7(田2,地4,山1) / +2,−5	−5.54552	6.47082 / −18.00118
陳旦	0.6860		0	0	0	0	0	0	0.6860 / ±0
謝友	0.0000		0	0	0	0	0	0	0.0000 / 0.0000
謝雲記	1.0260	謝鉅文	1(地1)	0	0	0	1(地1) / −1	−0.0600	1.0960 / −0.0700
王鎮	0.3200			−0.0500	0	0	0	0	0.3560 / −0.0360
陳宜	4.5980		/ −1	0	0	0	0	0	4.5980 / ±0

陳應（兄より）　謝鎮（父より）

賣買した人戸 6　91件（+18, −73）

賣買した人戸 5　98件（+9, −89）

賣買した人戸 6　57件（+3, −54）

實在戸 11　賣買經驗人戸 8

246件（+30, −216）

賣買經驗なし 3

戸名	萬曆10年册(1582) 事産額(實在)	戸名	萬曆20年册(1592) 事産賣買件數	事産增減額	戸名	萬曆30年册(1602) 事産賣買件數	事産增減額	戸名	萬曆40年册(1612) 事産賣買件數	事産增減額	事産額(實在)
朱曜	20.5430		1(田1) −1	−3.3990		0	0		18(田12,山15,塘1) +17,−1	+11.0250	28.8801 (+8.3371)
王良	9.8170	王起鳳 祖より	9(田4,地4,山11) −9	−6.4205		1(田1) 0	−2.7140				0.2665 (−9.5505)
朱壯彪 義父より	38.4994				朱枝 父より	2(田1,地1) −2	−2.0732		21(田15,地1,山13,塘2) +6,−15	−10.2758	25.2820 (−13.2174)
程買成 義父より	41.6334	朱永承 義父より	2(田1,山11) −2	−1.1860		4(地2,山12) −4	−0.7395				39.7115 (−1.9219)
金盛	0.1900		1(地1) +1	+0.0800		0	0				0.2700 (+0.0800)
倪壽祥	0.3750					1(山11) −1	−0.1250				0.2500 (−0.1250)
朱煕	33.8410		1(地1) −1	−0.1160		1(田1) −1	−0.1860		28(田16,地4,山13,塘5) +1,−27	−12.9719	20.6991 (−13.1419)
朱之楝	33.2080					0	0		42(田15,地16,山19,塘2) +16,−26	−10.4663	22.7577 (−10.4503)
朱八變 近氏豐興より	32.8130					0	0		23(田12,地6,山13,塘2) +7,−16	−26.094405	6.76895 (−26.094405)
朱楷 立戸			20(田8,地6,山14,塘2) +20	+36.2280		5(田1,地2,塘2) +5	+0.3270		15(田7,地1,山13,塘2) +7,−14	−10.0915	26.4635 (+26.4635)
朱俊 立戸			17(田7,地4,山14,塘2) +17	+26.5150		1(地1) +1	+0.0600		20(田5,地9,山16) +15,−5	+2.2514	28.8264 (+28.8264)

賣買した人戸 15　108件（+51,−57）　　賣買した人戸 11　92件（+32,−60）　　賣買した人戸 16　262件（+84,−178）　賣買經驗人戸 19

實在戸 19

462件（+167,−295）　　賣買經驗なし 0

第7甲

戸名	萬曆10年册(1582) 事産額(實在)	戸名	萬曆20年册(1592) 事産賣買件數	事産增減額	戸名	萬曆30年册(1602) 事産賣買件數	事産增減額	戸名	萬曆40年册(1612) 事産賣買件數	事産增減額	事産額(實在)
排年 王秀興 軍戸 德戸	108.6930		43(田27,地10,山13,塘3) +38,−5	+65.0770		131(田56,地48,山22,塘5) +122,−9	+102.4377		60(田23,地20,山12,塘5) +29,−31	−9.6945	265.5945 (+156.9015)
潘宗祥	3.1280		1(地1) −1	−0.6000	潘宗祥 伯より	2(山12) −2	−0.0300		3(田2,山11) −3	−0.8650	1.7740 (−1.3540)
吳仁	11.7460		2(田1,地1) +1,−1	−1.3510		5(地5) −5	−2.4504		5(地5) −5	−1.4400	6.4266 (−5.3194)

二 事産賣買の頻度　249

戶名	事産額(實在)	戶名	事産賣買件數	事産増減額	戶名	事産賣買件數	事産増減額	戶名	事産賣買件數	事産増減額	事産額(實在)
正義	0.0700			0	正使 父より	1(地1)	−0.0300			0	0.0000
正平 軍戶	1.4940		3(地3) −3	−0.3150			−1			0	1.1480
潘傑	8.3350		7(田3,地3,山1) +6,−1	+4.4370		9(田3,地6) +8,−1	+6.2400		7(田5,地2) +7	+13.2320	32.2060
程義祥 叔より	0.1660	吳榛 伯より		0			0			0	0.1660
吳存孝	20.4770			0		10(田6,地4) −10	−6.69815		7(田3,地4) +1,−6	−7.60411	6.28674
潘苑 父より	0.0000		2(地2) +2	+1.9280		1(田1) +1	+3.8700		1(田1) +1	+0.4760	6.2740
陳玄道	0.0000	王承興	4(田2,地1,塘1) +4	+11.8060		12(田10,塘2) +1,−11	−11.5345		1(地1) −1	−0.0240	0.2470
潘希遠 父より	7.9200		1(地1) −1	−0.5500		3(地2,山1) −3	−1.2300		5(田1,地3,山1) −5	−1.7090	5.1290
程周宣	3.8960		2(田2) +2	+2.1630	程繡周 父より	2(田2) +2	+1.1020		2(田1,地1) +2	+0.92907	8.28907
潘天遂 立戶	11.6000		3(田2,地1) +1,−2	−0.8530		4(田3,地1) +3,−1	+6.9820		8(田4,田3,山1) +2,−6	−14.4919	3.1211
潘承鄭 立戶			8(田6,地2) +8	+13.0400		2(田2) +2	+3.9430	潘必生 父より	9(地4,田5) +4,−5	−10.2220	6.7610

買賣した人戶 11　76件 (+62, −14)　　買賣した人戶 12　182件 (+139, −43)　　買賣した人戶 11　108件 (+46, −62)　實在戶 14　賣買經驗人戶 12

366件 (+247, −119)

賣買經驗なし 2

第8甲	萬曆10年冊(1582)		萬曆20年冊(1592)			萬曆30年冊(1602)			萬曆40年冊(1612)			
排年	戶名	事産額(實在)	戶名	事産賣買件數	事産増減額	戶名	事産賣買件數	事産増減額	戶名	事産賣買件數	事産増減額	事産額(實在)
	陳 誼 德戶	86.4690	陳元和	20(田8,地2,山6,塘2) +10,−10	+9.7690	陳元和	28(田13,地8,山7) +15,−13	+4.9747		48(田31,地6,山11) +16,−32	−10.9875	90.8401
	王蘭成	10.2190		7(田3,地2,山2) +5,−2	+1.4760		6(田3,地2,塘1) +3,−3	−0.2410		5(田3,地2) +5	+3.5587	15.39907
	吳 魁 立戶	0.0000		1(田1) +1	+0.5030		9(田8,地1) +9	+7.6340		4(田3,地1) +3,−1	+2.5420	9.3890

第9甲

戶名 (萬曆10年冊 1582)	事産額(實在)	戶名 (萬曆20年冊 1592)	事産賣買件數	事産增減額	戶名 (萬曆30年冊 1602)	事産賣買件數	事産增減額	戶名 (萬曆40年冊 1612)	事産賣買件數	事産增減額	事産額(實在)
朱瑞	49.5920	朱得九	7(田5,地7) −7	−38.3400	王應亭	18(田8,地6,山3,塘1) +1,−17	−7.7222	王應玄	11(地6,山5) −11	−0.5954	−46.7326 / 2.8594
汪睿	0.0000	汪勝豐	0	0		0	0	不明	?	?	+14.3816 / 14.3816
王應元	21.9570	伯より	4(田2,地1,塘1) −4	−11.8060	朱良祐 伯より	21(田8,地6,山3,塘2) −21	−7.6890	朱良五 兄より	4(地2,山2) −4	−0.3400	−20.0160 / 1.9410
朱添芳	0.0000		0	0		20(田10,地1,山8,塘1) +20	+14.4616		1(地1) −1	−0.0800	+13.4870 / 13.4870
程學	13.0450		17(田6,地7,山2,塘2) +14,−3	+2.1970		2(田1,地1) −2	−0.3960		22(田12,地6,塘1) +8,−14	−2.4127	−0.2327 / 12.8123
朱文楨	4.5300	朱文林	25(田8,地5,山8,塘4) +7,−18	−1.3900		31(田4,地16,山7,塘4) −31	−4.5816		1(田1) −1	−0.0600	−4.3546 / 0.1754
陳進	17.9520	兄より	7(田7) +1,−6	−7.5720	朱雪 義父より	3(田2,山1) −3	−2.5670	朱雪 兄より	3(田2,山1) −3	−2.5670	−9.9930 / 7.9590
郭正輝	2.6410		1(地1) −1	−0.6520		1(山1) −1	−0.1800		1(山1) −1	−0.1800	−0.7590 / 1.8820
陳仕	0.0000		0	0	程延隆 外甥より	21(田11,地3,山4,塘3) +21	+13.2080	程延隆	7(田7) +2,−5	−3.3930	+9.8110 / 9.8110
黄記大	0.0000		0	0		0	0		0	0	±0 / 0.0000

賣買した人戶 9　89件 (+38, −51)

賣買した人戶 9　156件 (+69, −87)　實在戶 13

賣買した人戶 11　107件 (+34, −73)　賣買經驗人戶 11

352件 (+141, −211)

賣買經驗なし 2

第9甲	戶名 (萬曆10年冊 1582)	事産額(實在)	戶名 (萬曆20年冊 1592)	事産賣買件數	事産增減額	戶名 (萬曆30年冊 1602)	事産賣買件數	事産增減額	戶名 (萬曆40年冊 1612)	事産賣買件數	事産增減額	事産額(實在)
排年	王初	33.3990	王顯	22(田2,山2,塘1) +7,−15	−9.5190	華賓	23(田7,地12,山3,塘1) +1,−22	−8.2687		17(田6,地8,山3) +4,−13	−2.75797	14.1413
總戶	朱得	0.6770	匠戶 朱法隆			叔より	4(田2,地1,山1) −1,−3	+0.9580		1(地1) −1		0.6570
	華盛	13.5270	兄より	11(田6,地3,山2) −11	−9.2630						−8.4100	5.1170
	朱瑤	20.6650		1(地1) −1	−0.0170		16(田3,地4,山9) +16	+3.41005		2(地2) −2	−0.11385	23.4812
											+2.8620	

事産賣買表（總戸・德戸）

戸種	戸名	事産額(實在)	戸名	事産賣買件数	事産増減額	戸名	事産賣買件数	事産増減額	戸名	事産賣買件数	事産増減額	事産増減額	事産額(實在)
總戸 匠戸	王茂伍	23.7580		37(田11,地17,山9) +28,-9	+27.7230		31(田15,地9,山7) +25,-6	+14.0598		45(田13,地9,山23) +27,-18	+0.1721	+42.5024	66.2604
德戸	洪龍	0.0000		0	0		0	0	洪源 伯より	4(地1,山3) +4	+2.3210	+2.3210	2.3210
	李得	0.0000		0	0		0	0	李清 伯より	0	0	0	0.0000
	金寶	0.0000		0	0		0	0		0	±0	±0	0.0000
	朱輔	0.0000		0	0	朱彩先 伯より	3(田3) +3	+2.4940		0	0	+2.4940	2.4940
	汪三富	0.0000		0	0		0	0	汪社 兄より	0	0	0	0.0000
	汪壯	0.0000		0	0		0	0	湯曜 母より	7(田4,山3) +6,-1	+4.7000	+4.7000	4.7000

賣買した人戸 4　71件 (+35,-36)　　賣買した人戸 5　77件 (+46,-31)　　賣買した人戸 6　76件 (+41,-35)　　賣買した人戸 8

賣買經驗人戸 11　賣買經驗人戸 8　實在戸 11　賣買經驗なし 3　　224件 (+122,-102)

第10甲

排年／戸種	戸名	萬曆10年冊(1582) 事産額(實在)	萬曆20年冊(1592) 戸名	事産賣買件数	事産増減額	萬曆30年冊(1602) 戸名	事産賣買件数	事産増減額	萬曆40年冊(1612) 戸名	事産賣買件数	事産増減額	事産増減額	事産額(實在)
甲戸	金萬鎮	138.7560		20(田15,地2,山2,增1) +7,-13	-4.0280		58(田45,地6,山5,增2) +24,-34	-16.2185		49(田23,地12,山12,增2) +8,-41	-43.66892	-64.46082	74.29518
軍戸	汪愍	13.5750	汪懋明 父より	5(田1,地2,山2) +2,-3	-0.3210		2(田1,山1) -2	-0.8800		2(田1,山1) -2	-0.5100	-1.6410	11.9340
	魯德星	0.3910		2(田1,山1)	+0.5200		5(田1,地3,山1) -5	-0.8300		0	0	-0.3100	0.0810
	朱太	1.9150	朱雷 兄より	4(田3,地1) +1,-1	+5.2730		17(田12,地3,山2) +15,-2	+11.0517	朱明道 父より	18(田11,地5,山1,增1) +16,-2	+11.02106	+26.55036	28.46536
德戸	汪瑄	20.8660	汪才 兄より	2(田1,地1) +1,-1	-2.0670		2(田1,地1) -2	-0.5460		0	0	-2.4710	18.3950
	王雲覚	4.2540	王鴻佑 父より	15(田4,地8,山3) +9,-6	-0.5860	王廷佑 叔より	10(田2,地5,山3) +7,-3	+2.4280		5(田3,地2) +3,-2	+11.48327	+13.7042	17.95802
	朱貽	39.2190	朱時選 父より	11(田6,地3,山1,增1) +1,-10	-12.1180		11(田3,地4,山4) -11	-6.27875	朱明遵	7(田3,地4) -7	-1.61342	-19.98962	19.22938

252　第5章　事産賣買の頻度と所有事産の變動

戸	人名	面積	賣買した戸 14	増減	面積14	賣買した戸 15	増減	面積15	賣在戸 18	増減	面積18		
總戸	陳　祥	61.3490	12(田12)	+1, -11	-20.0840	37(田23, 地10, 山4)　陳　新　父より	-37	-34.7965	8(田3, 地5)	+1, -7	-2.6690	3.0837	-58.2653
軍戸	朱　杜	5.2200	6(田1, 地4, 山11)　朱禮光　朱より	-6	-1.4660	4(田1, 地3)　未永保　福より	-4	-0.5710	1(地1)	-1	-0.1550	3.0280	-2.1920
	吳　積	14.9310	12(田7, 地4, 增1)　吳　瀕　父より	+2, -10	-14.1530		0	0		0	0	0.7780	-14.1530
	汪　關	30.0860		0	0		0	0　朱　良　義父より	20(田13, 地1, 山5, 增1)	+4, -16	-27.5445	2.5415	-27.5445
	朱　湖	8.3265	5(田3, 地2)	+1, -4	-1.5310	6(田1, 地2, 山3)	-6	-1.14855		0	0	5.64695	-2.67955
	程　郎	2.7260	3(田2, 增1)　程　産　父より	+1, -2	+0.1170		0		6(地5, 山1)	+5, -1	+0.4578	4.6348	+1.9088
	吳　瀕	9.7920	9(田5, 地4)	-9	-9.3190		0			0	0	0.0460	-9.7460
	金廷貴	0.0000		0	0	5(田2, 地2, 增1)　未時新　外闕昌　立戸	+5	+3.8300	6(田6)	+6	+8.1220	11.9520	+11.9520
	未闕錢 立戸		12(田4, 地5, 山13)	+12	+18.7890	12(田6, 地1, 山3, 增2)　朱懋昌　立戸	+12	+10.7080	11(田1, 地8, 山2)	+8, -3	-0.1078	29.50585	+29.50585
						11(田11)　朱懋昌　立戸	+11	+14.4240	5(田5)	+5	+6.6750	20.0990	+20.0990
						19(田8, 地5, 山5, 增1)　朱闕昌　立戸	+19	+14.7818	4(田2, 地1, 山5)	+4	+5.8797	20.6615	+20.6615

賣買した入戸 14　118件 (+42, -76)　　賣買した入戸 15　199件 (+93, -106)　　賣買した入戸 13　142件 (+60, -82)　賣買經驗入戸 18

賣在戸 18　　459件 (+195, -264)

賣買經驗なし 0

二　事産賣買の頻度　253

　第8甲の汪臘黎（汪奎）戸は萬曆30年册から萬曆40年册の間に14.3816稅畝の事産を獲得しているが，萬曆40年册は汪臘黎（汪奎）戸の「新收」と「開除」を記していない（括弧內は萬曆10年册の戸名。以下，人戸名を記す場合は萬曆10年册時點の戸名を括弧內に記す。また，告明立戸・告明分析した人戸については，立戸・分析した時點の戸名を括弧內に記す）。それゆえ，汪臘黎（汪奎）戸は檢討の對象から外し，萬曆40年册の實在戸を152戸として檢討してゆくことにする。

　さて，萬曆40年册の實在戸とした152戸のうち，萬曆10年から同42年までの32年間にまったく事産を賣買しなかった人戸は，第1甲の程富義（程保同）戸，第4甲の王福壽戸・王英戸・楊曜戸，第5甲の陳應（陳旦）戸・謝積（謝友）戸・陳宜戸，第7甲の汪義戸・程義祥戸，第8甲の黃記大戸，第9甲の李淸（李得）戸・金廣戸・汪社（汪三富）戸の計13戸にとどまり，他の139戸──全體の91.4％の人戸が事産賣買を經驗していた。

　萬曆10年から同42年の32年間に27都5圖所屬人戸が行なった事産賣買件數を總計すれば4549件（購入：2406件，賣却：2143件）であり，實在戸152戸全體の平均賣買件數を求めると，1戸當たり平均29.9件の事産賣買を行なっていたことになる。32年間の件數であるから，27都5圖所屬人戸は1年間に約1件の頻度で事産賣買していたと理解することができる。

　表23を一瞥して明らかにように，事産賣買の件數が多いのは，多額の事産を所有していた人戸である。その多くは，〈總戸−子戸〉制を行なっていたと推測される人戸や告明立戸した人戸であった。第3章で論じたように，〈總戸−子戸〉制とは，家産分割後も獨立の戸名を立てることなく，册籍上の名義戸（總戸）のもとに複數の戸（子戸）が含まれる慣行であり，27都5圖所屬人戸の場合も，重い徭役を擔う里長戸や民戸以外の特殊徭役負擔人戸（軍戸や匠戸）を中心に明初期から〈總戸−子戸〉制が形成されていた。また第2章第3節でみたように，告明立戸した人戸は，立戸に際して多額の事産を購入しており，なかには淮安や浙江で生まれ育ったと記される人戸もいる。淮安・浙江といった地域，5人家族の再生産可能規模（10稅畝程度の田・地）を超える多額の事産を一度に購入していることからみて，彼らの多くは商業活動によって蓄財した富裕な存

254　第5章　事産賣買の頻度と所有事産の變動

在であったと推測される。

　萬曆40年册の實在戸のうち，複數の成丁を含み人口が10口以上であることから〈總戸–子戸〉制を行なっていたと推測される人戶，萬曆20年以降に告明立戸した人戶を確認すれば，次のとおりである。

　〈總戸–子戸〉制を行なっていたと推測される人戶 (計18戶)

　第1甲：王茂，金尙尹 (金清)　　第2甲：朱洪，吳天保 (吳和)

　第3甲：朱學源 (朱清)　　第4甲：王正芳 (王時)，程友儀 (程大賓)

　第5甲：陳章，金岩武 (金社保)　　第6甲：朱貴 (朱廣)，朱新風 (朱龍)

　第7甲：王齊興　　第8甲：陳元和 (陳澮)

　第9甲：王敠 (王初)，王茂伍　　第10甲：金萬鍾，汪崔 (汪祿)，陳新 (陳祥)

　告明立戸した人戶 (計16戶)

　第2甲：朱仲，朱作，朱世蕃，朱偉，朱尹，朱汶，朱誠侄，朱世福，朱永興，朱徹昌

　第6甲：朱楷，朱俊　　第7甲：潘必生 (潘承鳳)

　第10甲：朱國錢，朱德昌，朱國昌

　さらに萬曆40年册の實在戸のなかには，第3章でみたように任官者・讀書人を輩出した人戶が9戶存在した。それは，第1甲里長の王茂戶，第2甲里長の朱洪戶，同甲の朱淳戶，朱師孔戶，朱師顏戶，朱作戶，第3甲里長の朱學源 (朱清) 戶，第4甲里長の王正芳 (王時) 戶，第7甲里長の王齊興戶である。第2甲の朱淳戶と朱師孔戶は國子監生から任官者を輩出し，同甲の朱師顏 (汪巖亮) 戶と朱作戶は國子監生を輩出しており，第1甲里長の王茂戶，第2甲里長の朱洪戶，第3甲里長の朱學源 (朱清) 戶，第4甲里長の王正芳 (王時) 戶，第7甲里長の王齊興戶には在野の讀書人の能力を具える人物が存在していた。これらは，庶民とは區別される身分である。

　以上にみた〈總戸–子戸〉制を行なっていたと推測される人戶，告明立戸した人戶 (以下，〈總戸–子戸〉制を行なっていたと推測される人戶，告明立戸した人戶をあわせて富裕な人戶と表現する)，任官者・讀書人を輩出した人戶を除いた所屬人

戸の事産賣買の頻度を算出してみよう。王茂戸・朱洪戸・朱學源（朱清）戸・王正芳（王時）戸・王齊興戸は〈總戸−子戸〉制を行なっていたと推測される人戸と重複し，朱作戸は告明立戸した人戸と重複するから，〈總戸−子戸〉制を行なっていたと推測される人戸（18戸）と告明立戸した人戸（16戸）に朱淳戸・朱師孔戸・朱師顏戸を合わせると計37戸となる。この37戸を除いた實在戸115戸の32年間における事産賣買件數は1746件（購入：834件，賣却：912件）であり，1戸當たりの平均賣買件數は15.2件となる。したがって，富裕な人戸，任官者・讀書人輩出人戸を除いた一般の27都5圖所屬人戸は，2年間に約1件の頻度で事産賣買していたと理解することができよう。

　表23を通覧してわかるように，多くの場合，所有事産が増加した人戸，減少した人戸ともに，事産を購入するのみ，事産を賣却するのみであったのではない。多くの人戸が購入と賣却を行なっていた。たとえば，萬暦30年冊以降，圖内1位の事産所有戸となった第3甲朱學源（朱清）戸は，32年間に348件の事産を購入する一方で，81件の事産を賣却していた。所有事産が少額な人戸の場合も同様である。たとえば，萬暦40年冊の所有事産が5.3810稅畝であった第3甲李象（李成）戸は，32年間に7件の事産を購入しながら，6件の事産を賣却していた。これらは，事産を購入する一方で自らに不利な事産は賣却して利益・利便を追求していたことを意味している。本節でみた頻度の27都5圖所屬人戸の事産賣買は，人戸が各々の狀況に應じて利益・利便を追求したものであったといえよう。

三　所有事産の變動

　前節でみた頻度で事産賣買を行なった結果，休寧縣27都5圖の所屬人戸は，どのような規模で所有事産を變動させていたのだろうか。ここでも表23をもとに檢討しよう。表23の萬暦40年冊の所有事産額の下段に萬暦10年冊時點の所有事産額との差額を記したが，その額は賣買した事産の總額と一致しない場合が多い。それは，轉收・轉除以外に正收・正除（所有事産額の修正）によって所有

256　第5章　事産賣買の頻度と所有事産の變動

事産が變動することや『黃册底籍』の記載自體に錯誤があるからである。しかし，その一つ一つを記すのは困難であり，また誤差はごく少額に過ぎないため，萬曆10年册時點の所有事産額と萬曆40年册の所有事産額との差額を賣買した事産の總額とみなして檢討していくことにする。なお，第2甲の朱洪戸は萬曆19年（1591）に朱淳・朱信・朱師孔へ財産相續させているため，これら朱洪戸・朱淳戸・朱朝臣（朱信）戸・朱師孔戸の4戸については賣買した事産の總額（表23の萬曆40年册の所有事産額の下段に※を付している）をもとに檢討する。

　表23からわかる萬曆10年から同42年の事産賣買によって所有事産が增加した人戸は61戸であり，所有事産が減少した人戸は77戸である。所有事産が增加した人戸61戸全體の1戸當たり平均を求めると，事産賣買件數は35.1件（購入：29.3件，賣却：5.8件），增加した事産額は21.7956稅畝となる。增加した61戸には，〈總戸-子戸〉制を行なっていたと推測される人戸5戸（第3甲朱學源［朱淸］戸，第4甲王正芳［王時］戸，第7甲王齊興戸，第8甲陳元和［陳滄］戸，第9甲王茂伍戸），告明立戸した人戸16戸（前節で確認した16戸），任官者・讀書人を輩出した人戸4戸（第2甲朱師顏［汪岩亮］戸・朱師孔戸・朱作戸，第3甲朱學源［朱淸］戸）が含まれている。任官者・讀書人輩出人戸のうち，朱學源（朱淸）戸は〈總戸-子戸〉制を行なっていたと推測される人戸と重複し，朱作戸は告明立戸した人戸と重複するため，〈總戸-子戸〉制を行なっていたと推測される人戸（5戸）と告明立戸した人戸（16戸）に朱師顏（汪巖亮）戸・朱師孔戸の2戸をくわえると23戸となる。これを除いた38戸の1戸當たり平均は，事産賣買件數が17.5件（購入：15.2件，賣却：2.3件），增加した事産額が9.7767稅畝であった。

　一方，所有事産が減少した人戸77戸全體の1戸當たり平均は，事産賣買件數が31.1件（購入：8.0件，賣却：23.1件），減少した事産額が14.3388稅畝となる。この77戸には，〈總戸-子戸〉制を行なっていたと推測される人戸13戸（第1甲王茂戸・金尙尹［金淸］戸，第2甲朱洪戸・吳天和［吳和］戸，第4甲程友儀［程大賓］戸，第5甲陳章戸・金岩武［金社保］戸，第6甲朱貴［朱廣］戸・朱新風［朱龍］戸，第9甲王敍［王初］戸，第10甲金萬鍾戸・汪崔［汪祿］戸・陳新［陳祥］戸）と任官者・讀書人を輩出した人戸3戸（第1甲王茂戸，第2甲朱洪戸・朱淳戸）が含まれ

ている。任官者・讀書人輩出人戸の王茂戸と朱洪戸は〈總戸－子戸〉制を行なっていたと推測される人戸と重複するから、〈總戸－子戸〉制を行なっていたと推測される人戸（13戸）に朱淳戸をくわえると14戸となる。これを除いた63戸の1戸當たり平均は、事産賣買件數が16.9件（購入:4.0件，賣却:12.9件），減少した事産額は7.5484税畝であった。

　富裕な人戸，任官者・讀書人輩出人戸を除いた一般的な人戸の所有事産の平均増減額──増加した事産額9.7767税畝，減少した事産額7.5473税畝は，事産の種別を捨象すれば5人家族が再生産可能な所有事産額（10税畝程度の田・地）と近似している。これによれば，およそ30年の間に2年に1件の頻度で事産賣買を行ない，5人家族が再生産可能な規模に近い所有事産額を増減させていたと理解することができよう。

　所有事産が増加した人戸よりも減少した人戸が多かったにもかかわらず，まったく事産を所有しない無産人戸は10戸にまで減少していた。10戸のうち，事産賣買の結果，無産となったのは，第1甲陳使戸と第4甲汪文晃（汪山）戸の2戸のみである。逆に，無産状態から事産を獲得した人戸は16戸にのぼる。次の16戸である。

　　第1甲：王琴（王顯富），金宗社（詹祐）
　　第2甲：朱師顔（汪岩亮），朱祐生（汪護）
　　第3甲：劉文選（劉巴山），劉得應（金黑）
　　第4甲：朱岩志（汪得）
　　第7甲：潘亮，王承興（陳玄道）
　　第8甲：呉魁，朱良五（朱添芳），程廷隆（陳仕）
　　第9甲：洪源（洪龍），朱彰先（朱輔），湯曜（汪振）
　　第10甲：朱時新（金廷貴）

　第2甲の朱師顔（汪岩亮）戸は讀書人を輩出した人戸であったから，これを除く15戸は所有事産を増加させた一般的な人戸38戸の39.5％も占めており，その獲得した事産額の平均を求めると10.3528税畝となる。無産状態にあった人戸が獲得した事産額の平均は，5人家族が再生産可能な所有事産額とほぼ等し

258 第5章 事産賣買の頻度と所有事産の變動

い。なお，無産状態から事産を獲得した16戸のうち，朱祐生（汪護）戸・潘亮戸・王承興（陳玄道）戸・吳魁戸を除く12戸が承繼を經た後に事産を獲得するに至っている。承繼と事産獲得の間にどのような因果關係があったのかは判然としないが，ここでは事實のみを指摘して後考に委ねたい。

　以上のように，一般的な人戸であっても，32年間に所有事産が增加した場合，減少した場合ともに5人家族が再生産可能な所有事産額に近似する規模の所有事産を變動させており，しかも所有事産が增加した人戸の約4割が無産状態から5人家族が再生産可能な所有事産額に相當する規模の事産を獲得していたというのは，庶民レヴェルでも流動性の高い世界が存在していたといえよう。

おわりに

　休寧縣27都5圖の所屬人戸は，萬曆10年から同42年の32年間──およそ1世代の間に，平均すると29.9件（1年間に約1件の頻度）の事産賣買を行ない，所有事産が增加した場合は21.7956稅畝の事産を獲得し，減少した場合は14.3388稅畝の事産を失っていた。また，富裕な人戸と任官者・讀書人輩出人戸を除いた一般的な人戸であっても，32年間に15.2件（2年間に約1件の頻度）の事産賣買を行ない，所有事産が增加した場合は9.7767稅畝の事産を獲得し，減少した場合は7.5484稅畝の事産を喪失していた。これが直接の結論である。

　從來，置産簿の類を用いて事産の購入狀況等が明らかにされることがあっても，それは特定の家族や宗族に限定されるものであった[14]から，一つの鄉村行政組織に編成された人戸の平均的な事産賣買の頻度，所有事産の變動狀況というのは貴重な事例である。他の事例に照らしながら本章で得た認識の位置づけを展望して結びとしよう。

　岩井茂樹氏が發見した賦役黃册の原本である上海圖書館藏『嘉靖41年浙江嚴州府遂安縣18都下1圖賦役黃册殘本』1册（563792號，上海圖書館の目錄上の名稱は『浙江嚴州府遂安縣人口稅收册』）は，嚴州府遂安縣18都下1圖第6甲に所屬した汪銀戸以下4戸（いずれも甲首戸）の情報を傳える[15]。嘉靖32年（1553）から

同42年（1563）正月における4戸の事産賣買と事産増減額の情報を一覧にすれば，**表24**のとおりである[16]。

【表24】 遂安縣18都下1圖第6甲4戸の事産賣買件數・事産増減額

事産額の單位：畝

戸 名	賣買件數	賣買内譯	事産増減額	實在額
汪 銀	21（田10，地7，山4）	＋18，－3	＋14.6790	47.0670
洪彦亮	7（田1，地3，山2，塘1）	＋4，－3	－ 0.1700	26.5500
凌仲仁	19（田8，地6，山3，塘2）	＋13，－6	＋ 4.6590	68.7925
洪廷實	4（地2，山2）	＋4	＋ 2.3500	4.7350

　汪銀戸以下4戸のおよそ10年間の事産賣買の總計は51件，平均12.8件の事産賣買を行なっていた。また，所有事産を増加させた3戸の平均増加額は7.2293畝であった。平均事産賣買件數，平均事産増加額とも，27都5圖所屬人戸の數値（32年間の數値を10年間に換算した數値）とほぼ等しい。遂安縣18都下1圖第6甲の4戸の平均事産賣買件數が少し上回っているが，4戸のうちの3戸が多額の事産を所有する人戸であったことからすれば當然といえよう。舞臺の嚴州府遂安縣は徽州府歙縣の南東鄰に位置し，時期も萬曆10年をさかのぼること約30年である。限られた人戸についてではあるが，地理的にも時期的にも近い事例と比較すると，27都5圖所屬人戸の事産賣買の頻度，所有事産の變動は奇異に映るものではない。

　次に，190年ほどさかのぼった時期の事例をみよう。欒成顯氏が現存する最古の「黄册遺存文書」とした中國歷史研究院圖書館藏「永樂至宣德徽州府祁門縣李務本戸黄册抄底」（HZS3030004）は，徽州府祁門縣10西都李務本戸に關する永樂元年（1403）・同10年（1412）・同20年（1422）・宣德7年（1432）の4回分の賦役黄册の記載を抄寫した文書である（永樂10年・同20年の戸名は李景祥，宣德7年の戸名は李阿謝）[17]。欒氏の檢討によれば，李務本戸は洪武25年（1392）から永樂元年に6件の事産賣買（購入：5件，賣却：1件）によって19.2440畝の事産を増やし，永樂2年（1404）から同10年に5件の事産を賣却して37.7690畝の所有事産をすべて失った。つづく永樂11年（1413）から同20年には，7件の事産

260　第 5 章　事産賣買の頻度と所有事産の變動

を購入して32.3930畝もの事産を獲得したという（永樂21年［1423］から宣德7年には事産賣買を行なっていない）[18]。事産賣買によって30畝を大きく超える規模の所有事産を増減させており，貧富の昇降が激しい。李務本戸は，賦役黃册に記載された事産以外にも山場を所有しており，總計60畝前後の事産を所有して地主經營を行なう存在であったという[19]が，明初の時期から事産賣買によって所有事産を激しく變動させる事例があったことはまちがいない。

　こうした二つの事例に照らせば，萬曆10年から同42年における27都 5 圖所屬人戸の事産賣買頻度，所有事産の變動は，けっして特異なものではない。第 2 章第 1 節でみたように，27都 5 圖所屬人戸が居住した集落では現在に至るまで商業的農業ではなく自家消費目的の農業生産が行なわれており，そうした郷村社會であっても各々の人戸が利益・利便を追求する事産賣買を頻繁に行ない，およそ1世代の間に 5 人家族が再生産可能な規模に近い所有事産額を増減させていた。「固い」タイプの社會編成とも評されることがある明代里甲制體制[20]のもとでも利益・利便を追求する頻繁な事産賣買によって流動性の高い世界が存在しており，またそれを通じて里甲編成に適合する自作農人戸を基軸とした「小農自立」の階層構成が形成されたといえよう。ほぼ同時期の日本の先進地域をはるかに凌駕する「小農自立」の階層構成は，村落共同體の共同業務・再生産保障を不可缺とする日本の「小農自立」とはまったく異質な原理に支えられて實現したものであった。

　最後に，本章で論じた27都 5 圖所屬人戸の事産賣買の頻度，所有事産の變動は，あくまで明朝國家が賦役黃册によって把握した限りにとどまることを確認しておこう。中國社會科學院經濟研究所所藏の『明萬曆10年 3 月至淸順治17年［休寧縣］王氏抄契簿』は，27都 5 圖第 1 甲の里長を務める王茂戸の〈子戸〉の一つ王禮元戸の置産簿である[21]。それは，『黃册底籍』萬曆20年册以降の記載對象時期──萬曆10年から同42年の32年間に王禮元戸が購入した59件の土地賣買文書を抄寫して收めている。その概要（購入相手，購入年月日，購入事産の所在地）を表25に示す。

おわりに　261

【表25】　萬暦10年〜同42年における王禮元戸の事産購入

1.王嶺・王三壽→王仁元・王禮元　萬暦10年 3 月 7 日　興字　承祖地

2.王天齊→王禮元　萬暦16年 5 月 5 日　得字　土名：住基

3.王三壽・王三福→王禮元　萬暦16年 9 月 2 日　得字　土名：住基

4.王三益・王三蓋→王本・王禮元　萬暦18年 6 月25日　得字1508號　土名：南邊住基

5.王玄正→王本・王禮元　萬暦19年 8 月 1 日　得字1508號

6.王三俊→王禮元　萬暦19年10月 4 日　得字　土名：街東中舖後

7.王三壽・王三福→王禮元　萬暦20年 2 月19日　得字1675號

8.王三益→王禮元　萬暦22年 4 月 7 日　得字　土名：中舖後

9.王三壽・王三福→王禮元　萬暦22年 7 月27日　得字　土名：街東中舖後

10.王守和→王禮元　萬暦22年10月12日　得字1517號　土名：街心

11.王貴元→王禮元　萬暦25年 7 月20日　得字1675號　土名：街東中舖樓屋

12.王德元→王禮元　萬暦27年 4 月20日　得字

13.王三祿→王禮元　萬暦28年12月30日　得字

14.王德元→王禮元　萬暦28年 9 月　土名：街東中舖後

15.王三鑑→王禮元　萬暦30年 5 月 1 日　得字　土名：正土庫前右邊

16.王伯元→王禮元　萬暦30年12月 9 日　得字　土名：住基

17.王用賢→王禮元　萬暦31年 2 月17日　街心中舖後

18.陳新百→王禮元　萬暦31年 2 月24日　得字1418號・1423號　土名：洪村竹園

19.陳新鞏→王禮元　萬暦31年 2 月28日　得字1422號　土名：洪村竹園

20.王三鑑→王禮元　萬暦31年 3 月 2 日

21.王三鑑→王禮元　萬暦31年11月22日　得字　土名：街東中舖

22.王阿朱→王禮元　萬暦32年11月 7 日　得字

23.王三鑑→王禮元　萬暦34年 4 月15日　得字1771號　土名：街頭園

24.王三鑑→王禮元　萬暦34年 4 月15日　得字1505號　土名：後山

25.王玄齡→王禮元　萬暦33年 4 月24日　得字1517號　土名：陳村街心

26.王進賢→王禮元　萬暦35年 4 月　得字　街東中舖樓屋

27.王三鑑→王禮元　萬暦35年 6 月21日　得字　老正樓屋土庫前後

28.王三錫・王三銓→王禮元　萬暦35年 9 月　得字　街頭園火佃地

29.王付雲→王禮元　萬暦35年 9 月19日　土名：街頭園

30.王德元→王禮元　萬暦35年 6 月12日　樓屋住基

31.王德元→王禮元　萬暦39年 8 月12日　正老土庫

262　第5章　事産賣買の頻度と所有事産の變動

32.王進賢→王禮元　萬曆35年10月2日　得字　老正樓屋

33.王三凰→王禮元　萬曆36年2月18日　得字　土名：芋頭田

34.王阿汪・王道賢→王禮元　萬曆36年7月25日

35.王世佐→王禮元　萬曆37年2月22日　得字　土名：街東中舖後榮園地

36.王阿汪・王道賢・王六九→王禮元　萬曆37年2月23日　得字　土名：住基前

37.王進賢→王禮元　萬曆37年3月19日　得字　正土庫前右邊

38.王德元→王禮元　萬曆37年6月11日　得字　土名：街心廳北厰

39.王三鑑→王禮元　萬曆38年1月17日　得字　老土庫正樓屋前後

40.王岩周→王禮元　萬曆38年1月17日　得字　基地

41.王三鑑→王禮元　萬曆38年10月12日　得字　基地

42.王世佐→王禮元　萬曆38年12月2日　得字1510號　土名：廳基南厰

43.王三凰→王禮元　萬曆39年2月21日　得字　土名：街東衆舖後園地

44.王三縱・王三余→王禮元　萬曆39年7月25日　得字　土名：魚頭山

45.王三龍→王禮元　萬曆39年9月6日　得字　土名：街東衆舖後園地

46.王三余→王禮元　萬曆40年1月15日　得字1405號　土名：魚頭山

47.王世鳳→王禮元　萬曆40年1月29日　得字　基地

48.王德元→王禮元　萬曆39年10月12日　得字　樓屋住基地

49.陳宗文→王宗武　萬曆40年4月1日　得字1416號・1417號・1418號・1424號・1428號
　　　　　土名：洪村竹園・洪村塲洪山

50.王世光→王禮元　萬曆40年7月7日　得字　土名：街東中舖後榮園地

51.王三鑑→王禮元　萬曆40年9月27日　得字　土庫樓屋

52.王三壽・王三福→王禮元　萬曆41年8月18日　得字　正廳南厰地

53.王世佐→王禮元　萬曆41年11月19日　得字　土名：街心中舖屋地

54.王三錫→王禮元　萬曆41年　得字　土庫樓屋

55.王三錢→王禮元　萬曆42年5月　得字　土名：中舖後

56.王三鑑→王禮元　萬曆42年7月27日　得字　土名：街頭園　承祖火佃地

57.王三鑑→王禮元　萬曆42年7月27日　得字　土名：洪山　承祖山地

58.王三鎭→？　萬曆42年8月　得字　舖邊園　承祖地

59.王世佐→？　萬曆42年11月20日　得字1771號　土名：街頭園　承祖火佃地

　　下線を付したのは，第3章第1節第3項にあげた図9「27都5圖第1甲里長
王茂戶系圖」(155〜158頁)によって王茂戶の〈子戶〉と確認できるものであ

る。59件のうち，同じ王茂戸の〈子戸〉から購入したものは39件にのぼる。〈子戸〉間の事産賣買は賦役黄册上の同一人戸内の事産の移動であるから，賦役黄册には記載されない。第2章第2節でみたように，27都5圖には〈總戸-子戸〉制を行なっていると推測される人戸が王茂戸のほかに17戸所屬しており，それらにおいても王茂戸の場合と同様に〈子戸〉間の事産賣買が行なわれていたとみるのが自然であろう[22]。27都5圖所屬人戸のもとでは，明朝國家が把握したレヴェルをはるかに超える頻繁な事産賣買と所有事産の變動が存在していたと理解しなければならない。

　同時に指摘しておくべきは，王禮元戸の59件の事産購入のうち，王茂戸の〈子戸〉からの購入は39件であったが，異性の者からの購入は18・19・49の3件のみであり，56件（94.9%）が同じ王姓の者からの購入であったことである。王茂戸の〈子戸〉であることは確認できないとはいえ，同姓の者は王禮元戸と同族關係にあった可能性が高い。明代には國法上に同族による事産の先買權[23]は規定されていなかったが，急場を凌いだ後に買い戻しやすいものとして同族間で優先的に事産を賣買する志向は存續していたはずである。翻ってみるに，本章で檢討した萬曆10年から同42年の間に27都5圖所屬人戸が行なった事産賣買の36.3%は，同姓の人戸間における賣買であった[24]。同姓の人戸すべてが同族關係にあったわけではないが，同族間の事産賣買であった可能性は否定しえない。本章で述べた「利益・利便を追求する事産賣買」の「利益・利便」という表現には，同族間の扶助も含意すると理解していただきたい。

註

（1）　Ping-ti Ho, *The Ladder of Success in Imperial China Aspects of Social Mobility 1368-1911*, Columbia University Press, 1962. 第2版（1967年）の日本語譯は何炳棣（寺田隆信・千種眞一譯）『科擧と近世中國社會──立身出世の階梯──』（平凡社，1993年）。

（2）　寺田浩明「『非ルール的な法』というコンセプト──清代中國法を素材にして──」（『法學論叢（京都大學）』160-3・4，2007年）は，こうしたイメージを最も明快に示している。

264　第5章　事産賣買の頻度と所有事産の變動

（3）　斯波義信「商業資本の諸性質」（『宋代商業史研究』風間書房，1968年）461～465頁。

（4）　袁采撰『袁氏世範』卷3「富家置産當存仁心」。

（5）　胡祗遹撰『紫山大全集』卷23「折獄雜條」。

（6）　第2章第2節（106頁）。

（7）　賣買以外には，財産相續や分與による事産の移動を記す。

（8）　高橋芳郎「宋代官田の『立價交佃』と『一田兩主制』」（『東北大學東洋史論集』4，1990年。のち『宋代中國の法制と社會』汲古書院，2002年，所收）。

（9）　欒成顯「萬曆二十七都五圖黃册底籍」（『明代黃册研究』中國社會科學出版社，1998年。增訂本，2007年）204～205頁。欒氏は，27都5圖第1甲の金尙尹戶が同圖第1甲里長王茂戶の〈子戶〉＝王仁元に山を賣却した萬曆38年（1610）9月6日附の契約文書である「萬曆三十八年休寧金尙伊賣山赤契」（『徽州千年契約文書（宋元明編）』第3卷，花山文藝出版社，408頁）の內容が，『黃册底籍』萬曆40年册の金尙尹戶の「開除」轉除の項の記載，また王茂戶の「新收」轉收の項の記載と一致することを論證している。

（10）　前揭（9）欒「萬曆二十七都五圖黃册底籍」205頁の表21・表22は，田・地・山・塘ごとの購入事産額・賣却事産額も算出しているが，ここでは購入事産・賣却事産の總額のみを示した。

（11）　前揭（9）欒「萬曆二十七都五圖黃册底籍」205～208頁。

（12）　岩井茂樹氏が發見した賦役黃册の原本である上海圖書館藏『嘉靖41年浙江嚴州府遂安縣18都下1圖賦役黃册殘本』も，嘉靖41年（1562）の賦役黃册でありながら嘉靖42年正月までの事産賣買の履歷を記載しており，それは嘉靖42年正月以降まで同册の完成が遲れたからであるという（岩井茂樹「『嘉靖四十一年浙江嚴州府遂安縣十八都下一圖賦役黃册殘本』考」夫馬進編『中國明清地方檔案の研究』1996～1998年科學研究費（國際學術調査）研究成果報告書，2000年）。

（13）　絕戶と萬曆40年册までに記載されなくなった人戶は表23に記していない。

（14）　彭超「休寧『程氏置産簿』剖析」（『中國社會經濟濟史研究』1983-4），夏維中・王裕民「從置産簿看清初徽州家族之間的財産互動——以休寧克山孫氏爲中心」（『中國農史』20-1，2001年），大田由紀夫「徽州における私家文書の傳來——『率東程氏置産簿』をめぐって——」（伊藤正彦編『『萬曆休寧縣27都5圖黃册底籍』の世界』2009～2011年度科學研究費補助金基盤研究（C）研究成果報告書，2012年）など。

（15）　4戶のほか，余泰三戶については「舊管」の途中の記載で途切れている。

（16）　前揭註（12）で述べたように，『嘉靖41年浙江嚴州府遂安縣18都下1圖賦役黃册

殘本』は嘉靖41年（1562）の賦役黄冊であるが，嘉靖42年正月までの事産賣買の履歴を傳える。

(17)　『徽州千年契約文書（宋元明編）』第1卷，花山文藝出版社，54〜56頁に「永樂元年，十年，二十年，宣德七年祁門李舒戸黄冊抄底及該戸田土清單」として收録。

(18)　欒成顯「明初黄冊抄底」（『明代黄冊研究』中國社會科學出版社，1998年。增訂本，2007年）。

(19)　前掲註（18）欒「明初黄冊抄底」。

(20)　岸本美緒「東アジア・東南アジア傳統社會の形成」（『岩波講座世界歴史』13，岩波書店，1998年。のちに『明末清初中國と東アジア近世』岩波書店，2021年，所収）。

(21)　『中國社會科學院經濟研究所藏徽州文書類編・置産簿』第4冊（社會科學文獻出版社，2020年）所収。王禮元が王茂戸の〈子戸〉であったことは，第3章第1節第3項にあげた**圖9**「27都5圖第1甲里長　王茂戸系圖」（155〜158頁）を參照。

(22)　欒成顯氏は27都5圖第3甲里長朱學源戸下の歸戸實徵冊である安徽博物院藏『萬曆至崇禎27都5圖3甲朱學源戸册底』（2:24529）の記載をもとに，萬曆年間から崇禎年間の朱學源戸下では廣範に〈子戸〉間の事産賣買が行なわれていたことを明らかにしている（欒成顯「明清大戸經濟形態」『明代黄冊研究』中國社會科學出版社，1998年。增訂本，2007年，389〜390頁）。欒氏が示した「表53　萬曆至崇禎朱學源戸子戸田土交易關係表」（同上書，389頁）の數値によれば，萬曆30年から崇禎17年の間に朱學源戸の〈子戸〉が行なった1059件の事産賣買のうち〈子戸〉間の事産賣買は321件であり，30.3％を占めた。

(23)　唐・宋・元期における親鄰による先買權については，仁井田陞「清明集戸婚門の研究」（『東方學報』（東京）4，1933年。のち『中國法制史研究　法と慣習・法と道德』東京大學出版會，1964年，所収）387〜390頁，同『唐宋法律文書の研究』（東方文化學院，1937年）126〜130頁，同「中國賣買法の沿革」（『法制史研究』1，1952年。のち『中國法制史研究　土地法・取引法』東京大學出版會，1960年，所収）343〜344頁を參照。

(24)　李州磊「明代における土地賣買の實態」（2023年度熊本大學大學院社會文化科學教育部タームペーパー，2024年）。なお，前掲註（22）欒「明清大戸經濟形態」は，27都5圖第3甲里長朱學源戸の〈子戸〉が行なった事産賣買では同姓相手のものが多いことも指摘している。その數は369件——事産賣買全體1059件の34.8％である。27都5圖所屬人戸が萬曆10年から同42年に行なった事産賣買全體における同姓人戸間の賣買が占める比率と近似しており，興味深い。

第6章　所有事産の分布と娶妻の範圍──生活圏──

はじめに

　これまでの檢討を通して我われは，ほぼ同時期の日本の先進地域を凌駕する「小農自立」の階層構成を形成した徽州府休寧縣27都5圖所屬人戸が各々の必要性に應じて自由に租佃關係をとり結び，各々の利益・利便を追求しながら頻繁に事産を賣買して所有事産を變動させていたことをみた。こうした活動を展開する27都5圖所屬人戸は，日常的にどのような範圍で生活を營んでいたのだろうか。

　最後に問うべきは，27都5圖所屬人戸の日常的な生活範圍である。本章では，27都5圖所屬人戸が所有する事産の分布と娶妻の範圍をてがかりとして，27都5圖所屬人戸の日常的な生活範圍を探ることにしよう。なお，第2章・第3章でみたように，27都5圖所屬人戸には商業活動によって蓄財した人戸や外地で商業を營む人戸が存在したが，ここでいう日常的な生活範圍には商業活動の局面は含まないことを斷っておく。

一　所有事産の分布状況

　休寧縣27都5圖の所有事産の状況を傳える史料は，上海圖書館藏『明萬曆9年休寧縣27都5圖得字丈量保簿』1册（線普562585號。以下，『得字丈量保簿』と略す）と安徽博物院藏『萬曆9年清丈27都5圖歸戸親供册』1册（2:24582號。以下，『歸戸親供册』と略す）である。兩史料の書誌と性格については，第1章第2節で論じた。

　『歸戸親供册』は，萬曆9年の丈量を經て作製された魚鱗圖册關係文書であり，27都5圖に所屬する人戸（實在戸：143戸，絶戸：40戸，計183戸）のすべての

268　第 6 章　所有事産の分布と娶妻の範圍

所有事産の情報——27都 5 圖以外の都圖に所在する所有事産も含めて所有事産
の情報を記載する。これにもとづけば，27都 5 圖に所屬する各人戸の所有事産
額，所有事産の分布狀況を窺うことができる。各人戸の所有事産額と分布狀況
に關する記載データは整理して【資料篇】に收めた[1]ので，そちらを參照し
ていただきたい。なお，第 1 章第 2 節第 1 項で觸れたように，魚鱗圖册で一つ
の號（地番）を付して把握された事産は複數の人戸によって所有される場合が
ある（72頁の圖 6 の例を參照）ため，以下，所有事産數については，號ではなく
坵を單位に表記して檢討していくことにする（複數の人戸によって所有される場
合，號を付された事産を重複して計算することになるため，坵數は號數よりも多くなる）。
所有事産額については，萬曆 9 年の丈量以降採用された各種等級の事産面積を
相當する納税面積に換算した税畝によって表記する。

　27都 5 圖所屬人戸が所有した事産の分布については，欒成顯氏が全體的傾向
を明らかにしている[2]が，より詳しいデータを示そう。表26は，『歸戸親供册』
が記す各人戸の所有事産に關する情報をもとに，27都 5 圖所屬人戸の所有事産
がどのように分布していたかを一覽にしたものである。27都内に所有した事産
と27都以外の都・隅（他の都・隅）に所有した事産とに大きく區分し，さらに
都圖ごとに整理し，所有事産の坵數と税畝額を示している。

　丸數字は，27都 5 圖内の所屬する甲を示す。27都 5 圖の①の箇所を例として
表26の見方を確認すれば，これは27都 5 圖の第 1 甲に所屬する人戸が27都 5 圖
内に625坵，416.1513税畝の事産を所有していたことを表している。また他の
都・隅の 1 都 1 圖の箇所について表の見方を確認すれば，27都 5 圖の所屬人戸
が 1 都 1 圖内に 6 坵，0.8870税畝の事産を所有し，しかも第 7 甲に所屬する人
戸がそのすべてを所有していたことを表している。

【表26】　27都 5 圖所屬人戸の所有事産分布一覽

※丸數字は所屬の甲を示す。

| 27都 | 6104坵 | 2862.1296税畝 | 坵：91.3%，税畝91.0% |

一　所有事産の分布状況　269

27都5圖　2984垀　1436.0670税畝　　　　　　（垀：44.6%，税畝45.6%）

　　①：625垀426.1513，　②：943垀277.9924，　③：27垀12.2254，　④：126垀66.5610，

　　⑤：230垀158.1900，　⑥：50垀21.2480，　⑦：192垀96.3130，　⑧：224垀100.5060，

　　⑨：125垀37.9890，　⑩：442垀238.8909

　　1圖　1175垀　802.2265税畝

　　①：251垀212.9692，　②：20垀10.0410，　③：474垀316.2581，　④：16垀6.3040，

　　⑤：160垀101.8610，　⑥：97垀37.8385，　⑦：17垀17.1800，　⑧：98垀68.8510，

　　⑨：18垀8.0620，　⑩：24垀22.8617

　　3圖　476垀　183.4397税畝

　　①：27垀2.9250，　②：93垀24.9349，　③：4垀0.6590，　④：174垀55.7190，

　　⑥：138垀90.1130，　⑧：3垀0.1430，　⑨：11垀0.6400，　⑩：26垀8.3058

　　6圖　1469垀　440.3964税畝

　　①：3垀0.2180，　②：42垀10.6470，　③：123垀32.4093，　④：276垀62.4850，

　　⑥：878垀275.7751，　⑧：65垀22.6530，　⑩：82垀36.2090

他の都・隅　581垀　284.8159税畝　　　　　　　　垀：8.7%，税畝：9.1%

1都1圖　6垀　0.8870税畝　（⑦：6垀0.8870）

　　2圖　2垀　0.2540税畝　（①：2垀0.2540）

　　6圖　2垀　0.7390税畝　（①：1垀0.6490，⑦：1垀0.0900）

　　7圖　1垀　0.0300税畝　（⑩：1垀0.0300）

2都2圖　1垀　0.5300税畝　（①：1垀0.5300）

3都1圖　9垀　2.5690税畝　（⑨：9垀2.5690）

　　2圖　19垀　10.8370税畝　（①：3垀1.9360，④：2垀1.1310，⑦14垀7.7700）

　　4圖　3垀　2.2700税畝　（⑦：3垀2.2700）

　　5圖　39垀　22.7920税畝　（②：3垀0.0970，④：1垀1.0000，⑥：5垀1.0490，

　　　　　　　　　　　　　　⑦：17垀11.6980，⑩：13垀8.9480）

　　6圖　59垀　50.6500税畝　（①：3垀4.1460，④：9垀7.1600，⑥：5垀3.9430，

　　　　　　　　　　　　　　⑦：35垀29.4660，⑩：7垀5.9350）

　　7圖　6垀　3.5990税畝　（④：6垀3.5990）

　　8圖　16垀　7.4060税畝　（①：7垀3.9890，⑥：1垀0.1900，⑧：7垀2.1000，

　　　　　　　　　　　　　　⑩：1垀1.1270）

　　9圖　6垀　3.1000税畝　（①：3垀0.6640，⑦：3垀2.4360）

　　10圖　19垀　12.0660税畝　（①：1垀0.1350，②：1垀0.0980，⑥：2垀3.6720，

270　第 6 章　所有事産の分布と娶妻の範囲

⑦： 9 坵6.1150，⑧： 1 坵0.1800，⑩： 6 坵2.0010)

4 都 2 圖　2 坵　0.0550税畝 （④： 2 坵0.0550）

4 圖　1 坵　1.5000税畝 （④： 1 坵1.5000）

7 圖　1 坵　0.0350税畝 （⑧： 1 坵0.0350）

9 圖　3 坵　2.2425税畝 （①： 2 坵1.1125，⑦： 1 坵1.1300）

11圖　1 坵　0.1650税畝 （④： 1 坵0.1650）

5 都10圖　1 坵　0.2500税畝 （⑦： 1 坵0.2500）

8 都 3 圖　3 坵　0.2700税畝 （⑩： 3 坵0.2700）

11都 1 圖　3 坵　0.2000税畝 （⑥： 3 坵0.2000）

3 圖　64坵　40.6780税畝 （①：15坵11.5700，②： 2 坵0.9720，③： 4 坵1.2250，
④： 7 坵4.6510，⑤： 2 坵0.6000，⑥：18坵8.3940，
⑦： 1 坵1.5000，⑨：10坵5.5320，⑩： 5 坵6.2340）

13都 1 圖　18坵　4.5900税畝 （①：16坵4.4400，⑨： 2 坵0.1500）

2 圖　2 坵　0.5240税畝 （⑨： 2 坵0.5240）

3 圖　53坵　22.4800税畝 （⑨：53坵22.4800）

4 圖　78坵　16.8960税畝 （⑨：78坵16.8960）

14都 5 圖　1 坵　0.0640税畝 （⑦： 1 坵0.0640）

7 圖　4 坵　2.3650税畝 （②： 1 坵0.0320，⑥： 1 坵1.1530，⑩： 2 坵1.1800）

8 圖　1 坵　0.5300税畝 （④： 1 坵0.5300）

9 圖　5 坵　0.5330税畝 （⑦： 5 坵0.5330）

17都 1 圖　1 坵　0.5200税畝 （⑦： 1 坵0.5200）

7 圖　1 坵　0.3260税畝 （⑧： 1 坵0.3260）

24都 2 圖　24坵　2.4850税畝 （③：24坵2.4850）

26都 1 圖　1 坵　0.4500税畝 （④： 1 坵0.4500）

2 圖　35坵　21.5640税畝 （①： 3 坵1.0020，③： 7 坵2.4680，⑤： 2 坵1.8810，
⑥： 6 坵5.1780，⑩：17坵11.0350）

4 圖　3 坵　0.5520税畝 （③： 1 坵0.3680，⑧： 2 坵0.1840）

5 圖　74坵　41.4854税畝 （①：31坵16.6024，③：15坵8.5440，⑤： 6 坵2.8280，
⑥： 1 坵0.0200，⑧：13坵11.4280，⑨： 7 坵1.0630，
⑩： 1 坵1.0000）

29都 4 圖　6 坵　2.8650税畝 （②： 6 坵2.8650）

30都 1 圖　2 坵　0.3570税畝 （⑦： 1 坵0.2600，⑧： 1 坵0.0970）

31都 3 圖　1 坵　0.2400税畝 （⑨： 1 坵0.2400）

西南隅 1 圖 4 坵　　2.8650税畝　（②：4 坵2.8650）

全體　　　6684坵　3146.6955税畝

　さて，表26からわかるように，27都 5 圖所屬人戶が27都 5 圖内に所有する事産は，2984坵・1436.0670税畝と坵數・税畝額ともに所有事産全體の45％程度（坵數は44.6％，税畝額は45.6％）にとどまり，27都 5 圖所屬人戶の所有事産は，27都の他圖をはじめ 1 都・ 2 都・ 3 都・ 4 都・ 5 都・ 8 都・11都・13都・14都・17都・24都・26都・29都・30都・31都——休寧縣は33の都と城内の 4 つの隅によって構成されていたが，33都の半數に近い16の都と西南隅の圖に廣く分布していた。

　また，各甲や各人戶に着目すれば，所有事産の分布には偏りがみられることもわかる。たとえば，第 3 甲所屬人戶の場合，27都 5 圖内に所有する事産は27坵・12.2254税畝ときわめて少ないのに對し，27都 1 圖に所有する事産は474坵・316.2581税畝にのぼっている。第 1 章第 2 節第 2 項で例示した第 1 甲所屬の王元戶の場合，27都 5 圖内には事産を所有せず，16坵・4.4400税畝の所有事産すべてが13都 1 圖に所在しており（77〜78頁），各人戶が所有する事産の所在都圖は集中する傾向がある。とはいえ，27都の他圖——1 圖・ 3 圖・ 6 圖に所有する事産の比率も45％を超えており，27都 5 圖内の所有事産と合わせて27都内に所有する事産の比率は坵數・税畝額ともに91％におよんでいた（坵數は91.3％，税畝額は91.0％）。

　一方，『得字丈量保簿』は，萬暦 9 年の丈量で作製された27都 5 圖の魚鱗圖册であり，これに記載された事産は27都 5 圖内に所在するものとして把握された。この記載にもとづけば，『歸戶親供册』からは窺い得ない他圖所屬人戶による27都 5 圖内の事産の所有状況を探ることができる。表27は，『得字丈量保簿』の記載をもとに，他圖所屬人戶がどのように27都 5 圖内の事産を所有していたかを一覧にしたものである[3]。所屬する都圖ごとに27都 5 圖内の事産を

272 第6章 所有事産の分布と娶妻の範囲

所有する人戸の數と所有事産の坵數，ならびに27都5圖内に事産を所有する人戸名と所有事産の坵數を示している。なお，人戸名と坵數につづく丸括弧内には，戸丁が所有主體と記される事産の坵數を示した。第3章でみたように，徽州府下では，家産分割後も獨立の戸名を立てることなく，册籍上の名義戸（總戸）のもとに複數の戸（子戸）が含まれる慣行——いわゆる〈總戸–子戸〉制が明初期から形成されており，"戸丁"は〈總戸–子戸〉制の〈子戸〉を意味した。

【表27】 27都5圖内の事産を所有する他圖所屬人戸

※戸丁が所有主體とされる事産も總戸のもとに集計し，丸括弧内に戸丁の所有事産の坵數を示した。
　□は判讀不能を示す。

27都1圖　84戸　1808坵

　　　　陳興456坵（戸丁：富130坵，鳳66坵，玉50坵，正陽43坵，潤德33坵，壽14坵，祀7坵，奇3坵，潤濤2坵，仁壽1坵，勝保1坵，文富1坵，良1坵，奉1坵，四郎1坵，保1坵，希1坵），王爵231坵（戸丁：淮14坵，詔10坵，浦7坵，濟7坵，梁5坵，洌5坵，沐4坵，良4坵，表4坵，誥3坵，世民3坵，橫2坵，本2坵，元1坵，應1坵，軒1坵，廷禎1坵，文進1坵，滾1坵，俊文1坵，舜1，□鮮1坵），陳振達157坵（戸丁：階63坵，枝28坵，春茂9坵，軒4坵，椿茂2坵，朋1坵，生1坵），陳寓祿124坵（戸丁：濤39坵，浩19坵，皐15坵，湯12坵，敬10坵，貫7坵，慶7坵，祿7坵，椿6坵，儒5坵，象5坵，標5坵，遇4坵，道4坵，達4坵，濟4坵，九3坵，礎3坵，陽3坵，偉3坵，礎3坵，新3坵，顯亮2坵，濱2坵，邁1坵，常1坵，成1坵，誠1坵，階1坵，虎1坵，萬1坵，富1坵，日1坵），陳天相106坵（戸丁：祖陽15坵，重陽13坵，奉陽4坵，淮陽2坵，鳳陽2坵，持陽1坵，東陽1坵，應鍾1坵，春太1坵，春陽1坵），陳岩求77坵（戸丁：仁壽20坵，應軫11坵，應亢6坵，應珮5坵，應張5坵，應晉4坵，應文4坵，應樓3坵，應武2坵，應光1坵，社澤1坵，仁倍1坵，應眞1坵，子□1坵），陳法65坵（戸丁：社記18坵，岩有1坵），著存觀44坵（呂尚弘6坵，張時順4坵，義濤1坵），汪明43坵（戸丁：尚5坵，滿5坵，有元1坵，松1坵），陳本42坵（戸丁：社澤18坵），程岩才29坵（戸丁：羅11坵，岩雲1坵，宗成1坵），陳晉27坵（戸丁：壽1坵，仁元1坵），吳文法22坵（戸丁：文付14坵，文盛1坵），程道華21坵（戸丁：進濤4坵），陳龍生20坵，陳嘉17坵（戸丁：言2坵，尚禮1坵，上禮1坵），陳文討17坵，陳鵬15坵（戸丁：軒7坵），陳學15坵，朱曜15坵（戸丁：源2坵，本1坵，良玉1），陳鉤14坵，陳天盛14坵（戸丁：文進7坵，天護3坵，天賜1坵），

一 所有事產の分布状況　273

陳時陽13坵，陳善13坵，陳建忠13坵（戸丁：言1坵），陳積社13坵，陳應時13坵，陳長13坵，陳光儀12坵，朱得眞12坵，朱法11坵（戸丁：眜1坵，元廠1坵），汪希11坵，陳天玘9坵（戸丁：天壽5坵，天雲1坵），陳亮8坵，陳相8坵，陳文燦8坵（戸丁：生7坵），陳明5坵，陳寄得5坵，朱汝授4坵（戸丁：濟1坵），陳大4坵，朱天生4坵（戸丁：有方3坵），陳貴4坵，鄭才3坵，汪志2坵，朱永勝2坵（戸丁：天錫1坵），陳勝祐2坵，陳三同2坵，陳進2坵，吳天志2坵，陳齊龍2坵，周進2坵，陳玉壽2坵，陳岩祐2坵，黃雲2坵，陳耕1坵，陳槙社1坵，朱得信1坵，陳鶴1坵，陳球1坵，朱友1坵（戸丁：有得1坵），王齊韻1坵，朱文廣1坵，程金成1坵，陳堅1坵，陳應元1坵，汪鑑1坵，陳三得1坵，陳文付1坵，汪齊順1坵，葉龍1坵（戸丁：黑龍1坵），陳流1坵，陳二同1坵，陳文志1坵，汪禧1坵，陳天付1坵，朱自方1坵（戸丁：玄護1坵），汪本亨1坵，程羅1坵，畢潯個1坵，汪琰1坵，陳岩才1坵，陳時進1坵，程文法1（戸丁：盛），金聚海1坵

27都3圖　3戸　11坵

朱玄貴7坵，金萬全3坵，朱持金1坵

27都6圖　9戸　27坵

陳甫8坵，陳付5坵，陳文4坵，李福4坵，金有祥2坵，汪天祿1坵，味春1坵，汪得祐1坵，金齊1坵

27都他圖所屬人戸：96戸　1846坵

3都6圖　1戸　1坵

吳玘1坵

8都1圖　1戸　1坵

葉龍1坵

8都4圖　1戸　1坵

陳社1坵

11都1圖　2戸　2坵

汪班1坵，李周討1坵

11都3圖　43戸　226坵

金桐竹84坵，金經衛17坵，金湛英12坵，金神護12坵，金以用11坵（戸丁：文靈2坵，汝吉1坵，慈1坵），金革孫10坵，金子厚7坵，金文獻7坵，金可儀5坵，金汝鐕5坵，汪國英4坵（戸丁：明春1坵），金應陞4坵，金汝賢4坵，金一詔3坵，吳小保3坵（戸丁：本靜2坵），金初孫3坵，金望孫2坵，金楯2坵，金澤民2坵，金應昂2坵，金繼宗2坵，金守進2坵，金齊2坵（戸丁：浩龍1

274　第6章　所有事産の分布と娶妻の範囲

　　　　　坵），汪本靜2坵，金仲和1坵，金迪功1坵，嚴義眞1坵，金四個1坵，金求
　　　　　英1坵，金攀龍1坵，金龍朋1坵，金仲治1坵，倪達樂1坵，金王陞1坵，
　　　　　金儒1坵，汪尙楷1坵，金景付1坵，金應元1坵，程珊1坵，金顯祐1坵，
　　　　　金廷黃1坵，羅岩付1坵，金廷淑1坵

13都2圖　　1戶　　6坵

　　　　　程文6坵（戶丁：文林1坵）

13都4圖　　2戶　　2坵

　　　　　戴時1坵，吳鎰凰1坵

21都1圖　　1戶　　5坵

　　　　　吳辛福5坵

26都4圖　　4戶　　13坵

　　　　　洪雲相4坵，洪章和4坵，吳大法4坵，朱允升1坵

26都5圖　　1戶　　18坵

　　　　　汪登源18坵

30都1圖　　3戶　　8坵

　　　　　陳明宗5坵，陳明2坵，陳邦1

西北隅1圖　　2戶　　7坵

　　　　　蘇叔武6坵，汪勝1坵

西南隅2圖　　1戶　　1坵

　　　　　巴麟1坵

　　　　　　　　　　　　　　　　　　　他の都・隅所屬人戶：63戶　　291坵

全體：159戶　　2137坵　　　（他圖人戶が所有する號＝地番の比率は，1879號/3532號＝53.2％）

　　『得字丈量保簿』が記載する27都5圖の3532號の事産のうち，計1879號の事
産——比率で示すと53.2％の事産を他圖に所屬する人戶が所有していた。表27
からわかるように，27都5圖内の事産を所有した他圖所屬人戶は計159戶であ
り，27都以外では3都・8都・11都・13都・21都・26都・30都・西北隅・西南
隅——計7つの都と2つの隅の圖に所屬する人戶が所有していた。この人戶數
は，戶丁＝〈子戶〉ではなく，册籍上の人戶の數である。27都5圖の事産を所
有する他圖所屬人戶——159戶のうち27都1圖所屬人戶が84戶と52.8％を占め，
他圖所屬人戶が所有する2137坵（先述のように，一つの號の事産を複數の人戶が所

一 所有事産の分布状況 275

有する場合があるため，號數よりも坵數が多くなる）のうち85.8%にあたる1808坵
を27都1圖所屬人戸が所有していた。因みに，第3章第1節でみたように，最
も多く27都5圖内の事産を所有した陳興（456坵を所有）は萬暦9年の丈量で都
正を務めた人戸であり[4]，ほかに多くの事産を所有した王爵（231坵を所有）・
陳振達（157坵を所有）・陳天相（106坵を所有）・陳岩求（77坵を所有）は27都1圖
の里長を務める人戸であった。

　先にあげた表26からわかるように，27都5圖所屬人戸が所有する27都1圖内
の事産も1175坵，802.2265税畝──27都5圖所屬人戸の27都5圖以外に所有す
る事産のうち坵數で31.8%，税畝額で46.9%にのぼった[5]。27都のなかでも5
圖と1圖に所屬する人戸の所有事産はきわめて緊密に分布していたといえる。
こうした27都5圖と1圖の緊密性の理由を示唆するのは，休寧縣の都圖文書の
記載である。都圖文書は，27都の1圖・2圖・5圖に付された魚鱗字號の文字
（千字文），里役，各甲に編成された人戸が居住する集落を次のように傳える[6]。

　　27都1圖　必　男　　　　　　　27都2圖　必　效
　　第1甲　王尙禮　上里橋　　　　第1甲　朱　有　下盈
　　第2甲　宗天生　合潭　　　　　第2甲　汪　雲　年田
　　第3甲　王起元　陳村　　　　　第3甲　朱　學　冷水干
　　第4甲　陳世祿　陳村　　　　　第4甲　朱　魁　出地山［冷水干］
　　第5甲　陳天相　陳村　　　　　第5甲　朱德祖　作地山
　　第6甲　陳世曜　陳村　　　　　第6甲　朱正昌　下盈
　　第7甲　汪　明　陳村　　　　　第7甲　汪　忠　下盈
　　第8甲　陳正茂　陳村　　　　　第8甲　葉　富　西岸
　　第9甲　程　曜　麻査干　　　　第9甲　朱福茂　下盈
　　第10甲　陳德茂　陳村　　　　　第10甲　朱　法　下盈

　　27都5圖　得　良
　　第1甲　王　茂　陳村
　　第2甲　朱　國　揚沖

276　第 6 章　所有事産の分布と娶妻の範圍

第 3 甲　朱學源　下盈

第 4 甲　王正芳　陳村

第 5 甲　陳　章　陳村

第 6 甲　朱　貴　水路嶺

第 7 甲　王永昌　陳村

第 8 甲　陳元和　陳村

第 9 甲　王正順　[江村]

第10甲　金正茂　烟冲河村 [江村]　　※ "下盈" は霞瀛のこと（引用者）。

　都圖のもとの文字（千字文）は圖に付された魚鱗字號であり，その最初が萬曆 9 年の丈量で付された魚鱗字號である。里役を擔う人戸名，甲に編成された人戸が居住した集落をあげている。都圖文書は，淸代後半に抄寫されており，明末萬曆年間の狀況を直接傳えるものではない[7]。27都の 2 圖は，萬曆20年（1592）に 1 圖から增置されたものであり，萬曆 9 年には存在せず， 1 圖と一體であった[8]。したがって， 1 圖と 2 圖の情報を合わせたものが，萬曆 9 年段階の27都 1 圖についてとなる。こうした制約性がありながらも，注目すべきは，各甲に編成された人戸が居住する集落の記載である。27都の 1 圖・ 2 圖・ 5 圖の30甲のうち，實に半數を超える18甲が陳村と霞瀛（下盈）に居住する人戸によって編成されていた（陳村に居住する人戸によって編成されたものが12甲，霞瀛に居住する人戸によって編成されたものが 6 甲）。してみれば，27都 5 圖と 1 圖の所屬人戸が所有する事産の分布の緊密性は，兩圖ともに陳村・霞瀛という集落に居住する人戸を主要な基盤として編成されたことに由來すると考えてよい。

　27都 5 圖と 1 圖の緊密性にくわえて，27都 5 圖內の事産を所有する27都以外の人戸が所屬した都の多くは27都の周邊に位置していたことにも，注目しておく必要がある。都の位置關係を小論卷頭の圖 1 「休寧縣都分略圖」（iii頁）で確認していただきたい。とくに27都 5 圖內の事産を所有する人戸が多い11都・13都・26都は，27都に鄰接しており，河川（率水）を利用した往來が可能なところに位置していた。11都・13都・26都には，表26からわかるように，27都 5 圖所屬人戸も多くの事産を所有していた。

里甲編成の主要基盤となった集落を共にする27都5圖と1圖の所屬人戶が相互に兩圖内の多額の事産を所有しており，27都に鄰接する都圖の所屬人戶も5圖内の事産を所有していたという事實。また，『歸戶親供册』から判明する27都5圖所屬人戶が91%におよぶ事産を27都内に所有していたという事實。いうまでもなく，所有事産は自耕・收租など人々が日常的な經濟活動を行なう場であり，その所在地は日常的な生活範圍であったことを意味する。岸本美緒氏は，里甲制體制が解體にむかう16世紀中葉以降の江南デルタの顯著な社會變化として，都（江南デルタの場合は都をもとにした區）という鄉村の完結的な生活範圍が崩れ都市への人口流入が起きることを指摘している[9]が，ここで明らかになった27都5圖所屬人戶の所有事産の分布に關する事實は，里甲制體制が解體にむかう以前にはおよそ都が庶民の生活範圍であったという岸本氏の理解を裏付けるものといえよう。

　なお，縣城内に事産を所有していたのは，西南隅1圖に4垜の事産を所有する第2甲の里長を務める朱洪戶であった[10]。第3章第1節第2項でみたように，朱洪戶は在野の讀書人を含むとともに，萬曆40年（1612）までに2名の任官者と2名の國子監生を輩出してゆく母體であった。そうした人戶は，庶民とは異なり縣城内にも日常的な活動の基盤を有していたと考えられる。

二　娶妻の範圍

　前節では，所有事産の所在地をもとに休寧縣27都5圖所屬人戶の日常的な生活範圍をみたが，日常生活ではない局面を含めれば，人びとの活動範圍はより廣いことが豫想される。27都5圖の所屬人戶の日常生活以外の局面について檢討できる問題として，人びとの婚姻圈がある。

　檢討の素材となるのは，27都5圖で作製された賦役黃册の副本──安徽博物院藏『萬曆27都5圖黃册底籍』4册（以下，『黃册底籍』と略す）の新收の人口の項の記載である。『黃册底籍』新收の人口の項は，大造（10年に1度の賦役黃册の作製）の間に人戶が新たにくわえた構成員の情報を記すものであり，婦女に

278　第6章　所有事産の分布と娶妻の範圍

については“妻　葉氏　萬暦元年娶到十七都葉青女”（萬暦10年册第5甲陳新戸），
“妻　尹氏　娶本都一圖尹法女”（萬暦30年册第10甲陳新戸）とあるように，構成
員の妻として迎えた女性に關する情報を記すことがある。その情報は，成婚し
た年，妻の父の所屬の都・隅等と姓名であり，成婚した年については記さない
場合も多く[11]，父の所屬については都・隅のもとの圖や甲まで記す場合もあ
る[12]。

　落合惠美子・周紹泉・侯楊方の三氏は，この娶妻に關する情報を分析し，27
都5圖所屬人戸の娶妻では①女性の婚姻年齡が幅廣いこと，②婚姻圏は縣内で
あり，縣内でも河川を通じた交流が可能な地域との通婚が多いこと，③村内
（圖内）の婚比率が高くないことなどを指摘している[13]。これは，『黄册底籍』
の記載内容が家族の歴史人口學的分析に耐え得ることを檢證するなかで論及し
たものであり，そのため萬暦30年册と萬暦40年册が記載する48件の事例——萬
暦40年册については第6甲・第7甲・第10甲を除いた計7甲の記載——に限定
されており，『黄册底籍』が記載する娶妻の情報すべてにもとづいたものでは
ない。

　『黄册底籍』が傳える娶妻のすべての情報を表28に示そう。

【表28】　『黄册底籍』娶妻關係データ

【凡例】

　『黄册底籍』の册子ごとに，各甲の順に戸名・人口數・事産額・娶妻に關する情報を記した。娶妻
に關する記載の丸括弧内は妻として迎えた女性の賦役黄册作製時點の年齡（實在の項に記された年齡）
を示す。戸内に同姓の女性がいるなどして確定できない場合はクエスチョンマークを付した。父の所
屬が不明な場合は，不明と記した。事産額の單位は税畝である。漢數字はすべてアラビア數字に改め
た。事産額につづく下線部には，『歸戸親供册』が傳える萬暦9年段階の所有事産數（坵數）と都圖
ごとの所有事産數を示した。たとえば，萬暦10年册の第1甲金清戸の下線部は，萬暦9年の段階で所
有事産の總數が99坵，27都5圖の所有事産數が1坵，27都1圖の所有事産數が83坵，1都2圖の所
有事産數が2坵，1都6圖の所有事産數が1坵，26都5圖の所有事産數が12坵であったことを示す。
二重下線を付した箇所は，娶妻した都の所有事産であることを示す。

二　娶妻の範圍　279

萬曆10年册　22例

　　　27都：7，3都：1，8都：2，10都：1，11都：2，13都：1，17都：2，24
　　　都：1，30都：1，他縣：3（婺源縣，杭州，無爲州），不明：1（西塘陽）

第1甲

金　清　人口：13，事產：96.8265　　99坵 27-5：1坵，27-1：83坵，1-2：2坵，1-6：1
　坵，26-5：12坵

　　佴孫婦：朱氏 元年娶本都朱宅女（23）

陳　使　人口：3，事產：0.1960　　1坵 27-1：1坵

　　妻：何氏 2年娶婺源縣何細女（28）

第2甲

朱　洪　人口：25，事產：203.6334　　829坵 27-5：704坵，27-1：7坵，27-3：31坵，27-6：
　31坵，29-4：6坵，西南隅-1：4坵

　　姪婦：吳氏 9年娶到本都吳勝女（24）

朱祖耀　人口：6，事產：16.6769　　50坵 27-5：48坵，27-3：1坵，27-6：1坵

　　妻：汪氏 元年娶西塘陽汪傑女（29）　　不明

胡天法　人口：3，事產：2.9859　　17坵 27-3：7坵，27-6：10坵

　　妻：朱氏 7年娶本都朱高女（20）

朱　隆　人口：8，事產：48.2000　　97坵 27-5：95坵，27-3：1坵，11-3：1坵

　　孫婦：王氏 5年娶到本圖王茂戶女（20）

王　洪　人口：4，事產：2.2120　　5坵 3-5：3坵，3-10：1坵，14-7：1坵

　　男婦：吳氏 10年娶到3都吳天女（12）

第3甲

朱　清　人口：48，事產：305.0825　　472坵 27-5：19坵，27-1：430坵，27-3：1坵，11-3：
　4坵，26-2：5坵，26-5：13坵

　　孫媳：黃氏 2年娶到24都黃桐女（25），孫媳：程氏 5年娶到10都程相女（14）

吳　個　人口：6，事產：0.8580　　4坵 27-1：3坵，26-4：1坵

　　姪婦：宋氏 元年娶到本都宋得女（25）

劉再得　人口：3，事產：18.8790　　24坵 27-5：1坵，27-1：21坵，26-2：2坵

　　妻：周氏 8年娶到11都周實女（33）

第4甲

王　時　人口：30，事產：68.4450　　108坵 27-5：88坵，27-1：13坵，11-3：7坵

　　男婦：陳氏 4年娶到本都陳賢女（16），姪婦：許氏 元年娶到8都許相女（25），姪婦：
　吳氏 元年娶到30都吳松女（26）

280　第6章　所有事産の分布と娶妻の範囲

朱文魁　人口：4，事産：1.8940　37坵 27-6：37坵
　　妻：汪氏　5年13都汪錫女（24）

王　法　人口：7，事産：9.1640　40坵 27-5：37坵，27-1：3坵
　　弟婦：汪氏　6年娶本都汪順女（22）

朱景和　人口：3，事産：15.3910　72坵 27-6：72坵
　　妻：陳氏　元年娶到杭州陳德女（32）

程大賓　人口：16，事産：52.1360　174坵 27-3：169坵，27-6：4坵，26-1：1坵
　　姪孫婦：汪氏　9年娶到無爲州汪臣女（18），侄孫婦：洪氏　10年娶到17都洪員女（25）

朱　象　人口：4，事産：1.1250　11坵 27-6：11坵
　　弟婦：項氏　元年娶到11都項白□女（30）

吳　瑄　人口：3，事産：13.4310　21坵 3-2：2坵，3-5：1坵，3-6：8坵，3-7：6坵，
　　4-2：2坵，4-11：1坵，14-8：1坵
　　妻：鄭氏　7年娶到8都鄭鑑女（21）

第5甲

陳　新　人口：5，事産：23.6060　33坵 27-5：17坵，27-1：14坵，11-3：2坵
　　妻：葉氏　元年娶到17都葉靑女（25）

萬曆30年册　36例
　　　　27都：15，1都：2，3都：1，4都：1，9都：1，10都：2，11都：1，13
　　　　都：5，19都：1，24都：1，26都：3，28都1，33都：1，不明：1

第1甲

王　茂　人口：69，事産：383.7377　737坵 27-5：555坵，27-1：147坵，11-3：15坵，26-
　　2：2坵，26-5：18坵
　　侄孫婦：俞氏　娶13都俞興女（30），侄孫婦：汪氏　娶本圖汪元女（19），侄孫婦：金氏
　　娶本都金盛女（21），侄孫婦：朱氏　娶本都朱法女（23）

程　相　人口：3，事産：15.4980　33坵 27-5：30坵，27-6：3坵
　　妻：韓氏　娶韓大女（35）　不明

金尙尹　人口：11，事産：82.2826　99坵 27-5：1坵，27-1：83坵，1-2：2坵，1-6：1
　　坵，26-5：12坵　（萬曆10年册の戸名は金淸）
　　妻：項氏　娶本都項互女（25），媳：奚氏　娶1都奚是女（30），侄婦：程氏　娶本都程
　　同女（21），侄婦：汪氏　娶本都汪得女（20）

郭節華　人口：5，事産：5.5710　17坵 3-2：2坵，3-6：3坵，3-8：7坵，3-10：1坵，
　　4-9：1坵　（萬曆10年册の戸名は郭印）

妻：朱氏　娶 3 都朱有女（20）

第 2 甲

朱　洪　人口：18，事産：73.8726　829坵 27-5：704坵，27-1： 7 坵，27-3：31坵，27-6：
31坵，29-4： 6 坵，西南隅-1： 4 坵

　　侄孫婦：吳氏　娶本都吳法女（25）

朱伯才　人口： 4 ，事産：35.0745　2 坵 27-5： 2 坵　（萬暦10年册の戸名は朱添資）

　　妻：汪氏　娶本都汪貴女（30）

朱祐生　人口： 3 ，事産：34.4820　0 坵　（萬暦10年册の戸名は汪護）

　　妻：汪氏　娶13都汪均女（24）

第 3 甲

朱學源　人口：48，事産：420.93066　472坵 27-5：19坵，27-1：430坵，27-3： 1 坵，11-3：
4 坵，26-2： 5 坵，26-5：13坵　（萬暦10年册の戸名は朱清）

　　侄媳：汪氏　娶24都汪法女（29），侄媳：張氏　娶 9 都張准女（26？），侄媳：程氏　娶
28都程四女（28），侄媳：巴氏　娶26都巴俊女（24），侄孫媳：張氏　娶19都張忠女（23？）

胡　風　人口： 3 ，事産：1.7630　15坵 27-3： 3 坵，27-6：12坵　（萬暦10年册の戸名は
胡曜）

　　妻：陳氏　娶本都陳玘女（25）

第 5 甲

陳　章　人口：27，事産：50.8930　256坵 27-5：175坵，27-1：81坵

　　侄婦：王氏　娶本都王今女（？）

金岩武　人口：12，事産：26.8919　60坵 27-1：52坵，26-2： 2 坵，26-5： 6 坵　（萬暦
10年册の戸名は金社保）

　　弟媳：朱氏　娶本都朱高女（20），侄婦：吳氏　娶本都吳保女（25）

第 6 甲

汪世祿　人口： 6 ，事産：25.0625　31坵，27-5：26坵，27-1： 5 坵　（萬暦10年册の戸名
は汪琰）

　　妻：金氏　娶26都金曜女（15），弟媳：朱氏　娶 1 都朱鉞女（12）

第 7 甲

王齊興　人口：50，事産：274.0667　194坵 27-5：182坵，27-1：10坵，11-3： 1 坵，30-1：
1 坵

　　侄孫婦：楊氏　娶33都楊見女（25），侄孫婦：汪氏　娶11都汪田女（30？），侄孫婦：方
氏　娶 4 都方鷄女（35），侄孫婦：程氏　娶10都程雲女（20），侄孫婦：金氏　娶本都金
明女（40）

282　第6章　所有事産の分布と娶妻の範囲

第9甲

王　敍　人口：33，事産：16.8992　103坵 27-5：36坵，27-1：10坵，11-3：4坵，13-3：
53坵　（萬暦10年冊の戸名は王初）
俚婦：陳氏 娶本都陳同女（30），俚婦：汪氏 娶13都汪節女（40），俚婦：余氏 娶26
都余全女（30）

王茂伍　人口：31，事産：66.0883　104坵 27-5：4坵，27-1：2坵，3-1：9坵，11-3：
6坵，13-1：2坵，13-2：2坵，13-4：78坵，31-3：1坵
俚婦：汪氏 娶10都汪先女（22），俚婦：呉氏 娶13都呉是女（24），俚婦：戴氏 娶13
都戴時女（25）

第10甲

陳　新　人口：9，事産：7.0715　78坵 27-5：74坵，27-1：4坵　（萬暦10年冊の戸名は
陳祥）
妻：尹氏 娶本都1圖尹法女（44）

萬暦40年冊　14例

　　　　27都：6，東南隅：1，11都：1，26都：2，28都：1，29都：1，不明：2

第1甲

陳岩祐　人口：3，事産：0.0000　1坵 27-1：1坵　（萬暦10年冊の戸名は陳使）
妻：項氏 33年娶到項女（20）　不明

第2甲

朱伯才　人口：4，事産：34.6895　2坵 27-5：2坵　（萬暦10年冊の戸名は朱添資）
妻：汪氏 娶本都汪貴女（40）

朱師孔　人口：3，事産：73.2174　萬暦20年に朱洪戸より析出
妻：金氏 31年娶到東南隅1圖金華女（36）

朱　偉　人口：2，事産：30.6465　萬暦30年に立戸
妻：程氏 35年娶到本都程方女（22）

朱　伊　人口：2，事産：34.6860　萬暦30年に立戸
妻：金氏 31年娶本都3圖金父女（30）

第3甲

朱學源　人口：48，事産：502.50186　472坵 27-5：19坵，27-1：430坵，27-3：1坵，11-3：
4坵，26-2：5坵，26-5：13坵　（萬暦10年冊の戸名は朱清）
俚媳：金氏 37年娶到本都金華女（21），俚媳：江氏 35年娶到26都江長女（22），俚孫
媳：黄氏 35年娶到29都黄求女（23），俚孫媳：程氏 36年娶到28都程春芳女（20？）

李　象　人口：５，事產：5.3810　６坵 27-5：６坵
　侄媳：程氏 38年娶到26都程父女（20）
劉得應　人口：２，事產：14.46035　０坵　（萬曆10年册の戶名は金黑）
　妻：潘氏 22年娶到11都潘長女（45）
第８甲
朱良五 人口：２，事產：13.4870　０坵　（萬曆10年册の戶名は朱添芳）
　妻：陳氏 36年娶本甲陳法女（？）
第９甲
洪　源　人口：２，事產：2.3210　０坵（萬曆10年册の戶名は洪龍）
　妻：陳氏 36年娶本都陳三女（19）
第10甲
金萬鍾　人口：46，事產：74.29518　201坵 27-5：176坵，27-1：13坵，27-6：２坵，11-3：５坵
　侄孫媳：宋氏 35年娶宋大女（20）　不明

これが本節での檢討の根據である。『黃册底籍』が傳える27都５圖所屬人戶の娶妻の情報は計72例にのぼる。册子ごとの內譯は，萬曆10年册が22例，萬曆30年册が36例，萬曆40年册が14例である。娶妻に關する情報は貴重であり，歷史人口學的アプローチの課題から離れて『黃册底籍』が傳えるすべての事例を對象とし，さらに各人戶の所有事產額や所有事產の所在地などの要素にも着目すれば，落合・周・侯氏らの認識を前進させる餘地があると思われる。

1　娶妻範圍の全體的傾向

落合・周・侯氏らも指摘するように，『黃册底籍』が記載する娶妻の情報は，休寧縣27都５圖所屬人戶の娶妻をすべて網羅したものではない。『黃册底籍』には記載様式に違いがあり，人戶の構成員の名・年齡・生沒年を記す場合がある一方で，人口の總數のみを記す場合もある。萬曆20年册はすべて人口の總數のみを記し，萬曆30年册は構成員の名・年齡・生沒年まで記す。記載様式の違いは，册子の間にだけでなく同一册子のなかにもみられる。萬曆10年册は第５

284　第 6 章　所有事産の分布と娶妻の範囲

甲の陳旦戸以降で人口の總數のみを記し，萬曆40年册は第 6 甲・第 7 甲の箇所
で人口の總數のみを記す。娶妻に關する情報を傳えるのは，いずれも構成員の
名・年齡・生沒年を記す様式の場合である。萬曆10年册の第 6 甲以降，萬曆20
年册，萬曆40年册の第 4 甲から第 7 甲に娶妻の情報がみられないのは，こうし
た記載様式の差異によるものと考えられる。

　さて，27都 5 圖所屬人戸の娶妻範圍の全體的傾向を確認しよう。『黃册底籍』
が傳える娶妻の情報72例のうち，妻の父の所屬が不明なものは 4 例[14]，妻の
父の所屬が他の州縣のものは 3 例である。以下，妻の父の所屬が不明なものを
除いた68例をもとに檢討していこう。68例のうち65例――95.6％が休寧縣内から
らの娶妻であった。では，休寧縣内のどの都・隅から娶妻していたのか，休寧
縣の都・隅から娶妻した事例數は次のとおりである（事例が多い順に示す）。

　　　27都：28例，13都：6 例，26都：5 例，11都：4 例，10都：3 例，1 都：
　　　2 例，3 都：2 例，8 都：2 例，17都：2 例，24都：2 例，28都：2 例，
　　　4 都：1 例，9 都：1 例，19都：1，29都：1 例，30都：1 例，33都：1
　　　例，東南隅：1 例。

　休寧縣内37の都・隅（33の都と 4 つの隅）のうち，18の都・隅から娶妻してい
た。萬曆 9 年時點の27都 5 圖所屬人戸の所有事産は縣内の17の都・隅に分布し
ていたから，縣内の娶妻範圍は所有事産の分布範圍よりもやや廣い。各都・隅
に卽してみると，同じ27都から娶妻した場合が41.2％（28例/68例）を占める。
27都と鄰接して河川での往來が容易であり，27都 5 圖所屬人戸が事産を多く所
有していた11都・13都・26都は，27都に次いで娶妻した事例が多い。以下，11
都・13都・26都を近緣の都とよぶことにしよう。27都からと近緣の都からを併
せた娶妻の事例の比率は63.2％（43例/68例）となる。これにつづいて娶妻の事
例が多い10都・8 都・24都は，27都と近緣の都の周邊に位置していた。各都の
位置關係は小論卷頭の圖 1 「休寧縣都分略圖」（iii頁）で確認していただきた
い。

　遠方から娶妻したのは多額の事産を所有する人戸だろうと豫想されるかもし
れないが，けっしてそうではない。萬曆30年册が記す第 1 甲の王茂戸のように，

多額の事産を所有する人戸も27都と近縁の都から娶妻しており，萬暦10年册が記す第２甲の王洪戸や萬暦30年册が記す第１甲の郭節華戸のように，所有事産が少額の人戸であっても遠方の都から娶妻していた。

これは，他の州縣から娶妻した場合についても同様である。縣外から娶妻した事例を確認しよう。縣外からの３例はいずれも萬暦10年册に記されており，第１甲の陳使戸が婺源縣から，第４甲の朱景和戸が杭州から，同甲の程大賓戸が無爲州から娶妻していた。婺源縣は休寧縣に南接する同じ徽州府内の縣であり，杭州は東へ180kmほど離れるが率水を利用して徽州の人びとが活發に進出した地であり，無爲州は北へ140kmほど離れるが長江沿いに移動可能な地である。これら縣外から娶妻した３戸は，多額の事産を所有していた人戸ではない。陳使戸の所有事産はわずかに0.1960税畝であり，朱景和戸の所有事産は15.3910税畝であった。程大賓戸は52.1360税畝の事産を所有していたが，同戸は特殊徭役を負擔する匠戸（鑄匠）で〈總戸–子戸〉制を行なっていた人戸であり，〈總戸–子戸〉制を行なう人戸としてはとくに多額な所有事産ではない。

そのほか，『黄册底籍』が傳える娶妻事例を通覧して指摘しておくべきは，無産人戸が娶妻した事例は萬暦40年册が記す第１甲の陳岩祐戸の一つのみであったことである。萬暦30年册が記す第２甲の朱祐生戸，萬暦40年册が記す第３甲の劉得應戸，同じく第８甲の朱良五戸は，いずれも無産状態から10税畝以上の事産を獲得した後に娶妻している[15]。これは，娶妻が大きな出費を要するライフイベントであったことを物語るものといえよう。

2　有力人戸の娶妻範圍

多額の事産を所有する人戸が遠方から娶妻したとは限らないことを指摘したが，多額の事産を所有して里長を務める有力人戸の娶妻範圍についてはおよそ二つのケースが看取される。

その第一は，27都と近縁の都からの娶妻が多いケースであり，次の４戸にみられる。

第１甲里長　王茂戸：４例とも27都と近縁の都（13都），うち３例は27都。

286 第6章 所有事産の分布と娶妻の範囲

第2甲里長　朱洪戸：2例とも27都。

第5甲里長　陳章戸：1例が27都。

第9甲里長　王紋戸：3例とも27都と近緣の都 (13都，26都)，うち1例は27
　　　　　　　　　都。

　これらの4戸は，第3章第1節でみたように，嘉靖年間には徽州府内で名族
と認知されていた藤溪王氏，揚冲朱氏，陳村陳氏の構成員であった。名族と認
知されていた人戸が娶妻する人戸は，具體的にどのような存在だったのだろう
か。4戸の娶妻10例のうち，妻の實家の状況を窺い得るのは，2例のみである。
萬曆30年册が記す王茂戸の侄孫が娶妻した27都5圖の第6甲所屬の金盛戸は，
萬曆20年册の時點で0.2200税畝，萬曆30年册でも0.2700税畝と所有事産がごく
少額な人戸であった。また，同じく王茂戸の侄孫が娶妻した朱法戸は，具體的
な所有事産額については知り得ないものの，27都2圖第10甲の里長を務めてい
たことから有力な人戸であったと推測される[16]。事例がわずかであるため，
參考までにとどめざるを得ないが，こうした事例をみると，名族と認知されて
いた人戸の娶妻範圍がすべて27都と近緣の都であったというのは，名族として
の地位を確立していたがゆえに，娘の良い嫁ぎ先として周圍から乞われていた
からではないかと思われる。

　第二は，近緣の都外からの娶妻が多いケースであり，次の3戸にみられる。

第3甲里長　朱清＝朱學源戸：10例のうち7例が近緣の都外──9都・10
　　　　　　　　　都・19都・24都・28都・29都であり，これらの都に所有事産
　　　　　　　　　はない。(朱清戸は萬曆20年册以降，朱學源に戸名を變更したため，
　　　　　　　　　朱清＝朱學源戸と記した)

第4甲里長　王時戸：3例のうち2例が近緣の都外──8都・30都であり，
　　　　　　　　　これらの都に所有事産はない。

第7甲里長　王齊興戸：5例のうち3例が近緣の都外──4都・10都・33
　　　　　　　　　都であり，これらの都に所有事産はない。

　朱清＝朱學源戸は，在野の讀書人を輩出し，萬曆30年册の時點では王茂戸に
代わって圖内第一の事産所有人戸となるが，明末の段階では名族として認知さ

れていなかった。王時戸と王齊興戸は，藤溪王氏の一員であった。これらの３戸は，妻の實家が所屬する都に事産を所有していなかったから，日常的な生活範圍とも無緣な遠方の都から娶妻する場合が多かったといえる。

　注目すべきは，ここにあげた３戸の所有事産の擴大の動きである。３戸が娶妻した時期の所有事産額の推移は，次のとおりである。

　　第３甲里長　朱清＝朱學源戸

　　　隆慶６年：221.1160税畝→萬曆10年册：305.0825税畝→萬曆20年册：337.5120税畝→萬曆30年册：420.93066税畝→萬曆40年册：502.50186税畝

　　第４甲里長　王時戸

　　　隆慶６年：57.3670税畝→萬曆10年册：68.1120税畝

　　第７甲里長　王齊興戸

　　　萬曆30年册：172.8470税畝→萬曆40年册：274.0667税畝

　王時戸については10.7450税畝の擴大にとどまるが，朱清＝朱學源戸は83.9665税畝・83.41866税畝・81.5712税畝，王齊興戸は101.2197税畝もの所有事産を擴大していた。前述のとおり，朱清＝朱學源戸は未だ名族とは認知されていない新興の存在であった。こうしたことからすれば，近緣の都を越えた遠方の都からの娶妻は，人戸が事産を集積して勢力を擴大する局面でみられたものといえよう。

　なお，遠方からの娶妻として，萬曆40年册が記す第２甲の朱師孔戸が縣城内の東南隅の人戸から娶妻した例もあるが，第３章第１節第２項でみたように，朱師孔は朱洪戸から告明分析した後に任官した存在であり，縣城内からの娶妻は任官者輩出人戸の事例と理解しなければならない。

3　娶妻の基本的範圍

　『黄册底籍』が傳える娶妻事例のなかでもう一つ看過できないのは，27都と近緣の都以外の都から娶妻した人戸がその都に事産を所有していた事例があることである。『歸戸親供册』の記載によれば，萬曆10年册が記す第２甲の王洪

戸は娶妻した3都に4坵の事産を所有しており，萬暦30年册が記す第1甲の金尙尹戸は娶妻した1都に3坵の事産を所有しており，同じく萬暦30年册が記す第1甲の郭節華戸は娶妻した3都に13坵の事産を所有していた。これらの事例は，遠方の都からの娶妻であったとはいえ，事産を所有して日常的な經濟活動を行なっていた都からの娶妻ととらえるべきだろう。

　萬暦40年册が記す第2甲の朱師孔戸による娶妻は任官者輩出人戸の事例であるが，前節の最後で述べたように，朱師孔の母體である朱洪戸は縣城內に事産を所有していたから，日常的な活動範圍からの娶妻であったと推測される。

　これまでの檢討をふまえ，事産を集積して勢力を擴大する局面にある人戸にみられた遠方の都からの娶妻12例と任官者輩出人戸の娶妻1例を除いた55例のうち，27都と近緣の都からの娶妻（43例）に遠方であっても事産を所有していた都からの娶妻（3例）をくわえた事例が占める比率を求めれば，83.6％（46例／55例）にのぼる。

　『黃册底籍』が記載する娶妻事例は27都5圖所屬人戸の娶妻すべてを網羅したものではないという制約の限りではあるが，本節の檢討をまとめれば，次のようになる。27都5圖所屬人戸の娶妻範圍は，縣內の18の都・隅にわたり，縣外におよぶ事例もあるため，一見すると廣い印象をうける。しかし，遠方の都・隅からの娶妻は勢力を擴大する局面にある人戸や任官者輩出人戸の場合にみられるものであり，27都と近緣の都，また近緣でなくとも事産を所有していた都が8割以上を占めており，娶妻の基本的な範圍であった。名族と認知されていた人戸の娶妻範圍も27都と近緣の都であったのは，周圍から娘の良い嫁ぎ先とされていたからであろう。

おわりに

　各々の必要性に應じて自由に租佃關係をとり結び，利益・利便を追求して頻繁に事産を賣買する休寧縣27都5圖所屬人戸が自耕・收租など日常的な經濟活動を行なう範圍の9割は，所屬する27都內であった。娶妻する範圍も，勢力を

擴大する局面にある人戸や任官者輩出人戸の場合を除外すれば，大部分は27都と近緣の都であった。27都と近緣の都は，およそ直線距離で半徑5〜6km内に位置していた。その範圍は，日本の幕末維新期の農民の日常的な生活圈と同樣である[17]。まったく異なる原理を基礎に「小農自立」の階層構成を實現したとはいえ，中國・日本の庶民の日常的な生活圈は同規模であった。

　中國史研究の「地域社會論」を提起した森正夫氏は，「人間が生きる基本的な場」（「生命の生產と再生產がいとなまれる場」・「廣い意味での再生產の場」）を「地域社會」とよぶ[18]。本章の認識にもとづけば，南宋期の先進的な水稻作技術が普及・定着した地域においては，およそ都とその周邊が「人間が生きる基本的場」であったといえよう。明代中期の徽州府下では『教民榜文』の規定とは異なり，鄉村裁判の會場である申明亭が都を單位に設置され，府・縣に提訴された事案の再審理を擔う"値亭老人"が存在したという事實[19]は，これに照應した現象であったと思われる。

註

（1）　本書【資料篇】第3章第1節「『萬曆9年清丈27都5圖戶歸戶親供册』基礎データ」。

（2）　欒成顯「萬曆九年清丈歸戶親供册」（『明代黃册研究』中國社會科學出版社，1998年。增訂本，2007年）163頁。

（3）　根據となるデータは，本書【資料篇】第3章第2節「27都5圖內の事產を所有する他圖所屬人戶に關するデータ」に收めた。

（4）　都正については，第3章註（17）の記述（176頁）を參照。

（5）　27都5圖所屬人戶の全所有事產から27都5圖內に所有する事產を差し引いたものを除した數值である。

（6）　安徽省圖書館藏『休寧縣都圖里役備覽』（2:30710號）と安徽師範大學圖書館藏『休寧縣都圖甲全錄』（139863號）の記載を筆者が整理したものである。

（7）　『休寧縣都圖里役備覽』は，末尾に嘉慶2年（1797）の「休寧縣田地山塘各項規則」を記載することから，嘉慶2年以降に抄寫されたものと考えられる。『休寧縣都圖甲全錄』は，冒頭で嘉慶20年縣志の記載を引用していることから，嘉慶20年（1815）以降に抄寫されたものと考えられる。

290　第6章　所有事産の分布と娶妻の範囲

（8）　27都の2圖が萬暦20年に設置されたことは，萬暦『休寧縣志』卷1，輿地志「沿
革」による。また1圖から増置されたことは，2圖の魚鱗字號の文字（千字文）が
1圖と同じ "必" であったことからわかる。

（9）　岸本美緒「明末清初の地方社會と『世論』」（『歴史學研究』573，1987年。のち
『明清交替と江南社會』東京大學出版會，1999年，所收）。

（10）　本書【資料篇】第3章第1節「『萬暦9年清丈27都5圖戸歸戸親供册』基礎デー
タ」第2甲を参照。

（11）　萬暦30年册は成婚した年をまったく記さない。

（12）　その一方で，父の所屬を記さない場合もみられる。

（13）　落合惠美子・周紹泉・侯楊方「中國明代黃册の歴史人口學的分析——萬暦徽州黃
册底籍に見る世帶・婚姻・承繼——」（佐藤康行・清水浩昭・木佐木哲朗編『變貌
する東アジアの家族』早稻田大學出版部，2004年）。

（14）　妻の父の所屬を不明としたのは，萬暦10年册第2甲朱祖燿戸の妻，萬暦30年册第
1甲程相戸の妻，萬暦40年册第1甲陳岩祐戸の妻，同第10甲金萬鍾戸の妻である。
萬暦10年册第2甲朱祖燿戸の妻については，父の所屬を西塘陽と記すが，西塘陽と
いう地名が未詳であるため，不明とした。これ以外の3例は，妻の父の所屬に關す
る情報を記していない。

（15）　朱祐生戸は萬暦10年册の段階で無産であり（戸名は汪護），劉得應戸も萬暦10年
册の段階で無産であり（戸名は金黑），朱良五戸は萬暦10年册と萬暦20年册の段階
で無産であった（戸名は朱添芳）。第1章第1節第1項にあげた表2「『萬暦27都25
圖黃册底籍』基礎データ」（26〜55頁）で確認されたい。

（16）　朱法戸が27都2圖の第10甲に所屬したことは，大造の間の事産賣買と推收過割の
履歴を傳える轉收・轉除の項の記載に數多くみえる。また，里長を務めていたこと
は275頁にあげた都圖文書の記載によってわかる。なお，『黃册底籍』萬暦30年册の
轉收・轉除の項の記載によれば，朱法戸は10年間に27都5圖所屬人口と29件の事産
賣買を行なって18.6508税畝の事産を獲得していた。この點からも朱法戸が有力であっ
たことが推測される。

（17）　岡田洋司「地域社會の近代化と農民の "日常" ——幡豆郡幡豆村七番組『牧野日
記』をとおして」（1）（『新編西尾市史研究』2，2016年）は，愛知縣幡豆郡幡
豆村七番組（現在の西尾市西幡豆町）の牧野善次郎（1849〜1923）の日記史料をもと
に，明治初年代の農民（近世でいえば本百姓）の日常的な生活圈（農作業や消費を
行なう範圍）が居住地から直線距離で半徑5〜6km程度の範圍であったと指摘してい
る。

註　291

(18)　森正夫「中國前近代史研究における地域社會の視點——中國史シンポジウム『地域社會の視點——地域社會とリーダー』基調報告」(『名古屋大學文學部研究論集』83，1982年。のち『森正夫明清史論集』第3巻〈地域社會・研究方法〉汲古書院，2006年，所收)。

(19)　中島樂章「明代中期の老人制と地方官の裁判」(『史觀』131，1994年。のち『明代郷村の紛爭と秩序——徽州文書を史料として——』汲古書院，2002年，所收)。

終　章「傳統社會」形成論＝「近世化」論と「唐宋變革」

はじめに

　現在につながる國家の領域や民族的枠組み，また生活様式や社會編成の特質が形成された社會を「傳統社會」ととらえ，銀の大量流通というグローバルな衝撃をうけて諸地域でそれが形成されていった16〜18世紀の時期を「近世」とよぶ歴史認識——中國史研究・東アジア史研究の分野が提起した「傳統社會」形成論＝「近世化」論は，1990年代半ば以降の日本の歴史學界を代表する體系的認識の一つとなっている[1]。

　「傳統社會」形成論＝「近世化」論は，一國史の枠を越えた世界史的共時性に着目するとともに，そのもとで形成される諸地域の「傳統社會」の多様性を追究することを志向している[2]。だが，中國史研究・東アジア史研究が提起した「傳統社會」形成論＝「近世化」論は，中國史の通時的な認識自體にも重要な問題を投げかけている。

　最後に，「傳統社會」形成論＝「近世化」論とはどのような特徴をもった歴史認識であるか，またそれが中國史の通時的認識に投げかける課題とは何かを整理するとともに，小論で得た認識をもとにその課題に應えてみることにしよう。そうした試みが「傳統社會」形成論＝「近世化」論の認識を前進させることに資すると考えるからである。

一　「傳統社會」形成論＝「近世化」論の系譜

　「傳統社會」形成論＝「近世化」論とは，どのような特徴をもった歴史認識だろうか。周知のことではあろうが，「傳統社會」形成論＝「近世化」論に收斂してゆく代表的論者の主張を改めて確認し，その特徴を整理しよう。

294　終　章　「傳統社會」形成論＝「近世化」論と「唐宋變革」

　現在の人びとが「傳統」的と考える社會秩序は悠久の昔から存在したのではなく，比較的新しい時期に歷史的に形成されたものであるという觀點をいち早く提出したのは，上田信氏であった。上田氏は，「改革開放」路線以降の中國の急速な經濟成長のなかで宗族結合が復活する動きを見据えながら，浙江省（浙東）山間部の移住・開發と地域リニージ形成から高位リニージ形成に至る宗族結合の展開過程を探り(3)，その認識をもとに次のように主張する。「今日の中國を理解するために歷史を振り返るならば，……明淸時代ほど，重要な時代はない。近代・現代に生きる人びとが『傳統』とよぶものが生成していた時代が，……明淸時代であ」る(4)，と。

　つづいて明確に「傳統社會」という理解を提示したのは，朝鮮史研究を專門とする宮嶋博史氏である。宮嶋氏は，1970年代以降の韓國・臺灣の資本主義發展，80年代以降の中國の經濟成長は東アジアの「傳統社會」の共通性を歷史的背景としたものであると想定し，「東アジア小農社會論」を提起した。東アジアに共通した「傳統社會」とは，朱子學的理念に基づく國家體制（中央集權的な官僚制的支配體制）とその受容に適合的な社會構造を生み出す小農──「自ら土地を所有するか他人の土地を借り入れるかを問わず，基本的に自己および家族勞働力のみをもって獨立した農業經營を行なう小農」が廣範に形成された社會であり，中國では16世紀に，朝鮮・日本では16〜18世紀に確立したという。この「小農社會」の成立とともに家族・親族制度など各地域で「傳統」と意識されるものが形成されてゆくとし，その形成を「近世化」とよぶ。また「『傳統』は『近代』によって解消・消滅していくものではな」く，むしろ「『傳統』なるものの多くは『近代』のなかで不斷に再生されていき，時には強化されさえした」と主張する(5)。

　岸本美緒氏は，こうした上田・宮嶋兩氏の主張をふまえるとともに，J.フレッチャー氏や A.リード氏らのグローバル・ヒストリーの着想をとり入れ，より廣域的な視角から「傳統社會」形成論を精緻に提示した。岸本氏はおよそ次のように主張する。16世紀半ば以降の銀の大量流通にともなう人的・物的交流の活發化が舊體制に衝擊を與え，これに對應して新たな社會・國家體制が形成さ

一 「傳統社會」形成論＝「近世化」論の系譜　295

れてゆく。この變動期に臺頭した諸勢力による支配體制が17〜18世紀を經て現在につながる國家の地理的・民族的枠組みを創出し，また諸地域で「傳統」的と考える生活樣式や社會編成の特質もこの時期に定着してゆく。たとえば，中國の場合，人と土地の流動化に對應して土地所有の移動さえ正確に把握すれば的確に課税できる税制——明末の一條鞭法を繼承した地丁併徵（地丁銀制）が示すように，「中國史上でも最も『柔らかい』タイプに屬する社會編成」が創出された。このように，世界の共時的な衝擊をうけながら，各地域で新しい秩序のあり方が模索され「個性ある社會」が創出されてゆくという「共通のリズム」をもった16〜18世紀の時期を「近世」とよぶ[6]，と。

　以上の代表的論者のように「傳統社會」という表現は使用していないものの，付加的・追加的な課徵を必然化する財政システムの存在と1980年代以降における復活を指摘した岩井茂樹氏の「原額主義」論[7]も，現代中國につながる構造・原理に關心を向けた先驅的な試みの一つといえる。こうした主張をうけて，「傳統中國」を冠した明清史の共同研究の成果も刊行されており[8]，近現代史研究においても「傳統中國」・「傳統社會」の用語を散見するようになっている[9]。現代に通ずる秩序・構造・原理を追究する關心，16世紀以降を「傳統社會」ととらえる理解は，いまや明清史を中心とした日本の中國史研究者の間で廣く定着するに至っているといえよう。

　さて，確認した代表的論者の認識の特徵として第一に指摘すべきは，中國をはじめとする東アジア地域の變動，現代世界の動向を直視して立論していることである。上田氏は「改革開放」後の中國の動向に，宮嶋氏は1970年代以降の韓國・臺灣の資本主義發展と80年代以降の中國の經濟成長にもとづいて議論を展開しており，岸本氏は自らの關心の所在を次のように述べる。

　　世界の諸地域が新たなグローバリゼーションの波に直面している現在，……
　　ポスト十六世紀の諸課題とそれに對するそれぞれの地域の個性ある解答は，
　　歷史的視座から將來を展望しようとする我々にとって，なお何がしかの示
　　唆を含むものであるように思われる[10]。

　世界の共時的な衝擊に對應し，諸地域で新たな個性ある社會秩序が創出され

296 終　章　「傳統社會」形成論＝「近世化」論と「唐宋變革」

てゆくという岸本氏の理解は，メガ・コンペティション以降の現代世界の課題
への關心に立脚したものにほかならない。

　第二の特徴として指摘すべきは，1980年代における日本の中國史研究の方法
的轉換をもたらした事實認識——世界史の普遍的發展段階論・西ヨーロッパ中
心史觀から脱却し，專制國家成立以降の中國は封建制とは異質な國制構造・社
會秩序を發達させてきた世界ととらえる理解⑾を繼承していることである。
もちろん，宮嶋氏と岸本氏の主張の間には，東アジアの「傳統社會」の共通性
を追究するか，諸地域の「傳統社會」の多樣性を追究するか，追究の志向性の
大きな違いが存在するが，宮嶋氏の場合も西ヨーロッパとは異質な中國社會の
特質（宮嶋氏の場合，中央集權的な官僚制的支配體制と發達した小農經濟の存在）を
前提認識としている點は岸本氏と共通している。岸本氏の場合は，國家の枠に
とらわれない領域（＝地域）の動向を重視し，人間の動機と行爲に着目して
「それらの現象はなぜ形成されたのか」を問う生成論的アプローチを活用する
點で，中國史研究の方法的轉換の起點となった「地域社會論」の方法を自覺的
に繼承しており，さらにグローバル・ヒストリーの着想をとり入れ，「近世」
の實體的な定義ではなく，世界史的共時性のもとにおける多樣な新たな秩序形
成の動きという「共通のリズム」に着目した從來にはない時代區分論を提起し
ている。

　こうした特徴をふまえれば，「傳統社會」形成論＝「近世化」論は，1980年
代に中國史研究の方法的轉換をもたらした事實認識と方法を繼承しながら，そ
の後の現代世界の動向と課題を直視して新たな時代區分論にまで高めた認識と
いうことができよう。

　なお，日本史研究においても，中國史・東アジア史研究とほぼ同じ1990年代
前半に，戰國時代以降・「近世」において現在「日本らしい」とみられている
社會組織（イエ・ムラ・チョウなどの自律的團體）や文化——「現代日本社會の體
質」が形成された「搖籃期」ととらえ，それを「傳統社會」とよぶ理解が提出
されている⑿。留意しておくべきは，日本史研究の場合に「傳統」的と考え
られたものは，中國史研究の場合とは對照的に「大きく變化しようとしている」，

もしくは解體にむかっていると評價されていることである。同じく現在につながる「傳統」的なものを，一方では復活しているものと評價し，他方では解體にむかっているものと評價する中國史研究と日本史研究の對照性は，メガ・コンペティション以降に進行する中國と日本の社會の現實を反映したものであり，いずれも世界資本主義の同段階で生じた異なる現象をとらえた結果である。

二　「傳統社會」形成論＝「近世化」論が提起する課題

　前節で確認したように，岸本美緒氏は，諸地域での新たな秩序形成をもたらした16世紀の共通の衝撃と諸地域の「傳統社會」の多様性に關心をむけており，16～18世紀の「時期を『近世』と呼ぶかどうかということは，それぞれの地域の慣用もあり，それほど重要な問題とは思われない」と述べる[13]。しかし，16～18世紀の時期を「近世」とよぶか否かは問わないとしても，「傳統社會」形成論＝「近世化」論は，その論理自身が中國史の通時的認識自體にも重要な問題を投げかけている[14]。

　その一つは，いつからの時期を中國の現代と認識するかという問題である。「傳統社會」形成論＝「近世化」論は，現代・今日につながる秩序・構造・原理を創出した時代を「傳統社會」とする理解であり，そこで中國の「傳統」的なものと考えられているのは，1949年の中國革命以降に消滅あるいは否定され，1978年の「改革開放」路線以降の經濟成長のなかで復活してきた流動性の高い競爭的な社會環境，そのもとで人びとが自己保全と地位上昇を圖る結合關係などである。この論理からすれば，當然，中國の現代は78年以降の中國として解されるだろう。だが，「傳統社會」形成論＝「近世化」論は，いつの時期からを中國の現代ととらえるかについて言及していない。

　いうまでもなく，戰後日本の中國史研究は，「半植民地」支配からの民族的獨立と「封建的」諸關係からの社會的解放という中國革命の現實を眞摯に受けとめ，1949年以降を現代中國と設定するのが通説的理解であった。しかし，それに束縛される必要はない。本來，歷史認識は現實によっても否定される存在

298 終　章　「傳統社會」形成論＝「近世化」論と「唐宋變革」

であり，中國史認識の立脚點は中國社會の現状と課題におかれなければならない。しかも，近現代史研究の側からも49年の中國革命を相對化し得る重要な認識が提供されている。日中戰爭下の總力戰體制による社會變容が中華人民共和國の成立條件であり，その後の「社會主義」を準戰時經濟體制ととらえる理解[15]や，「黨＝國家制」による近代的國民統合を中國國民黨と中國共產黨に共通した特質ととらえる理解[16]である。また，1978年以降の中國を新自由主義の一環として考える理解も提出されている[17]。近現代史研究者たち自身の檢討をまたねばならないが，これらによれば，中國「社會主義」を國民黨政權以來の連續性においてとらえ，78年以降を中國の現代と設定することも可能であろう。

　「傳統社會」形成論＝「近世化」論が中國史全體に投げかけるもう一つの問題は，「唐宋變革」から明末16世紀以前における時期の性格，「唐宋變革」のもつ意味をどのように考えるかである。周知のとおり，中國史研究に初めて近代歷史學の時代區分を導入した内藤湖南は，當時の現在であった辛亥革命前後の變革につながる過去――君主獨裁政治と平民社會は「唐宋變革」によって創出されたものととらえ，宋代以降を「近世」とよんだ[18]。たしかに，中國封建制論が否定され，戰國期から清末に至るまで一貫した專制的な國制構造の存續が確認されたことによって，「唐宋變革」の歷史的意義は相對化されざるを得ない[19]。しかし，戰國期と清朝滅亡が中國史上の二大變革期であるとし，その間の戰國～清末を「帝制中國」ととらえる時代區分論を提示した滋賀秀三氏[20]自身も，「唐宋變革」の重要性は否定しておらず，むしろ「帝制中國」の枠内における大きな變革であったことを認めている[21]。「傳統社會」形成論＝「近世化」論が内藤湖南と同じく現在につながる時期を「近世」とよび，それを16～18世紀と設定するのであれば，「唐宋變革」から16世紀に至る時期はどのような性格のものであったのか，また「唐宋變革」とはどのような意味の變革であったのか，檢討されて然るべきである。

　後者の問題を考えるにあたって指摘しておく必要があるのは，「傳統社會」形成論＝「近世化」論には西歐起源の〈古代―中世―近代〉の三區分法（もし

二　「傳統社會」形成論＝「近世化」論が提起する課題　299

くは〈近世〉をくわえた四分法）よりも，歴史を近代以前と近代に區分する二分
法の時代區分を志向する傾向がみられることである。

　これを最も如實に示すのは宮嶋博史氏の見解である。宮嶋氏は，近代とは
「現在と直接つながる時代という意味を本來もってお」り，「歴史研究において
もっとも重要なのは，近代と近代以前を區別することである」と近代への關心
をより鮮銳にし，東アジア諸地域において「傳統社會」が成立したと論じた時
期以降を，朱子學モデルに基づく國家・社會體制の成立を指標として「儒敎的
近代」と規定し直すに至っている。中國については明代に「儒敎的近代」が確
立したという理解を示し，この主張は「從來の世界史認識に關わるパラダイム」
批判を意圖したものであるという(22)。

　こうした宮嶋氏の所論に對して岸本美緒氏は，西歐基準の近代理解の克服を
めざしてそれぞれの地域における現在につながる多樣な近代を追究しながらも，
朱子學モデルの近代性が西歐近代の現象——身分制の解體，身分と切り離され
た所有權，市場經濟の發展，平等主義的な官僚登用，中央集權的國家制度など
を指標に求められるという矛盾を孕んでおり，また朱子學を理念とした國家・
社會體制の存否を基準に諸地域の優劣を測る新たなエスノセントリズムに陷る
危險性があることを詳細に指摘している(23)。筆者が問題點として付けくわえ
るべきと考えるのは，「現在の中國は經濟的にも，政治・軍事的にも大國への
道を進んでおり，遠くない將來，世界第一の經濟大國になることが確實視され
ている。このこと自體は，一八世紀末までの事態への復歸として，それほど驚
くべきことではない」(24)という宮嶋氏の現狀認識である。もちろん，宮嶋氏も
先進諸國との中國の異質性に留意しているものの，中國の經濟成長を可能にし
た條件や中國社會が抱える深刻な課題を注視することなく，如上の現狀認識を
起點として中國の優位性・先驅性，朱子學モデルを受容した地域の優位性を主
張している。しかし，中國の經濟成長は，中國經濟の特質とととともに，韓國・
臺灣の資本主義發展時とは異なる世界資本主義の狀況——多國籍企業體制によ
る直接投資の急速な擴大をまって實現したものである(25)。メガ・コンペティ
ション以降の世界資本主義は，從來以上に多樣な類型の資本主義を包攝して進

300　終　章　「傳統社會」形成論＝「近世化」論と「唐宋變革」

行しており，「傳統社會」の共通性よりも諸地域の多樣性をふまえ，諸地域で
生じている課題を注視することが，同時代認識にとっても必要であろう。

　宮嶋氏のように「近代」と銘打つことはないとはいえ，現在につながる秩序
や文化を創出した「傳統社會」以降とそれ以前とで歷史を二區分してとらえよ
うとする傾向は，日本史研究において顯著である[26]。日本史研究では「中世
近世移行期」——戰國時代が分水嶺とされており，近年では稻葉繼陽・坂田聰
兩氏もそうした理解を鮮銳に提示している[27]。

　筆者が問題とするのは，歷史を二區分して理解しようとすることにあるので
はない。その結果，「傳統社會」が形成される以前の時期への關心が希薄とな
り，「傳統社會」の形成過程——歷史の通時的な把握が明らかに低調になって
おり，各時代史の分斷的狀況が深刻化していることにある。これは，優れて現
代的問題關心に立脚した歷史認識の兩刃の劍であろう。

　中國史研究の場合も同樣である。近年の明淸史研究においては，明らかにし
た事象の近代・現代への展開には關心をむけるものの，明淸期以前の時期と比
較した歷史的位置づけについての檢討は希薄であり，1980年代前半までの明淸
史研究が「唐宋變革」以降における位置づけを念頭に置いて明淸時代の特質を
追究してきた[28]のとは對照的な狀況が定着している。こうした狀況が生じた
一因は，社會秩序やその時々の政策を人びとの選擇の所産ととらえる岸本美緒
氏の方法自體にも內包されているように思われる。岸本氏は「未來は，必然的
な發展の結果として豫測可能なものではなく，むしろわれわれの選擇の問題と
してある。それと表裏して，歷史も，必然的な方向性にそった發展過程という
よりは，狀況に應じた人々の試行錯誤の蓄積として見なされる」と述べ[29]，
さらには「そこでどのような秩序が形成されるかは，必然というよりも偶然で
あ」るという[30]。岸本氏のこうした發想は，「明初には海禁體制や里甲制・固
定的戶籍制度など『固い』要素が強かった」のに對し，「淸朝はなぜこうした
政策をとらなかったのか」という問いかけ[31]に歷史具體化されている。

　どのような秩序が形成されるか，政策が選擇されるかを「偶然」の結果と考
えるとすれば，前代への關心が希薄となってしまうのは當然である。しかし，

どのような秩序が形成されるか，どのような政策が選擇されるかまでをも「偶然」の結果とするのは勇み足であろう。秩序形成や政策が人びとの選擇の所産であったとしても，選擇する人びとの意識は歴史的な制約を受けた存在であり[32]，そうした選擇の歴史的な制約性・規定性をつかむことこそが歴史學固有の課題だったはずである。

　ともあれ，現代中國につながる事象を創出した時代の認識を獲得しながらも，これを中國史の全體のなかに位置づけられていないとすれば，それは悲劇といわざるを得ない。次節では，そうした狀況の打開に資することをめざして，小論で得た認識をもとに「唐宋變革」から16世紀に至る時期の性格を考えてみることにしよう。

三　宋～明期の歴史的性格

　小論でみた休寧縣27都5圖所屬人戸の階層構成の性格と日常的な活動のあり方，ならびに安徽博物院藏『萬曆27都5圖黄册底籍』4册（以下，『黄册底籍』と略す），上海圖書館藏『明萬曆9年休寧縣27都5圖得字丈量保簿』1册などからそれらを窺えることには，宋～明期の展開過程が刻印されている。

　前章までの檢討によって明らかとなった内容を確認しよう。いま一度，第3章第1節第4項にあげた表15（167頁）を參照していただきたい。『黄册底籍』萬曆30年册・萬曆40年册が記載する27都5圖所屬人戸のうち，9割を超える人戸が事産を所有しており，所有する事産（田・地）で再生産可能な人戸が半數を超えていた。中國の平均的な家族と觀念される5人家族（夫妻2人と子ども3人）を想定した場合，7.6391税畝（畝當たり收量：米2石の場合）～11.3938税畝（畝當たり收量：米1.5石の場合）の田・地を所有すれば再生産が可能であり，10税畝弱の事産を所有する自作農が階層構成の基軸であった。徽州府下では家産分割後も戸名を立てることなく册籍上の名義戸（總戸）のもとに複數の戸（子戸）が含まれる慣行――〈總戸-子戸〉制が普及しており，多額の事産を所有する人戸であっても，その實態は複數の〈子戸〉に分かれていた。27都5圖の

302　終　章　「傳統社會」形成論＝「近世化」論と「唐宋變革」

場合，〈總戶-子戶〉制を行なう富裕な人戶の〈子戶〉の所有事產額は自作農人
戶と同じ10稅畝前後であった（第2章）。27都5圖所屬人戶の頂點には，任官者
を輩出した人戶，儒教的教養を修得した讀書人を含む人戶が存在した。その多
くは，唐末から南宋初期に定住し，科擧登第者や任官者を輩出しながら宗族結
合をとり結んで明末には名族と認知されていた氏族と新興の一族であり，里長
を務める人戶であった。任官者・讀書人を輩出した人戶は，ほかに丈量や鄉約
の役職も務めていた（第3章）。

　自作農の存在を基軸としたとはいえ，27都5圖は靜態的な世界であったわけ
ではない。27都5圖を舞臺とする租佃關係の壓倒的多數は生計補完のために少
額の事產を租佃するものであったが，〈總戶-子戶〉制を行なう富裕な人戶の
〈子戶〉が多くの事產を租佃する場合や主家に隸屬する佃僕が主家以外の人戶
から租佃する場合，再生產可能な額の事產を所有しながらも租佃し，かつ出租
する場合もあり，そこでは誰もが各々の經濟狀況の必要に應じて自由に選擇し
て租佃關係をとり結んでいた（第4章）。また，27都5圖の所屬人戶は，各人戶
が自らの利益・利便を追求して，およそ一世代の間（約30年間）に平均29.9件
——1年間に約1件の頻度で事產を賣買していた。富裕な人戶を除いた一般的
な人戶であっても，平均15.2件——2年間に約1件の頻度で事產を賣買し，5
人家族が再生產可能な規模に近似する所有事產（10稅畝弱）を增減させており，
庶民レヴェルでも社會的流動性の高い世界であった（第5章）。各自の利益・利
便を追求して頻繁に事產を賣買していたとはいえ，27都5圖所屬人戶の所有事
產の約91％は27都內にあり，27都以外に事產が多く存在したのは，河川を利用
して往來が容易な鄰接する都であった。所屬する都と周邊が27都5圖所屬人戶
の日常的な生活範圍であり，娶妻する基本的な範圍も同樣であった（第6章）。

　さて，『黃冊底籍』萬曆30年冊・萬曆40年冊の記載から判明する27都5圖所
屬人戶の階層構成は，土地所有＝稅糧負擔人戶に對する職役（鄉役）の普遍的
義務化（職役の「正役」化）と北宋後半以來の地方行政課題・社會問題（健訟・
妄告の風潮と鄉役負擔の矛盾）解消の企圖という明初里甲制體制の畫期性を可能
とした條件——自ら土地所有の主體となる小經營農民の廣範な形成，在野の讀

三 宋～明期の歴史的性格　303

書人や有德者の存在と活動という二つの要素[33]が明初以降もさらに進行した
結果である。明初里甲制體制の畫期性を可能とした條件は，「唐宋變革」以降
の時期においてどのような歴史的な意味をもっていたのだろうか。宋初からの
展開を確認してみよう。

　宋初の郷村行政組織は，本來は100戸＝1里，5里（500戸）＝1郷という原
則で編成される唐代以來の郷であった。そこでは，郷を單位に催税をはじめと
する税役關係業務を擔う里正とそれを補佐する郷書手がおかれ，郷のもとの管
を單位に催税を擔う戸長，治安維持を擔う耆長がおかれた。五等戸制が整備さ
れると，里正は一等戸，郷書手は三・四等戸，戸長は二等戸，耆長は一・二等
戸に對して賦課された。里正には就役後も州の職役である里正衙前に就くこと
が求められた。こうした郷を單位とする宋初の里正體制は，有力人戸の勢力に
依存するものであった。かつて宋初の郷村行政組織を「地主的秩序」ととらえ
る理解が提出された[34]ゆえんであろう。しかし，これは州の里正衙前が過酷
な役であったために破綻する。里正衙前は所定倉庫へ税物を運搬する本來の重
い任務にくわえ，官府の必要物品の調達などの非正規負擔も課された結果，就
役人戸が破産し，農民人戸は就役を忌避する事態が頻發した[35]。租税徴收と
ともに一般的生産諸條件の整備を擔う郷役に就いた有力人戸が沒落し，農民人
戸が就役を忌避するという事態は，郷村の社會秩序と社會的再生産が大きな危
機に瀕したことを意味する。

　これをうけて，宋朝國家は至和5年（1055）4月に里正衙前と里正を廢止し，
熙寧4年（1071）10月には熙豐變法の一環として募役法を實施し，就役者を雇
募する體制となる。また熙寧6年（1073）7月には，首都開封府で始めた保甲
法を全國に實施した。保甲法は同年11月に改正され，5戸（小保）—25戸（大
保）—250戸（都）という戸數原則によって都保制を編成し，保正・副と大保長
に都内の治安維持を擔わせた。保正・副と大保長は，三等戸以上で成丁が2名
以上いる人戸に對して賦課される。その後，郷役は新法と舊法の搖り戻しにと
もなって變更を重ねるが，紹聖2年（1095）2月の「紹聖常平免役敕令」の體
制が定着してゆく。これは，保正・副と大保長を雇募し，保正・副が耆長を兼

304 終　章　「傳統社會」形成論＝「近世化」論と「唐宋變革」

務して官府との連絡と治安維持を擔い，大保長が戸長を兼務して催稅を擔い，保正・副と大保長が耆長・戸長の兼務を希望しない場合には耆長・戸長を併置するものであった。こうして南宋期には保正・副と大保長が一般的な鄕役となる。

　しかし，保正・副と大保長の役は安定したものではなかった。支給されるはずであった雇錢は財政難のために紹興10年（1140）頃から支給されず，さらに租稅の塡納や官府の必要物品の調達などの非正規負擔も課され，保正・副と大保長は就役人戶を破產に追い込む重役と化した。宋初の里正體制の場合と同樣の事態が生じ，糾論・糾決という鄕役賦課の不當性を愬える訴訟が增え，農民人戶は鄕役賦課の實權を握る胥吏への贈賄，詭名挾戶・女戶・寄產などの不正手段を講じて就役を忌避し，その結果，三等戶以上の就役對象人戶が減少し，さらには消滅するという事態まで惹き起こした(36)。農民人戶が就役を忌避する樣相は"有身斯有役，而民之畏役，甚於畏死。蓋百年治生，壞於一年之充役（身有れば斯ち役有るも，民の役を畏るること，死を畏るるより甚だし。蓋し百年の治生，一年の充役に壞るればなり）"(37)と傳えられる。鄕役賦課をめぐる矛盾は，健訟・妄告の風潮の蔓延と並ぶ南宋期の重要な地方行政課題・社會問題であり，鄕役賦課に關する訴訟は"今天下之訴訟，其大而難決者，無甚於差役（今，天下の訴訟，其れ大にして決し難き者，差役より甚だしきは無し）"(38)とまでいわれた。

　この危機的狀態に對して，南宋國家は紹興年間に領內のほぼ全域で經界法を實施する（紹興12年［1142］12月〜同20年［1150］前後）(39)とともに，就役基準や歇役期間（就役しない期間）を詳細に規定する改善策を施行した(40)。經界法によって，後世の魚鱗圖册に相當する"圖帳"＝"打量圖帳"という一筆ごとに測量した事產を記載する土地臺帳が創出され(41)，"圖帳"＝"打量圖帳"が保（大保）を單位に作製された結果，都保制は行政組織にくわえて行政區域の性格をもつに至って（保は測量と圖帳作製によって把握した事產を集積した領域となり，都は10保を併せた領域となって）廣く定着してゆく。一方，鄕村社會の側も南宋・元代を通じて"義役"とよばれる社會組織を結成して鄕役負擔の矛盾の解消に努め，鄕村社會レヴェルでの役次（就役人戶・期間）決定（事實上の徭役臺帳の作

三　宋～明期の歴史的性格　305

成と運用を意味する），複數人戶の共同就役・就役期間の短縮による職役負擔の
輕減化など，明初の里甲制體制に繼承される機能と慣行を創出してゆく[42]。

　北宋中期以降，宋朝國家が役法の試行錯誤を重ねたのと並行して，鄉村社會
の秩序形成にかかわる二つの新しい動きが生じていた。その一つは，北宋を代
表する思想家・政治家によって同族結合の新たなモデルが示されたことである。
歐陽脩・蘇洵による族譜の編纂，程頤による祠堂祭祀の提唱，范仲淹による義
莊の設置は，宗族結合の模範となるものであった。宋・元期には族譜・祠堂・
族產を備えた宗族はごく少數であったが，江南の扇狀地・河谷平野・山間盆地
において始遷祖など遠祖の墓所（墳庵・墳院・墓祠）に石刻した族譜を置き遠祖
祭祀を行なう宗族が普及してゆく[43]。

　もう一つは，宋代における科擧制度の整備と學校の普及の結果，擧人や生員
を中核とする官僚身分をもたない在野の讀書人層──士人層が形成されたこと
である。士人の本質的要件は儒教的教養の修得と道德的實踐にあり，官僚・庶
民と區別される彼らの存在は役法・刑法上の法的身分としても確立した[44]。
歐米の「兩宋畫期」論が注目する專門職エリートの沒落と地方エリートの臺頭
の動き[45]は，まさにこの時期に生じたものであり，無官の讀書人層の形成と
彼らの廣範な社會的活動は新たな鄉村秩序の形成という課題に應えるものであっ
た[46]。いうまでもなく，義役の結成と管理統率に盡力した在野の讀書人の獻
身的な活動[47]も，その一つである。健訟・妄告の風潮の解消を圖る里甲內の
紛爭處理・教化を任務とした職役制度──いわゆる明初の里老人制は，北宋後
半から元代における在野の讀書人・有德者層の形成と活動をうけて創出された
ものにほかならない[48]。

　土地所有＝稅糧負擔人戶に對する職役（鄉役）の普遍的義務化は，如上の過
程を經て形成された明初里甲制體制において實現し，これによって「土地所有
にもとづく租稅と徭役との統一的編成」という兩稅法下の稅役收取原則[49]の
全面化──土地所有人戶全般が租稅と徭役を負擔する體制が兩稅法施行後はじ
めて實現した[50]。宋初以來の鄉村行政組織・鄉役制度の展開にもとづけば，
北宋前半期までは「唐宋變革」後の社會狀況に對應した制度を確立できていな

306　終　章　「傳統社會」形成論＝「近世化」論と「唐宋變革」

い時期であり，北宋後半期から元代は新たな社會の現實に對應した制度を模索・
創出し，「唐宋變革」が生み出した原理を明初期に全面化・徹底化させてゆく
過程の時期であったといえよう。27都5圖所屬人戸の階層構成からも看取され
た明初里甲制體制の畫期性を可能とした條件は，「唐宋變革」以來のそうした
歴史的課題を擔うものであった。

　「唐宋變革」の生み出した新たな原理が宋・元期を經て明初に全面化・徹底
化されてゆく動きは，人民支配の根幹である戸籍制度からも看取される。一般
に宋代の基本原簿は，人戸の人丁・税産と所屬等第を記載した丁産等第簿と理
解されている[51]。だが，丁産等第簿は，唐代であれば戸籍ではなく差科簿に
相當する簿籍であり[52]，兩税法施行後，差科簿に人戸の所有事産も記される
ようになり，北宋の「天聖令」施行（天聖10年［1032］3月）以降，職役賦課等
に活用されるに至ったものである[53]。しかも，丁産等第簿は郷村戸と坊郭戸
を區別して把握した（五等丁産簿は郷村戸のみを對象とした）[54]。さらに宋朝國家
は都市の商工業者を行籍に，兵士を兵籍に，僧侶・道士を僧籍・道士籍に付し
たことが示すように，宋代には全人民を統一した樣式で把握する簿籍は存在せ
ず，國家への役務徴發，逆に徴發免除を目的として人民を郷村・都市・職能ご
とに把握するにとどまっていた。こうした状況は，モンゴル起源の諸色戸計が
元代の中國社會で定着し機能した背景でもあろう。

　「唐宋變革」以降，居住地や職能を問うことなく全人民を統一した樣式で把
握する簿籍は，明朝の賦役黄册によって實現した。いうまでもなく，賦役黄册
は人戸の人口數・所有事産額・負擔税糧額・負擔職役を記すものであり[55]，
その記載には兩税法の税役收取原理が貫徹していた。くわえて，第1章第1節
第2項でみたように，賦役黄册は大造（賦役黄册の編纂）までの10年間に行なっ
た事産賣買と推收過割（事産賣買にともなう税糧負擔の移し替え）の履歴をも詳細
に記載していた。頻繁な事産賣買にともなう推收過割を正確に行なえていない
ことが税役負擔の混亂の根源であると南宋期の官僚は認識しており[56]，賦役
黄册上に事産賣買と推收過割の履歴を記載することは，兩税法施行後のこうし
た歴史的課題に應えるものであった。「唐宋變革」以降の展開のなかから創出

された賦役黃册・魚鱗圖册文書によって，我われが27都5圖所屬人戶の階層構成の性格と日常的な活動のあり方を知り得ること自體も，「唐宋變革」以降の展開の所產にほかならない。

27都5圖所屬人戶は，里甲制體制下で誰もが各々の經濟狀況の必要に應じて租佃關係をとり結び，自由に利益・利便を追求して頻繁に事產を賣買する社會的流動性の高い環境にあった。その結果，形成されたのは，任官者・讀書人輩出人戶を頂點とし，自作農の存在を基軸としながら事產所有人戶が9割以上存在し，南宋の經界法以來定着した都の周邊を日常的な生活範圍とする世界であった。これは，江南の山間盆地において南宋期の先進的な水稻作技術が普及・定着することを基礎に，「唐宋變革」以降の展開が重積した鄉村の姿である。その意味で中國江南鄉村社會の原型といえる。

緒論第1節でとりあげた小山正明氏の所論とは大きく異なる鄉村社會の姿である。かつての宋代史研究では，浙東路や福建路の江南山間盆地に多くみられた自作農は階層分化によって解消されてゆく存在ととらえる理解[57]がみられたが，「唐宋變革」以降の江南鄉村社會の展開の基調は，階層分化ではなく，自作農と事產所有人戶が廣範に形成され均小化が進むものととらえるべきである。

その一方，明代中期以降に乾田化が可能となった江南デルタでは，人力耕を基軸に大量の肥料と入念な中耕除草を施して良質な品種を栽培する先進的な水稻作が確立することを基礎に商業的農業（販賣のための農業）が生まれ[58]，富農經營の擴大條件の限界性のために寄生的な地主的土地所有が形成されてゆく[59]。「唐宋變革」から16世紀に至る時期は，江南鄉村社會の原型といえる世界を創出するとともに，それと分岐して商業的農業に牽引される新たな世界を創出してゆく過程であった。

おわりに

休寧縣27都5圖所屬人戶の世界に刻印された宋〜明期の展開過程からすれば，北宋前半期は「唐宋變革」が生み出した新たな社會の現實に對應した制度が確

308　終　章　「傳統社會」形成論＝「近世化」論と「唐宋變革」

立していなかったものの，北宋後半期以降に對應策が模索・創出されてゆき，明初期に「唐宋變革」の生み出した原理が全面化・徹底化した。

　「中國史上でも最も『柔らかい』タイプに屬する社會編成」の具體例とされる明末の一條鞭法を繼承した清代の地丁併徵は，土地所有＝地賦銀負擔人戶に丁銀（銀納化した職役）を負擔させることを徹底したものであり[60]，職役（郷役）を土地所有＝税糧負擔人戶の普遍的義務とする明初里甲制體制の原則を前提としなければ構想されなかったはずである。戰國期から清末に至るまで一貫した專制的國制構造の存續が確認されたことによって相對化を餘儀なくされたとはいえ，こうした意味において，「唐宋變革」は中國「傳統社會」の起點となる原理を生み出した變革の意義を有している。

註

（1）　『歴史學研究』821・822（2006年）の特集「『近世化』を考える（Ⅰ）・（Ⅱ）」や清水光明編『「近世化」論と日本――「東アジア」の捉え方をめぐって――』（アジア遊學185，勉誠出版，2015年）において中國史・東アジア史以外に日本史，西洋史，南アジア史，西アジア史の分野から「近世化」論を議論していることは，「傳統社會」形成論＝「近世化」論の影響力の大きさを示す。

（2）　山田賢「東アジア『近世化』の比較史的檢討――中國大陸・朝鮮半島・日本列島――」（趙景達・須田努編『比較史的にみた近世日本――「東アジア化」をめぐって――』東京堂出版，2011年）が，16世紀の銀の大量流通という共時的な衝撃をうけながら中國・朝鮮・日本それぞれの固有な特質をもった持續的社會秩序が形成されていった過程を論じているのは，「傳統社會」形成論＝「近世化」論の志向を具體化したものといえる。

（3）　上田信「地域の履歴――浙江省奉化縣忠義郷――」（『社會經濟史學』49-2，1983年），同「地域と宗族――浙江省山間部――」（『東洋文化研究所紀要』94，1984年），同「中國の地域社會と宗族――14〜19世紀の中國東南部の事例――」（『シリーズ〈世界史への問い〉［4］社會的結合』岩波書店，1989年）。

（4）　上田信『傳統中國――〈盆地〉〈宗族〉にみる明清時代――』（講談社，1995年）10頁。

（5）　宮嶋博史「東アジア小農社會の形成」（溝口雄三・濱下武志・平石直昭・宮嶋博史編『アジアから考える［6］長期社會變動』東京大學出版會，1994年），同「東

アジア世界における日本の『近世化』──日本史研究批判──」（『歴史學研究』821，2006年。のち趙景達・須田努編『比較史的にみた近世日本──「東アジア化」をめぐって──』東京堂出版，2011年，所收）。なお，中國の「小農社會」の確立期に關する宮嶋氏の理解には微妙に變化がみられるが，ここにあげた二つの論文の主張にしたがった。

（ 6 ）　岸本美緒「東アジア・東南アジア傳統社會の形成」（岩波講座『世界歷史』13，岩波書店，1998年。のち『明末淸初中國と東アジア近世』岩波書店，2021年，所收），同「『近世化』と淸朝」（『淸朝とは何か』別冊『環』16，2009年）。

（ 7 ）　岩井茂樹「正額外財政と地方經費の貧困」（『中世史講座 6　中世の政治と戰爭』學生社，1992年。のち『中國近世財政史の研究』京都大學學術出版會，2004年，所收），同「徭役と財政のあいだ」（『經濟經營論叢』28-4，29-1・2・3，1994年。のち同上書，所收）。なお，その後，岩井氏も「傳統的國家財政」という表現を使うようになっている（「中國の近代國家と財政」狹間直樹・岩井茂樹・森時彥・川井悟編『データによる中國近代史』有斐閣，1996年。のち同上書，所收）。

（ 8 ）　山本英史編『傳統中國の地域像』（慶應義塾大學出版會，2000年）。

（ 9 ）　一例として，奧村哲『中國の現代史──戰爭と社會主義──』（靑木書店，1999年）をあげておく。

（10）　前揭註（ 6 ）岸本「『近世化』と淸朝」238頁。また「時代區分論」（岩波講座『世界歷史』 1 ，岩波書店，1998年。のち『風俗と時代觀──明淸史論集 1 』研文出版，2012年，所收）では，歷史世界の人びとの行動樣式を探る意義は「さまざまな社會の個性的なあり方を理解しようと努めることによって，われわれの視野を廣げ，不確實な未來へ向けての構想力のヒントを得ることにある」と述べる（25頁）。

（11）　中國史研究の方法的轉換に關する筆者の理解は，伊藤正彥「中國史研究の『地域社會論』──方法的特質と意義──」（『宋元鄕村社會史論──明初里甲制體制の形成過程──』汲古書院，2010年），參照。

（12）　朝尾直弘「『近世』とはなにか」（『日本の近世』第 1 卷，中央公論社，1991年。のち『朝尾直弘著作集』第 8 卷，岩波書店，2004年，所收）。尾藤正英『江戸時代とはなにか──日本史上の近世と近代──』（岩波書店，1992年）。勝俣鎭夫『戰國時代論』（岩波書店，1996年）。

（13）　前揭註（ 6 ）岸本「東アジア・東南アジア傳統社會の形成」 8 頁。

（14）　岸本氏の主張のほかにも，妹尾達彥「世界史の時代區分と唐宋變革論」（『中央大學文學部紀要』史學52，2007年）が廣域的な共時性に着目したアフロ・ユーラシア大陸の歷史の時代區分論を提起している。妹尾氏は，人間集團の交流，往來する情

310　終　章　「傳統社會」形成論＝「近世化」論と「唐宋變革」

報量の變遷，環境の變化などを指標として，第1期：古典文化の形成期（前3500年～紀元後3・4世紀），第2期：ユーラシア史の形成期（4・5世紀～15・16世紀），第3期：地球一體化の進展（16・17世紀～現在）に區分する。

(15)　前揭註（9）奧村『中國の現代史』。笹川裕史・奧村哲『銃後の中國社會――日中戰爭下の總動員と農村――』（岩波書店，2007年）。笹川裕史『中華人民共和國誕生の社會史』（講談社，2011年）。

(16)　足立啓二『專制國家史論――中國史から世界史へ――』（柏書房，1998年）。西村茂雄・國分良成『黨と國家――政治體制の軌跡――』（岩波書店，2009年）。西村茂雄「20世紀中國の政治變動と正當性問題」（『新しい歷史學のために』278，2011年）。

(17)　D.ハーヴェイ（渡邊治監譯）『新自由主義――その歷史的展開と現在』（作品社，2007年。原著は2005年）。

(18)　內藤湖南『支那論』（文會堂書店，1914年。のち『內藤湖南全集』第5卷，筑摩書房，1971年，所收）。

(19)　渡邊信一郎「時代區分論の可能性――中國史の總體的認識をめざして――」（『古代文化』48-2，1996年。のち『中國古代國家論』汲古書院，2023年，所收）。

(20)　滋賀秀三「清朝時代の刑事裁判――その行政的性格。若干の沿革的考察を含めて――」（『刑罰と國家權力』創文社，1960年。のち『清代中國の法と裁判』創文社，1984年，所收）。

(21)　滋賀秀三「仁井田陞博士の『中國法制史研究』を讀みて」（『國家學會雜誌』80-1・2，1966年），同『中國家族法の原理』（創文社，1967年）。

(22)　宮嶋博史「儒教的近代としての東アジア『近世』」（岩波講座『東アジア近現代史通史』第1卷〈東アジア世界の近代　19世紀〉岩波書店，2010年）。

(23)　岸本美緒「東アジア史の『パラダイム轉換』をめぐって」（國立歷史民俗博物館編『「日韓併合」100年を問う――2010年國際シンポジウム――』岩波書店，2011年。のち『史學史管見――明清史論集4』研文出版，2021年，所收）。

(24)　前揭註（22）宮嶋「儒教的近代としての東アジア『近世』」59頁。

(25)　前揭註（17）ハーヴェイ『新自由主義』。足立啓二「東アジア前近代社會の構造と資本主義」（『新しい歷史學のために』267，2007年）。

(26)　前揭註（12）朝尾「『近世』とはなにか」，尾藤『江戸時代とはなにか』，勝俣『戰國時代論』。

(27)　稲葉繼陽「日本中世・近世史研究における『地域社會論』の射程」（『七隈史學』8，2007年。のち『日本近世社會形成史論――戰國時代論の射程』校倉書房，2009年，所收），同「近世化論の可能性」（藤木久志監修：服部良久・藏持重裕編『紛爭

史の現在——日本とヨーロッパ——』高志書院，2010年）。坂田聰『家と村社會の成立——中近世移行期論の射程——』（高志書院，2011年）。

(28)　岩波講座『世界歴史』12・中世6（岩波書店，1971年）所收の諸論文は，そうした關心を如實に示している。

(29)　前掲註（10）岸本「時代區分論」23頁。

(30)　岸本美緒「時代區分論の現在」（歴史學研究會編『歴史學における方法的轉回——現代歴史學の成果と課題　1980～2000年』青木書店，2002年。のち『風俗と時代觀——明清史論集1』研文出版，2012年，所收）53頁。

(31)　前掲註（6）岸本「東アジア・東南アジア傳統社會の形成」70頁。

(32)　K.マルクス『ルイ・ボナパルトのブリュメール18日』（『マルクス＝エンゲルス全集』第8巻，大月書店，1962年，107頁）の敍述を想起すべきであろう。

　　　　人間は，自分で自分の歴史をつくる。しかし，人間は，自由自在に，自分でかってに選んだ事情のもとで歴史をつくるのではなくて，あるがままの，與えられた，過去からうけついだ事情のもとでつくるのである。あらゆる死んだ世代の傳統が，生きている人間の頭のうえに夢魔のようにのしかかっている。

(33)　伊藤正彦「明初里甲制體制の歴史的特質——宋元史研究の視角から——」（『宋元郷村社會史論——明初里甲制體制の形成過程——』汲古書院，2010年）。

(34)　佐竹靖彦「宋代郷村制度の形成過程」（『東洋史研究』25-3，1966年。のち『唐宋變革の地域的研究』同朋舍出版，1990年，所收）。

(35)　周藤吉之「宋代郷村制の變遷過程」（『史學雜誌』72-10，1963年。のち『唐宋社會經濟史研究』東京大學出版會，1965年，所收）。

(36)　前掲註（35）周藤「宋代郷村制の變遷過程」。曾我部靜雄「南宋の役法」（『宋代財政史』生活社，1941年）。草野靖「宋代の都保の制」（『文學部論叢（熊本大學）』29，1989年）。

(37)　胡太初撰『晝簾緒論』「差役篇第十」。

(38)　葉適撰『水心別集』卷13「役法」。

(39)　曾我部靜雄「南宋の土地經界法」（『文化』5-2。のち『宋代政經史の研究』吉川弘文館，1974年，所收）。周藤吉之「南宋郷都の税制と土地所有——特に經界法との關連に於いて——」（『東洋文化課研究所紀要』8，1955年。のち『宋代經濟史研究』東京大學出版會，1962年，所收）。寺地遵「秦檜專制體制と國家的一般政策——經界法の場合——」（『南宋初期政治史研究』溪水社，1988年）。

(40)　前掲註（36）曾我部「南宋の役法」。周藤吉之「南宋の役法と寬郷・狹郷・寬都・狹都との關係」（『唐宋社會經濟史研究』東京大學出版會，1965年）。

312 終　章　「傳統社會」形成論＝「近世化」論と「唐宋變革」

(41)　欒成顯「魚鱗圖冊起源考辨」(『中國史研究』2020年 2 期)。

(42)　伊藤正彦「元代江南の義役・助役法とその歴史的歸結——糧長・里甲制體制成立
　　　の一側面——」(『宋元鄉村社會史論——明初里甲制體制の形成過程——』汲古書院,
　　　2010年), 前揭註 (33) 伊藤「明初里甲制體制の歴史的特質」。

(43)　中島樂章「元朝統治と宗族形成——東南山間部の墳墓問題をめぐって」(井上徹・
　　　遠藤隆俊編『宋—明宗族の研究』汲古書院, 2005年)。

(44)　高橋芳郎「宋代の士人身分」(『史林』69-3, 1986年。のち『宋—清身分法の研究』
　　　北海道大學圖書刊行會, 2001年, 所收)。

(45)　Robert M.Hartwell, "Demographic, Politicaland Social Transformation of China,
　　　750-1550" *Harvard Journal of Asiatic Studies*, 42-2, 1982. Rovert P. Hymes, *Statesmenand
　　　Gentlemen: The Elite of Fu-chou, Chiang-his, in Northern and Southern Sung*. Cambridge
　　　U. P., 1986. ピーター・ボル「唐宋變遷の再考——アメリカにおける宋史研究の最近
　　　の傾向について——」(『史滴』17, 1995年)。

(46)　前揭註 (44) 高橋「宋代の士人身分」。近藤一成「宋代の士大夫と社會——黃榦
　　　における禮の世界と判語の世界——」(『宋元時代史の基本問題』汲古書院, 1996年。
　　　のち『宋代中國科擧社會の研究』汲古書院, 2009年, 所收)。

(47)　伊藤正彦「"義役"——南宋期における社會的結合の一形態——」(『宋元鄉村社
　　　會史論——明初里甲制體制の形成過程——』汲古書院, 2010年), 前揭註 (42) 伊
　　　藤「元代江南の義役・助役法とその歴史的歸結」。

(48)　伊藤正彦「鄉村制の性格——南宋期の都保制と明代の里甲制——」(『宋元鄉村社
　　　會史論——明初里甲制體制の形成過程——』汲古書院, 2010年)。

(49)　島居一康「中國における國家的土地所有と農民的土地所有——兩稅法時代を中心
　　　として——」(中村哲編『東アジア專制國家と社會・經濟』青木書店, 1993年)。

(50)　前揭註 (33) 伊藤「明初里甲制體制の歴史的特質」。

(51)　高橋芳郎「宋代主客戶制と戶名——戶籍法上の取扱いを中心に——」(『集刊東洋
　　　學』32, 1974年。のち『宋代中國の法制と社會』汲古書院, 2002年, 所收)。

(52)　渡邊信一郎「唐代前期賦役制度の再檢討——雜徭を中心に」(『唐代史研究』11,
　　　2008年。のち『中國古代の財政と國家』汲古書院, 2010年, 所收)。

(53)　山崎覺士「五等丁產簿の歴史的位相」(『唐宋變革研究通訊』 3 , 2012年)。

(54)　山崎覺士「宋代都市の稅と役」(『唐宋變革研究通訊』 4 , 2013年。のち『瀨海之
　　　都——宋代海港都市研究』汲古書院, 2019年, 所收)。

(55)　山根幸夫『明代徭役制度の展開』(東京女子大學學會, 1966年)。欒成顯『明代黃
　　　冊研究』(中國社會科學出版社, 1998年, 增訂本, 2007年)。

(56) 曹彦約撰『昌谷集』卷10「新知澧州朝辭上殿箚子」。

　　　臣聞，民生之不厚，起於稅役之不均。稅役之不均，起於交易之不正。夫交易也者，民生之關鍵，而卽民之所藉以厚其生者也。蓋有產則有稅，有稅則有役。當交易之時而立過割之制，夫豈不善。自夫豪民得產而肯收正，下戶出產而不能到官。於是產出稅存者滿天下，而差役義役之法愈變而不得正也。

(57) 渡邊紘良「宋代福建・浙東社會小論──自耕農をめぐる諸問題──」（『史潮』97，1966年）。

(58) 足立啓二「明清時代長江下流の水稻作發展──耕地と品種を中心として──」（『文學部論叢（熊本大學）』21，1987年。のち『明清中國の經濟構造』汲古書院，2012年，所收），同「明末清初の一農業經營──『沈氏農書』の再評價──」（『史林』61-1，1978年。のち同上書，所收）。

(59) 足立啓二「清代蘇州府下における地主的土地所有の展開」（『文學部論叢（熊本大學）』9，1982年。のち『明清中國の經濟構造』汲古書院，2012年，所收）。

(60) 北村敬直「清代における租稅改革（地丁併徵)」（『社會經濟史學』15-3・4，1949年。のち『清代社會經濟史研究』朋友書店，1978年，所收）。

あ と が き　315

あ と が き

　本書【研究篇】は，2012年から發表してきた論文等に改訂をくわえて一書に
まとめたものである。舊稿と【研究篇】各章との對應關係は次のとおり。

「『萬暦27都5圖黃册底籍』をめぐる初步的知見」（伊藤正彦編『『萬暦休寧縣
27都5圖黃册底籍』の世界』2009〜2011年度科學研究費補助金基盤研究（C）研究
成果報告書，2012年。一部は中國語譯（楊纓譯）「朱學源戶之屬性考」王振忠・劉
道勝主編『徽州文書與中國史研究』5，中西書局，2023年）……　第1章第1節
「明代里甲制體制下の階層構成——徽州府休寧縣里仁東郷27都5圖の事例
——」（伊藤正彦編『『萬暦休寧縣27都5圖黃册底籍』の世界』2009〜2011年度科
學研究費補助金基盤研究（C）研究成果報告書，2012年。中國語譯（王勇萍譯）
「明代里甲制度體制下的階層構成——以徽州府休寧縣里仁東郷27都5圖爲例——」
『徽學』8，黃山書社，2013年）………………………………………　第2章
「『傳統社會』形成論＝『近世化』論と『唐宋變革』」（『新しい歴史學のため
に』283，2013年。中國語譯（楊纓譯）「"傳統社會"形成論＝"近世化"論與"唐
宋變革"」『宋史研究論叢』14，河北大學出版社，2013年）……………　終　章
「『明代里甲制體制下の階層構成』訂誤——任官者・讀書人輩出人戶をめぐっ
て——」（『唐宋變革研究通訊』6，2015年）……………　第3章第1節第2項
「『丈量保簿』と『歸戶親供册』から——萬暦年間，徽州府休寧縣27都5圖
の事産所有狀況——」（『東洋史研究』75-3，2016年。中國語譯（楊纓譯）「從
《丈量保簿》與《歸戶親供册》看萬暦年間徽州府休寧縣二十七都五圖之事産所有情
況」王振忠・劉道勝主編『徽州文書與中國史研究』1，中西書局，2019年）
………………………………………　第1章第2節と第6章第1節
「地主佃戶關係の具體像のために——萬暦9年休寧縣27都5圖における租
佃關係——」（三木聰編『宋—淸代の政治と社會』汲古書院，2017年。中國語譯

（楊纓譯）「地主與佃戶關係實態探究——以萬曆九年休寧縣二十七都五圖的租佃關係爲線索——」王振忠・劉道勝主編『徽州文書與中國史研究』2，中西書局，2021年）
‥‥‥‥‥‥‥‥‥‥‥‥‥‥‥‥‥‥‥‥‥‥‥‥‥‥‥‥‥‥‥ 第 4 章

「事産賣買の頻度と所有事産の變動——萬曆年間，徽州府休寧縣27都 5 圖所屬人戶の事例——」（『中國史學』27，2017年。中國語譯（楊纓譯）「土地賣買的頻度與土地所有的變更——以萬曆年間徽州府休寧縣二十七都五圖所屬人戶爲例——」王振忠・劉道勝主編『徽州文書與中國史研究』3，中西書局，2022年）
‥‥‥‥‥‥‥‥‥‥‥‥‥‥‥‥‥‥‥‥‥‥‥‥‥‥‥‥‥‥‥ 第 5 章

「休寧縣27都 5 圖所屬人戶の娶妻範圍」（『唐宋變革研究通訊』10，2019年）
‥‥‥‥‥‥‥‥‥‥‥‥‥‥‥‥‥‥‥‥‥‥‥‥‥‥‥‥ 第 6 章第 2 節

「明末休寧縣27都 5 圖所屬の有力氏族」（『唐宋變革研究通訊』14，2023年。中國語譯（楊纓譯）「明末休寧縣二十七都五圖所屬有力宗族」周曉光主編『徽學』19，社會科學文獻出版社，2024年）‥‥‥‥‥‥‥‥‥‥‥‥‥‥‥‥ 第 3 章

　緒論は新稿である。「江南鄉村社會の原型」（岩波講座『世界歷史』7，岩波書店，2022年。中國語譯（楊纓譯）「江南鄉村社會的原型」王振忠・張小坡主編『徽州文書與中國史研究』6，中西書局，2024年）の論述の一部は，緒論，第 3 章第 1 節第 3 項，終章第 3 節に盛り込んでいる。舊稿の改訂は，一書とするために必要な改變や體例・文體の統一のほか，誤りの訂正，史料の增補，掲載雜誌等の紙幅の制約のために果たせなかった史料原文の引用と論述の加筆にまでおよぶ。舊稿の基本的論旨に變更はないが，これらの改訂を經ているため，本書をもって舊稿は破棄する。

　本書を上梓するまでの經緯とお世話になった方々への謝辭を記したい（本書を【研究篇】と【資料篇】の二分冊とした意圖については，【研究篇】緒論と【資料篇】はしがきで述べたので觸れない）。通常のあとがきに比して長い文章となることをお許しいただきたい。

　安徽博物院（以前の安徽省博物館）藏『萬曆27都 5 圖黃册底籍』（以下，『黃册底籍』と略す）を閱覽する以前は，本來，宋元史研究を志す者がまさか本書のよ

うな書物を出すことになるとは夢にも想わなかった。『黄册底籍』の存在を知ったのは，欒成顯（岸本美緒譯）「明末清初庶民地主の一考察——朱學源戶を中心に——」（『東洋學報』78-1，1996年）によってである。一里分全體の明代賦役黄册の内容を傳える史料が存在することに驚き，「これによって明代里甲制體制下の郷村社會の實態解明という明代史研究の宿願が果たせるのでは」と思ったが，「時期は里甲制が解體にむかう明末の萬曆年間，地域は安徽省内のことであり，自分が關心のある時期と地域とは異なる。明清史研究を專門とする然るべき方が果たされることだろう」と思い，『黄册底籍』の舞臺の地理的環境さえ調べることもないまま存在を忘れていた。これは，筆者自身が日本の中國史研究の通説的理解の枠内にあったことを示している。

　『黄册底籍』への關心が甦ったのは，前著『宋元郷村社會史論——明初里甲制體制の形成過程——』（汲古書院，2010年。以下，前著と略す）の終章「明初里甲制體制の歷史的特質——宋元史研究の視角から——」の舊稿を準備していた2006年頃のことである。欒成顯『明代黄册研究』（中國社會科學出版社，1998年）によって『萬曆9年清丈27都5圖歸戶親供册』と『黄册底籍』が傳える休寧縣27都5圖所屬人戶の事産所有狀況を知り，「このような世界があるのか」と驚愕した。筆者の推測を越えて自作農人戶と事産所有人戶が廣範に存在しており，舞臺の地理的環境を調べると，南宋期の先進的水稲作技術が普及していたと推測される山間盆地内であった。驚きとともに「徽州であれば同時代の第一次史料が多く殘されているから，それらをもとに再生産可能な條件をシミュレーションして休寧縣27都5圖所屬人戶の階層構成を探ることができるはず。それには『黄册底籍』等の安徽省博物館所藏の史料を何としても閲覽しなければ」という想いを抱いた。

　『黄册底籍』等の閲覽が叶ったのは2009年9月のこと。『黄册底籍』等の記載の整理・分析を進めるなかで，内容の重要性とならんで他の人が閲覽できない史料を特別に閲覽した責任の重みをひしひしと感じ，「これをしっかり分析して，記載内容を學界全體で共有できるようにするまでは死ねないな」と思うようになった。理論も史料讀解も不得手で自身の研究の價値に自信をもてないが

ゆえに，院生時代以來，大學人としての他の業務を優先し，研究は後回しにしつづけてきた人間がはじめてもった感覺である。『黄册底籍』等を閲覧してから15年以上の歳月を要してしまったが，いま本書の初校戻しを終えて，少し肩の荷をおろした氣がしている。

　本書【研究篇】に見るものがあったとすれば，それはすべて史料の威力によるものである。筆者の史料閲覧と研究活動には，中國の多くの方々にご理解とご協力をいただいた。欒成顯先生は，御自身が『黄册底籍』等を閲覧した際の記録資料を2008年9月に提供してくださり，2010年9月には『黄册底籍』等の舞臺である陳霞鄉内の現地見學に同行してくださり，2011年9月には私が主催する研究會のために來日してご教示くださった。そのほか，隨時電子メールでの質問にご教示くださり，『黄册底籍』記載データの公開についても安徽省博物館の許可をとってくださった。

　安徽大學歷史系・徽學研究中心の方々は，『黄册底籍』等の閲覧のためにご盡力くださった。『黄册底籍』等の閲覧が叶ったのは，ひとえに安徽大學歷史系・徽學研究中心の方々のおかげである。安徽省博物館副館長であった黄秀英氏は，安徽大學歷史系・徽學研究中心の方々のご盡力に應えて閲覧を許可してくださった。安徽大學徽學研究中心の卞利氏（現在は南開大學歷史學院）は，筆者の意圖を理解して2010年9月と2016年12月に「未開放地區」である陳霞鄉内の現地見學を準備・手配してくださるなど，一貫して筆者の研究を支援してくださった。安徽省休寧縣地方志辦公室の汪順生氏は，二度も陳霞鄉内の現地見學を案内してくださり，御自身で土名の聞き取り調査の勞もとってくださった。南京大學歷史系の范金民氏は，2015年3月の南京大學歷史系資料室の史料閲覧を許可してくださり，特段の配慮もくださった。復旦大學歷史地理研究中心の王振忠氏は，2017年以來「“徽州文書與中國史研究”學術研討會」に招聘して發表の機會を與えつづけてくださった。安徽師範大學歷史學院の劉道勝氏は，安徽師範大學圖書館所藏の都圖文書の畫像をご提供くださった。暨南大學文學院の黄忠鑫氏は，博士論文によって上海圖書館藏『明萬曆9年休寧縣27都5圖得字丈量保簿』の存在を教えてくださったほか，適宜，徽州文書の所藏狀況の

詳細を教えてくださり，2022年6月〜7月には「コロナ禍」の最中であったにもかかわらず來日して筆者との共同研究に従事し，徽州文書研究の最前線の成果をご教示くださった。

　この間，中國での學會參加・史料閲覽・現地見學だけが，筆者が研究者である意識を回復する唯一の機會であった。ここに記した以外にも學會參加等を通じてお世話になった方は多い。そうした方々も含めて厚くお禮申し上げる。

　日本の研究者にも多くのご協力をいただいた。恩師である森正夫先生（名古屋大學）は，欒成顯先生に筆者への協力を依頼してくださって以來，一貫して筆者の活動を見守り，支援しつづけてくださった。吉尾寛氏（高知大學）は，客員教授を務める安徽大學の方々に筆者への協力を依頼してくださった。岸本美緒氏（お茶の水女子大學）は，2011年9月に欒成顯先生，2022年6月に黄忠鑫氏を招聘した際に東洋文庫での研究會を準備してくださった。東洋文庫での研究會は山本英史氏（慶應義塾大學）もお世話くださった。欒先生を招聘した際には，岩井茂樹氏（京都大學）も研究會を準備してくださった。長井千秋氏（愛知大學）は，筆者との共同研究に參畫して南宋江南の生產力水準と小農民經營を再檢討し，論文を執筆してくださった。三木聰氏（北海道大學）は，故・津田芳郎氏が遺した上海圖書館藏『著存文卷集』の寫眞と抄寫した記錄資料の複寫を提供してくださった。鶴見尚弘氏（橫濱國立大學）は，御自身が閲覽した中國國家博物館（以前の中國歷史博物館）藏『萬曆9年歙縣16都2圖商字魚鱗淸册』の記錄資料を複寫させてくださった。中島樂章氏（九州大學）は，安徽省圖書館所藏の都圖文書の複寫を提供してくださった。下倉渉氏（東北學院大學）は，關係史料の閲覽に協力してくださった。小島浩之・矢野正隆兩氏（東京大學）は，筆者自身と招聘した研究者の史料閲覽に協力してくださった。そのほか，私が主催した研究會，欒先生と黄氏が來日された際の研究會に參加してくださった方にもお世話になった。そうした方々も含めて感謝の意を表したい。

　本書にまとめた研究活動を通して痛感したのは，日本の研究者に對する中國の方々の厚い信賴である。それは，日中國交回復以來，先學たちが學術交流を

積み重ねるなかで培ってきたものであり，筆者のような者でさえもその恩惠にあずかった。筆者の活動が機緣となって，2010年9月に安徽大學徽學研究中心と熊本大學文學部との間で部局間交流協定を結び，2015年10月には安徽大學と熊本大學との間で大學間交流協定を締結し，兩大學の研究者・大學院生・學生が交流するようになっている。先學たちが培ってきた流れに掉さし，先學たちの努力に少しでも報いるものとなることを祈っている。

　本書【研究篇】は，前著の宿題──『黄册底籍』等を閲覽したうえで休寧縣27都5圖所屬人戶の實態を追究するという課題を果たすものである。前著については，「筆者の著作など學界で相手にされることはないだろう」と思っていたが，豫想に反して井黒忍氏（『中國研究月報』65-3，2011年），岸本美緒氏（『歴史評論』734，2011年），故・北田英人氏（『新しい歴史學のために』279，2011年），靑木敦氏（『史學雜誌』121-2，2012年），平田茂樹氏（『社會經濟史學』78-2，2012年）に書評していただき，近藤一成氏には動向論文（「はじめに─中國傳統社會への視角─」宋代史研究會研究報告10『中國傳統社會への視角』汲古書院，2015年）のなかで論評していただいた。中國でも黃忠鑫氏に紹介していただいた（「從長時段視角反思“唐宋變革”與“明末清初”」『中國社會科學報』2011年10月27日）。いずれも細部を除いては筆者の基本的理解を支持していただいたと受け止めており，本書の研究作業を進めるうえで大きな勵みとなった。ただ，過分な評價をいただいたように感じており，「2010年の歴史學界──回顧と展望──東アジア　中國──五代・宋・元」（『史學雜誌』120-5，2011年）での梅村尙樹氏の論評が穩當なようにも思われる。書評・紹介・論評の勞をとってくださった方々に，この場を借りてお禮申し上げたい。なお，前著によって佛教大學から博士（文學）の學位をいただいた。審査にあたられた宮澤知之先生，西川利文先生，岩井茂樹先生に厚くお禮申し上げる。

　中國史研究會の諸氏は，本書の研究の意圖を理解して筆者の活動を勵ましつづけてくださった。筆者がはじめて中國史研究會に參加させていただいたのは，1991年5月のことだったと記憶する。元來，怠惰な性分の人間が地方に居ながらも研究を繼續することができたのは，1993年8月以來，中國史研究會の末席

あとがき　321

にくわえてくださったおかげであると改めて感謝している。

　休寧縣27都5圖所屬人戸が居住した陳村・霞瀛と周邊の集落の現狀にも觸れておきたい。現在，陳村・霞瀛と周邊の集落の本來の景觀は殘っていない（本來の景觀は陸地測量部作製の1/50,000地形圖に殘されるのみとなった）。「月潭水庫」の建設によって，2018年度内に陳村・霞瀛などの集落が水沒したからである。「月潭水庫」は洪水調節，生活・工業用水，發電のための多目的ダムであり，ダム正常水位165m，ダム總容量1.57億㎥，洪水調節容量0.97億㎥，平均發電量432億6000Wと計畫されており，その建設によって溪口鎭溪口村・和村・石田村，陳霞郷小瑢村・陳霞村・回溪村，海陽鎭首村村の範圍——明代の郷村行政組織でいえば11都・13都・26都・27都の所屬人戸が居住した集落が影響を受けるという（陳霞郷小瑢村村民委員會の揭示による）。2016年12月の陳霞郷内の現地見學は，陳村・霞瀛と周邊の集落の本來の景觀を目にする最後の機會となった。そこは「自身の研究のフィールドといえる地域がはじめてできた」と大切に思っていたがゆえに，本來の景觀が失われてしまうのは殘念でならないが，2010年9月の現地見學で農業生産の知見をうかがった古老の一人——霞瀛の朱訓謙氏（朱學源戸の末裔と推測される）のお宅を訪ね，上海圖書館藏『霞瀛朱氏統宗譜』の畫像の複寫を屆けて霞瀛朱氏の始遷祖や繁榮

2016年12月，陳村の中心部
（『得字丈量保簿』の土名にある"陳村街心"）

2010年9月，陳霞郷現地見學での欒成顯先生
（左から2人目。左から3人目は朱訓謙氏）

について説明することができた（このことは，黄山市の新聞でも「爲了6年前的承諾日本學者"護送"《霞瀛朱氏統宗譜》回家」と題して報じられている。『黄山晨刊』2016年12月22日）のは，せめてもの救いであった。

　本書の作成にあたっても，多くの方にご援助を賜った。【資料篇】第1章の入力データの確認と第2章のデータ入力では，熊本大學文學部アジア史研究室に所屬していた村上華榮・永盛鳳翔兩君にお手傳いいただいた。地圖・系圖の作成では山野ケン陽次郎氏（熊本大學）に，中文摘要の作成では楊纓氏（熊本大學）に，英文目次の作成では齋藤靖氏（熊本大學）にお世話いただいた。大田由紀夫氏（鹿兒島大學）には初校のお手傳いを忝くした。楊氏は研究活動を通して通譯と論文の中國語譯を擔ってくださり，大田氏は研究活動に參畫して史料收集や研究内容にご教示しつづけてくださった。兩氏のご協力がなければ本書が日の目を見ることはなかったといってよい。いずれも謝意を表したい。

　困難を極める出版事情のなかにありながら，前著につづき本書の出版を引き受けてくださった汲古書院にも厚くお禮申し上げる。社長の三井久人氏は，本書の研究に着手した當初から「是非とも本にしましょう」と勵ましつづけ，出版を快諾してくださった。編集部の小林詔子氏は，圖表が多く面倒なうえに，汲古叢書でははじめての二分冊という難題を見事に仕上げてくださった。

　本書の内容をまとめるまでに2009〜2011年度科學研究費補助金基盤研究（C）「宋―明期の江南における小經營發展と里甲制體制下の階層構成に關する研究」（課題番號：21520723），2013〜2017年度科學研究費補助金基盤研究（C）「明末清初期，里甲制體制下の社會的流動性と階層構成の變動に關する研究」（課題番號：25370834），2019〜2023年度科學研究費補助金基盤研究（C）「明清期徽州魚鱗圖册の研究」（課題番號19K01020）と2021年度日本學術振興會「外國人招へい研究者」（短期）の交付を受け，本書の出版にあたっては2024年度研究成果公開促進費（學術圖書）（課題番號24HP5071）が交付された。いずれも本書の上梓に不可缺なものであり，審査の勞をとってくださった方々に感謝したい。

　2023年12月16日，長く徽州文書研究・明清史研究を教導され，日中の學術交流にも盡力されてきた欒成顯先生が亡くなった。享年83。突然の訃報に接し，

絶句した。筆者が最後に欒先生にお會いしたのは，亡くなる３ヶ月前——同年９月に黄山市屯溪の「黄山國際大酒店」で開催された第７回「"徽州文書與中國史研究"學術研討會」であった。欒先生は「コロナ禍」のなかで體調を崩した時期もあったそうで，夫人の金志荔氏も同行されていた。「コロナ禍」を挟み４年ぶりに再會することができ感激した。學會の間に筆者から「①欒先生が準備されている休寧縣檔案館所藏の清代魚鱗圖册に關する研究書が出版されたら研究會を開きたいので，日本にお越しいただきたい。②私も來年度に休寧縣27都５圖に關する研究書を出版する計畫であるので，その本の序文を書いていただきたい」と二つのお願いをし，いずれも快諾してくださっていた。

　前著につづき本書もまた最もご覽いただきたい方にはご覽いただけないことになってしまったが，本書が欒先生の認識をわずかなりとも前進させ，學恩に報いるに値することを祈りつつ，本書を亡き欒成顯先生に捧げたい。

　　2024年10月６日　　　熊本大學文學部の研究室にて

　　　　　　　　　　　　　　　　　　　　　　伊　藤　正　彦

The Prototype of Rural Society in the Jiangnan Region of Chica:
A Study of the Documents in the Yellow Resisters of Labor Service and Taxation and Fish-scale Resisters during the Ming Dynasty

Book of Reseach Contents

Introduction

Issues in the Study of Social History of Farm Villages during
the Ming Dynasty ·········· 3

Chapter 1

*The Duplicates of the Household Register of 27 Du 5 Tu of Xinning Prefecture
during the Wanli Era* and *The Marked Register of the Land Survey of 27 Du 5
Tu in Xinning Prefecture in the Ninth Year of the Wanli Era during the Ming
Dynasty* ·········· 17

Chapter 2

Social Stratification ·········· 91

Chapter 3

Influential Lineages ·········· 145

Chapter 4

Tenant-Landlord Relationship ·········· 183

Chapter 5

    Frequency of Dealing in Land and Changes of Landownership ⋯⋯ 237

Chapter 6

    Distribution of Landownership and Range of Marriage Alliances:
    The Sphere of Daily Life   ⋯⋯⋯⋯ 267

Conclusion

    A Study of Formation of 'Traditional Society' : 'Early Modernization'
    and 'Social Changes from Tang to Sung'   ⋯⋯⋯⋯ 293

Postscript⋯⋯⋯ 315

Summary in Chinese⋯⋯⋯ 327

Index⋯⋯⋯ 331

中文摘要　327

中文摘要

中国江南乡村社会的原型
——明代赋役黄册、鱼鳞图册文书研究——

【研究篇】

绪　论　明代乡村社会史研究的课题

在战后日本的中国史研究中，小山正明对明代乡村社会的性质进行了最为系统性和实证性的研究。笔者在绪论中对小山的论述进行了梳理，指出明代里甲制度下乡村社会的实际情况（即里甲制度下所属人户的实际情况）仍是一个亟待探究的课题。本书研究的主要内容即是利用赋役黄册、鱼鳞图册等文书，考察休宁县27都5图所属人户的实际情况。通过这一研究，还可了解宋代先进的水稻种植地区在明代演变成了怎样的乡村社会，这对于跨朝代延续性地、系统性地认知中国历史也具有重要意义。

第1章　《黄册底籍》与《丈量保簿》

本章考察了本书使用的主要史料的相关信息及其性质。其一是安徽博物院藏《万历27都5图黄册底籍》4册（以下简称《黄册底籍》），其二是上海图书馆藏《明万历九年休宁县27都5图得字丈量保簿》1册（以下简称《丈量保簿》），其三是安徽博物院藏《万历九年清丈27都5图归户亲供册》（以下简称《归户亲供册》）。《黄册底籍》推定是由朱学源户抄录并保存下来的，朱学源户长期以来被认为是庶民地主，但根据朱坤纂《霞瀛朱氏统宗谱》5卷可知，其户下实际上存在在野读书人，该户并非庶民。《丈量保簿》保存了清丈时99%的田土信息，并曾印刷发行。本章还考察了《归户亲供册》的编制时间及其与《丈量保簿》的关系。通过与上海图书馆藏《著存文卷集》1卷的比对，证实了本书使用的主要史料都具有极高的可信度。

第 2 章　阶层结构

基于实地考察中获得的农业生产相关知识，以及从土地买卖文书中获得的数据，本章对万历年间27都5图所属人户维持再生产可能的土地规模进行了模拟分析，并在此基础上对27都5图所属人户阶层结构的经济性质进行了探讨。假设稻米的亩产量为2石，一个五口之家（夫妻二人和三个孩子）拥有6.6亩田和2.2亩地，共计8.8亩田地即可实现再生产，如果拥有10亩左右的田地，成为自耕农则绰绰有余。据此推算，万历三十年和四十年；27都5图中超过一半的人户都能以自家土地实现再生产（万历三十年：53.3%，万历四十年：52.3%）；此外，九成以上的人户拥有自己的土地，这一阶层结构显示，27都5图已经达到"小农自立"的水平，甚至超过了同一时期日本先进地区的发展水平。

第 3 章　有力宗族

本章基于万历十年至万历四十年间27都5图所属有力宗族的实际情况，考察了27都5图所属人户的阶层结构，并探讨了"总户—子户"制度（一个大户析产分成几个独立的子户，但在官府的册籍上仍作为一户存在之习惯）的形成时期。当时被公认为名门的藤溪王氏、扬冲朱氏以及新兴的霞瀛朱氏都是当地的势家大族。扬冲朱氏一族中有许多任官者与监生，藤溪王氏和霞瀛朱氏也培养了不少读书人。27都5图阶层结构的特点是：图内九成以上人户拥有土地，半数以上的人户依靠自家土地进行再生产，而那些读书人辈出的人户则占据了这一阶层结构的顶部。此外，从有力宗族结成的总户—子户关系，其覆盖范围均是生活在明初的某位人物的子孙来看，"总户—子户"制是从明初开始形成的。

第 4 章　租佃关系

本章依据万历九年清丈时攒造的鱼鳞册——《丈量保簿》，探讨了27都5图内土地的租佃情况。图内土地的出租率超过50%，表面上看地主土地所有制似乎非常发达。然而，即使是大量出租土地的人户，也将一部分土地留作自耕，说明其土地所有并非寄生性质。绝大多数佃户租种少量土地以贴补生计；实行"总

户—子户"制的富裕人户，其下的子户也会租种大量土地；隶属于主家的佃仆（火佃）还会向主家以外的人户租种土地；自家土地足够维持再生产的人户也会租种和出租土地。27都5图内的租佃关系是基于各户经济状况需要，自由选择而形成的一种生产关系。

第5章　土地买卖的频度与土地所有的变更

本章根据《黄册底籍》万历二十年册、三十年册和四十年册中"新收"转收与"开除"转除项下所载土地买卖记录，探讨了27都5图所属人户土地买卖的频度及其规模。在万历二十年册、三十年册和四十年册所载时段，即万历十年至四十二年的32年间（大致为一代人的时间长度），27都5图所属人户平均买卖土地29.9次，约1年1次。除富裕人户外，普通人户的土地买卖频率也达到15.2次，约每两年一次；土地的变更规模不到10亩，与一个五口之家维持再生产所需的土地数量接近，由此可知，即使是普通庶民，其社会流动性也非常高。

第6章　土地的分布情况与娶妻的地域范围——生活圈

本章以《丈量保簿》和《归户亲供册》为线索，探讨了万历九年27都5图所属人户占有的土地的地域分布情况。根据《归户亲供册》可知，27都5图所属人户占有的土地中，有91%位于27都之内，其余主要分布在邻近之都。另据《丈量保簿》可知，27都5图内超过一半的土地由他图所属人户占有，其中85%以上由27都1图所属人户占有。人户占有的土地是他们从事耕种、收租等日常经济活动的场所，其所属的都及周边地区构成了他们的日常生活圈。

进一步梳理《黄册底籍》所载娶妻记录可知，27都及其邻近都，以及27都5图人户在都中占有土地的一些都，都是27都5图所属人户娶妻的主要范围。

终　章　"传统社会"形成论即"近世化"论与"唐宋变革"

自20世纪90年代中期以来，"传统社会"形成论即"近世化"论已成为日本历史学界的主要系统性认识。本章探讨了这一理论对中国史历时性研究所提出的问题，并将本书的结论置于这一问题中加以讨论。

"传统社会"形成论即"近世化"论，对中国史整体研究提出的挑战之一是如何认识从"唐宋变革"至明末，即16世纪以前这一时期的历史性质。本书所揭示的万历年间27都5图的世界，是宋元以来各种变化发展叠加后的乡村社会的图景。这不仅是里甲制度直到明末仍能持续运作并发挥作用的背景因素，还决定了清朝以后乡村社会的发展。同时，本书的研究也为建立在江南三角洲研究基础上的、通行的"明末里甲制度瓦解论"提供了相对化的理解。

書名（史料）索引　エイ〜テイ　331

索　引

書名（史料）索引 ……………………331
人名（研究者名）索引 …………………332
語彙索引（人名・人戸名・地名を含む）……333

書名（史料）索引

ア行
永樂至宣德徽州府祁門縣李務本戸黃册抄底
　　　　　　　　　　　　　　　　259
袁氏世範　　　　　　　　　181, 264

カ行
嘉靖41年浙江嚴州府遂安縣18都下１圖賦役
　黃册殘本　　　　　56, 258, 264
霞瀛朱氏統宗譜（統宗譜）　58, 59, 63, 68,
　85〜87, 178
槐溪張氏茂荊堂田契册　　　　76, 89
徽州府休寧縣都圖郷村詳記　　　　139
徽州府志（弘治）　　　　　　　138
休寧縣志（康熙）　　　86, 148, 149
休寧縣志（道光）　　　　　　69, 86
休寧縣志（萬曆）　23, 71, 87, 95, 138, 148,
　174〜177, 290
休寧縣都圖甲全錄　84, 85, 88, 138, 140〜142,
　175, 176, 233, 289
休寧縣都圖名字號便覽　　　　　139
休寧縣都圖里役備覽　84, 85, 88, 138, 140〜
　142, 175, 176, 233, 289
教民榜文　　　　　　　　181, 289
元至正２年至乾隆28年王氏文約契贍錄簿
　（文約契贍錄簿）　171, 180, 224
吳興續志　　　　　　　　　　12
後湖志　　　　　　　83, 168, 179
弘治９年抄錄魚鱗歸戸號簿　　　11

サ行
至正24年（龍鳳10年）祁門14都５保魚鱗册
　　　　　　　　　　　　　　　232
紫山大全集　　　　　　　　　264
朱氏正宗譜　　　　　　　　　85
重修婺源縣志　　　　　　　　86
昌谷集　　　　　　　　　　313
沈氏農書　　　　　　　　　139
清順治15年27都５圖良字登業草册　70, 89,
　184
清初27都５圖３甲稅糧編審册匯編（清初編
　審册）　　　　　17, 57, 68, 82
新安休寧名族志（休寧名族志）　58, 137, 145,
　146, 148〜150, 152, 166, 174, 176〜178
新安大族志　　　　　　　　　146
新安名族志　　　　　　　145, 174
水心別集　　　　　　　　　311
宋會要輯稿　　　　　　　　　85

タ行
太函集　　　　　　　　176, 177
大元聖政國朝典章　　　　　　85
大明會典（正德）　　　　　86, 179
大明令　　　　　　　　168, 178
畫簾緒論　　　　　　　　　311
著存文卷集　80, 81, 90, 147, 175〜177, 179,
　233
陳旉農書　　　　　　　　7, 93
定宇集　　　　　　　　174, 175

332　書名（史料）索引　トウ～ミン／人名（研究者名）索引　A～シ

藤溪陳氏宗譜（陳氏宗譜）　146, 175

ハ行

萬曆9年清丈27都5圖歸戶親供册（歸戶親
　供册）　17, 68, 76, 79～82, 88～93, 171, 176,
　194, 233, 267, 268, 271, 287
萬曆27都5圖黃册底籍　17, 82
萬曆休寧29都7圖欲字活字版魚鱗清册　71
萬曆至崇禎27都5圖3甲朱學源戶册底（朱
　學源戶册底）　17, 57, 63, 68, 82
武口王氏統宗世譜（統宗世譜）　152, 154,
　155, 158, 160, 164, 177, 178

マ行

明洪武18年歙縣16都3保萬字號清册分庄

　　　　　　　　　　　　73, 89, 90, 232
明史　67, 87, 179
明太祖實錄　12, 83, 179
明萬曆9年休寧縣25都6圖潔字丈量保簿
　（潔字丈量保簿）　71, 89
明萬曆9年休寧縣25都8圖男字丈量保簿
　（男字丈量保簿）　71, 73, 89
明萬曆9年休寧縣27都5圖得字丈量保簿
　（得字丈量保簿）　70, 71, 78～81, 88, 89,
　92, 99, 145, 154, 155, 158, 160, 164, 175, 177,
　183, 184, 186, 187, 194, 220, 234, 267, 271,
　274, 301
明萬曆10年3月至清順治17年王氏抄契簿
　　　　　　　　　　　　　　　　　260

人名（研究者名）索引

歐文

A.リード　294
D.ハーヴェイ　310
G.W.スキナー　10, 15
J.W.チェフィー　15
J.フレッチャー　294
K.マルクス　311
R.M.ハートウェル　312

ア行

安良城盛昭　15
足立啓二　14, 310, 313
阿風　90, 170, 179, 180
朝尾直弘　15, 141, 309, 310
安徽大學徽學研究中心　82
安徽大學歷史系　82
韋慶遠　82
稻葉繼陽　300, 310
岩井茂樹　12, 18, 82, 84, 258,
　264, 295

岩見宏　12
尹敏志　12, 180
尹夢佳　88
上田信　294, 308
臼井佐知子　15
小山正明　4, 6, 12～14, 139,
　307
汪慶元　16, 88, 94, 139, 185,
　233
大田由紀夫　82, 85, 138, 142,
　264
大澤正昭　14
岡田洋司　290
奧村哲　309, 310
落合惠美子　278, 283, 290

カ行

何炳棣（Ping-ti Ho）　140,
　237, 263
勝俣鎭夫　309, 310

岸本美緒　139, 142, 265, 277,
　290, 294～297, 299, 300,
　309～311
北村敬直　13, 313
草野靖　183, 232, 311
栗林宣夫　12
吳慧　139
侯楊方　278, 283, 290
洪性鳩　180
康健　142
黃秀英　82
黃忠鑫　15, 76, 88, 89
國分良成　310
近藤一成　312

サ行

佐竹靖彥　13, 311
坂田聰　300, 310
笹川裕史　310
清水光明　308

人名（研究者名）索引　シ〜ワタ／語彙索引　イ〜オウ　333

滋賀秀三　298, 310	鶴見尙弘　12, 13	宮澤知之　14, 183, 232
斯波義信　264	寺田隆信　138, 140	宮嶋博史　294, 296, 299, 308
竺沙雅章　12, 180	寺田浩明　183, 232, 263	〜310
島居一康　14, 312	寺地遵　311	森正夫　13, 14, 16, 138, 291
周紹泉　87, 89, 94, 139, 278,	杜立暉　83, 84	
283, 290	東陽市財税志委員會　16	ヤ行
周藤吉之　14, 311		山崎覺士　312
章有義　136, 142, 185, 232,	ナ行	山田賢　308
233	内藤湖南　298, 310	山根幸夫　12, 15, 312
葉顯恩　83, 234	中島樂章　15, 68, 84, 87, 95,	山本英史　309
鈴木博之　89, 140, 170, 171,	139, 140, 141, 177, 232, 235,	楊纓　82, 85, 138
174, 178, 180	291, 312	楊品　88
妹尾達彦　309	長井千秋　14, 94, 138, 139	
曾我部靜雄　311	仁井田陞　265	ラ行
宋坤　12, 83〜85, 180	西村茂雄　310	欒成顯　10〜12, 15, 16, 18,
孫繼民　83, 84		23, 24, 57, 69, 70, 76, 82〜
	ハ行	89, 92, 93, 98, 138〜141,
タ行	范金民　180	174, 178, 233, 235, 239, 240,
田尻利　139	費孝通　97, 140	259, 264, 265, 289, 312
高橋芳郎　13, 14, 84, 90, 175,	尾藤正英　309, 310	李州磊　265
176, 179, 183, 210, 232, 233,	ピーター・ボル　312	李文治　140
264, 312	藤井宏　142	劉道勝　84
谷口規矩夫　12	古島和雄　13, 139	劉和惠　94, 139, 232
張恆　12, 85, 180	卞利　138, 139, 180	
張詩悅　88	彭超　264	ワ行
張小坡　138		渡邊紘良　313
趙岡　10, 15	マ行	渡邊信一郎　14, 183, 232,
陳柯雲　141	三木聰　90	310, 312

語彙索引（人名・人戸名・地名を含む）

ア行	140, 168	王炎　151
イエ　296	役次決定　304	王逵　164
一條鞭法　5, 95, 295, 308	袁采　237	王元（王盛）戸　25, 77, 83,
一般的生産諸條件　3, 303	遠祖祭祀　305	89, 238
隱君　67, 86	遠方の都　287, 288	王三魁戸（王茂戸の子戸）
裏作　94, 96, 103, 105	王以倫　160, 174	94, 139
永充（永充制）　102, 137,	王雲賜　155, 178	王字　160, 174

334　語彙索引　オウ～グン

王時（王正芳）戸　154, 158, 168, 169, 171, 173, 223, 286, 287
王爵戸　154, 164, 168, 177, 178, 194, 223
王初（王敍）戸　154, 163, 169, 223, 256, 286
王汝舟　151
王仁元　155, 174, 178, 264
王時（王正芳）戸　103, 141, 164, 167, 171, 180, 254～256
王性吾　164
王齊興戸　154, 158, 167～169, 171, 194, 223, 254～256, 286, 287
王端芳　155, 178
王天賢　164
王德富　155, 174, 178
王文萱　158, 178
王文元　155, 174, 178
王榜　164
王萬德　158, 174, 178, 224
王茂戸　103, 141, 154, 155, 167～169, 171, 194, 195, 223, 234, 254～257, 260, 262, 263, 265, 284～286
王茂戸の子戸　219
王禮元戸（王茂戸の子戸）　260, 263, 265
歐陽脩　305
晋通異字　195

カ行
下等主戸　183, 184
河谷平野　7, 8, 184
科擧登第者　302
夏言　171
夏税秋租簿　57

家訓書　173
家父長的奴隷制經營　4
霞瀛（下盈）　10, 15, 58, 91, 276
霞瀛朱氏　58, 166～169, 174
霞瀛朱氏の遠祖　59
霞瀛朱氏の始遷祖　59
霞瀛朱氏三房派　67
霞瀛朱氏長房派　59, 63, 178
霞瀛の古老　93, 94, 97, 104
改革開放　294, 295, 297
海禁體制　300
海瑞　95
開弦弓村　97
學位保持者　63, 66, 137
活字版（木活字版）　71, 73
官田　6
冠帶　164
冠帶儒士　155
乾田化　7, 307
韓國・臺灣の資本主義發展　294, 295, 299
奇峰鄭氏　142
耆長　303, 304
記載樣式の差異　283, 284
寄生的な地主的土地所有　307
畸零戸　3
詭寄　170
詭名行爲　170, 304
熙豐變法　303
徽州商人　132
徽州府下の經濟狀況　132, 137
歸戸册　76, 84
歸戸實徵册　63, 265
義役　304, 305
義子孫　84
義莊　305

義門　151
擬制戸名　169～171
糾論・糾決　304
擧人　4, 146, 175, 305
魚鱗字號（魚鱗圖册の字號）　23, 25, 70, 77, 78, 81, 83, 146, 175, 275, 276, 290
魚鱗圖册の出版　73, 75
魚鱗圖册の賣買　76
魚鱗圖册の販賣　75
共同體的機能　5
郷　303
郷飲酒禮　86
郷飲大賓　67, 86, 87
郷飲賓　86, 164
郷居手作地主　4
郷書手　4, 303
郷紳　4, 5
郷村行政區域　11, 136
郷村戸　306
郷村裁判　3, 289
郷約（郷約保甲）　67, 68, 87, 155, 160, 174
郷約所　87
均分相續慣行　237
近縁の都　284～288
近世　293, 295～298
金革孫　81, 90
金氏（11都3圖）　80, 147, 170
金萬鍾戸　106, 141, 256
金萬政戸　194, 223
銀の大量流入　293, 294, 308
區　6, 277
グローバル・ヒストリー　294, 296
隅　268, 278, 284
軍戸　18, 102, 140, 154, 158, 168, 169

語彙索引　ケイ〜シュ　335

慶元府（明州）　7, 139
經界法　11, 69, 304, 307
經濟的契約關係　210, 231
健訟　302, 304, 305
縣城内　277, 287
原額主義論　295
現年里長の役費　173
戸計　18
戸主　63, 158, 160, 163, 164, 171, 176, 241
戸籍制度　306
戸丁　147, 154, 167, 168, 170, 177, 178, 187, 234, 272, 274
戸長　303, 304
固定的戸籍制度　300
胡祇遹　237
雇傭人身分　5
五等戸制　183, 303
公籍　84, 235
公田法　6
江南デルタ（太湖周邊デルタ）　6〜8, 91, 98, 277
洪武丈量　11, 69, 73, 88, 90, 185
甲　268
甲首　3, 4, 6, 170
甲總　77
行籍　306
貢生　66, 164
黄册遺存文書　23, 56, 68, 259
黄册底籍　68, 81
黄墩　151
合同文書　76
告明分析　68, 69, 87, 149, 176, 180, 253, 287
告明立戸　149, 253〜256
國子監生（監生）　63, 148〜150, 277, 166, 254, 277

國都北遷　7
米の相場　95
米の畝當り收穫量　94, 96〜99, 103
婚姻圈　277

サ行

差科簿　306
再生産可能な所有事産規模　91, 234
栽苗工食　126
在野の讀書人　63, 67, 68, 137, 150, 155, 158, 160, 164, 166, 167, 174, 254〜258, 277, 286, 302, 305, 307
財産相續　264
三區分法（四分法）　298
山間盆地　7, 8, 184
山主自裁　125, 126
山場　102, 125, 131, 260
攢造黄册格式　168
士人　67, 305
子戸間の事産賣買　263, 265
四至　220
四柱形式　18
私册　73
祠堂　305
祠廟祭祀　171
ジニ係數　10
地主經營　260
地主的土地所有　125, 131, 137, 186, 195, 225
地主佃戸關係　7, 183, 184
自家消費目的　94, 220, 260
自小作農　220, 225, 232
自耕　186, 195, 224, 277, 288
自作農　4, 97, 132, 133, 136, 260, 301, 302, 307
自律的團體　3, 296

事産集積の手段　240
事産賣買件數　253
事産賣買しなかった人戸　253
事産賣買の公認　237
持高5石以上の百姓　125
社會主義　298
社會的結合　3, 12
社會的再生産　303
社會的流動性　237, 302, 307
主家　220, 223
主分　126
朱夏成　174
朱學源（朱清）戸　57, 58, 63, 67, 68, 82, 93, 103, 104, 141, 166〜169, 178, 234, 256, 265, 286, 287
朱學源戸の子戸　98
朱貴戸　103, 106, 141, 256
朱熹　151
朱元璋政權　69, 87, 185
朱元璋の教戒　173
朱元成　174
朱洪戸　149, 150, 167, 171, 176, 180, 194, 195, 223, 254〜257, 277, 286, 287
朱作戸（朱作）　150, 167, 174, 176, 254, 256
朱子學モデル　299
朱子世家　59
朱師顔　149, 150, 174, 176
朱師顔（汪岩亮）戸　167, 254, 255〜257
朱師孔戸（朱師孔）　148, 149, 167, 174, 176, 180, 254〜256, 287, 288
朱春成　174
朱淳戸（朱淳）　148〜150, 167, 171, 174, 180, 254〜

256

朱信戸（朱信）　176, 256

朱積存　174

朱積團　174

朱仲　148〜150, 176

朱朝臣（霞瀛朱氏）　66, 69, 148〜150, 176

朱朝臣戸（揚沖朱氏）　256

朱滔戸（朱滔）　149, 150, 171, 174, 177, 180

朱濱　149, 150, 174

朱文友　150

朱法戸　286, 290

娶妻　278, 283〜285, 287, 288

娶妻範圍　284, 288

壽官　86, 155

收租　277, 288

收租率　94

就役期間の短縮　304

祝世錄　87

出租額　126, 187

出租事產額　130, 132

出租人戸　126, 130, 187, 193

出租率　186

準戰時經濟體制　298

順治年間の丈量　70, 184

順莊編里　5, 6

所在地の近緣性　225

所有事產が減少した人戸　256

所有事產が增加した人戸　256

所有事產で再生產可能な人戸　106, 125, 135

所有事產で再生產できない人戸　125, 131

所有事產の分布狀況　268, 271

所有事產の分布範圍　284

書算　73

處士　67, 86, 87

諸色戸計　306

匠戸　18, 102, 140, 158, 168, 169, 285

商業的農業　94, 260, 307

小經營の自立　5, 15

小黃册　12

小黃册圖の法　12, 179

小黃册の原本　179

小農自立　10, 136, 260, 267, 289

小農自立の定義　15

小農の定義　294

庄屋　220, 224, 234

抄契簿　9, 68, 171, 224

承繼　24, 176, 235, 241, 258

紹聖常平免役敕令　303

廂　17

職役（鄉役）　4, 18

職役の普遍的義務化（正役化）　302, 305, 308

職役負擔の輕減化　304

申明亭　289

進士及第者　8, 145, 146, 148, 151, 166

新册　81

圖正　73, 81, 89, 150, 174, 176, 177

圖總　77

圖帳＝打量圖帳　304

推收過割　56, 57, 67, 85, 239, 290, 306

世界史的共時性　293, 296

世界史の普遍的發展段階論　296

正役體制　170, 179

正管戸　170

正收　255

正除　255

生員　4, 63, 164, 305

生成論的アプローチ　296

西溪南吳氏　73, 90, 169

西溪南吳氏の始遷祖　169

旌表　151

圍田・圩田　7

靖難の役　82

稅租割受簿　57

稅畝　91, 186, 240, 268

稅畝制　23

稅畝等則と稅糧科則　23

稅率（萬曆9年丈量以前）　138

柝戸　140, 170, 171, 174

籍沒政策　6

絕戸　24, 76, 83, 84, 235, 264

先買權　263, 265

扇狀地　7, 8, 184

專門職エリート　305

瞻塋戸　169

膳塋戸　169

租額（小作料額）　94

租佃　183

租佃經營　97, 98, 141

租佃經營の再生產可能規模　219

蘇湖熟天下足　7

蘇洵　305

宋量　95

宗祠　67

宗族　68

宗族結合　151, 294

宗族結合の模範　305

曾乾亨　25, 71, 73, 75, 76, 80, 184

僧籍　306

漕運　7

語彙索引　ソウ～トク　337

總戶−子戶制　57, 98, 103,
　105, 106, 126, 131, 133, 137,
　145, 147, 148, 167, 170, 171,
　180, 187, 194, 219, 220, 224,
　225, 232, 237, 241, 253～
　257, 263, 272, 285, 301, 302
總戶−子戶制の形成要因
　　　　　　　　　　　168
總戶−子戶制の普及狀況　99
總書　　　　　　　　　73
總譜　　　　　　　　　58
總力戰體制　　　　　298
雙橋鄭氏　　　　　　169
竈戶　　　　　　140, 168
族產　　　　　　　　305
族產を管理する總戶　167,
　168, 170, 171
族譜　9, 67, 145, 171, 237,
　305
率水（新安江）　91, 276
村落共同體　3, 5, 6, 260

タ行
他圖所屬人戶　232, 274
他圖所屬人戶の所有狀況
　　　　　　　　　　　271
多國籍企業體制　　　299
太學生　　　　　146, 175
帶管戶　　　　　　　170
大造　56, 238, 239, 241, 277,
　290
大保長　　　　　303, 304
種籾　　　　　　95, 103
地域社會　　　　　　289
地域社會論　　　289, 296
地丁銀制（地丁併徵）　5,
　295, 308
地方エリート　　　　305
值亭老人　　　　　　289

置產簿　　9, 68, 258, 260
中國革命　　　　297, 298
中國史の通時的認識　293
中國の現代　　　　　297
中國封建制論　13, 237, 298
チョウ　　　　　　　296
著存觀　80, 81, 147, 170, 233
丁產等第簿　　　57, 306
長工の年間食費　　　95
張居正の丈量　16, 25, 69,
　71, 184
陳霞　　　　　　　　94
陳霞鄉內の見學　93, 138
陳岩求戶　147, 168, 178, 194,
　223
陳興戶　147, 194, 195, 223,
　233, 275
陳寅祿戶　　　　　　223
陳元和戶　　　　103, 141
陳氏（27都1圖）　　80
陳章戶　103, 105, 141, 146,
　194, 223, 256, 286
陳振達戶　147, 168, 178, 194
陳村（藤溪）　10, 15, 91, 145,
　152, 276
陳村陳氏　145～147, 166,
　168, 174, 223, 286
陳村陳氏の始遷祖　146
陳天相戶　147, 168, 178, 194,
　223
陳富　　　　　　　　81
陳櫟　　　　　　145, 146
帝制中國　　　　　　298
程頤　　　　　　　　305
天聖令　　　　　　　306
典＝活賣　　　　　　239
典賣　　　　　　　　239
典賣析居割居稅簿　57
轉收　25, 56, 83, 238, 239,

255, 290
轉除　25, 56, 80, 83, 238, 239,
　255, 290
田面權　　　　　　　185
田面田底慣行　　183, 185
佃客　　　　　　183, 210
佃戶　　　　　　　4, 5
佃人　　　　　　　　195
佃僕＝火佃　84, 142, 150,
　177, 220, 223, 224, 231, 234,
　235, 302
佃僕・地客　　　183, 184
佃僕制（＝火佃制）83, 220
傳統社會　293～295, 297,
　299, 300
土地賣買文書　9, 94, 237
土名　　　　　77, 81, 220
都　　　　　　　　　6
都圖文書　25, 103, 142, 275,
　290
都正　147, 148, 176, 194, 223,
　233, 275, 289
都保制　　　　11, 69, 303
奴隸制　　　　　　　4
登科錄　　　　　　　237
稻麥二毛作　　　　　7
藤溪王氏　145, 151, 152, 166,
　167, 169～171, 174, 178,
　223, 286, 287
藤溪王氏の始遷祖　152
黨＝國家制　　　　　298
同居共財　　　　　　151
同姓人戶間の事產賣買　263,
　265
同族間の事產賣買　263
道學者　　　　　　　151
道士籍　　　　　　　306
特殊徭役負擔人戶　102, 131,
　137, 140, 141, 169, 170, 253,

338　語彙索引　トク～リョウ

285
特殊徭役負擔人戶の析戶禁
　止　　　　　　　　　168
特奏名進士　145, 146, 175

　　　ナ行
名寄せ　　　　　　　　76
南京後湖（玄武湖）　　17
二期作　　　　　　　　94
二分法（二區分）　299, 300
西ヨーロッパ中心史觀　296
日常的な生活範圍　267, 277,
　287, 302, 307
日本近世初期の先進地域
　　　　10, 125, 136, 267
任官　　　　　　66, 148
任官者　68, 150, 166, 167,
　174, 254～258, 277, 287～
　289, 302, 307
奴婢・奴僕　　　　　4, 5
年間食費　　　　　　　95
納稅面積　23, 91, 186, 240,
　268
農作業の效率性　　　235
農奴制　　　　　　　　4

　　　ハ行
鄱陽湖・錢塘江水系　151
賣＝絶賣　　　　　　239
賣身契約　　　　84, 235
麥作　　　　　　103, 105
幕末維新期の農民の日常的
　な生活圈　　　289, 290
范仲淹　　　　　　　305
萬曆9年丈量　8, 23, 76, 78,
　80～82, 84, 89, 92, 93, 95,
　142, 148, 176, 184, 186, 194,
　223, 240, 267, 268, 275, 276
萬曆9年淸丈27都5圖歸戶

親供册の書誌　　　　76
萬曆9年淸丈27都5圖歸戶
　親供册の内容の作成時期
　　　　　　　78, 80, 90
萬曆27都5圖黄册底籍の記
　載時期　　　　　　241
萬曆27都5圖黄册底籍の缺
　落箇所　　　　　24, 83
萬曆27都5圖黄册底籍の作
　製理由　　　　　　69
東アジア小農社會論　294
貧戶　　　　　　　　136
富農經營の帳簿　　　98
賦役黄册の記載　　　10
賦役黄册の原本　18, 56, 57,
　84, 85
賦役黄册の草册・底籍　56
武口王氏　　　　　　151
武口王氏の遠祖　　　151
武口王氏の始遷祖　　151
複數人戶の共同就役　304
分種　　　　　　　　183
分裝　　　　　　169, 170
分與　　　　　　　　264
兵籍　　　　　　　　306
保（大保）　　　11, 304
保甲法　　　　　　　303
保正・副　　　　303, 304
保簿　　　　　　　　69
募役法　　　　　　　303
墓産　　　　　　169, 170
墓所　　　152, 169, 170, 177
封建制　　　　5, 6, 296
坊　　　　　　　　　17
坊郭戶　　　　　　　306

　　　マ行
民田　　　　　　　　6
明萬曆9年休寧縣27都5圖

得字丈量保簿の書誌　69
明末淸初期封建制成立說　4
ムラ　　　　　　　296
無高の百姓　　　　　125
無産人戶　125, 131, 257, 285,
　290
麥の畝當り收穫量　　95
メガ・コンペティション
　　　　　296, 297, 299
明量　　　　　　　　95
妄告　　　　302, 304, 305

　　　ヤ行
約正　　　　　　87, 160
揚沖朱氏　145, 148, 150, 166,
　167, 171, 174, 223, 286
揚沖朱氏の遠祖　　　149
揚沖朱氏の始遷祖　　149

　　　ラ行
李務本戶　　　　　　259
里＝圖の理由　　　　12
里役　　　　73, 75, 76, 275
里甲正役　　　　　　3
里甲制體制の解體　　277
里甲制體制の畫期性　306
里甲制の編成原則　　3
里正　　　　　　4, 303
里正衙前　　　　　　303
里正體制　　　　　　303
里長　3, 4, 6, 73, 81, 102, 131,
　137, 140, 147, 148, 154, 158,
　163, 164, 166, 168, 170, 171,
　177, 194, 220, 223, 233, 253,
　286, 290
里長合同文書　　171, 180
立戶　　　　　　131, 132
兩稅法　　5, 237, 305, 306
兩宋畫期論　　　　　305

語彙索引　リョウ～ロウ　339

量畫	73	輪流帮貼	173, 174	魯點	87
糧長	4, 6	累世同居	151	老册	81, 90
力分	126	歷史人口學	278, 283	老人（里老人）	3, 305

著者紹介

伊藤　正彦（いとう　まさひこ）

1966年　福島縣に生まれる
1988年　立命館大學文學部卒業
1993年　名古屋大學大學院文學研究科博士後期課程中途退學
1993年　熊本大學文學部講師
現　在　熊本大學大學院人文社會科學研究部（文學系）教授

著　書

『宋元鄉村社會史論──明初里甲制體制の形成過程──』（汲古書院，2010年）

中國江南鄉村社會の原型
──明代賦役黃册・魚鱗圖册文書の研究──
【研究篇】

2025年2月20日　初版發行

著　　者　伊　藤　正　彦
發　行　者　三　井　久　人
整版印刷　富士リプロ㈱
製　　本　牧　製　本　印　刷㈱
發　行　所　汲　古　書　院

〒101-0065　東京都千代田區西神田2-4-3
電話03(3265)9764　FAX03(3222)1845

ISBN978-4-7629-6750-4　C3322（全二册・分賣不可）

汲古叢書186

ITO Masahiko　ⓒ2025
KYUKO-SHOIN, Co., Ltd. Tokyo.
＊本書の一部または全部及び圖表等の無斷轉載を禁じます。

汲 古 叢 書

1	秦漢財政収入の研究	山田　勝芳著	本体 16505円
2	宋代税政史研究	島居　一康著	12621円
3	中国近代製糸業史の研究	曾田　三郎著	12621円
4	明清華北定期市の研究	山根　幸夫著	7282円
5	明清史論集	中山　八郎著	12621円
6	明朝専制支配の史的構造	檀上　寛著	品　切
7	唐代両税法研究	船越　泰次著	12621円
8	中国小説史研究－水滸伝を中心として－	中鉢　雅量著	品　切
9	唐宋変革期農業社会史研究	大澤　正昭著	8500円
10	中国古代の家と集落	堀　敏一著	品　切
11	元代江南政治社会史研究	植松　正著	13000円
12	明代建文朝史の研究	川越　泰博著	13000円
13	司馬遷の研究	佐藤　武敏著	12000円
14	唐の北方問題と国際秩序	石見　清裕著	品　切
15	宋代兵制史の研究	小岩井弘光著	10000円
16	魏晋南北朝時代の民族問題	川本　芳昭著	品　切
17	秦漢税役体系の研究	重近　啓樹著	8000円
18	清代農業商業化の研究	田尻　利著	9000円
19	明代異国情報の研究	川越　泰博著	5000円
20	明清江南市鎮社会史研究	川勝　守著	15000円
21	漢魏晋史の研究	多田　狷介著	品　切
22	春秋戦国秦漢時代出土文字資料の研究	江村　治樹著	品　切
23	明王朝中央統治機構の研究	阪倉　篤秀著	7000円
24	漢帝国の成立と劉邦集団	李　開元著	9000円
25	宋元仏教文化史研究	竺沙　雅章著	品　切
26	アヘン貿易論争－イギリスと中国－	新村　容子著	品　切
27	明末の流賊反乱と地域社会	吉尾　寛著	10000円
28	宋代の皇帝権力と士大夫政治	王　瑞来著	12000円
29	明代北辺防衛体制の研究	松本　隆晴著	6500円
30	中国工業合作運動史の研究	菊池　一隆著	15000円
31	漢代都市機構の研究	佐原　康夫著	品　切
32	中国近代江南の地主制研究	夏井　春喜著	20000円
33	中国古代の聚落と地方行政	池田　雄一著	15000円

34	周代国制の研究	松井　嘉徳著	9000円
35	清代財政史研究	山本　進著	7000円
36	明代郷村の紛争と秩序	中島　楽章著	10000円
37	明清時代華南地域史研究	松田　吉郎著	15000円
38	明清官僚制の研究	和田　正広著	22000円
39	唐末五代変革期の政治と経済	堀　敏一著	12000円
40	唐史論攷－氏族制と均田制－	池田　温著	18000円
41	清末日中関係史の研究	菅野　正著	8000円
42	宋代中国の法制と社会	高橋　芳郎著	8000円
43	中華民国期農村土地行政史の研究	笹川　裕史著	8000円
44	五四運動在日本	小野　信爾著	8000円
45	清代徽州地域社会史研究	熊　遠報著	8500円
46	明治前期日中学術交流の研究	陳　捷著	品　切
47	明代軍政史研究	奥山　憲夫著	8000円
48	隋唐王言の研究	中村　裕一著	10000円
49	建国大学の研究	山根　幸夫著	品　切
50	魏晋南北朝官僚制研究	窪添　慶文著	品　切
51	「対支文化事業」の研究	阿部　洋著	品　切
52	華中農村経済と近代化	弁納　才一著	9000円
53	元代知識人と地域社会	森田　憲司著	品　切
54	王権の確立と授受	大原　良通著	品　切
55	北京遷都の研究	新宮　学著	品　切
56	唐令逸文の研究	中村　裕一著	17000円
57	近代中国の地方自治と明治日本	黄　東蘭著	11000円
58	徽州商人の研究	臼井佐知子著	10000円
59	清代中日学術交流の研究	王　宝平著	11000円
60	漢代儒教の史的研究	福井　重雅著	品　切
61	大業雑記の研究	中村　裕一著	14000円
62	中国古代国家と郡県社会	藤田　勝久著	12000円
63	近代中国の農村経済と地主制	小島　淑男著	7000円
64	東アジア世界の形成－中国と周辺国家	堀　敏一著	7000円
65	蒙地奉上－「満州国」の土地政策－	広川　佐保著	8000円
66	西域出土文物の基礎的研究	張　娜麗著	10000円

67	宋代官僚社会史研究	衣川　強著	品　切
68	六朝江南地域史研究	中村　圭爾著	15000円
69	中国古代国家形成史論	太田　幸男著	11000円
70	宋代開封の研究	久保田和男著	10000円
71	四川省と近代中国	今井　駿著	17000円
72	近代中国の革命と秘密結社	孫　　江著	15000円
73	近代中国と西洋国際社会	鈴木　智夫著	7000円
74	中国古代国家の形成と青銅兵器	下田　誠著	7500円
75	漢代の地方官吏と地域社会	髙村　武幸著	13000円
76	齊地の思想文化の展開と古代中國の形成	谷中　信一著	13500円
77	近代中国の中央と地方	金子　肇著	11000円
78	中国古代の律令と社会	池田　雄一著	15000円
79	中華世界の国家と民衆　上巻	小林　一美著	12000円
80	中華世界の国家と民衆　下巻	小林　一美著	12000円
81	近代満洲の開発と移民	荒武　達朗著	10000円
82	清代中国南部の社会変容と太平天国	菊池　秀明著	9000円
83	宋代中國科擧社會の研究	近藤　一成著	12000円
84	漢代国家統治の構造と展開	小嶋　茂稔著	品　切
85	中国古代国家と社会システム	藤田　勝久著	13000円
86	清朝支配と貨幣政策	上田　裕之著	11000円
87	清初対モンゴル政策史の研究	楠木　賢道著	8000円
88	秦漢律令研究	廣瀬　薫雄著	品　切
89	宋元郷村社会史論	伊藤　正彦著	品　切
90	清末のキリスト教と国際関係	佐藤　公彦著	12000円
91	中國古代の財政と國家	渡辺信一郎著	品　切
92	中国古代貨幣経済史研究	柿沼　陽平著	品　切
93	戦争と華僑	菊池　一隆著	品　切
94	宋代の水利政策と地域社会	小野　泰著	9000円
95	清代経済政策史の研究	黨　武彦著	11000円
96	春秋戦国時代青銅貨幣の生成と展開	江村　治樹著	15000円
97	孫文・辛亥革命と日本人	久保田文次著	品　切
98	明清食糧騒擾研究	堀地　明著	11000円
99	明清中国の経済構造	足立　啓二著	品　切

100	韋述『両京新記』と八世紀の長安	妹尾　達彦著	未　刊
101	宋代政治構造研究	平田　茂樹著	13000円
102	青春群像－辛亥革命から五四運動へ－	小野　信爾著	13000円
103	近代中国の宗教・結社と権力	孫　　　江著	12000円
104	唐令の基礎的研究	中村　裕一著	15000円
105	清朝前期のチベット仏教政策	池尻　陽子著	8000円
106	金田から南京へ－太平天国初期史研究－	菊池　秀明著	10000円
107	六朝政治社會史研究	中村　圭爾著	品　切
108	秦帝國の形成と地域	鶴間　和幸著	品　切
109	唐宋変革期の国家と社会	栗原　益男著	12000円
110	西魏・北周政権史の研究	前島　佳孝著	12000円
111	中華民国期江南地主制研究	夏井　春喜著	16000円
112	「満洲国」博物館事業の研究	大出　尚子著	8000円
113	明代遼東と朝鮮	荷見　守義著	12000円
114	宋代中国の統治と文書	小林　隆道著	14000円
115	第一次世界大戦期の中国民族運動	笠原十九司著	18000円
116	明清史散論	安野　省三著	11000円
117	大唐六典の唐令研究	中村　裕一著	11000円
118	秦漢律と文帝の刑法改革の研究	若江　賢三著	12000円
119	南朝貴族制研究	川合　　安著	10000円
120	秦漢官文書の基礎的研究	鷹取　祐司著	16000円
121	春秋時代の軍事と外交	小林　伸二著	13000円
122	唐代勲官制度の研究	速水　　大著	12000円
123	周代史の研究	豊田　　久著	12000円
124	東アジア古代における諸民族と国家	川本　芳昭著	品　切
125	史記秦漢史の研究	藤田　勝久著	14000円
126	東晉南朝における傳統の創造	戸川　貴行著	6000円
127	中国古代の水利と地域開発	大川　裕子著	9000円
128	秦漢簡牘史料研究	髙村　武幸著	10000円
129	南宋地方官の主張	大澤　正昭著	7500円
130	近代中国における知識人・メディア・ナショナリズム	楊　　　韜著	9000円
131	清代文書資料の研究	加藤　直人著	12000円
132	中国古代環境史の研究	村松　弘一著	12000円

133	中国古代国家と情報伝達	藤田　勝久著	15000円
134	中国の教育救国	小林　善文著	10000円
135	漢魏晋南北朝時代の都城と陵墓の研究	村元　健一著	14000円
136	永楽政権成立史の研究	川越　泰博著	7500円
137	北伐と西征―太平天国前期史研究―	菊池　秀明著	12000円
138	宋代南海貿易史の研究	土肥　祐子著	18000円
139	渤海と藩鎮―遼代地方統治の研究―	高井康典行著	13000円
140	東部ユーラシアのソグド人	福島　恵著	10000円
141	清代台湾移住民社会の研究	林　淑美著	9000円
142	明清都市商業史の研究	新宮　学著	11000円
143	睡虎地秦簡と墓葬からみた楚・秦・漢	松崎つね子著	8000円
144	清末政治史の再構成	宮古　文尋著	7000円
145	墓誌を用いた北魏史研究	窪添　慶文著	15000円
146	魏晋南北朝官人身分制研究	岡部　毅史著	10000円
147	漢代史研究	永田　英正著	13000円
148	中国古代貨幣経済の持続と転換	柿沼　陽平著	13000円
149	明代武臣の犯罪と処罰	奥山　憲夫著	15000円
150	唐代沙陀突厥史の研究	西村　陽子著	11000円
151	朝鮮王朝の対中貿易政策と明清交替	辻　大和著	8000円
152	戦争と華僑　続編	菊池　一隆著	13000円
153	西夏建国史研究	岩﨑　力著	18000円
154	「満洲国」の日本人移民政策	小都　晶子著	8000円
155	明代国子監政策の研究	渡　昌弘著	9500円
156	春秋時代の統治権研究	水野　卓著	11000円
157	燉煌文書の研究	土肥　義和著	18000円
158	唐王朝の身分制支配と「百姓」	山根　清志著	11000円
159	現代中国の原型の出現	久保　亨著	11000円
160	中国南北朝寒門寒人研究	榎本あゆち著	11000円
161	南宋江西吉州の士大夫と宗族・地域社会	小林　義廣著	10000円
162	後趙史の研究	小野　響著	9000円
163	20世紀中国経済史論	久保　亨著	14000円
164	唐代前期北衙禁軍研究	林　美希著	9000円
165	隋唐帝国形成期における軍事と外交	平田陽一郎著	15000円

166	渤海国と東アジア	古畑　徹著	品　切
167	朝鮮王朝の侯国的立場と外交	木村　拓著	10000円
168	ソグドから中国へ―シルクロード史の研究―	栄　新江著	13000円
169	郷役と溺女―近代中国郷村管理史研究	山本　英史著	13000円
170	清朝支配の形成とチベット	岩田　啓介著	9000円
171	世界秩序の変容と東アジア	川本　芳昭著	9000円
172	前漢時代における高祖系列侯	邉見　統著	10000円
173	中国国民党特務と抗日戦争	菊池　一隆著	10000円
174	福建人民革命政府の研究	橋本　浩一著	9500円
175	中國古代國家論	渡邊信一郎著	品　切
176	宋代社会経済史論集	宮澤　知之著	9000円
177	中国古代の律令と地域支配	池田　雄一著	10000円
178	漢新時代の地域統治と政権交替	飯田　祥子著	12000円
179	宋都開封の成立	久保田和男著	12000円
180	『漢書』の新研究	小林　春樹著	7000円
181	前漢官僚機構の構造と展開	福永　善隆著	14000円
182	中国北朝国家論	岡田和一郎著	11000円
183	秦漢古代帝国の形成と身分制	椎名　一雄著	13000円
184	秦漢統一国家体制の研究	大櫛　敦弘著	15000円
185	計量的分析を用いた北魏史研究	大知　聖子著	11000円
186	中国江南郷村社会の原型	伊藤　正彦著	22500円
187	日中戦争期上海資本家の研究	今井　就稔著	9000円
188	南宋政治史論	小林　晃著	13000円
189	遼金塔に関する考察	水野　さや著	9000円
190	中国古代帝国の交通と権力	荘　卓燐著	8000円

（表示価格は2025年2月現在の本体価格）